立信会计丛书

财务报表分析

原理与技术

（第二版）

熊楚熊 著

Principles and Techniques of Financial Statement Analysis

（The second edition）

立信会计出版社
LIXIN ACCOUNTING PUBLISHING HOUSE

图书在版编目(CIP)数据

　　财务报表分析原理与技术 / 熊楚熊著. —2 版. —
上海：立信会计出版社，2015.8(2023.2 重印)
　　(立信会计丛书)
　　ISBN 978 - 7 - 5429 - 4751 - 2

　　Ⅰ.①财…　Ⅱ.①熊…　Ⅲ.①会计报表—会计
分析　Ⅳ.①F231.5

　　中国版本图书馆 CIP 数据核字(2015)第 204827 号

策划编辑	方士华
责任编辑	方士华
封面设计	周崇文

财务报表分析原理与技术(第二版)

出版发行	立信会计出版社		
地　　址	上海市中山西路 2230 号	邮政编码	200235
电　　话	(021)64411389	传　真	(021)64411325
网　　址	www. lixinaph. com	电子邮箱	lixinaph2019@126. com
网上书店	http://lixin. jd. com		http://lxkjcbs. tmall. com
经　　销	各地新华书店		
印　　刷	常熟市华顺印刷有限公司		
开　　本	787 毫米×960 毫米	1/16	
印　　张	24.75		
字　　数	506 千字		
版　　次	2015 年 8 月第 2 版		
印　　次	2023 年 2 月第 4 次		
书　　号	ISBN 978 - 7 - 5429 - 4751 - 2/F		
定　　价	46.00 元		

如有印订差错,请与本社联系调换

第二版前言

本书第一版于 2008 年出版之后，多次重印，受到广大读者的欢迎，不少读者也对本书提出过许多宝贵的意见。在本次再版修订中，已尽量根据读者的意见，对相关内容进行了修改。本次再版，除了对文字进行了若干修改之外，还补充了若干最新的资料，使本书适应新形势的变化，更利于读者使用。

本次再版的主要修改之处如下：

第一，在第一章中介绍企业价值评估模型时，将与财务报表分析关系不密切的模型的发展部分删去，以突出运用会计信息为基础来评估企业价值的核心内容。

第二，考虑到财务报表列报的格式经常发生变化，为了方便读者的理解和分析，在第二章中增加了"财务报表分析前整理"一节。

第三，在第三章的财务报表可信度分析部分，选用了深圳中科健公司董事会连续多年的对会计师事务所出具的非标准的无保留意见审计报告的说明作为案例，以突出阅读审计报告的意义。

第四，在第六章中考虑到经营现金净流入量分析的重要性，因此将经营现金净流入能力从第六章中删去。单独增加一章（第七章），来讨论"企业经营现金净流量能力分析"的问题。

第五，考虑到杜邦分析体系在实务界的广泛流行，为了让读者更清楚本书所采用的盈利能力构成分析体系与杜邦分析体系的差异，在第九章（第一版第八章）中将原在企业经营效率分析一章（第一版第九章）中介绍的杜邦分析体系移入本章，并增加了评价的内容。同时为了简化本书内容，删去了原本章附录中的"用盈利能力质量分析法评估企业价值有效性的实证检验"一文。

第六，根据我国业绩考核指标的变化，在第十一章企业管理业绩分析（第一版第十章）中增加了"经济增加值分析"一节。

第七，在各章所附资料中增加了不同行业和不同年度的主要财务指标数据，主要目的有二：一是借此介绍一些有用的数据资料的搜集方法，方便读者在实际财务报表分析过程中便于取得相关的行业数据；二是，希望读者能够充分理解在财务报表分析中使用行业财务资料和宏观经济数据的意义。

本书在修改的过程中，得到了深圳大学财会学院众多教师的无私帮助，他们对本书提出了若干建设性的意见,使本书的错误大大减少;本书在写作的过程中,还得到了我所指导的会计专业硕士研究生陈孚先生的帮助,他在搜集、整理数据方面做了大量的工作,使本书写作能顺利地按进度完成。在此,特对他们表示我诚挚的谢意。

熊楚熊

2015 年 8 月于深圳大学

前　　言

　　财务报表是企业对外交流的重要工具,是满足与企业相关的不同利益集团获取会计信息的主要载体,但是财务报表是按照会计准则编制的,并且是由一系列规范的和高度浓缩的指标体系所构成的,会计信息的使用者并不能直接从财务报表中获得有关企业盈利能力、风险水平、经营效率、管理业绩等方面的全面信息,这些信息多数被隐藏在各种指标之中,会计信息使用者只有通过对这些指标及指标之间关系的分析,才能层层深入,由表及里全面认识财务报表所包含的会计信息,并揭示隐藏在这些信息之后的更深层次的东西。财务报表分析正是为满足与企业相关利益集团的信息需要而对会计核算信息进行加工、深化的一门科学。

　　与企业相关的不同利益集团在追求各自不同经济利益的过程中,需要利用不同的会计信息。本书认为,企业价值是保障不同利益集团实现其不同经济利益的共同基础,影响企业价值的各种会计信息就是不同利益主体都需要和关心的会计信息。满足不同经济利益主体需要的财务报表分析体系,应该以企业价值为重心进行构建。企业价值首先受企业盈利能力和风险水平的影响,而盈利能力和风险水平又受企业的经营效率、管理业绩的影响。这样,财务报表分析就应围绕确定企业价值以及影响企业价值的各种因素而展开。具体地说,就应该围绕企业盈利能力、风险水平、经营效率、管理业绩以及这些不同因素的综合作用而展开。

　　本书的结构如下:第一章财务报表分析总论,重点讨论进行财务报表分析需要掌握的一些基础理论和技术方法,具体包括会计信息的特征、财务报表的作用、财务报表对企业价值和价格的影响、财务报表分析的基本技术方法等;第二章重点按照我国会计准则介绍财务报表的主要内容,加深对财务报表的理解,是正确认识财务报表所包含的会计信息和进行财务报表分析的前提,本章的财务报表也是本书后面各章分析的基本数据来源;为了财务报表分析的数据的真实可靠,本书专门安排了第三章和第四章,讨论如何对财务报表可信度进行分析,并进一步讨论对失真的财务报表进行调整的理论和方法,第三章重点讨论财务报表可信度分析和对被操纵利润剔除的问题,第四章重点讨论将历史成本基础的财务报表调整为现行成本基础的财务报表的理论和方法;第五章财务报表综合分析、第六章企业盈利能力分析、第七章企业风险水平分析、第八章企业盈利能力的构成分析、第九章企业经营效率分析、第十章企业管理业绩分析,这六章均围绕确定企业价值的具体理论和方法而展开,是本书的核心内容。

　　本书既适合高等院校经济管理专业作为学习财务报表分析的教材,也适用于一切希望通过财务报表来评估企业价值的人士(主要包括公司经理、财务与会计人员、投资者、债权人、证券经纪人、各类企业经济分析师等)阅读。本书论述力求做到深入浅出,各类分析均辅以案例,并附有若干资料,希望读者在阅读本书的过程中,不但能掌握财务报表分析的相关理论与方法,而且还能获得更多的与财务报表分析相关的信息,以有利于将理论与实践相结合。

　　为了使读者能有的放矢地学习财务报表分析的基本理论和掌握财务报表分析的基本技术方法,作者建议读者能根据自己的兴趣,直接从证券市场上寻找相关上市公司财务报表,并以此为学习本书的基本习题资料。读者可按照本书各章习题中所提供的训练要求,逐步对所选择公司的财务报表进行深入的分析。作者还建议读者尽可能搜集所选择公司的行业财务资料和宏观经济数据,对公司价值进行评估,并结合所评估公司在资本市场中的股价表现对分析结果进行检验。总之,作者希望读者在学习本书的过程中,能通过现代的网络技术,广泛运用证券市场中的各种信息,直接结合证券市场中的各种案例,学习财务报表分析的基本理论和技术方法,使分析结果更贴近实际,能解决实际问题。

　　本书的顺利完成和出版,得到了立信会计出版社张立年先生的大力支持,没有张立年先生的支持,本书将难以在短期内与读者见面;本书在写作的过程中,得到了深圳大学财会学院众多教师的无私帮助,他们对本书提出了若干建设性的意见,使本书的错误大大减少;本书在写作的过程中,还得到了我所指导的学生马鹏和刘彬元先生的帮助,马鹏在搜集、整理数据方面做了大量的工作,使本书写作能顺利地按进度完成,刘彬元则对我提出的有关盈利能力质量假设进行了实际检验,得出了有价值的结论,丰富了本书的内容。在此,特对他们表示诚挚的谢意。

熊楚熊

2008 年 4 月于深圳大学

目　　录

第一章　财务报表分析总论 ……………………………………………… 1
　第一节　会计信息及其意义 …………………………………………… 1
　第二节　财务报表对资金市场的影响 ………………………………… 3
　第三节　财务报表与企业价值和价格的关系 ………………………… 6
　第四节　以企业价值为重心的财务报表分析体系 …………………… 12
　第五节　财务报表分析的基本方法 …………………………………… 18
　习题 ……………………………………………………………………… 23

第二章　主要财务报表及其附注 ………………………………………… 25
　第一节　财务报表编制的基本规定 …………………………………… 25
　第二节　资产负债表及其附注 ………………………………………… 27
　第三节　利润表和相关明细表 ………………………………………… 37
　第四节　财务状况变动表及现金流量表 ……………………………… 43
　第五节　所有者权益变动表 …………………………………………… 50
　第六节　财务报表附注 ………………………………………………… 54
　第七节　财务报表分析前整理 ………………………………………… 55
　习题 ……………………………………………………………………… 58

第三章　财务报表可信度分析及对被操纵利润的剔除 ………………… 59
　第一节　粉饰财务报表的动机 ………………………………………… 59
　第二节　财务报表粉饰的类型与方法 ………………………………… 63
　第三节　财务报表可信度分析 ………………………………………… 65
　第四节　被粉饰财务报表的识别和粉饰金额估计及剔除方法 ……… 76
　习题 ……………………………………………………………………… 93

第四章　财务报表调整的理论和方法 …………………………………… 94
　第一节　财务报表调整的必要性 ……………………………………… 94
　第二节　一般物价水平财务报表的编制 ……………………………… 96
　第三节　现行成本财务报表的编制 …………………………………… 104
　第四节　有选择性地调整财务报表 …………………………………… 110

习题 ·· 112

第五章 财务报表综合分析·· 114
第一节 财务报表综合分析的基本方法······························· 114
第二节 资产负债表综合分析·· 116
第三节 利润表及利润分配表综合分析······························ 122
第四节 现金流量表综合分析·· 126
第五节 综合分析结论·· 129
习题 ·· 132

第六章 企业盈利能力分析·· 133
第一节 企业盈利能力分析的意义及分类··························· 133
第二节 企业收入盈利能力分析······································· 135
第三节 企业资产盈利能力分析······································· 140
第四节 企业净资产盈利能力分析···································· 145
习题 ·· 172

第七章 企业经营现金净流量能力分析···································· 173
第一节 收入现金流量能力分析······································· 173
第二节 总资产经营现金净流量能力分析·························· 177
第三节 净资产经营现金净流量能力分析·························· 178
第四节 自由现金流量分析·· 180
第五节 盈余现金保障倍数·· 181
习题 ·· 196

第八章 企业风险水平分析·· 197
第一节 企业风险水平分析的意义及分类·························· 197
第二节 企业经营风险水平分析······································· 201
第三节 企业财务风险水平分析······································· 207
第四节 企业综合风险水平分析和企业经济价值的确定········· 221
习题 ·· 246

第九章 企业盈利能力的构成分析·· 247
第一节 资产盈利能力的构成分析···································· 247
第二节 净资产盈利率的构成分析···································· 251
第三节 普通股盈利能力的构成分析································· 262

第四节　杜邦分析体系及其评价 …………………………………… 266

习题 …………………………………………………………………… 267

第十章　企业经营效率分析 ……………………………………… 269

第一节　企业经营效率的表述及分析意义 ………………………… 269

第二节　收入盈利率分析体系 ……………………………………… 272

第三节　资产周转率分析体系 ……………………………………… 279

第四节　企业经营效率分析案例 …………………………………… 296

习题 …………………………………………………………………… 326

第十一章　企业管理业绩分析 …………………………………… 327

第一节　企业管理业绩分析的意义及基本分析方法和体系 ……… 327

第二节　利润任务完成情况分析 …………………………………… 332

第三节　产品成本任务完成情况分析 ……………………………… 340

第四节　期间费用任务完成情况分析 ……………………………… 346

第五节　资产利用效率任务完成情况分析 ………………………… 350

第六节　筹资任务完成情况分析 …………………………………… 357

第七节　经济增加值分析 …………………………………………… 361

第八节　企业管理水平的综合判断 ………………………………… 363

习题 …………………………………………………………………… 371

附录 ………………………………………………………………… 373

参考文献 …………………………………………………………… 385

第一章　财务报表分析总论

【本章提要】　财务报表是企业财务会计工作的结果,它本身包含有大量的关于企业生产经营活动过程和结果的信息,但是这些信息是高度浓缩和关联的,要深入理解这些信息,还必须进一步对财务报表所提供信息进行深加工。在对财务报表进行深加工时,往往还需要若干的其他信息资料。本章重点讨论会计信息及其意义、财务报表对资金市场的影响、以企业价值为重心的财务报表分析体系、财务报表分析的基本方法。

【学习目标】　通过本章学习,要求掌握和了解如下内容:(1)理解会计信息的基本特征及其意义;(2)理解财务报表对资金市场的影响;(3)理解财务报表对企业价值和价格的影响;(4)掌握企业价值基本评估模型;(5)理解财务报表分析体系;(6)掌握财务报表分析的基本方法。

第一节　会计信息及其意义

一、会计信息的基本特征

公司是拥有一定的从事生产经营活动的资金,具有独立的财务功能,追求盈利的经济组织。在现实生活中,无论公司形态如何千差万别,但均具有这一特征。公司经营状况的好坏,经济效益的大小,以及对公司本身的评价等,均不能用其他术语来综合反映,而只能用会计信息才能连续、系统、全面、综合地加以反映。

会计信息主要可以分为反映公司经营活动过程与结果和经济行为与经济结果之间的因果关系的这样两类信息:第一类会计信息,反映的是在某一个经营活动过程中公司是否获得了经济利益以及多少经济利益,希望解决的问题是与公司相关的各种利益主体间的利益分配关系问题;第二类会计信息,希望解决的问题是寻找经济行为与经济结果之间的因果关系,研究如何控制公司不利行为的问题。具体地看,会计信息包括会计核算信息、会计分析信息、会计计划信息、会计控制信息等。

会计核算信息是指对经济业务的原始数据采集、记录、计算、分类、汇总等过程中所产生的能连续、系统、全面、综合地反映经济活动过程和结果的信息。这些信息是会计信息中最基本的信息，它们主要载于会计凭证，会计账簿和会计报表。这类信息主要由财务会计所提供，财务会计报表是财务会计一系列工作的产物，财务会计报表被称为对外报表。

会计分析信息是指在会计核算资料（以财务报表为主）基础上，对会计核算资料的加工、改制、延伸后的能更清晰反映经济活动过程和结果的会计信息。这类信息除了少量载于分析表外，其多数并无固定的信息载体，并且往往根据需要对它们进行分析。

会计计划信息是指以会计核算和分析资料为基础，结合其他有关资料做出的预测、决策和计划等会计信息。这类信息多载于企业财务预算表、财务成本计划表和相应的附件。

会计控制信息是指反映不同责任主体所负经济责任的信息，这类信息载于企业内部的责任会计账簿和管理会计报表。

企业界称会计是企业的语言或商用语言，正反映了会计信息是公司对外交流或外界认识公司、评价公司的基本工具的特征。离开了会计信息，公司与公司之间、公司与投资者之间、公司与债权人之间、公司与政府之间、公司与员工之间、公司与社会之间的正常交流都将无法进行。很难想象如果没有语言，我们的人类社会将会是一个什么样子，同样也很难想象如果没有会计及会计所提供的会计信息，现代的商业社会将会是一个什么样子。

二、理解会计信息的意义

既然财务报表对企业生产经营活动过程和结果进行了全面地反映，因此要理解公司和公司的经营状况与结果，就必须利用财务报表。财务报表是企业对外交流的主要语言。理解企业语言，知道不同企业语言所表达的不同意思以及隐藏在表面语言之下的更深层次的经济含义，需要有一定的会计修养。会计修养是一个人对会计信息的理解和运用能力，其中阅读财务报表的能力是最基本的会计修养。一个有丰富会计经验的人与一个没有会计经验的人相比，前者可以从会计报表之中获得多得多的信息，从而能对公司的情况有更多的了解，使其作出的与公司有关的决策更符合实际情况，减少决策失误所带来的损失。

以公司经理为例，经理与会计信息的关系，宛如工程师与技术图纸的关系一样，技术图纸是工程师的语言，工程师的创造性劳动成果反映为一系列技术图纸，通过技术图纸来交流工程技术思想，技术图纸是检验一个工程师素质高低和能力强弱的重要标准。一个不懂制图和读图的工程师绝不是一名优秀的工程师。同理，一个不懂如何使用会计信息的企业经理也绝不会是一名优秀的职业经理。

与工程师同技术图纸的关系不同,会计信息不只是消极地反映经理创造性的劳动成果。健全的会计信息系统,可以为经理提供优质的咨询服务,有助于提高经理的素质和能力,使之卓越地完成任务。从经理应具备的素质来看,如经理有了较高的会计修养,善于运用会计信息,就容易发现经营中存在的问题,认清奋斗目标,产生较强的竞争意识。经济法规的质与量的规定性均能在会计信息中得到充分体现,有了较高的会计修养,可以增强经理的法制观念。所谓企业战略,不外是企业长期生存和发展的战略,企业的生存状况只能以会计信息来综合反映,而企业的发展状况也可以通过对会计信息分析来了解。因此,有了较高的会计修养,也会使经理更具战略眼光。从经理应具备的能力来看,经理的决策、控制、协调、指挥、表达、计划等方面的能力,均离不开会计信息的支持;如果没有健全的会计信息系统,或者有了健全的会计信息系统但经理不知如何使用会计信息,经理将不能准确把握企业的状况,也不可能在这方面具有较高的能力。特别是在企业经营日益社会化和企业内部联系复杂化的现代社会,会计信息的重要意义更显突出。正是如此,企业经理的人选才经历了从以技术人员出身为主到以销售人员出身为主,再到以财务人员出身为主的三个发展阶段。总而言之,良好的会计修养,有利于提高经理素质和能力,有助于经理完成任务。因此,经理应具备一定的会计知识,懂得如何使用会计信息。

再以信贷人为例,信贷人贷款给公司,一定是建立在相信公司未来能还本付息基础之上的。问题是信贷人如何得知公司未来能否还本付息,是听公司的诸如"本公司信誉良好,经济效益极佳,实力特别雄厚,保证可以还本付息"之类的口号,还是看点其他的什么信息。显然,信贷人不可能仅仅依靠公司的上述口号,决定是否向公司发放信贷,而应该以会计信息作为是否提供信贷的基础。

同理,任何一个与企业发生经济关系的人,如能具备一定的会计修养,可以读懂财务报表,能理解财务报表中反映出的与企业的有关经济问题,不言而喻,对他作出正确决策将有极大的帮助。

第二节 财务报表对资金市场的影响

现代财务会计也称为对外会计,其编制财务报表的主要目的是,为投资者和债权人提供有利于其作出正确投资和信贷决策的相关财务信息。财务报表对资金市场的影响就是财务报表对资金市场中各种金融资产价格的影响。在理性的资金市场中,投资人和债权人会根据财务报表中反映出的公司的盈利能力和风险水平作出投资和信贷决策,不同投资人投资行为和债权人借贷行为会影响到资金市场的供求关系,而供求关系决定着资金市场中各种金融资产的价格。资金市场中各类金融资产的价格会进一步对公司资金的筹集和其他经营活动产生重大影响,进而影响到公司的经济效益和理财目标的实现。以下分述财务报表对资金市场的影响。

一、财务报表对债权人借贷行为的影响

（一）公司偿债能力和盈利能力对债权人借贷行为的影响

债权人借钱给企业，或购买企业债券，其最基本目的不外乎希望取得一定的利息收益，使自己暂时闲置的资金能够增值。因此，债权人必然关心公司的偿债能力和盈利能力。

从企业偿债能力与债权人借出资金的安全性的关系来看，两者之间存在着正比关系。即：一个企业的偿债能力越强，债权人借出资金的安全性就越有保障，债权人就越放心借钱给该企业或购买该企业的债券；反之，一个企业偿债能力越差，债权人借出资金的安全性就越没有保障，债权人就越不放心向该企业转让货币的使用权。

从盈利能力与债权人获取借款利息的关系来看，两者之间也存在着正比关系。即：一个企业的盈利能力越强，债权人获取合同规定的利息收入就越有保障，债权人就越放心借钱给该企业或购买该企业的债券；反之，一个企业盈利能力越差，债权人获取利息收入就越没有保障，债权人就越不放心向该企业转让货币的使用权。

（二）公司偿债能力和盈利能力对债权性资产价格的影响

根据经济学的基本原理，市场价格由价值决定，并受供求关系的影响，围绕价值上下波动。即债权性资产价格是由债权性资产的价值和市场供求关系这样两个基本因素决定的。下面分别讨论公司偿债能力和盈利能力是如何影响到决定债权性资产价格的这两个基本因素的。

1. 公司偿债能力和盈利能力对债权性资产价值的影响。

债权性资产的价值，就是它未来能为债权性资产持有者带来的现金净流入量的折现值。在市场收益率不变的条件下，该折现值受债权性资产所特有的盈利能力和风险水平的影响，而债权性资产所特有的盈利能力和风险水平是由发行债权性资产的公司的偿债能力和盈利能力所决定的。

2. 公司偿债能力和盈利能力对债权性资产市场供求关系的影响。

债权性资产潜在的盈利能力和风险水平，会影响到各种现实的和潜在的债权人的借贷行为，而这种行为反过来又会对资金市场上的供求关系产生影响，进而决定了债权性资产的价格。债权性资产的价格，又会对公司资金的筹集活动产生重要影响。比如，当企业偿债能力弱和盈利能力低时，愿意购买该公司债券的人就会减少，而抛售该公司债券的人又会增多，使供求关系向不利于供的方向发展，最终使该公司债券的价格下降，实际收益率上升。显然，在这种情况下，公司发行新债券就会遇到较大的困难。这些困难包括债券难以成功发行，以及发行成本较高。负债成本提高，会使企业生产经营困难，造成企业经济效益下降和风险上升，使企业容易步入恶性循环。反之，当企业偿债能力强和盈利能力高时，企业不但负债筹资容易，而且筹资成本也会降低，从而有利于企业走上良性循环的

轨道。

（三）公司财务报表对债权性资产价格的影响

公司的基本财务报表由资产负债表、利润表、现金流量表组成。这些报表就是综合反映企业现有盈利能力和风险水平的报表，偿债能力只是风险水平的组成部分之一。如果对这些信息进行进一步分析，还可以了解公司潜在的偿债能力和盈利能力。资金市场上各种现实的和潜在的债权人会根据这些财务报表提供的信息，按照自身利益最大化的原则，进行借贷决策，这样，财务报表就对资金市场上各种现实的和潜在的债权人借贷行为产生了影响，而市场上全部债权人的借贷行为就决定了市场中各种债权性资产的价格。因此，可以这样说，债权性资产价格是受公司财务报表影响的。

二、财务报表对投资者投资行为的影响

（一）公司偿债能力和盈利能力对投资人投资行为的影响

投资者购买公司的股票，或向公司投资，其基本目的有二：一是追求股利收益；二是追求股票升值带来的资本收益。这两个目的，受如下一些因素所影响：

1. 受公司盈利能力的影响。

只有公司盈利能力较强时，投资者才可能获得较高的股利收益和资本收益。公司盈利能力与投资者的投资积极性成正比。

2. 受公司投资安全性的影响。

投资安全性是指投资价值的可变性，投资价值的稳定性越强，安全性就越高。公司投资安全性与公司的偿债能力有关。企业偿债能力与公司投资安全性成正比。公司偿债能力的强弱，关系到公司日后经营条件的好坏。如果某企业通过大量负债，取得了较高水平的盈利，但是，造成了公司债务累累，偿债能力极差，那么，这样的企业，其应变能力必然会减弱，风险水平上升。偿债能力的减弱，不但难以保证在以后的年度获得较高水平的盈利，甚至还有可能因风险水平上升导致企业破产。在这种情况下，投资者的投资安全性就会降低。投资安全性降低，会很大程度上阻止投资者的投资意愿，使公司股票价值下降。

3. 受公司经营效率高低的影响。

公司经营效率的高低与投资价值成正比。在一般情况下，公司经营效率可用公司资产运用效率的指标，即资产盈利率和资产周转率来反映。资产周转率越高，表明公司的经营效率越高，风险越小，公司的投资相应也就越大。反之，公司的投资价值则越大。

4. 受公司扩张能力的影响。

公司扩张的能力即公司发展壮大的能力也直接影响到投资者投资目的的实现。公司发展能力与公司的投资价值成正比。一般认为，企业发展速度与公司产品获得消费者认同的程度有关，只有其产品得到消费者广泛认同的企业，才可能获得迅速的发展，其股票升值的机会才会增大。反之，股票的前景则不妙。

(二) 公司财务报表对股权性资产价格的影响

影响股权性资产价值的盈利性、安全性、经营效率和成长性等四个基本因素,都在财务报表中得到一定的反映,特别是通过对财务报表深入和详尽的分析,可以较为充分地揭示影响公司在这四个基本因素方面的特征,为预测股权性资产价值提供依据。投资者会根据自己对公司盈利性、安全性、经营效率和成长性等四个基本因素的认识,判断股权性资产的价值,并根据其判断的价值决定采取持有、买入、卖出等投资行为。市场上所有投资者的这些投资行为,就直接决定了股权性资产市场上的供求关系,进而影响到公司股票的价格。

(三) 公司财务报表对股权筹资的影响

虽然股票投资是一种永久性投资,投资者无权从公司抽回投资,但是,这并不能说明股票市场价格变化与公司理财没有关系。这是因为:第一,公司理财的基本目的就是企业价值最大化,以及建立在此基础上的股东财富最大化。为了达到该目的,公司应该尽可能通过平衡公司的收益和风险,使公司股票的价值最大化。除此之外,还要考虑不同收益和风险的平衡方式对公司财务报表的影响,即要考虑到如何通过财务报表来改变市场对公司股票价值的认识,影响公司各种现实的和潜在的投资者的投资行为,促使公司股票市场价格最大化。第二,在公司发行新股票筹资时,必须对外披露详细的财务信息,这些信息会直接影响到股票投资者的投资行为,决定公司股票的价值和发行价格。股票发行价格的高低,既影响到股东财富最大化目标的实现,又影响着公司股票筹资量和筹资成本,是公司理财中需要重点考虑的问题。

第三节　财务报表与企业价值和价格的关系

财务报表之所以会对资金市场产生影响,是因为财务报表传达出了公司的盈利能力和风险水平的信息,影响人们对企业价值判断。本节对企业价值的相关问题作进一步讨论。

一、关于企业价值的认识

(一) 关于价值的源泉学说

什么是价值? 价值产生的源泉是什么? 这是经济学中的一个基本课题。在经济学中,关于价值的争论一直不断,主要有劳动价值论(客观价值论)和边际效用论(主观价值论)两大流派。劳动价值论根据对劳动的不同认识,又提出了若干不同的价值观,如:重农学派认为只有农业劳动创造价值,重商学派认为商业活动也创造价值,亚当·斯密和李嘉图认为一切劳动都创造价值,马克思则认为只有提供剩余价值的劳动才创造价值,等等。而边际效用论发展出所谓的基数效用论和序数效用论等理论。

（二）财务与会计学中的企业价值概念

在企业财务与会计学中，不讨论企业价值的源泉，只关注企业价值的量。企业财务与会计学中的价值是"值与不值"的意思，即现在的某项投资与投资该项目未来获得的利益是否等值的意思。换句话说，企业价值就是指投资者预期可以从被投资企业中获得的未来盈利的现实价值。

投资者用自己估计的企业价值来判断投资的可行性。显然，同一件事物对不同的人，其"值与不值"是不一样的，因此，在财务与会计学中普遍承认价值具有主观性。具体地说，在财务与会计学中，同一企业对不同的人具有不同的价值。并且还进一步认为，正是同一企业对不同的人具有不同的价值，才使得不同的人都可以通过市场交换获得利益，产生所谓双赢或多赢的效应。因此，在财务与会计学中，关于企业价值的争论主要集中在关于企业价值的计量问题之上。

（三）财务与会计学中的企业价值分类

在财务与会计学中，按购入、持有或是卖出为标准进行分类，企业价值可分为取得价值、经济价值、市场价值。取得价值是企业购置资产所花的代价，表现为会计账面上的价值。企业经济价值是对所有者而言的价值，具体地说，这种价值是企业为其所有者提供盈利能力的价值。它是确定企业在产权市场上转让价格的基础，表现为盈利能力和风险水平的函数。企业市场价值，即企业价格，是企业在产权市场上买卖的价格。企业价值和企业价格按是否分割为标准，可以分为企业的总价值或总价格和分割为每一股后的价值或价格。本书着重讨论企业经济价值的判定问题，为了简化起见，在以后未作特别说明的企业价值就是指企业经济价值。

二、财务报表对企业价值和企业价格的影响

财务报表之所以会对资金市场产生影响，是因为人们可以通过财务报表认识公司价值。为了以后分析的方便，这里仅对企业价值和企业价格的影响进行简单的讨论。

在发达市场经济条件下，企业本身就是一种可以在产权市场上交易的商品，作为一种商品就有价值和价格。

企业价值是企业为其所有者提供盈利能力的价值。企业盈利能力受企业风险水平的影响，一般而言，人们均厌恶风险，一旦风险存在，人们便希望获得风险补偿，即要求有高于无风险获利水平的盈利，因此，企业价值可表述为企业盈利能力和风险水平的函数：

$$企业价值＝f(盈利能力，风险水平)$$

企业价格是指企业这一特殊商品在产权市场上的换手价格。企业价值是确定企业价格的基础。企业价值对与企业相关利益主体经济利益的影响在很大程度上是通过企业价格实现的。企业价格除受企业价值的影响之外，还受产权市场上供求关系的影响。这种

供求关系虽受宏观财政政策、货币政策、市场开放程度等诸多宏观因素的影响,但最直接的因素是供求双方对企业价值的估计。

对企业价值估计,实际上就是对现有盈利能力和风险水平的评价,以及对未来企业盈利能力和风险水平的预测。当社会普遍认为某企业盈利能力高、风险水平低时,供求关系就向有利于供的方面转化,导致企业价格上涨;相反,当社会普遍认为某企业盈利能力低、风险水平高时,在产权市场中愿购买该企业的投资者就会减少,同时该企业所有者对价格的期望值也会相应降低,从而导致该企业价格下跌。

社会对企业盈利能力和风险水平的评价,除影响到供求关系外,还会影响到企业经营环境。当社会普遍认为某企业盈利能力低、风险水平高时,该企业的经营环境就会趋于恶劣。比如,债权人可能会觉得债权的安全完整性和利息收益得不到保证而拒绝贷款,原材料供应商则不愿提供商业信用,要求现款现货,这就使企业融资环境变差,负债资金成本上升,从而进一步增大了企业的风险水平和降低了企业的盈利能力。更有甚者,当社会普遍认为某企业因盈利能力低、风险水平高可能影响到企业持续经营时,该企业的经营环境会更趋恶劣。比如,企业产品的采购商和消费者可能考虑到该企业产品的售后服务等问题,要求该企业提供商业信用或更大的价格折让,以降低经营或使用该企业产品的风险;优秀人才可能考虑到在该企业的发展前景问题,不愿加盟该企业等。这些因素最终会直接影响到企业未来经营活动的结果,对企业未来的盈利能力和风险水平产生不利影响。反之,当社会普遍认为某企业的盈利能力高、风险水平低时,该企业的经营环境就会趋优,从而对企业未来的盈利能力提高和风险水平降低产生有利的影响。

企业经营环境直接制约着企业经营活动,经营活动产生的盈利能力和风险水平,结果又决定了企业价值,并影响到社会对企业的评价,影响到产权市场上的供求关系,最终影响到企业这一特殊商品的价格。这样就形成了一种周而复始的循环,每一次循环都会产生不同的企业价值和企业价格,直接影响到与企业相关的各利益主体经济利益的实现。这种循环关系如图1-1所示:

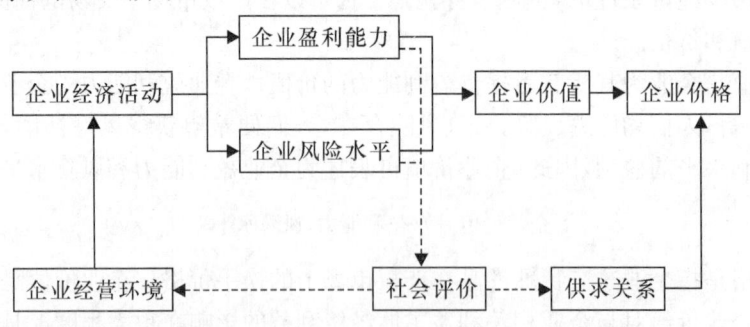

图1-1　企业价值与企业价格影响因素示意图

上述图 1-1 中,"——➤"为直接影响,"----➤"为间接影响。由此我们不难理解现实中"强者恒强,弱者恒弱"的原因。企业经营者应该尽量避免企业产生弱势乘数,而应该追求强势乘数。

三、企业价值评估模型

企业价值的评估虽然对与企业相关的各种利益主体都很重要,但是企业价值又不能够从财务报表中直接获得,其评估的方法并不成熟,下面将对企业价值评估的方法分类、基本模型和发展模型进行简单的介绍,以便更好地理解本书的相关观点。

（一）企业价值评估方法分类

企业估值方法可以有多种分类。比如:按照对价值的认识分类,可分为内在价值法和相对估值法;按照价值与市场的关系分类,可分为市场价值法和非市场价值法;按照计算企业价值的基础分类,可分为市场法、收益法、成本法、剩余法等。这里只讨论按照对价值认识的分类,即内在价值法和相对估值法。

1. 内在价值法。

内在价值法认为,企业价值等于未来现金净流入量的折现值,即:一项资产的价值等于该资产预期在未来所产生的全部现金流量的现值总和。未来现金净流入量的折现值法是评估企业价值的基本方法。从理论上讲,内在价值法是科学的;但从实际操作层面上看,用未来现金净流入量折现值法评估企业价值,需要估计每一期间的现金净流入量、折现率、全部的折现时间,而对这些因素的估计,不可避免地会存在很大的主观随意性,因此,可操作性不强。

2. 相对估值法。

相对估值法也称可比企业价值参照法,它是以市场上与被估计企业相类似企业的企业价值作为参照物,来确定被估计企业的企业价值的估价方法。相对估值法首先认为企业无所谓内在价值,或者即使有,人们也无法找到它;其次假设同一行业的企业之间具有一定的可比性,其不同企业的价值可以互相参照。相对估值法其实就是一种价格类比法。

用相对估值法评估企业价值的基本步骤如下:第一步是确定标准价格,即对不同企业的共同评价标准,如市盈率、价格与账面价值比、价格与销售收入比等。第二步是寻找在经营和财务方面相类似企业,经营方面的类似主要考虑的因素有行业、产品、销售渠道、市场、客户、生产销售的季节性、经营的周期性和经营策略等,财务方面的类似主要考虑的因素有资产规模、销售收入、营业利润、净利润、负债率、股东结构、股利政策以及销售收入、净利润的增长率等。可比企业必须是同一行业或业务相同的企业,最好是同一市场的企业,有关财务、技术指标大致相当。第三步是在控制基本变量差异的情况下比较标准价格,解释可比企业之间的差异。

会计学中的所谓公允价值,基本上就是运用相对估值法获得的。比如,美国财务会计准则委员会(FASB)对公允价值的定义是:公允价值是双方在当前的交易(而不是被迫清算或销售)中自愿购买(或承担)或出售(或清偿)一项资产(或负债)的金额;国际会计准则委员会(IASC)将公允价值定义为:在公平交易中,熟悉情况的当事人自愿据以进行资产交换或债务清偿的金额;我国企业会计准则将公允价值定义为:在公平交易中,熟悉情况的双方自愿进行资产交换或债务清偿的金额。总而言之,公允价值就是公允市价、公允价格,是熟悉情况的买卖双方在公平交易的条件下所确定的价格,或无关联的双方在公平交易的条件下一项资产可以被买卖的成交价格。

虽然仅从操作层面上讲,相对估值法比内在价值法更具可操作性,但相对估值法具有不可忽视的缺点,主要包括:第一,该法只能说明可比企业之间的相对价值高低,对于这些可比企业的绝对价值是否全部被低估或高估则无法判断。比如说,当股票市场处于牛市时,可能整个市场的股票都被高估,而当股票市场处于熊市时,可能整个市场的股票都被低估,这样运用相对估值法就可能得出错误的估价结论。第二,在现实中完全可比的企业几乎没有,即使是在同一个行业,每个企业都不可避免地存在各自的特点,这样,用相对估值法估计企业价值,就找不到完全可比的参照系,这就限制了它的适用性。第三,建立在价格类比法基础上的相对估值法,缺乏科学的理论依据,无法在动荡的市场中准确评估企业价值。

3. 常用的企业价值评估方法。

在实务中,虽然对企业估值方法多种多样,但站在财务与会计的角度考察,企业价值的评估方法主要有:

(1)资产负债表估值法。该估值方法的基本原理是将以历史成本法为基础的资产负债表调整为以现行成本为基础的资产负债表。具体方法包括:账面价值、调整账面价值、清算价值、重置价值等。

(2)损益表估值法。包括多因素分析法、市盈率分析法、价格销售比模型法等。

(3)现金流量折现法。包括自由现金流量折现法、股权现金流量折现法、股利折现法、资本现金流量折现法等。

(4)价值创造法。包括经济增加值法、经济利润法和现金价值增加法等。

本书第四章财务报表调整的理论和方法,其实就是通过将历史成本为基础的财务报表调整为现行成本为基础的财务报表来评估企业价值。本书其他章节涉及企业价值评估的则是建立在未来现金净流入折现值法理论基础上的,只不过重点讨论的问题是如何运用盈利能力和风险水平调整的方法来克服未来现金净流入折现值法的预测难题,以更加简化的方法评估企业价值。认识企业的盈利能力和风险水平,并在此基础上通过调整企业的盈利能力和风险水平估计企业价值是本书的重要内容。

(二)基本模型

准确判定企业经济价值是决定投资成败的关键。但经济价值的判断存在着各种不确定性,因此,确定企业经济价值便成为投资决策的一大难题。为了解决企业经济价值的估计问题,在众多的经济学家、管理学家、财务与会计学家等的共同努力下发展出一系列的估计企业经济价值的理论和方法。这些理论和方法主要有现金股利折现模型、现金净流入量折现模型、会计收益估价模型、剩余收益估价模型、期权估价模型等。

企业经济价值评估最基本的模型是企业未来现金净流入量的折现模型,即:

$$企业价值 = \sum_{t=1}^{n} \frac{现金净流入量_t}{(1+折现率_t)^t} \quad \cdots\cdots\cdots 公式1$$

虽然从理论上讲只要能较准确地预计出企业未来创造的现金净流入量,那么,用公式1就可以比较准确地估计出企业价值。但是在现实中由于现金净流入量是离散变量,本身波动大且无相关可靠的会计信息作支持,因此预测难度极大。这就使直接运用公式1估计企业价值变得非常困难。为了解决该问题,在实务中普遍采取以会计收益来替代现金净流入量的做法。由于按权责发生制计算出的会计收益比按收付实现制计算出的现金净流入量的稳定性强,且可以直接利用会计报表上的资料进行预测,因此预测的准确性较高。在用会计收益替代现金净流入量之后,公式1便变为如下公式2:

$$企业价值 = \sum_{t=1}^{n} \frac{会计收益_t}{(1+折现率_t)^t} \quad \cdots\cdots\cdots 公式2$$

如果存在一个会计收益的年平均增长率,那么就可以将离散会计收益变量转变为一个连续函数,即:会计收益$_t$=会计收益$_0$(1+会计收益年均增长率)^t。这样就可以将公式2变为公式3:

$$企业价值 = \sum_{t=1}^{n} \frac{会计收益_0(1+会计收益年均增长率)^t}{(1+折现率_t)^t} \quad \cdots\cdots\cdots 公式3$$

在公式3中,如果存续期趋近于无穷大,且用社会同风险平均收益率作为折现率;那么,运用数学归纳法,该式就可以进一步简化为如下的会计收益资本化模型即公式4:

$$企业价值 = \frac{第1年会计收益}{社会同风险平均收益率 - 会计收益年均增长率} \quad \cdots\cdots\cdots 公式4$$

在现实工作中,用该模型来估计企业价值比未来现金净流入量折现模型要简单得多,因此得到极为广泛的运用。在会计收益资本化模型中,当会计收益年增长率为零时,则有公式5:

$$企业价值 = \frac{年均会计收益}{社会同风险平均收益率} \quad \cdots\cdots\cdots 公式5$$

公式5是一个更为简化的模型,普遍运用于会计资料不足时的企业价值预测。该公式的分子存在若干形式,比如,年会计收益可以是本年的会计收益、过去几年的平均会计收益、预测的近期会计收益等。当然模型中的年会计收益越能反映实际情况,用该模型预测出的企业价值也就越准确。

企业价值估计从现金净流入量估价模型转为会计收益估价模型后,盈利能力(会计收益)便成为确定企业价值最重要的因素。由于基期会计收益是可以确定的,因此,企业价值估计的准确性主要取决于对盈利能力的未来年平均增长率预测的准确性。盈利能力的年均增长率受盈利能力质量的影响。所谓盈利能力质量,是指盈利能力的稳定性。盈利能力稳定性越强,盈利能力的质量越高;反之,则越低。同一盈利能力价值的大小受其质量高低的影响,质量高者价值大,质量低者价值小。

根据盈利能力的质量特征,可以以盈利能力质量为基础,再结合其他相关资料来预测盈利能力的年平均增长率或调整年平均会计收益。比如对盈利能力质量高的,可以按其以前年度盈利能力的平均增长率作为计算企业价值所用的年平均增长率,或调增年平均会计收益;而对盈利能力质量较低的,则需要对以前年度的盈利能力平均增长率打折后,才能作为计算企业价值所用的年平均增长率或调减年平均会计收益。这样,既可以使对会计收益的预测简化,又可以得到较正确的预测结果。

当然,上述的无论现金流量折现模型还是年会计收益资本化模型都是建立在较长期或无限期折现基础之上的,其假定条件难以全部成立,对模型中各因素的预测也难以准确,因此这两类模型在实际运中均会遇到不少问题,难以准确反映企业的真实价值。正因为如此,才有不少的学者致力于建立新的企业价值评估模型。这些模型主要包括资本资产定价模型、套利定价理论、期权定价模型等,这些模型与利用会计信息作为确定企业价值的基础的思路不同,它们可以完全不考虑会计信息,而仅根据企业(股票)历史市场价格信息得出资产定价的结论。本书不考虑这种价值评估理论,坚持以会计信息为基础来评估企业价值。

第四节　以企业价值为重心的财务报表分析体系

公司财务报表是由若干不同的数据组成的反映企业经营活动过程和结果的报表。这些数据从不同侧面反映了企业的资产、负债、所有者权益、收入、成本、费用、利润、现金流量等现状,但它并没有直接回答企业的财务状况如何、盈利能力怎样、风险水平高低、经营得失、企业价值大小、企业价格高低等一系列财务报表使用者所关心的问题。因此,需要对财务报表进行分析。

一、财务报表分析应以企业价值为重心

(一)企业价值与各种利益主体之间的关系

在市场经济条件下,企业作为一种商品,本身具有价值和价格,企业价值是决定企业价格的基础,并与企业相关利益主体的经济利益密切相关。这一点可以从与企业相关利益主

体的经济利益来源来分析。与企业相关的利益主体主要包括投资者、债权人、经营者、职工、国家税务机关等。这些不同的利益主体各自的主要利益来源均与企业价值相关。

投资者是企业财务和实物资本投入者,是企业净资产的所有者,其利益来源于资本收益和股利收益。资本收益表现为资本市场上企业资本价格的上扬,股利收益则是企业将获取的利润按一定比例分给投资者的现金或实物资产。这种利益密切地与企业的盈利能力、风险水平、经营效率和发展潜力相关,即与企业价值大小相关。

债权人是企业债务的所有者,其利益来源于持有债权的安全完整性和利息收益。首先,债权的安全完整性,与企业的偿债能力和风险水平相关,偿债能力越强,风险水平越低,债权就越安全;其次,债权的利息收益直接与企业盈利能力相关,与企业盈利能力大小成正比。这说明,企业价值与债权人的利益存在着密切关系。

经营者是受企业所有者之托经营企业的专业人士,其利益来源与完成受托责任的好坏相关。受托责任是所有者赋予的,与保证所有者的利益实现相关。所有者的利益与企业价值相关,自然经营者的利益也就与企业价值相关,如资本增值、利润等具体的受托责任指标,都是从某个角度反映企业价值的指标。

职工的利益来源于企业支付的工资、奖金和福利。虽然这些利益不完全与企业价值相关,但是,仍有部分受企业经济效益的影响。当企业经济效益高,可能支付的工资、奖金才会相应提高,提取的职工福利费也才能增加;反之,满足职工利益的基础便难以存在。另外,在现实中职工的身份可能多元化,如职工内部持股的企业,职工既是劳动者又是所有者,这样职工利益来源就更与企业的价值直接相关了。

国家税务机关的利益来源于企业缴纳的各种税金,这些税金既包括与企业营业收入相关的流转税,也包括与企业盈利相关的所得税,还包括与企业财产金额大小相关的财产税,以及与企业资源耗用量相关的资源税等。这说明,国家税收利益与企业的规模、收入、盈利能力等指标密切相关,而这些指标,又是决定企业价值的指标。

上述不同利益主体谋求的利益虽然各有差异,但是企业价值是不同利益主体获取自身利益的前提条件,判断企业价值有利于与企业相关的各个利益主体采取合理的行动、保护自身利益。因此,为了满足不同利益主体的利益需要,财务报表分析应该围绕判断企业价值而展开。

(二)财务报表与企业价值之间的关系

财务报表本身可以视为反映企业价值的报表。这可从不同会计报表的基本内容来考察:

1. 资产负债表与企业价值的关系。

资产负债表的左方反映的是企业拥有的各种资产的价值和总资产的价值;右方反映的是负债和净资产,其中:负债表示债权人应分享企业价值的份额,净资产表示所有者所拥有的企业价值的份额。可以说,资产负债表本身就是通过反映企业在一定时点上的财务状况来揭示企业价值的一种会计报表。

2. 利润表与企业价值的关系。

利润表是反映企业一定时期利润形成情况的报表,盈利能力是构成企业价值的主要因素之一。因此,利润表本身就是通过反映企业一定时期盈利状况来揭示企业价值的会计报表。

3. 现金流量表与企业价值的关系。

现金流量表全面反映了企业在一定时期内现金净流入状况,根据企业价值等于企业未来现金净流入量的折现值这一公式,现金流量是决定企业价值的主要因素之一。因此,现金流量表是通过反映企业现金流入量来揭示企业价值的会计报表。

(三)财务报表分析有利于揭示企业价值

目前,各种财务报表都是按照历史成本法编制的,无法直接根据资产负债表的数据来确定企业价值;此外,由于财务报表是由一系列高度浓缩的指标体系构成,难以直接根据这些财务报表指标直接计算企业价值。因此,要准确推断企业价值,就必须对财务报表进行分析。

具体地说,通过财务报表分析可以将资产负债表中的用历史成本反映的企业各项资产、负债和净资产的取得价值转变为经济价值。对利润表和现金流量表进行分析,可以预测公司未来的盈利情况、现金流量情况,以及相关的风险情况,为判断企业价值提供有用的信息。

企业价值是盈利能力和风险水平的函数,企业的收入、成本、费用、资产结构、资金来源结构等因素决定了企业的盈利能力和风险水平。通过对财务报表的分析,可以使人们充分认识这些因素现有的特征和未来变化的趋势,有利于分析公司在追求企业价值最大化方面采取各种经营措施的合理性,为评价公司在追求企业价值最大化方面的得失提供可靠的依据,并能为公司进一步的经营行动指明方向。

二、财务报表分析体系

以企业价值分析为中心的财务报表分析体系,应围绕企业盈利能力和风险水平而展开。企业价值有历史价值、现实价值和未来价值之分,企业盈利能力和风险水平相应地也就有历史、现实和未来之分。不过财务报表分析的重点是解析过去,即对历史资料的分析,只有在准确分析历史的基础上才能科学地预测未来。财务报表分析体系如下。

(一)财务报表调整

就财务报表本身来看,它是按历史成本法编制的,随着物价水平的变动,它可能已不能反映企业实际状况,如直接用它进行分析,必然不能准确认识企业真实的盈利能力和风险水平。为了克服这一弊端,就需要将用历史成本法编制的财务报表调整为现值财务报表。调整方法主要有物价指数法和逐项评估法两类。物价指数法是根据物价变动指数将历史成本的会计信息折算为现值会计信息的方法。逐项评估法则是按诸如重置成本、市场价值等分别对各项资产进行评估最后求现值的方法。分析者可以根据自己掌握信息的多少，选用最合适的方法。

（二）盈利能力分析

盈利能力分析是企业价值分析最重要的一个方面。与会计收益相关的盈利能力指标有收入盈利能力、资产盈利能力和净资产盈利能力三大类，每类指标均由若干具体指标组成，从不同侧面反映企业盈利能力方面的特征。与现金流量相关的盈利能力指标，也有相应的收入现金流入能力、资产现金流入能力和净资产现金流入能等三大类，每类指标由若干具体指标所组成，从不同侧面反映企业创造现金流量能力的特征。在传统财务报表分析中，对现金流量分析问题考虑不多，笔者认为主要是由以下原因引起的：一是现金流量资料难以取得；二是对现金流量分析的意义认识不一致。在本书盈利能力分析中，仍坚持传统的以与会计收益相关的盈利能力分析为重点。对与现金流量相关的盈利能力分析，主要建立在现金流量对会计收益的影响方面。

（三）风险水平分析

风险水平分析是企业价值分析的另一个重要方面，其内容包括对经营风险、财务风险和总风险的分析。具体分析指标分为反映盈利能力的不确定性指标和反映偿债能力的不确定性指标两大类。反映收益能力不确定性的指标包括经营杠杆、财务杠杆和综合杠杆等。反映盈利能力不确定性的指标包括流动比率、速动比率、资产负债率、现金覆盖率、利息保障倍数等。需要指出的是，根据财务报表信息只能对企业风险水平进行简略分析，深入分析必须依赖比财务报表更详细的会计账簿资料。

（四）经营效率分析

为了预测企业未来价值，还需要进一步分析企业内部条件。企业内部条件可以简略地概括为人、财、物诸因素。通过深入的财务报表分析，可以为正确认识这些因素提供有用的信息。企业人、财、物诸因素的综合表现可用企业经营效率来反映。企业经营效率主要是企业利用资产的效率，企业经营效率高低直接影响到企业成败，决定了企业盈利能力和风险水平。企业经营效率由资产盈利率指标来表示。对企业经营效率的分析就是对资产盈利率的分析和评价。资产盈利率首先可分解为收入盈利能力与资产周转率之积，然后再根据需要对收入盈利率和资产周转率进行分解。分解可以逐层分解下去，获得若干与认识企业经营效率相关的指标，为深入认识企业经营效率方面的不同特征以及企业盈利能力和风险水平提供极为有用的信息。

（五）管理业绩分析

企业经营效率高低受管理者素质的影响极大，这一点可从同类企业在相同的外部环境下往往表现出极不相同的经营效率得到证明。管理者素质高低，主要表现在管理任务的完成能力以及对外部环境和内部条件变化的应变能力方面。这方面的能力可以通过管理业绩分析来揭示。这种分析不但有利于企业外部人士评价企业,为预测企业未来价值提供有用信息,而且也有利于企业管理者发现内部管理中存在的问题,有的放矢地纠正偏差,避劣趋优。对管理业绩的分析可从两方面进行,首先用因素分析法寻找企业完成或未完成诸如收入、成本、利润、投资、筹资等任务的原因,然后将这些原因与变化的环境相比较,判断管理水平的高低。这里需要强调的是,分析本期实际与本期计划或历史水平差异的原因,只是为判断管理业绩提供基本数据,而更重要的是,要分析管理者在产生这些差异中所起的作用,也就是判断管理者对外部环境和内部条件变化的应变能力。显然,这种分析判断需要掌握诸多环境变化方面的信息,对分析者的要求极高。

（六）企业未来价值预测

1. 预测企业未来价值的数学方法。

从投资者和债权人角度看,掌握企业未来价值有着极为重要的意义。只有企业未来价值增大,相应导致企业未来价格上扬时,投资者才能获得实在的投资收益,债权人信贷的安全完整才能够有实在的保障。企业未来价值受企业外部环境和内部条件的影响。企业外部环境包括宏观财政金融政策、科学技术发展水平、市场状况、法律状况等因素,对这些因素的分析已超出了财务报表分析的内容,不应将它列入财务报表分析之中。在预测企业未来价值时,一般只需将宏观因素作为预测模型的变量处理,而不要求对这些因素进行预测。在确定企业外部环境变量和把握企业内部条件以后,就可对企业未来价值进行预测了。

预测企业未来价值的传统数学方法主要可分为两大类:一是趋势分析法,二是技术经济法。趋势分析法主要是利用历史报表资料,按某种方法建立企业盈利能力和风险水平等的函数,并用该函数去外推未来。趋势分析法最典型和常用的方法是诸如一元或多元性线或非线性回归法。该类方法的优点是简单,缺点是难以充分考虑外部环境变化的影响,准确程度不高。技术经济法是在充分考虑外部环境对内部条件影响的基础上,根据变化了的情况来预测未来。该类常用方法有逐项预测最后合成法、计量经济学模型整体模拟法等。该类方法的优点是考虑问题全面,预测精度较高,缺点是复杂。一般而言,趋势分析法只适用于企业外部环境和内部条件变化不大的情况,而技术经济法则适用于各种情况,趋势分析法只是技术经济法的简化而已。

2. 预测企业未来价值的调整方法。

用数学方法来预测企业价值虽然貌似科学,但是这些方法都是建立在对未来盈利能力和风险水平预测基础上的。在现实中要准确预测影响企业价值的各种因素可以说是不现实的。因此,有必要寻找更简单、更实用、更准确地估计企业未来价值的方法。

笔者认为,用调整企业现有盈利能力和风险水平的方法,来评估企业价值是一种可行的方法。通过对财务报表的分析,可以对现有的盈利能力和风险水平进行正确的调整。对现有盈利能力和风险水平的调整主要是根据企业现实的盈利能力构成、经营效率和管理水平高低等情况配合企业的外部环境来进行。因为,企业现实的盈利能力构成,经营效率和管理水平高低等情况可以在很大程度上揭示企业未来盈利能力和风险水平变化趋势。盈利能力指标的构成指标可以揭示企业财务风险、企业对风险的态度、信用程度和理财行为等方面的状况,而这些状况会直接影响到企业未来盈利能力和风险水平变化趋势。企业经营效率是指企业资产的运用效率,企业管理水平是指企业对外部环境的适应能力和对内部资源的组织运用能力,企业经营效率和管理水平高低必然会对企业未来的盈利能力和风险水平产生直接影响。

在把握企业现实的盈利能力构成、经营效率和管理水平高低等情况后,就可以对企业现有盈利能力和风险水平进行适当的调整,以求得估计企业价值所需的企业未来的盈利能力和风险水平。企业盈利能力构成、经营效率和管理水平对企业未来盈利能力和风险水平的影响可以表述如下:当一个企业盈利能力构成稳健、经营效率和管理水平高时,该企业的未来盈利能力就会保持较大的稳定性,即该企业面对的盈利能力变化风险就会降低,该企业所面临的偿债能力的不确定性风险也会相应降低。反之,当一个企业盈利能力构成欠稳健、经营效率和管理水平不高时,该企业未来的盈利能力就必然缺乏稳定性,所面临的偿债风险也会相应地增加。对现有盈利能力和风险水平调整的基本目的,就是确认企业未来的平均盈利能力和风险水平,以便于用财务报表直接对企业价值进行估价。

在对财务报表进行上述分析后,就可以结合企业外部环境来估计企业价值了。估计的基本方法首先是将不同风险水平的盈利能力换算为同风险水平的盈利能力,以确定估计企业价值的平均盈利额和折现率;然后再根据调整后的平均盈利额和折现率,按下式确定企业价值(即公式 5):

$$企业价值 = \frac{年均会计收益}{社会同风险平均收益率}$$

利用调整企业现有盈利能力和风险水平评估企业价值方法的财务报表分析体系的逻辑关系可用图 1-2 简示:

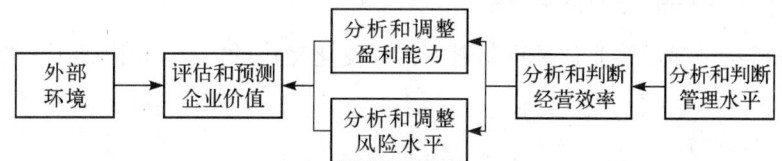

图 1-2　利用财务报表评估企业价值的逻辑关系图

按照这种方法评估企业价值,可以克服预测未来盈利能力和风险水平的难题,使企业价值的评估简单化。本书以后各章就围绕着这个思路而展开。

三、广义与狭义财务报表分析体系

财务报表分析体系可按与财务报表关系的密切程度,分为狭义和广义的财务报表分析体系。狭义财务报表分析体系是以揭示现实的企业价值和内部条件为目的的分析体系,该体系由财务报表调整、盈利能力分析、风险水平分析、经营效率分析和管理业绩分析几大部分组成。广义财务报表分析体系是以揭示企业现实价值和预测企业未来价值为目的的分析体系,该体系除包含狭义分析体系的全部内容外,还包含企业未来价值预测方面的内容。以企业价值分析为重心的财务报表分析体系,如图1-3所示:

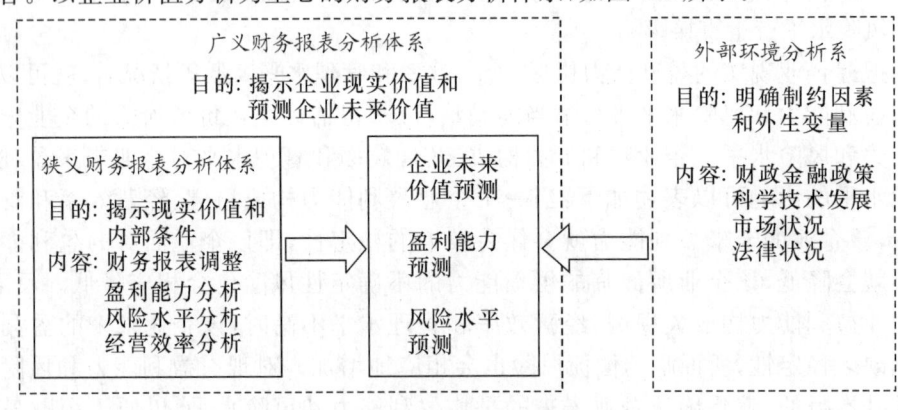

图 1-3　财务报表分析体系图

本书只讨论狭义财务报表分析体系的问题,对企业未来价值的预测问题则不予讨论。其原因是该部分内容从学科上划分应列入财务预测学中更为合理。

第五节　财务报表分析的基本方法

财务报表分析的方法多种多样,但是最基本的方法可以分为趋势分析法和比率分析法两大类。这里简要讨论这两类基本的方法。

一、财务报表趋势分析方法

趋势分析法是揭示企业各种重要财务指标变化趋势的方法,它由如下一些基本方法所组成。

(一)比较分析法

进行趋势分析的基础是编制比较财务报表。比较财务报表是将若干期同企业财务报表按时间顺序排列而成的报表。通过该表可以一目了然地看出各项目在不同时期的状况,有利于不同期间的比较并计算差异,确定分析重点,探询差异产生的原因,分析各个项目发展和变化的趋势。现行对外财务报表就是比较财务报表,只不过比较期间只有两期和比较内容只有绝对数而已。如表 1-1 所示:

表 1-1　　　　　　　　　　　　比较资产负债表

金额单位:万元

项　　目	2011 年	2012 年	2013 年	2014 年	2015 年	2016 年
资产						
流动资产	200	220	250	280	300	330
长期投资	50	60	80	100	100	110
固定资产	300	340	400	400	450	480
无形资产	50	40	80	70	100	80
资产合计	600	660	810	850	950	1 000
负债与权益						
流动负债	100	120	210	180	220	180
长期负债	200	200	200	250	250	300
所有者权益	300	340	400	420	480	520
负债与权益合计	600	660	810	850	950	1 000

有了比较财务报表,就可以方便地计算出各个项目不同时期的增减变化状况,为进一步查明不同项目变化的原因奠定基础。下面以 2011 年和 2012 年两年的数据为基础,计算 2012 年各项财务指标增减变化的绝对额和增减变化百分比,如表 1-2 所示:

表 1-2　　　　　　　　　　　　比较资产负债表

金额单位:万元

项　　目	2011 年	2012 年	比上年增减绝对额	比上年增减变化率
资产				
流动资产	200	220	20	10.00%
长期投资	50	60	10	20.00%
固定资产	300	340	40	13.33%
无形资产	50	40	—10	—20.00%
资产合计	600	660	60	10.00%
负债与权益				
流动负债	100	120	20	20.00%
长期负债	200	200	0	0.00%
所有者权益	300	340	40	13.33%
负债与权益合计	600	660	60	10.00%

(二)动态比率法

动态比率法是对比较财务报表中不同时期的各个指标进行比较分析。按照比较时所采

用的基数不同,动态比率指标又分为定基动态比率和环比动态比率两种。具体计算公式如下:

$$定基动态比率＝分析期数额÷固定基期数额$$

$$环比动态比率＝分析期数额÷前期数额$$

根据表1-1资料,如果以2011年资料为基期,那么可以计算出该企业的定基动态比率表,如表1-3所示:

表 1-3　　　　　　　　　**定基动态比率资产负债表**

单位:%

项　　　目	2011 年	2012 年	2013 年	2014 年	2015 年	2016 年
资产						
流动资产	100.0	110.0	125.0	140.0	150.0	165.0
长期投资	100.0	120.0	160.0	200.0	200.0	220.0
固定资产	100.0	113.3	133.3	133.3	150.0	160.0
无形资产	100.0	80.0	160.0	140.0	200.0	160.0
资产合计	100.0	110.0	135.0	141.7	158.3	166.7
负债与权益						
流动负债	100.0	120.0	210.0	180.0	220.0	180.0
长期负债	100.0	100.0	100.0	125.0	125.0	150.0
所有者权益	100.0	113.3	133.3	140.0	160.0	173.3
负债与权益合计	100.0	110.0	135.0	141.7	158.3	166.7

根据表1-1资料,如果以2011年资料为100%,其余各年分别以上一年为基期,那么可以计算出该企业的环比动态比率表,如表1-4所示:

表 1-4　　　　　　　　　**环比动态比率资产负债表**

单位:%

项　　　目	2011 年	2012 年	2013 年	2014 年	2015 年	2016 年
资产						
流动资产	100.0	110.0	113.6	112.0	107.1	110.0
长期投资	100.0	120.0	133.3	125.0	100.0	110.0
固定资产	100.0	113.3	117.6	100.0	112.5	106.7
无形资产	100.0	80.0	200.0	87.5	142.9	80.0
资产合计	100.0	110.0	122.7	104.9	111.8	105.3
负债与权益						
流动负债	100.0	120.0	175.0	85.7	122.2	81.8
长期负债	100.0	100.0	100.0	125.0	100.0	120.0
所有者权益	100.0	113.3	117.6	105.0	114.3	108.3
负债与权益合计	100.0	110.0	122.7	104.9	111.8	105.3

（三）趋势分析法

　　如果有多期的财务报表，还可以运用回归分析等技术方法，对财务报表中各个项目的变化趋势进行预测，使人们能更有效地分析企业现在存在的问题和更好地预测今后的发展趋势。其基本的计算公式如下：

$$Y=A+BX$$

$$A=\frac{\sum Y-B\sum X}{N}$$

$$B=\frac{N\sum XY-\sum X\sum Y}{N\sum X^2-(\sum X)^2}$$

　　上述计算结果，即 X 与 Y 之间是否存在着线性关系，可以用下式检验：

$$R=\frac{XY-N\bar{X}\bar{Y}}{\sqrt{\left[\sum X^2-N(\bar{X})^2\right]\left[\sum Y^2-N(\bar{Y})^2\right]}}$$

　　根据表 1-1 资料，如果以时间为自变量，利用计算机求解，那么可以得到如下的不同项目的预测函数和相关系数。

　　流动资产预测函数和相关系数如下：

$$y=26.286x+171.33$$
$$R^2=0.9965$$

　　长期投资预测函数式和相关系数如下：

$$y=12.571x+39.333$$
$$R^2=0.9429$$

　　固定资产预测函数和相关系数如下：

$$y=35.143x+272$$
$$R^2=0.967$$

　　无形资产预测函数和相关系数如下：

$$y=9.1429x+38$$
$$R^2=0.6095$$

　　资产合计预测函数和相关系数如下：

$$y=83.143x+520.67$$
$$R^2=0.9765$$

　　流动负债预测函数和相关系数如下：

$$y=19.143x+101.33$$
$$R^2=0.5489$$

　　长期负债预测函数和相关系数如下：

$$y=20x+163.33$$
$$R^2=0.84$$

所有者权益预测函数和相关系数如下：
$$y=44x+256$$
$$R^2=0.9906$$

负债及权益预测函数和相关系数如下：
$$y=83.143x+520.67$$
$$R^2=0.9765$$

当然，在进行趋势分析时，应该充分注意到各个时期不同项目之间的可比性，并对非正常的项目作必要的调整，使分析结果尽可能接近实际。

二、财务报表分析的比率法

财务报表分析的比率法是用比率来反映同一张财务报表的不同项目之间、不同类别之间或不同财务报表的有关项目之间的关系，以把握企业的财务状况和盈利能力。财务报表的比率分析法又可以进一步分为编制百分比财务报表和计算财务比率两类方法。

（一）百分比财务报表

财务报表的百分比法是将某一关键项目（如资产总额、资金来源总额、营业收入、经营现金流入量等）的金额定为100%，然后用财务报表各项目的金额除以财务报表中的这一关键项目金额，求出各个项目与关键项目之间的百分比，而得到的反映企业资产、资金来源结构、营业收入、经营现金流量等构成状况的财务报表。根据表1-1资料可以编制出该企业的百分比资产负债表，如表1-5所示：

表 1-5　　　　　　　　百分比资产负债表

单位：%

项　　目	2011年	2012年	2013年	2014年	2015年	2016年
资产						
流动资产	33.33	33.33	30.86	32.94	31.58	33.00
长期投资	8.33	9.09	9.88	11.76	10.53	11.00
固定资产	50.00	51.52	49.38	47.06	47.37	48.00
无形资产	8.33	6.06	9.88	8.24	10.53	8.00
资产合计	100.00	100.00	100.00	100.00	100.00	100.00
负债与权益						
流动负债	16.67	18.18	25.93	21.18	23.16	18.00
长期负债	33.33	30.30	24.69	29.41	26.32	30.00
所有者权益	50.00	51.52	49.38	49.41	50.53	52.00
负债与权益合计	100.00	100.00	100.00	100.00	100.00	100.00

编制百分比财务报表,可以消除不同公司绝对指标无法直接相比较的缺点,使不同行业或不同企业的财务报表建立在一个可以相互比较的基础上,因此,百分比财务报表又叫同基础财务报表或共同可比财务报表。百分比财务报表有利于揭示企业在生产经营方面的特征,有利于评价企业经营方面的优劣和得失。在实际分析中,可以将百分比和比较财务报表合二为一,既可以看出各项目绝对金额的变化,又可以看出其相对数的变化,为分析提供方便。

（二）财务比率

财务比率是同一财务报表或不同财务报表中两个相关项目之间的比率。财务比率是一个相对数,可以运用于同一企业不同时间之间的比较、同一行业中的不同公司之间的比较,甚至不同行业企业之间的比较。用企业财务比率同诸如计划、历史、行业等标准比率相比较,可以用来揭示公司各个财务项目关系的合理性,可以评价企业生产经营方面的得失,为进一步的分析指明方向。财务比率分析可以发现企业存在的许多问题,是财务报表分析中最重要的分析方法。

财务比率指标可以分为结构比率、效率比率和相关比率三类。结构比率是反映分子包含在分母中的局部经济指标与以分母表示的总体经济指标关系的比率。效率比率是反映经济活动所费与所得的比率,它体现的是企业投入与产出的关系。相关比率是指除结构比率和效率比率之外的反映两个相关指标关系的财务比率,如流动比率、速动比率等。有关比率分析的问题,本书将在以后有关章节中讨论。

财务比率都是一个分数,有分子和分母。根据习惯,对财务比率的称呼一般有"什么什么率"和"什么与什么比率"两类。在"什么什么率"的称呼中,第一个什么是指的分母,第二个什么则是指的分子,比如资产负债率,净资产收益率等。"什么什么比率"则相反,在这种称呼中,第一个什么是指的分子,第二个什么才是分母,比如负债与资产的比率,收益与净资产的比率等等。

习　题

【复习思考题】

1. 如何理解会计信息的基本特征?
2. 怎样理解财务报表是会计信息的主要载体?
3. 怎样认识财务报表对资金市场的影响?
4. 财务报表是怎样影响到企业价值、价格和企业未来发展的?
5. 企业价值基本评估模型由哪些基本的因素所构成?
6. 财务报表分析的目的是什么?

7. 怎样理解财务报表分析体系？

8. 财务报表分析的基本方法有哪些？

【计算题】

（一）资料

表 1-6　　　　　　　　　　　　　比较资产负债表

金额单位：万元

项　　　目	2011 年	2012 年	2013 年	2014 年	2015 年	2016 年
资产						
流动资产	180	200	240	260	300	330
长期投资	50	60	60	100	80	120
固定资产	200	300	330	360	400	440
无形资产	20	40	60	80	100	80
资产合计	450	600	690	800	880	970
负债与权益						
流动负债	100	150	190	220	210	230
长期负债	150	200	200	220	250	260
所有者权益	200	250	300	360	420	480
负债与权益合计	450	600	690	800	880	970

（二）要求

1. 分别以上年和本年的数据为基础，计算各年各项财务指标增减变化的绝对额和增减变化百分比。

2. 编制定基动态比率表。

3. 编制环比动态比率表。

4. 进行趋势分析，为不同项目建立相应的预测函数，并求其相关系数。

5. 编制百分比财务报表。

第二章 主要财务报表及其附注

【本章提要】 财务报表是对企业财务状况、经营成果和现金流量的结构性表述。财务报表至少应当包括资产负债表、利润表、现金流量表、所有者权益(或股东权益)变动表、附注等五个部分。要对财务报表进行深入的分析,首先得充分认识财务报表,本章以我国企业会计准则为基础,以东方股份有限公司为例重点讨论前三大财务报表及其相关明细表。这些财务报表也是本书以后各章分析的基本资料。

【学习目标】 通过本章学习,要求掌握和了解如下内容:(1)了解财务报表编制的基本规定;(2)掌握资产负债表及其附注的基本内容;(3)掌握利润表及其附注的基本内容;(4)掌握现金流量表及其附注的基本内容;(5)理解财务状况变动表的分类;(6)理解财务报表附注的意义和内容。

第一节 财务报表编制的基本规定

一、财务报表的基本内容

按我国《企业会计准则第30号——财务报表列报》规定,财务报表是对企业财务状况、经营成果和现金流量的结构性表述。财务报表至少应当包括下列内容:① 资产负债表;② 利润表;③ 现金流量表;④ 所有者权益(或股东权益)变动表;⑤ 附注等五个部分。企业必须按照会计准则的规定对资产、负债、收益和费用的定义和确认标准,如实反映交易与其他情况的影响,必要时提供附注说明,使财务报表的列报包含的内容更为公允。

二、财务报表编制的基础

企业应当以持续经营为基础,根据实际发生的交易和事项,按照会计准则的规定进行确认和计量,在此基础上编制财务报表。企业不应以附注披露代替确认和计量。以持续经营为基础编制财务报表不再合理的,企业应当采用其他基础编制财务报表,并在附注中披露这一事实。

在编制财务报表之前,企业管理层首先要评估企业的持续经营能力。如果企业管理层对持续经营能力产生重大怀疑的,应当在附注中披露导致对持续经营能力产生重大怀疑的影响因素。如果企业正式决定或被迫在当期或将在下一个会计期间进行清算或停止营业的,表明企业处于非持续经营状态,应当采用其他基础编制财务报表,并在附注中声明财务报表未以持续经营为基础列报、披露未以持续经营为基础列报的原因和财务报表的编制基础。

除现金流量表外,企业应按权责发生制会计编制财务报表。

三、财务报表列报的基本原则

(一)重要性原则

财务报表的编制应该遵从重要性原则。性质或功能不同的项目,需要在财务报表中单独列报,但不具有重要性的项目除外。性质或功能类似的项目,其所属类别具有重要性的,应当按其类别在财务报表中单独列报。

重要性是指财务报表某项目的省略或错报会影响使用者据此作出经济决策的,该项目具有重要性。重要性应当根据企业所处环境,从项目的性质和金额大小两方面予以判断。判断项目性质的重要性,应当考虑该项目的性质是否属于企业日常活动等因素;判断项目金额大小的重要性,应当通过单项金额占资产总额、负债总额、所有者权益总额、营业收入总额、营业成本总额、净利润等直接相关项目金额的比重加以确定。

(二)可比性原则

财务报表项目的列报和分类应当在各个会计期间保持一致,不得随意变更。除非会计准则要求改变,或会计主体的经营性质发生重大变化,改变后的列报能够提供更可靠的,且对财务报告使用者更相关的信息,同时不损害可比信息。

当期财务报表的列报,至少应当提供所有列报项目上一可比会计期间的比较会计信息,以及与理解当期财务报表相关的说明。财务报表项目的列报发生变更的,应当对上期比较数据按照当期的列报要求进行调整,并在附注中披露调整的原因和性质,以及调整的各项目金额。对上期比较数据进行调整不切实可行的,应当在附注中披露不能调整的原因及对财务报告使用者决策带来的相关影响。所谓不切实可行,是指企业在作出所有合理努力后仍然无法采用某项规定。

(三)财务报表相互抵销规则

财务报表中的资产项目和负债项目的金额、收入项目和费用项目的金额不得相互抵销,但其他会计准则另有规定的除外。单独列报资产和负债、收益和费用以便使用者更易理解已发生的交易、其他事项的情况,以及评估主体未来的现金流量。

资产项目按扣除减值准备后的净额列示,不属于抵销。比如:存货跌价准备、应收账款坏账准备、非流动资产处置产生的利得与损失,按处置收入扣除该资产账面金额与相关销售费用后的余额列报。同类交易形成的交易与损失以净额列报。若这些利得与损失是重要的,则应单独列报。

非日常活动产生的损益,以收入扣减费用后的净额列示,不属于抵销。

(四)财务报表必须披露的项目

企业在财务报表的显著位置至少披露下列各项:① 编报企业的名称;② 资产负债表日或财务报表涵盖的会计期间;③ 人民币金额单位;④ 财务报表是合并财务报表的,应当予以标明。

企业至少应当按年编制财务报表。年度财务报表涵盖的期间短于一年的,应当披露年度财务报表的涵盖期间,以及短于一年的原因。

四、个别财务报表和合并财务报表

财务报表还有个别财务报表与合并财务报表的区别。所谓合并财务报表,是指反映母公司和其全部子公司形成的企业集团整体财务状况、经营成果和现金流量的财务报表。合并财务报表是以母公司和其子公司的财务报表为基础,根据其他有关资料,按照权益法调整对子公司的长期股权投资后,由母公司编制。合并财务报表是集团公司财务报表分析的基础。由于个别财务报表与合并财务报表的分析方法差异不大,因此,就不专门讨论合并财务报表的分析问题。

第二节　资产负债表及其附注

完整的资产负债表体系由资产负债表和资产负债表附注所组成,本节将以我国会计准则为基础,详细介绍资产负债表体系。

一、资产负债表格式

资产负债表是反映企业一定时点财务状况的会计报表。它是根据"资产＝负债＋所有者权益"这一基本公式,依照一定的分类标准和一定的次序,把企业在一定日期的资产、负债、所有者权益项目予以适当排列编制而成的。

资产负债表有三种格式:报告式、财务状况式和账户式。

(一)报告式

资产负债表的报告式,指垂直列示资产、负债和所有者权益项目的一种格式,即上资产、下权益的格式。该种格式还可以进一步分为"资产＝权益"式和"资产－负债＝所有者权益"式两种形式。如表 2-1、2-2 所示:

1. "资产＝权益"式。

表 2-1　　　　　　　　　　"资产＝权益"报告式资产负债表

项　　　　目	金　　　　额
资产	
流动资产	
非流动资产	
资产总计	
权益	
负债	
流动负债	
非流动负债	
负债合计	
所有者权益	
实收资本	
资本公积	
盈余公积	
未分配利润	
所有者权益合计	
权益总计	

2. "资产－负债＝所有者权益"式。

表 2-2　　　　　　　　"资产－负债＝所有者权益"报告式资产负债表

项　　　　目	金　　　　额
资产	
流动资产	
非流动资产资产	
资产总计	
减：负债	
流动负债	
非流动负债	
负债合计	
所有者权益	
实收资本	
资本公积	
盈余公积	
未分配利润	
所有者权益合计	

报告式便于编制比较资产负债表,可在一张表中平行列示连续的若干期资产负债表,而且易于使用括弧旁注方式注明某些特殊项目,缺点是资产与权益间的恒等关系并不一目了然。

（二）财务状况式

财务状况式的资产负债表,即在资产负债表中列出营运资本,然后加减其他项目,最后列示所有者权益的一种格式。如表 2-3 所示:

表 2-3　　　　　　　　　**财务状况式资产负债表**

项　　　　目	金　　　额
流动资产	
减：流动负债	
营运资本	
加：非流动资产	
减：非流动负债	
所有者权益	

该格式的好处是直接列示了营运资本信息,并可让报表使用者方便地判断企业的流动性以及清偿流动负债的能力。

（三）账户式

按照"T"形账户的形式设计的资产负债表,将资产列在左边（借方）,负债及所有者权益列在报表右边（贷方）,左（借）右（贷）方总额相等,即为账户式。如表 2-4 所示:

表 2-4　　　　　　　　　**"T"形式账户式资产负债表的格式**

资　　　产	金　　　额	负债及所有者权益	金　　　额
流动资产		流动负债	
货币资金		非流动负债	
应收账款		负债合计	
……			
流动资产合计		所有者权益	
非流动资产		实收资本	
长期投资		资本公积	
固定资产		盈余公积	
……		未分配利润	
非流动资产合计		所有者权益合计	
资产总计		负债及所有者权益总计	

二、资产负债表内容

按我国《企业会计准则第 30 号——财务报表列报》规定,资产和负债应当分别按流动资产和非流动资产、流动负债和非流动负债列示。

资产负债表中的资产类至少应当单独列示反映下列信息的项目: ① 货币资金; ② 应收及预付款项; ③ 交易性金融资产; ④ 存货; ⑤ 持有至到期投资; ⑥ 长期股权投资; ⑦ 投资性房地产; ⑧ 固定资产; ⑨ 生物资产; ⑩ 递延所得税资产; ⑪ 无形资产。

资产负债表中的负债类至少应当单独列示反映下列信息的项目: ① 短期借款; ② 应付及预收款项; ③ 应交税费; ④ 应付职工薪酬; ⑤ 预计负债; ⑥ 长期借款; ⑦ 长期应付款; ⑧ 应付债券; ⑨ 递延所得税负债。

资产负债表中的所有者权益类至少应当单独列示反映下列信息的项目: ① 实收资本(或股本); ② 资本公积; ③ 盈余公积; ④ 未分配利润。在合并资产负债表中,应当在所有者权益类单独列示少数股东权益。

资产负债表中的资产按流动性大小排列,流动性大的资产排在前,小的排在后;负债按偿债期长短排列,流动性负债排在前,长期性负债排在后;所有者权益按稳定性排列,稳定性强的排在前,稳定性差的排在后。其基本格式如表 2-5 所示:

表 2-5　　　　　　　东方股份有限公司资产负债表

2014 年 12 月 31 日　　　　　　　　　　金额单位:万元

资　　　　产	年初数	年末数	负债及所有者权益	年初数	年末数
流动资产:			流动负债:		
货币资金	905	850	短期借款	10 750	14 050
交易性金融资产	102	50	应付票据	1 500	1 700
应收票据	2 200	2 180	应付账款	2 200	4 156
应收账款净额	4 400	5 470	应付职工薪酬	580	650
其他应收款	280	200	应交税费	500	800
存货净额	20 800	23 800	应付股利	1 100	1 300
其中: 材料	10 000	8 200	其他应付款	150	200
在制品	6 200	6 750	预提费用	100	200
产成品	4 600	8 850	一年内到期的非流动负债		
待摊费用	150	200	流动负债小计	16 880	23 056
流动资产合计	28 837	32 750	非流动负债:		
非流动资产:			长期借款	4 700	2 700
长期股权投资净额	500	1 400	应付债券	700	606
固定资产:			预计负债		
固定资产原价	32 000	35 000	非流动负债小计	5 400	3 306

（续表）

资　　　产	年初数	年末数	负债及所有者权益	年初数	年末数
流动资产：			流动负债：		
减：累计折旧	9 098	10 598	负债合计	22 280	26 362
固定资产净值	22 902	24 402	所有者权益		
在建工程	3 000	3 300	优先股本	2 000	2 000
固定资产小计	25 902	27 702	普通股本	12 000	12 000
无形资产及其他资产：			资本公积	16 100	16 100
无形资产	1 300	1 150	盈余公积	3 420	4 738
递延资产	200	150	未分配利润	939	1 952
无形及其他资产小计	1 500	1 300	所有者权益合计	34 459	36 790
非流动资产合计	27 902	30 402			
资产总计	56 739	63 152	负债及所有者权益总计	56 739	63 152

三、资产负债表附注

虽然上述资产负债表反映了一个企业资产、负债及所有者权益的整体情况，可以提供诸如企业拥有的经济资源、承担的债务、股东在企业中拥有的权益等信息；但是，反映还欠明细，特别是不能反映表中各具体项目的组成及其变化情况。为了弥补这一不足，需要以附注的形式对表内各具体项目进一步说明。附注应采用文字说明与明细表相结合的方法表述。

附注项目可根据重要性原则来确定，对理解资产负债表有重要影响的项目应重点披露，对一般的项目则可合并披露或甚至省略。在内容揭示方面，也可以根据重要性原则来加以确定。例如，对应收账款项目的附注，既可以按债务人名称揭示，也可以按应收账款账龄长短分类揭示。当然，对一些项目，既可以揭示其明细分类，又可揭示它们的本期发生额。总之，附注的目的是为了方便报表使用者对报表的理解和分析。以下所列东方股份有限公司资产负债表附注，仅以主表中各项目的明细表表示，文字说明全部省略。东方股份有限公司资产负债表附注如表 2-6 至 2-26 所示：

1. 货币资金明细表。

表 2-6　　　　　　　　　　　货币资金明细表

金额单位：万元

类　　　别	金　　　额
现　　金	50
银行存款	800
合　　计	850

2. 短期投资明细表。

表 2-7　　　　　　　　　　**交易性金融资产明细表**

金额单位：万元

类　　　别	金　　　额
短期国库券	50
合　　　计	50

3. 应收票据明细表。

表 2-8　　　　　　　　　　**应收票据明细表**

金额单位：万元

类　　　别	出票日期	到期日	金　　　额
银行承兑汇票	2014.9.15	2015.3.15	500
商业承兑汇票	2014.11.1	2015.2.1	300
……	…	…	…
合　　　计	—	—	2 180

4. 应收账款账龄分类明细表。

表 2-9　　　　　　　　　　**应收账款账龄分类明细表**

金额单位：万元

账　　　龄	2013.12.31	2014.12.31
1 年以内	3 000	3 800
1～2 年	800	1 000
2～3 年	400	420
3 年以上	200	250
合　　　计	4 400	5 470

5. 其他应收款账龄分类明细表。

表 2-10　　　　　　　　　　**其他应收款账龄分类明细表**

金额单位：万元

账　　　龄	2013.12.31	2014.12.31
1 年以内	280	200
合　　　计	280	200

6. 存货明细表。

表 2-11　　　　　　　　　　　　存货明细表

金额单位：万元

类　　　别	2013.12.31	2014.12.31
原材料	10 000	8 200
在制品	6 200	6 750
产成品	4 600	8 850
合　　计	20 800	23 800

7. 待摊费用明细表。

表 2-12　　　　　　　　　　　待摊费用明细表

金额单位：万元

项　　目	期初余额	本期增加	本期减少	期末余额
物料消耗	100	120	140	80
……	…	…	…	…
合　　计	150	350	300	200

8. 长期股权投资明细表。

表 2-13　　　　　　　　　　长期股权投资明细表

金额单位：万元

被投资公司名称	注册资本	实际投资	持股比例
长江电子公司	500	200	40%
八达实业公司	1 000	500	50%
……	…	…	…
合　　计		1 400	

9. 固定资产及累计折旧明细表。

表 2-14　　　　　　　　　固定资产及累计折旧明细表

金额单位：万元

项　　目	期初余额	本期增加	本期减少	期末余额
一、原值				
房屋及建筑物	20 000	0	0	20 000
机器设备	5 000	2 500	500	7 000
电子设备	4 000	1 000	0	5 000
运输工具	2 000	0	0	2 000
其他	1 000	0	0	1 000

（续表）

项　　目	期初余额	本期增加	本期减少	期末余额
合　　计	32 000	3 500	500	35 000
二、累计折旧				
房屋及建筑物	4 400	400	0	4 800
机器设备	2 500	500	0	3 000
电子设备	1 200	400	0	1 600
运输工具	668	167	0	835
其他	330	33	0	363
合　　计	9 098	1 500	0	10 598
三、净值	22 902	—	—	24 402

10. 在建工程。

表 2-15　　　　　　　　　　**在建工程**

金额单位：万元

项　　目	期初余额	本期增加	本期减少	期末余额	工程进度
自动化生产线	3 000	300	0	3 300	90%
合　　计	3 000	300	0	3 300	—

11. 无形资产明细表。

表 2-16　　　　　　　　　　**无形资产明细表**

金额单位：万元

项　　目	期初余额	本期增加	本期减少	期末余额
专利权	105	0	15	90
土地使用权	1 195	0	135	1 060
合　　计	1 300	0	150	1 150

12. 递延资产明细表。

表 2-17　　　　　　　　　　**递延资产明细表**

金额单位：万元

项　　目	期初余额	本期增加	本期减少	期末余额
开办费	60	0	20	40
经营租入固定资产	140	0	30	110
改良开支	0	0	0	0
合　　计	200	0	50	150

13. 短期借款明细表。

表 2-18　　　　　　　　　　短期借款明细表

金额单位：万元

贷 款 单 位	贷 款 金 额	期　　限	利　　率	贷款条件
中国工商银行深圳分行	3 000	2013.3.15～2014.3.15	7%	抵押
中国银行深圳分行	5 500	2013.10.1～2014.4.1	8.4%	信用
……	…	…	…	…
合　　计	14 050	—	—	—

14. 应付票据明细表。

表 2-19　　　　　　　　　　应付票据明细表

金额单位：万元

应 付 单 位	金　　额	期　　限
飞能电工公司	700	2013.10.22～2014.1.23
……	…	…
合　　计	1 700	

15. 应付账款明细表。

表 2-20　　　　　　　　　　应付账款明细表

金额单位：万元

应付单位名称	金　　额
双燕真空电子公司	825
四方化学品公司	1 005
……	…
合　　计	4 156

16. 应交税费明细表。

表 2-21　　　　　　　　　　应交税费明细表

金额单位：万元

项　　　目	金　　额
应交产品销售税金	800
合　　计	800

17. 其他应付款明细表。

表 2-22　　　　　　　　　　其他应付款明细表

金额单位：万元

应付单位名称	金　　额
上海赛金研究所	100
合　　计	100

18. 预提费用明细表。

表 2-23　　　　　　　　　　预提费用明细表

金额单位：万元

项　　目	期初余额	本期增加	本期减少	期末余额
设备大修理费	50	35	0	75
......	...	...	...	...
合　　计	100	100	0	200

19. 长期借款明细表。

表 2-24　　　　　　　　　　长期借款明细表

金额单位：万元

贷款单位	贷款金额	期　　限	利　率	贷款条件
双燕真空电子公司	825	2013.5.5～2019.5.5	8%	抵押
四方化学品公司	1 005	2012.8.6～2018.8.6	9%	抵押
......	...	...	...	...
合　　计	2 700			

20. 长期债券明细表。

表 2-25　　　　　　　　　　长期债券明细表

金额单位：万元

债券种类	面　值	期　　限	利　率	发行条件
五年期债券	606	2010.9.20～2015.9.20	7%	抵押
合计	606			

21. 股本。

表 2-26　　　　　　　　　　股　　本

金额单位：万元

项　　目	期初数	本期增加	本期减少	期末数
一、优先股	2 000			2 000
（面值 10 元/股股利率 10%）				
优先股合计	2 000			2 000
二、普通股				
（面值 1 元/股）				
1. 尚未流通股份	6 000			6 000
2. 已流通股份	6 000			6 000
普通股合计	12 000			12 000

第三节　利润表和相关明细表

完整的利润表体系也是由利润表和利润表附注所组成。为了讨论问题的方便,本节将目前已经不纳入对外报表体系的成本报表也作为利润表的附注列示在利润表后。

一、利润表

(一)利润表的基本格式

利润表又称损益表或收益表,是反映企业在一定时期经营活动成果的会计报表。利润分配表则是反映企业利润分配情况的会计报表。

利润表的格式有单步式和多步式之分。所谓单步式利润表,就是按总收入一次减去一切成本(费用)的方法来计算利润。所谓多步式利润表,是将收益和成本(费用)划分为若干种类型,按步骤依次计算出毛利、营业利润、利润总额的利润表。单步式的优点是简化,而缺点是提供的信息不足。多步式的优点是信息量丰富,而缺点是理解较困难。目前我国会计采用多步式的利润表。

(二)利润表的基本内容

按照我国《企业会计准则第 30 号——财务报表列报》规定,利润表至少应当单独列示反映下列信息的项目:① 营业收入;② 营业成本;③ 营业税金及附加;④ 管理费用;⑤ 销售费用;⑥ 财务费用;⑦ 投资收益;⑧ 公允价值变动收益;⑨ 资产减值损失;⑩ 非流动资产处置损益;⑪ 所得税费用;⑫ 净利润。

财政部在 2009 年[2009]8 号文《企业会计准则解释第 3 号》第七条中提出了"综合收益"的概念,规定:

(1)企业应当在利润表"每股收益"项下增列"其他综合收益"项目和"综合收益总额"项目。"其他综合收益"项目,反映企业根据企业会计准则规定未在损益中确认的各项利得和损失扣除所得税影响后的净额。"综合收益总额"项目,反映企业净利润与其他综合收益的合计金额。

(2)企业应当在附注中详细披露其他综合收益各项目及其所得税影响,以及原计入其他综合收益、当期转入损益的金额等信息。

(3)企业合并利润表也应按照上述规定进行调整。在"综合收益总额"项目下单独列示"归属于母公司所有者的综合收益总额"项目和"归属于少数股东的综合收益总额"项目。

(4)企业提供前期比较信息时,比较利润表应当按照《企业会计准则第 30 号——财务报表列报》第八条的规定处理。

现行的利润表格式如表 2-27 所示:

表 2-27　　　　　　　　　　　　东方股份有限公司利润表

2014 年度　　　　　　　　　　　　　　　　　　　单位:万元

项　　目	上年金额	本年金额
一、营业总收入	120 000	112 100
其中:营业收入	120 000	112 100
利息收入		
手续费及佣金收入		
二、营业总成本	94 000	87 900
其中:营业成本		
营业税金及附加	9200	9 580
销售费用	5 000	3 420
管理费用	2 600	2 700
财务费用	1 100	1 300
资产减值损失		
加:公允价值变动收益(损失以"一"号填列)		
投资收益(损失以"一"号填列)	100	200
其中:对联营企业和合营企业的投资收益		
三、营业利润	8 200	7 400
加:营业外收入	250	250
减:营业外支出	450	150
其中:非流动资产处置损失		
四、利润总额	8 000	7 500
减:所得税费用	2 400	2 250
五、净利润	5 600	5 250
六、每股收益:		
(一)基本每股收益	0.4667	0.4375
(二)稀释每股收益	0.4667	0.4375
七、其他综合收益	5 600	5 250
其中:以后会计期间不能重分类进损益的其他综合收益项目		
以后会计期间在满足规定条件时将重分类进损益的其他综合收益项目		
八、综合收益总额	5 600	5 250
归属于母公司所有者的综合收益总额	5 600	5 250
归属于少数股东的综合收益总额		

二、利润表附注

虽然利润表中所提供的信息对评估投资价值、管理业绩等起着最为重要的作用,但是表中反映的内容仍欠明细。为了便于报表使用者和分析者更深入地认识企业经营成果的特征,也有必要对利润表加以附注说明。附注说明由文字说明和各种项目明细表所组成。一般而言,文字说明应注明企业收入确认、成本计算等方法,项目明细表则应反映各项目的组成内容及其变化状况。在市场竞争日趋激烈的今天,为了保护企业的商业秘密,若干与企业经营秘密有关的信息已不再列示于对外的利润表附注中。这类信息主要有产品销售利润明细信息、产品生产成本信息等。这样就限制了外部会计报表使用者对企业财务状况、盈利能力的深入分析。这种分析目前只局限于内部分析。

为了财务报表分析的完整性,本书所给出的利润表附注资料有些属于不对外公告的内部报表资料,目的是为以后的深入分析提供相关资料。利润表相关项目的明细表如表2-28~2-38所示。

1. 产品销售利润明细表。

表 2-28　　　　　　　　　产品销售利润明细表*

2014 年度　　　　　　　　　　　　　　金额单位:元

产品名称	销售数量（台）	销售收入		销售成本		销售税金		销售利润	
		销售单价	总　额	单位成本	总　额	单位税金	总　额	单位利润	总　额
甲	1 000 000	150	150 000 000	90	90 000 000	15	15 000 000	45	45 000 000
乙	1 900 000	350	665 000 000	290	551 000 000	28	53 200 000	32	60 800 000
子	1 700 000	180	306 000 000	140	238 000 000	18	30 600 000	22	37 400 000
合计	—	—	1 121 000 000	—	879 000 000	—	98 800 000	—	143 200 000

* 该表现为企业内部会计报表,列出是为了以后章节的分析方便。

2. 产品成本表。

(1) 项目别。

表 2-29　　　　　　　　　产品成本表(项目别)*

2014 年度　　　　　　　　　　　　　　金额单位:元

成本项目	全部商品产品		其中:可比产品		
	按计划单位成本计算	实　际	按上年实际单位成本计算	按计划单位成本计算	实　际
直接材料	665 000 000	675 000 000	540 000 000	514 000 000	523 000 000
直接人工	95 000 000	96 000 000	62 000 000	60 700 000	61 500 000
制造费用	165 000 000	151 000 000	98 000 000	80 300 000	85 500 000
生产成本	925 000 000	922 000 000	700 000 000	655 000 000	670 000 000

* 该表现为企业内部会计报表,列出是为了以后章节的分析方便。

（2）产品别。

表 2-30　　　　　　　　**产品成本表**（产品别）*

2014 年度　　　　　　　　　　　　金额单位：元

产品名称	计量单位	商品产量		单位成本			本期商品产品总成本		
		本年计划	本年实际	上年实际平均	本年计划	本年实际	按上年实际计算	按本年计划计算	实际成本
一、可比产品							700 000 000	655 000 000	670 000 000
其中：甲产品	台	800 000	1 000 000	100	95	90	100 000 000	95 000 000	90 000 000
乙产品	台	2 200 000	2 000 000	300	280	290	600 000 000	560 000 000	580 000 000
二、不可比产品		2 000 000	180 000					270 000 000	252 000 000
其中：子产品	台				150	140		270 000 000	252 000 000
合　　计								925 000 000	922 000 000

* 该表现为企业内部会计报表，列出是为了以后章节的分析方便。

3. 主要产品单位成本表。

表 2-31　　　　　　　　**主要产品单位成本表** *

2014 年度

本月实际产量：　　　　　　　　　　　销售单位：150 元

产品名称：甲产品　　　本年实际累计产量：100 000　　　计量单位：台

规　　格：　　　　　　本年计划产量：80 000　　　　　金额单位：元

成本项目	行次	历史先进水平（20××年）	上年实际水平	本年计划	本月实际	本年累计实际水平
直接材料	1	59	59	57.5		56
直接人工	2	9	8	10		7
制造费用	3	26	33	27.5		27
生产成本	4	94	100	95		90
主要技术经济指标	用　量	用　量	用　量	用　量	用　量	
1.						
2.						
3.						
……						

* 该表现为企业内部会计报表，列出是为了以后章节的分析方便。

4. 制造费用明细表。

表 2-32　　　　　　　　制造费用明细表

金额单位：万元

项　　　　目	金　　　额
工资及福利费	2 200
折旧费	655
修理费	1 210
办公费	2 540
水电费	3 110
机物料消耗	2 285
劳动保护费	1 570
其他	1 530
合　　　计	15 100

5. 管理费用明细表。

表 2-33　　　　　　　　管理费用明细表

金额单位：万元

项　　　　目	金　　　额
管理人员工资	480
职工教育经费	30
办公费	600
业务招待费	120
差旅费	80
职工福利费	65
折旧费	745
修理费	150
保险费	100
咨询费	70
技术转让费	100
租赁费	160
合　　　计	2 700

6. 财务费用明细表。

表 2-34　　　　　　　　　　财务费用明细表

金额单位：万元

项　　　　目	金　　　额
利息支出	1 240
减：利息收入	60
利息净支出	1 180
汇兑损益	60
手续费	20
其他费用	40
合　　　计	1 300

7. 销售费用明细表。

表 2-35　　　　　　　　　　销售费用明细表

金额单位：万元

项　　　　目	金　　　额
职工工资	400
办公费	200
差旅费	300
折旧费	100
修理费	250
包装费	260
运杂费	560
保险费	80
租赁费	450
展览费	200
广告费	620
合　　　计	3 420

8. 投资收益明细表。

表 2-36　　　　　　　　　　投资收益明细表

金额单位：万元

项　　　　目	金　　　额
长江电子公司分来利润	10
八达实业公司分来利润	100
……	…
合　　　计	200

9. 营业外收入明细表。

表 2-37　　　　　　　　营业外收入明细表

金额单位：万元

项　　　目	上　年　数	本　年　数
处理固定资产净收益		200
其他	50	50
合　　计	50	250

10. 营业外支出明细表。

表 2-38　　　　　　　　营业外支出明细表

金额单位：万元

项　　　目	上　年　数	本　年　数
捐赠支出	60	50
罚款支出	10	30
非常损失	380	70
合　　计	450	150

第四节　财务状况变动表及现金流量表

一、财务状况变动表及其种类

财务状况变动表是反映企业在一段时期中资金来源和运用情况以及构成资金的各类资产和负债项目增减变化情况的报表。财务状况变动表本质上是反映企业资金流转的报表。资金流转在会计学中是与收益流转同等重要的流转概念。例如，人们可能为了判断一个企业的偿债能力，而需要了解该企业流动资金（流动资产－流动负债）的变化状况；也可能为了了解一个企业资本积累能力，而需要了解该企业净资产如何通过经营发生变化的状况；人们也可能基于各种目的，需要了解企业现金或流动资产变化的原因，甚至需要了解资产负债表上任何项目变化的原因等。要解释这些变化，就必须运用资金流转的概念。

资金是一个抽象和多意的名词。它的具体表述形式主要有如下几类：① 将资金等同于流动资金或称营运资本（流动资产－流动负债）；② 将资金等同于现金；③ 将资金等同于流动资产；④ 将资金等同于全部资产。除这些常见表述之外，还有诸如将资金等同于速动资产、速动资产净额、净资产等多种表述方式。

用不同的资金表述方式，资金流转所解释的内容就不一样，财务状况变动表的编制基础也就不一样,由此便产生出多种形式的财务状况变动表。财务状况变动表可有如下一些主要种类:① 流动资金来源与运用表或称营运资本来源与运用表;② 现金流量表;③ 流动资产总额变动表;④ 资产总额变动表;⑤ 净资产变动表;⑥ 速动资产变动表;⑦ 速动资产净额(速动资产—应付款项)变动表。当然,如有需要,可以编制资产负债表资产中的任—项目或任若干项目的变动表。

以营运资本、流动资产总额、资产总额、速动资产总额和速动资产净额为基础编制的财务状况变动表,如表 2-39、2-40 所示:

表 2-39　　　　　　　　资金来源与运用表①

20×2 年 12 月 31 日止的年度　　　　　　　金额单位:万元

资金的概念	营运资本	可供选择的定义			
		(1) 流动资产 总额	(2) 货币性 (速动) 资产总额	(3) 货币性 (速动) 资产净额	(4) 资产总额
资金来源	300 000	300 000	300 000	300 000	300 000
(1) 销货					
减:需用资金的费用					
(2) 销货成本	120 000	120 000	120 000	120 000	120 000
(3) 坏账费用	3 000	3 000	3 000	3 000	3 000
(4) 营业费用	56 500	56 500	55 000	55 000	56 000
(5) 利息费用	10 000	10 000	10 000	10 000	10 000
(6) 所得税	65 000	65 000	65 000	65 000	65 000
(7) 专利权费用	—	—	—	—	4 000
(8) 折旧费用	—	—	—	—	12 000
(9) 需用资金的费用合计	254 500	254 500	253 000	253 000	270 500
(10) 营业所得资金	45 500	45 500	47 000	47 000	29 500
(11) 出售有价证券并获利润	7 000	7 000	7 000	7 000	7 000
(12) 出售厂场资产所得	1 000	1 000	1 000	1 000	(2 000)
(13) 发行公司债券的收入	196 000	196 000	196 000	196 000	196 000
(14) 发行股票的收入	25 000	25 000	25 000	25 000	65 000
(15) 收到里佛班克公司的股利	10 000	10 000	10 000	10 000	25 000
(16) 租约债务所得	—	—	—	—	114 700
(17) 增加应付账款所得		10 000	10 000	10 000	10 000
(18) 增加应付利息所得		10 000	10 000	10 000	10 000

---

① 表 2-39、2-40 均摘于[美]西德尼·戴维森主编、徐政旦等译:《现代会计手册(第二分册)》第 108～109 页,中国财政经济出版社 1985 年版。

（续表）

资　金　的　概　念	营运资本	可供选择的定义			
		(1) 流动资产 总　额	(2) 货币性 （速动） 资产总额	(3) 货币性 （速动） 资产净额	(4) 资产总额
(19) 资金来源总额	284 500	304 500	306 000	286 000	455 200
资金运用：					
(20) 以现金偿还公司债券	60 000	60 000	60 000	60 000	60 000
(21) 购买库存股票	2 000	2 000	2 000	2 000	2 000
(22) 以现金购置厂场资产	50 000	50 000	50 000	50 000	—
(23) 现金股利的支付	10 000	10 000	10 000	10 000	10 000
(24) 支付应付票据	—	30 000	30 000	—	30 000
(25) 支付应付股利	—	4 000	4 000	—	4 000
(26) 存货增加	—	—	60 000	60 000	—
(27) 资金运用总额	122 000	156 000	216 000	182 000	106 000
(28) 资金来源超过运用数	162 500	148 500	90 000	104 000	349 200

表 2-40　　　　　　　　　　　　调 节 一 览 表

（资金来源与运用表的附表）

20×2 年 12 月 31 日止的年度　　　　　　　　金额单位：万元

资　金　的　概　念	营运资本	可供选择的定义			
		(1) 流动资产 总　额	(2) 货币性 （速动） 资产总额	(3) 货币性 （速动） 资产净额	(4) 资产总额
调节：					
(1) 资金账户，期初余额	133 500	237 500	197 500	93 400	422 500
(2) 资金账户，期末余额	296 000	386 000	28 750	197 500	771 700
调节的细目：					
增加：					
(4) 现金的增加	78 000	78 000	78 000	78 000	78 000
(5) 应收账款的增加	17 000	17 000	17 000	17 000	17 000
(6) 存货的增加	69 000	60 000	—	—	60 000
(7) 应付票据的减少	30 000	—	—	30 000	—
(8) 应付股利的减少	4 000	—	—	4 000	—
(9) 对里佛班克公司投资的增加	—	—	—	—	15 000
(10) 专利权（净）的增加	—	—	—	—	36 000
厂场资产的增加					
(11) 租入的	—	—	—	—	114700

（续表）

资 金 的 概 念	营运资本	可 供 选 择 的 定 义			
		（1） 流动资产 总　额	（2） 货币性 （速动） 资产总额	（3） 货币性 （速动） 资产净额	（4） 资产总额
（12）购置	—	—	—	—	50 000
（13）减折旧	—	—	—	—	（12 000）
（14）减售出	—	—	—	—	—
（15）增加总额	189 000	155 000	95 000	129 000	355 700
减少：					
（16）应付利息的增加	10 000	—	—	10 000	—
（17）有价证券的减少	5 000	5 000	5 000	5 000	5 000
（18）预付费用的减少	1 500	1 500	—	—	1 500
（19）应付账款的增加	10 000	—	—	10 000	—
（20）减少总额	26 500	6 500	5 000	25 000	6 500
（21）资金项目的增加净额	162 500	148 500	90 000	104 000	349 200

　　从表 2-39、2-40 可以看出，以不同的资金概念为基础，资金流转额就不一样。从理论上讲，不同资金概念为基础的财务状况变动表，有不同的优缺点，也适用于不同的目的或需要，这些不同的优缺点同资金外延与资金流转的内涵存在着的反比关系有关。资金流转的内涵决定了财务状况变动表的内容，随着资金的外延从现金到速动资产，再到流动资产，最后到总资产的逐渐增大；财务状况变动表的内容则逐渐减少。从现金以外的所有资产和全部负债及所有者权益减少为速动资产之外的所有资产和全部负债及所有者权益，再减少为流动资产之外的所有资产和全部负债及所有者权益，最后减少为只有全部负债及所有者权益。

　　人们可根据需要选择资金定义，并在此基础上编制不同的财务状况变动表。如以考察现金增减变化为目的，可以将资金定义为现金，编制现金流量表；如以考察速动资产增减变化为目的，可以将资金定义为速动资产，编制速动资产增减变化状况表；如以考察流动资金（营运资本）增减变化为目的，可以将资金定义为流动资金（营运资本），编制流动资金来源和运用表；等等。从本质上看，各种不同的财务状况变动表本身就是不同的资金增减变化状况的分析表。

　　在我国，作为企业正式的财务状况表，以前只使用过流动资金来源与运用表和现金流量表两种形式。但是，根据我国 2006 年的新会计制度规定，财务状况变动表被分为现金流量表和所有者权益变动表两类。关于所有者权益变动表，将在本章第五节讨论，这里只讨论现金流量表。

二、现金流量表

现金流量表是指反映企业在一定会计期间现金和现金等价物流入和流出的报表。其中：现金是指企业库存现金以及可以随时用于支付的存款；现金等价物是指企业持有的期限短、流动性强、易于转换为已知金额现金、价值变动风险很小的投资。在许多时候，现金就代表了库存现金和现金等价物之和的含义。现金流量表的最大优点是有利于评估偿债风险和收益质量。

按照我国《企业会计准则第 31 号——现金流量表》的规定，企业应当采用直接法列示经营活动产生的现金流量。经营活动是指企业投资活动和筹资活动以外的所有交易和事项。直接法是指通过现金收入和现金支出的主要类别列示经营活动的现金流量。经营活动产生的现金流量至少应当单独列示反映下列信息的项目：① 销售商品、提供劳务收到的现金；② 收到的税费返还；③ 收到其他与经营活动有关的现金；④ 购买商品、接受劳务支付的现金；⑤ 支付给职工以及为职工支付的现金；⑥ 支付的各项税费；⑦ 支付其他与经营活动有关的现金。

投资活动是指企业长期资产的购建和不包括在现金等价物范围的投资及其处置活动。投资活动产生的现金流量至少应当单独列示反映下列信息的项目：① 收回投资收到的现金；② 取得投资收益收到的现金；③ 处置固定资产、无形资产和其他长期资产收回的现金净额；④ 处置子公司及其他营业单位收到的现金净额；⑤ 收到其他与投资活动有关的现金；⑥ 购建固定资产、无形资产和其他长期资产支付的现金；⑦ 投资支付的现金；⑧ 取得子公司及其他营业单位支付的现金净额；⑨ 支付其他与投资活动有关的现金。

筹资活动是指导致企业资本及债务规模和构成发生变化的活动。筹资活动产生的现金流量至少应当单独列示反映下列信息的项目：① 吸收投资收到的现金；② 取得借款收到的现金；③ 收到其他与筹资活动有关的现金；④ 偿还债务支付的现金；⑤ 分配股利、利润或偿付利息支付的现金；⑥ 支付其他与筹资活动有关的现金。

企业应当在附注中披露将净利润调节为经营活动现金流量的信息。至少应当单独披露对净利润进行调节的下列项目：① 资产减值准备；② 固定资产折旧；③ 无形资产摊销；④ 长期待摊费用摊销；⑤ 待摊费用；⑥ 预提费用；⑦ 处置固定资产、无形资产和其他长期资产的损益；⑧ 固定资产报废损失；⑨ 公允价值变动损益；⑩ 财务费用；⑪ 投资损益；⑫ 递延所得税资产和递延所得税负债；⑬ 存货；⑭ 经营性应收项目；⑮ 经营性应付项目。

企业应当在附注中以总额披露当期取得或处置子公司及其他营业单位的下列信息：① 取得或处置价格；② 取得或处置价格中以现金支付的部分；③ 取得或处置子公司及其他营业单位收到的现金；④ 取得或处置子公司及其他营业单位按照主要类别分类的非现金资产和负债。

企业应当在附注中披露不涉及当期现金收支但影响企业财务状况或在未来可能影响

企业现金流量的重大投资和筹资活动。企业应当在附注中披露与现金和现金等价物有关的下列信息：① 现金和现金等价物的构成及其在资产负债表中的相应金额。② 企业持有但不能由母公司或集团内其他子公司使用的大额现金和现金等物金额。

东方股份有限公司的现金流量表，如表 2-41 所示：

表 2-41　　　　　　东方股份有限公司现金流量表

2014 年度　　　　　　　　　　　　　　　　金额单位：万元

项　　　目	上　期　金　额	本　期　金　额
一、经营活动产生的现金流量		
销售商品、提供劳务收到的现金	118 800	111 050
收到其他与经营活动有关的现金	800	4 030
经营活动现金流入小计	119 600	115 080
购买商品、接受劳务支付的现金	78 530	76 744
支付给职工以及为职工支付的现金	12 680	12 000
支付的各项税费	12 600	11 830
支付其他与经营活动有关的现金	9 910	9 100
经营活动现金流出小计	113 720	109 674
经营活动产生的现金流量净额	5 880	5 406
二、投资活动产生的现金流量		
收回投资收到的现金		
取得投资收益收到的现金	100	200
处置固定资产等长期资产收回的现金净额	500	500
收到其他与投资活动有关的现金		
投资活动现金流入小计	600	700
购建固定资产等长期资产支付的现金	0	3 800
投资支付的现金	300	900
支付其他与投资活动有关的现金		
投资活动现金流出小计	300	4 700
投资活动产生的现金流量净额	300	−4 000
三、筹资活动产生的现金流量		
吸收投资收到的现金		
取得借款收到的现金	1 050	3 300
收到其他与筹资活动有关的现金		
筹资活动现金流入小计	1 050	3 300
偿还债务支付的现金	2 950	2 094
分配股利、利润或偿付利息支付的现金	3 300	2 719
支付其他与筹资活动有关的现金		
筹资活动现金流出小计	6 250	4 813

（续表）

项　　目	上　期　金　额	本　期　金　额
筹资活动产生的现金流量净额	−5 200	−1 513
四、汇率变动对现金及现金等价物的影响		
五、现金及现金等价物净增加额	980	−107
加：期初现金及现金等价物余额	27	1 007
六、期末现金及现金等价物余额	1 007	900

注：本表中现金及现金等价物为资产负债表中货币资金和交易性金融资产两项目之和。

三、现金流量表附注

现金流量表附注主要应该披露如下两方面的信息：按间接法编制的现金流量表和现金和现金等价物的明细资料。如表 2-42、2-43 所示。

1. 采用间接法将净利润调整为经营净现金流量。

表 2-42　　　　　　东方股份有限公司现金流量表（间接法）

2014 年度　　　　　　　　　　　　　　　　金额单位：万元

补　充　资　料	上期金额	本期金额
1. 将净利润调节为经营活动现金流量：		
净利润	5600	5250
加：资产减值准备		
固定资产折旧、油气资产折耗、生产性生物资产折旧	1200	1500
无形资产摊销	150	150
长期待摊费用摊销	50	50
待摊费用减少（增加以"−"号填列）	20	−50
预提费用增加（减少以"−"号填列）	−50	100
处置固定资产、无形资产和其他长期资产的损失（收益以"−"号填列）	0	−200
固定资产报废损失（收益以"−"号填列）		
公允价值变动损失（收益以"−"号填列）		
财务费用（收益以"−"号填列）	1 100	1 300
投资损失（收益以"−"号填列）	−100	−200
递延所得税资产减少（增加以"−"号填列）		
递延所得税负债增加（减少以"−"号填列）		
存货的减少（增加以"−"号填列）	50	−3 000
经营性应收项目的减少（增加以"−"号填列）	−500	−970
经营性应付项目的增加（减少以"−"号填列）	−800	2 576
其他	−840	−1 100
经营活动产生的现金流量净额	5 880	5 406

（续表）

补　充　资　料	上期金额	本期金额
2. 不涉及现金收支的重大投资和筹资活动：		
债务转为资本		
一年内到期的可转换公司债券		
融资租入固定资产		
3. 现金及现金等价物净变动情况：		
现金的期末余额	1 007	900
减：现金的期初余额	27	1 007
加：现金等价物的期末余额		
减：现金等价物的期初余额		
现金及现金等价物净增加额	980	－107

　　2. 现金和现金等价物。

表 2-43　　　　　　　　　　**现金和现金等价物明细表**

金额单位：万元

项　　　　　　目	上期金额	本期金额
一、现金		
其中：库存现金	60	50
可随时用于支付的银行存款	845	800
可随时用于支付的其他货币资金		
可用于支付的存放中央银行款项		
存放同业款项		
拆放同业款项		
二、现金等价物	102	50
其中：三个月内到期的债券投资		
三、期末现金及现金等价物余额	1 007	900
其中：母公司或集团内子公司使用受限制的现金和现金等价物		

第五节　所有者权益变动表

为了使读者加深对所有者权益变动表的理解，本节专门对它进行较详细的讨论。

一、所有者权益变动表的性质与意义

（一）所有者权益变动表的性质

所有者权益变动表是反映构成所有者权益的各组成部分当期的增减变动情况的报

表。所有者权益变动表,其实也是财务状况变动表的一种,只不过它认为资金就是所有者权益或净资产,它要考察的问题是所有者权益或净资产的变动情况。

(二)编制所有者权益变动表的意义

在现实生活中,人们进行投资或信贷决策,不只需要掌握企业的会计利润,更需要全面掌握经济利润,而计算经济利润就需要使用现实成本信息。但在现行会计中仍然坚持历史成本原则、收入实现原则、谨慎性原则。受这些传统会计原则的限制,使若干与损益相关的项目还不能在利润表中直接列示,比如外币报表折算差额、可供出售金融资产公允价值变动、权益法下被投资单位其他所有者权益变动、与计入所有者权益项目相关的所得税影响等等项目,虽然已确认未实现的利得和损失,但却无法在利润表中列示。这些项目只能绕过利润表直接在资产负债表的所有者权益中确认。这种做法虽然解决了利润计算的问题,但却破坏了资产负债表与利润表之间原本的逻辑关系,进而破坏了整个财务报告体系中各要素之间的内在联系。

从理论上讲,在这种情况下,要使资产负债表与利润表之间保持严密的逻辑关系,就需要彻底改变利润计算所一直遵循的历史成本原则、实现原则、谨慎性原则,重新构建会计理论框架。这是会计的一个大工程,需要各种利益主体达成一致意见,需要会计计量理论和方法有突破性的发展,但是这些条件目前都还不具备,即会计理论和方法都不具备进行重大的改革的可能性。会计只能从其他方面想办法解决这一难题。

面对一方面是财务报告使用者对相关信息的需求、另一方面是会计理论发展的滞后,会计只能从现实出发,通过所有者权益变动表来解决这一问题。所有者权益变动表其实就是一种在传统会计原则之下报告企业全面收益的权宜方法。通过所有者权益变动表,在解决决策有用观与历史成本原则、实现原则以及谨慎性原则的矛盾的过程中,使资产负债表与利润表两者之间保持严密的钩稽关系,也使财务报告体系中各要素之间能够继续保持紧密联系。

二、我国的所有者权益变动表格式

按照我国《企业会计准则第 30 号——财务报表列报》的规定,在所有者权益变动表中,当期损益、直接计入所有者权益的利得和损失,以及与所有者(或股东)的资本交易导致的所有者权益的变动,应当分别列示。

所有者权益变动表至少应当单独列示反映下列信息的项目:① 净利润;② 直接计入所有者权益的利得和损失项目及其总额;③ 会计政策变更和差错更正的累积影响金额;④ 所有者投入资本和向所有者分配利润等;⑤ 按照规定提取的盈余公积;⑥ 实收资本(或股本)、资本公积、盈余公积、未分配利润的期初和期末余额及其调节情况。东方股份有限公司所有者权益变动表,如表 2-44 所示:

表 2-44

东方股份有限公司所有者权益变动表

2014 年 12 月 31 日

金额单位：万元

项目	上年金额 优先股	普通股本	资本公积	减：库存股	盈余公积	未分配利润	所有者权益合计	本年金额 优先股	普通股本	资本公积	减：库存股	盈余公积	未分配利润	所有者权益合计
一、上年年末余额	2 000	12 000	16 100		1 700	200	32 000	2 000	12 000	16 100		3 420	939	34 459
加：会计政策变更														
前期差错更正														
二、本年年初余额	2 000	12 000	16 100		1 700	200	32 000	2 000	12 000	16 100		3 420	939	34 459
三、本年增减变动金额（减少以"－"号填列）														
（一）净利润						5 600							5 250	
（二）直接计入所有者权益的利得和损失														
1. 可供出售金融资产公允价值变动净额														
2. 权益法下被投资单位其他所有者权益变动的影响														
3. 与计入所有者权益项目相关的所得税影响														
4. 其他														
上述（一）和（二）小计						5 600							5 250	

项目														
（三）所有者投入和减少资本														
1. 所有者投入资本														
2. 股份支付计入所有者权益的金额														
3. 其他														
（四）利润分配														
1. 提取盈余公积			1 318		−1 318					1 720		−1 720		
2. 对优先股东的分配					−200							−200		
3. 对普通股东的分配					−2 719							−2 941		
3. 其他														
（五）所有者权益内部结转														
1. 资本公积转增资本（或股本）														
2. 盈余公积转增资本（或股本）														
3. 盈余公积弥补亏损														
4. 其他														
四、本年年末余额	2 000	12 000	16 100		4 738	1 952	36 790	2 000	12 000	16 100		3 420	939	34 459

第六节　财务报表附注

为了使读者在阅读和分析财务报表时方便,本章前面各节已经将与各种报表相关的附注列示在不同报表之后,这里重点讨论文字性的财务报表附注。

一、附注的意义

由于会计报表格式中所规定的项目是固定的,只能按照会计准则的要求,提供有限数量的信息,因此,会计报表本身所能反映的财务信息受到一定限制。为了弥补这一不足,就需要利用会计报表附注提供的补充说明,即会计报表相关的其他财务或非财务信息,使财务报表使用者通过阅读会计报表及其相关的附注,为其决策提供更充分的信息。

通过会计报表附注,会计信息使用者可以了解企业的基本会计假设、会计政策、会计政策和会计估计变更、关联方关系及其交易、资产负债表日后事项等内容。

财务报表附注是对在资产负债表、利润表、现金流量表和所有者权益变动表等报表中列示项目的文字描述或明细资料,以及对未能在这些报表中列示项目的说明等。附注应当披露财务报表的编制基础,相关信息应当与资产负债表、利润表、现金流量表和所有者权益变动表等报表中列示的项目相互参照。比如会计报表只披露某个项目的金额多少,但人们并不知道该报表项目是由哪些具体项目所构成,通过对该报表项目的附注,就可以具体了解其构成内容,使读表人对数字理解将更加具体和准确。

为了正确地对财务报表进行分析,分析者必须高度关注会计报表附注。对财务报表附注理解的深入程度,将直接影响到财务报表分析结果的正确性。比如正确分析一个企业的变现能力比率、资产周转率、资产负债率、销售净利率、销售毛利率、资产净利率等,都离不开对财务报表附注的深入理解。

需要指出的是:财务报表附注不同于财务情况说明书。按照我国《企业财务会计报告条例》,财务情况说明书也是财务会计报告的重要组成部分。财务情况说明书是为企业内部和外部了解、观察、衡量、考核、评价其报告期内的经营业绩和生产经营状况提供重要信息。它至少应当对以下情况做出真实、完整、清楚的说明:① 企业生产经营的基本情况;② 利润实现和分配情况;③ 资金增减和周转情况;④ 对企业财务状况、经营成果和现金流量有重大影响的其他事项。

编写财务情况说明书,需对会计报表中各项数据进行分析。具体方法有:① 平衡分析法。② 比较分析法,或叫对比分析法。③ 因素分析法,或称连环替代法。④ 趋势分析法。⑤ 比率分析法。这些方法就是本书所要讨论的方法。

财务情况说明书的目的是检查企业经营计划或目标的执行情况,评价经营业绩,并找出差距,查明原因,总结经验,提出改进措施,为下一步作出经营决策和制定经营方针、目标等提供依据。

二、附注披露顺序

财务报表附注一般应当按照下列顺序披露:① 财务报表的编制基础;② 遵循企业会计准则的声明;③ 重要会计政策的说明,包括财务报表项目的计量基础和会计政策的确定依据等;④ 重要会计估计的说明,包括下一会计期间内很可能导致资产、负债账面价值重大调整的会计估计的确定依据等;⑤ 会计政策和会计估计变更以及差错更正的说明;⑥ 对已在资产负债表、利润表、现金流量表和所有者权益变动表中列示的重要项目的进一步说明,包括终止经营税后利润的金额及其构成情况等;⑦ 或有和承诺事项、资产负债表日后非调整事项、关联方关系及其交易等需要说明的事项。

三、附注中需要披露的其他信息

企业应当在附注中披露在资产负债表日后、财务报告批准报出日前提议或宣布发放的股利总额和每股股利金额(或向投资者分配的利润总额)。

企业注册地、组织形式和总部地址,企业的业务性质和主要经营活动,母公司以及集团最终母公司的名称等信息,也应当在附注中披露。

第七节 财务报表分析前整理

为了财务报表分析的方便,分析者有必要根据其分析的需要,对原始的财务报表进行适当的整理,或将部分明细项目列入财务报表,或将部分财务报表中的项目合并加以反映,以突出分析重点。另外,在财务报表之中,金额一般是精确到分,这对于分析而言,数字位数太多,除了不便于分析计算,也没有什么必要。分析者可以根据自己的需要,对数据进行适当的简化,以千元、万元、百万元甚至亿元为单位进行分析。下面主要讨论资产负债表和利润及利润分配表的整理。

一、资产负债表的整理

根据目前我国的资产负债表,表中的资产、负债、所有者权益类项目类别虽然繁多,但有些项目,如生物资产,预计负债等,仅有少数公司均存在。而若干几乎所有公司均存在的项目,如原材料、在制品、产成品等又将它们省略,仅以存货项目合并列示,其明细只在财务报表附注中加以反映。又如库存现金、银行存款也已合并的方式用货币资金项目加以反映。虽然《企业会计准则第30号——财务报表列报》这样列示有它的道理,但直接用这种原始的财务报表进行综合分析,并不方便。因此,财务报表分析者在进行分析之前,有必要根据自己分析的需要,对原始的资产负债表进行适当的整理。或将原反映在财务报表附注中的明细项目直接列入资产负债表之中,或将原资产负债表的项目加以合并,以突出分析重点。

根据东方股份有限公司存货占有重要位置的这一特征,在整理财务报表时,直接将各种存货的明细列入资产负债表之中。整理后的资产负债表如表 2-45 所示。

表 2-45 　　　　　　东方股份有限公司资产负债表(整理后)

2014 年 12 月 31 日　　　　　　　　金额单位:万元

资　　　产	年初数	年末数	负债及所有者权益	年初数	年末数
流动资产:			流动负债:		
货币资金	905	850	短期借款	10 750	14 050
交易性金融资产	102	50	应付票据	1 500	1 700
应收票据	2 200	2 180	应付账款	2 200	4 156
应收账款净额	4 400	5 470	应付职工薪酬	580	650
其他应收款	280	200	应交税费	500	800
存货净额	20 800	23 800	应付股利	1 100	1 300
其中:材料	10 000	8 200	其他应付款	150	200
在制品	6 200	6 750	预提费用	100	200
产成品	4 600	8 850	一年内到期的非流动负债		
待摊费用	150	200	流动负债小计	16 880	23 056
流动资产合计	28 837	32 750	非流动负债:		
非流动资产:			长期借款	4 700	2 700
长期股权投资净额	500	1 400	应付债券	700	606
固定资产:			预计负债		
固定资产原价	32 000	35 000	非流动负债小计	5 400	3 306
减:累计折旧	9 098	10 598	负债合计	22 280	26 362
固定资产净值	22 902	24 402			
在建工程	3 000	3 300	所有者权益		
固定资产小计	25 902	27 702	优先股本	2 000	2 000
无形资产及其他资产:			普通股本	12 000	12 000
无形资产	1 300	1 150	资本公积	16 100	16 100
递延资产	200	150	盈余公积	3 420	4 738
无形及其他资产小计	1 500	1 300	未分配利润	939	1 952
非流动资产合计	27 902	30 402	所有者权益合计	34 459	36 790
资产总计	56 739	63 152	负债及所有者权益总计	56 739	63 152

二、利润表及利润分配表的整理

根据目前我国《企业会计准则第 30 号——财务报表列报》有关利润表的规定,利润表只反映利润形成的过程,不反映利润的分配。有关利润的分配列入所有者权益变动表之中。除此之外,在收入列示中,采用综合收入,不再区分主营与非主营收入。在利润分步中也少了对产品销售利润(毛利)的单独列示。这样做,虽然方便了企业的利润表编制,但损失了若干有意义的项目,不方便对利润的形成和分配进行对比分析。

为了解决这些问题,笔者认为,在进行分析之前,有必要将利润表调整为利润表与利润分配表合二为一的利润及利润分配表,并将利润表改造为带有产品销售利润(毛利)项目的多步式利润表。如有必要,分析者还可以在营业收入和营业成本中详细列示各种收入和成本的组成。根据利润表及其附注、所有者权益变动表整理之后的利润表如表 2-46 所示。

表 2-46　　　　　　　　　　东方股份有限公司

利润表及利润分配表(整理后)

2014 年度　　　　　　　　　　　　　金额单位:万元

项　　目	上年金额	本年金额
一、营业收入	120 000	112 100
减:营业成本	94 000	87 900
营业税金及附加	9200	9 580
二、毛利	16 800	14 620
减:销售费用	5 000	3 420
管理费用	2 600	2 700
财务费用	1 100	1 300
资产减值损失		
加:公允价值变动收益(损失以"－"号填列)		
投资收益(损失以"－"号填列)	100	200
其中:对联营企业和合营企业的投资收益		
三、营业利润	8 200	7 400
加:营业外收入	250	250
减:营业外支出	450	150
其中:非流动资产处置损失		
四、利润总额	8 000	7 500
减:所得税费用	2 400	2 250
五、净利润	5 600	5 250
加:年初未分配利润	200	939
六、可分配利润	5 800	6 189
减:提取法定盈余公积金	560	525

（续表）

项　目	上年金额	本年金额
七、可供股东分配的利润	5 240	5 664
减:已分配优先股股利	200	200
提取任意公积金	1 160	793
应付普通股股利	2 941	2 719
八、未分配利润	939	1 952
九、每股收益:		
（一）基本每股收益	0.466 7	0.437 5
（二）稀释每股收益	0.466 7	0.437 5

习　题

【复习思考题】

1. 公司财务报告包含哪些基本内容?

2. 资产负债表有哪些格式? 主要披露什么会计信息?

3. 利润表有哪些格式? 主要披露什么会计信息?

4. 财务状况变动表有哪些格式? 主要披露什么会计信息?

5. 所有者权益变动表分析的基本格式是什么? 主要披露什么会计信息?

6. 财务报表附注主要披露什么信息?

选择和熟悉财务报表训练

【练习要求】

1. 读者根据自己的兴趣,寻找一家上市公司完整的财务报表,作为本书作业的基础资料。

2. 详细阅读公司管理层对公司经营问题的讨论,掌握公司的经营业务性质。

3. 详细阅读所选择公司的财务报表,熟悉公司财务报表的结构和内容。

4. 尽可能寻找与所选择公司有关的行业财务资料,为深入分析公司财务报表做准备。

第三章 财务报表可信度分析及对被操纵利润的剔除

【本章提要】 只有真实可靠的财务报表,才能正确反映企业的生产经营成果,只有在真实可靠的财务报表基础上,才能得出对企业的盈利能力和风险水平正确的评价。但现实中会计信息失真现象极为严重,粉饰财务报表、人为操纵利润的案例比比皆是。此外,编表的技术性错误也较普遍。为了保证财务报表分析结论的正确性,对财务报表进行可信度分析十分必要。本章主要讨论财务报表的可信度分析,以及被粉饰财务报表的识别和被操纵利润的剔除问题。

【学习目标】 通过本章学习,要求掌握和了解如下内容:(1)认识粉饰财务报表的基本动机;(2)了解财务报表粉饰的类型与方法;(3)掌握财务报表可信度分析的基本方法;(4)掌握识别被粉饰财务报表的基本方法;(5)掌握粉饰金额的估算和调整的方法。

第一节 粉饰财务报表的动机

会计信息是一种特殊的、涉及不同经济利益主体切身经济利益的经济信息。会计信息的编制者或多或少都存在通过粉饰财务报表来获取某种经济利益的动机。本节将从理论上阐述企业粉饰财务报表最基本和最常见的动机,以便为揭示财务报表的可信度打下基础。

一、会计信息的特殊性是粉饰财务报表的根本原因

(一)会计信息失真的定义

会计信息失真是指会计信息的加工与披露违背了客观真实性原则,使会计信息不能正确反映会计主体真实的财务状况和经营成果。会计信息失真具体包括如下几方面:

1. 原始凭证失真。

该种"失真",既包括原始凭证填写不完整、不规范,也包括有意填制不规范的原始凭证,将一些非法收支变成"合法"收支。

2. 记账凭证失真。

记账凭证主要是记账凭证要素填写不全,混淆各项收入、成本、费用的渠道。

3. 会计账务混乱。

会计账务混乱,主要是指企业没有严格按照相关规范设置会计科目、账簿,会计核算缺乏系统性,使企业会计账目混乱,账证、账账、账表严重不符。

4. 收入、成本、资产、负债失真。

这些失真中危害最大的是人为地虚增或虚减收入,少计或多计成本,虚增或虚减资产和负债金额。企业通过多列或少列收入和成本,可以人为方式调整损益,造成虚盈实亏或虚亏实盈;虚记资产和负债会导致企业资产账面价值不能反映企业拥有资产以及净资产的实际情况,误导投资人、债权人等相关利益主体的投资或信贷决策。

5. 会计报表虚假。

会计报表虚假是指会计报表不能正确地反映会计主体的现实经营成果和财务状况,这种失真既可能是故意失真也可能是非故意失真。其中故意失真危害最大、后果最严重、也最难以防范和察觉的失真。人为地调整报表数字,会误导报表使用者,影响到他们的切身经济利益。

会计信息失真可分为故意失真与非故意失真。非故意失真是会计人员因自身专业能力局限或会计技术处理不当而出现的会计信息失真;故意失真是指在企业管理层的授意下,利用会计规范给予企业的灵活性,有偏向性或诱导性地提供信息,或者违背会计规范制造假账。上述两类失真中,危害最大的是故意失真。下面主要讨论会计信息故意失真的问题。

(二) 会计信息的特殊性

企业主要通过财务报表对外提供会计信息。会计信息是一种与各相关利益主体经济利益密切相关的特殊信息,它既是财产委托人与代理人订立经营责任契约的基础,又是两者经营契约的一个重要因素和评价财产代理人经营责任契约执行情况及结果的重要手段,即会计信息与财产代理人的经济利益密切相关。比如,财产委托人签订了代理人年净资产收益率必须达到百分之多少的经营契约,如果达到这个标准,代理人就可以按照合同取得约定的报酬,如果超过这个标准,代理人将获得额外的奖励,如果达不到这个标准,则会受到相应的经济惩罚。这样,这个净资产收益率就不仅仅是契约的重要内容,而且是考核评价财产代理人经营责任完成情况的标准。

有不同的利益主体,在各种利益主体之间就会有利益冲突,在解决这种利益冲突的过程中,人们制定了很多法规或形成了若干惯例,其中会计准则(制度)是最重要的法规之一。会计准则本来就是这些利益集团为了平衡利益冲突而制订的会计信息处理标准,其基本目的是规范会计信息的编制和列报,公正地向各种利益相关者提供可靠而有用的会计信息。如果某些利益集团不按会计准则的标准,而按照对自己有利的方式来编制会计信息,就有可能获得超额的利益。既然如此,就不可避免地会使某些利益主体产生操纵会计信息的动机。比如,在委托人与代理人的利益分配上,财产代理人通过操纵会计信息,可以提高所代理财产的账面盈利能力和降低风险水平,造成全面或超额完成代理任务的假象,并从完成或超额完成诸如利润总额、净资产收益率以及各种任务指标中获得实在的经济利益。

现实中会计信息的加工者是财产代理人,财务报表是由财产代理人编制的,这就使得财产代理人产生操纵会计信息的动机可能变为现实。

（三）代理人操纵会计信息的空间

企业管理层（代理人）在发布财务报表时,其实是对财务报表中所有的资产、负债、所有者权益、收入、费用等会计要素作出了肯定的认定。这些认定包括如下五类：

1. 存在或发生。

即在列报日,资产负债表所列的各项资产、负债、权益的资产负债表日都已存在,利润表所列的各项收入和费用在会计期间内已经确定产生。

2. 完整性。

即在财务报表中应该列示的所有交易和项目都已经列入。

3. 权利和义务。

即某一特定日期,各项资产确定为属公司的权利,各项负债确定为属公司的义务。

4. 估价或分摊。

即各项资产、负债、所有者权益、收入和费用等要素都按适当的金额列入报表。

5. 表达与披露。

即报表上的特定组成要素已经被适当地加以分类、说明和披露。

从理论上讲,上述确认都应该符合会计准则,但是由于经济活动的复杂性,为了适应不同经济情况的需要,会计准则给予企业相当大的选择会计政策的权限。企业可以根据企业的实际情况进行会计政策选择,使得会计准则具有所谓的弹性。这种弹性一方面能够适应企业业务创新和管理的需要,另一方面也使企业有了操纵会计信息的空间。企业操纵会计信息,甚至可以从操纵经济业务开始,从而使操纵行为更加隐蔽,危害性更大。

二、企业操纵会计信息、粉饰财务报表的常见动机

公司操纵会计信息的基本目的是为了完成或超过投资人、债权人、市场、上级管理部门等对它的盈利能力或风险水平的预期,从而提高企业价值,并从提高企业价值中获得实

际利益。具体地看，企业操纵会计信息、粉饰财务报表的常见动机如下：

（一）为了业绩考核而粉饰财务报表

企业经营业绩考核主要以财务指标为基础，按照我国国有资本金绩效评价规则，财务指标占分值为80％，非财务指标（评议指标）仅占分值20％，而就是这20％分值的评议指标中，也有若干指标与财务指标有密切的关系，如市场占有能力、技术装备更新水平等。我国国有资本金绩效评价体系中的财务指标包括财务效益状况（含净资产收益率、总资产报酬率等指标）、资产营运状况（内含总资产周转率和流动资产周转率等指标）、偿债能力（内含资产负债率和已获利息倍数等指标）、发展能力状况（内含销售收入增长率和资本积累率等指标）等。这些指标的计算和确定均离不开财务报表。

经营业绩的考核，不仅涉及企业总体经营状况的评价，也涉及企业经营管理者的业绩评定，影响到他们的晋升、工资及福利，还可能与企业众多员工的切身经济利益有直接的联系，如职工的奖金、福利等。既然通过粉饰财务报表来提升经营业绩，可为企业及其经营者和职工带来经济利益，那么这些利益主体就自然会产生粉饰财务报表的动机。这也是最常见的粉饰财务报表的动机。

（二）为了获取银行及商业信用而粉饰财务报表

债权人发放信用必然会从控制风险的角度出发，不愿向经营亏损严重、财产担保力不强、资信状况差的企业提供信用。

在我国资金普遍短缺、融资渠道单一的条件下，银行往往是企业取得信贷资金甚至是所有发展资金的唯一渠道。能否取得贷款，往往关系到一个企业的生死存亡。在这种情况下，经营状况不佳又急需资金的企业，自然就容易产生操纵会计信息、粉饰财务报表去获取金融机构的信贷资金和供应商的商业信用的动机。就是经营前景极佳但正处于迅速发展期的企业，也可能由于经济效益还没有体现出来，向银行申请贷款也十分困难，为了解决资金极度短缺的问题，它们也可能通过操纵会计信息来获取贷款。

（三）为了发行股票筹资而粉饰财务报表

按我国有关规定，无论公司在初次发行股票还是在以后增发股票和配股均必须达到一定的业绩标准，如《公司法》规定公司必须连续三年盈利且经营业绩较突出才有可能取得上市发行股票的资格，再如1999年前我国规定上市公司获取配股资格的最低标准为最近三年的每年净资产收益率不得低于10％，1999年后该标准降为6％。上市公司在证券市场进行配股等再融资，证监会也有严格的规定。企业为达到在证券市场发行股票、上市交易和配股等融资的目的，自然会使一些企业产生通过粉饰财务报表来发行股票筹资的动机。这种情况在我国上市公司中相当普遍。

根据证监会的有关规定，上市公司上市后财务状况和经营状况恶化等原因将被特别处理ST、暂停交易PT，直至退市，上市公司为了避免ST和PT，也在一定程度上会有操纵利润的动机。

（四）为了减少纳税而粉饰会计报表

企业所得税是在会计利润的基础上，通过纳税调整，将会计利润调整为应纳税所得额，再乘上适用所得税率而得出的。因此，为了偷税、漏税、减少或推迟纳税，不少企业也会粉饰财务报表。

除了上述的一些最通常的粉饰财务报表的动机之外，还有一些比较特殊的动机。如企业经营者为了仕途而粉饰财务报表，所谓"数字出官、官出数字"正是对这种粉饰动机的写照。再如企业经营者可能为了推卸责任而粉饰财务报表，将责任推给前任或后任企业经营者等。

第二节　财务报表粉饰的类型与方法

根据前述粉饰财务报表的动机，可将财务报表粉饰的类型与方法归纳如下：

一、粉饰经营业绩的类型与方法

企业经营业绩主要以利润指标表示，根据粉饰经营业绩的需要，操纵利润的形式也呈现出多样化。具体地看，有如下的操纵类型与方法。

（一）利润最大化

利润最大化的动机容易理解，它不外乎是希望提升企业业绩水平来获取本不能获得的经济利益。操纵的典型做法有提前确认收入、推迟结转成本、亏损挂账、资产重组、关联方交易等。提前确认收入的基本方法是提前开具销售发票，将未来存在很大不确定性收入确认为当期收入；推迟结转成本是将费用作为调节利润的"蓄水池"，通过将不应该资本化的费用资本化，递延当期费用，少计提应收账款的坏账准备、存货的跌价准备、固定资产的跌价准备、投资的减值准备等方法，将本期成本和费用推到以后的会计期间；亏损挂账是将已经明确产生亏损挂在各种待处理资产账户，将亏损推移到未来反映；资产重组是通过出售资产的形式，将资产的账面价值转变为公允市场价格或非公允价格，从而产生出利润；会计关联方交易是通过与关联企业的交易活动来改变各种交易的真实性，从而获取正常交易所难以获得的利益。这些活动的最终结果是虚增盈利和资产。

（二）利润最小化

利润最小化除了可减少纳税之外，还可以将以后年度的亏损前置于本年度，回避企业连续多年亏损的事实。比如我国上市公司如果连续三年亏损，那么将被摘牌。如果公司已经预计到本公司将连续三年发生亏损，那么它可以通过一些方法，将后一年甚至两年的潜在亏损前置于本年，使本年发生巨额亏损，而确保以后年度盈利，回避被摘牌的命运。

典型的利润最小化的操纵方法有推迟确认收入、提前结转成本、使用加速折旧法、将应予资本化的费用列入当期损益等。这些方法正好与利润最大化的方法相反，其结果是虚减盈利和资产。

（三）利润均衡化

企业将利润均衡化的主要目的是塑造企业生产经营稳定的外部形象，以获取较高的资信等级，为对外筹措资金打下基础。典型的做法是利用应收应付账户、跨期摊提账户和递延账户来调节利润，精心设计出企业利润稳步增长的趋势。

（四）利润清洗（利润巨额冲销）

利润巨额冲销的目的一般是为了回避责任，比如企业更换主要经营者时，新任经营者为了自身的经营目标得以顺利实现，往往会采用这类方法粉饰财务报表。典型做法是将坏账、积压的存货、长期投资损失、闲置的固定资产、待处理资产盈亏等一系列不良或虚拟资产一次性处理为损失。除此之外，某些上市公司也会采用该方法，将亏损集中在一个会计期间，确保其他年度的盈利，避免公司被特别处理（即被 ST）。

二、粉饰财务状况的类型与方法

一个企业财务状况的好坏，与其资产负债状况密切相关。因此，粉饰财务状况主要是从操纵企业的资产和负债入手。具体地看，有如下的操纵类型与方法。

（一）高估资产

高估资产除可获得改善企业财务状况有利于对外筹资的利益之外，还可获得股权方面的潜在利益。例如，当企业对外投资和进行股份制改造时，往往倾向于高估资产价值，以便获得较大比例的股权。典型做法是编造理由进行资产评估、虚构资产交易业务等。

（二）低估负债

低估负债可从形式上降低企业财务风险，有利于对外筹措资金。比如企业在争取银行贷款和发行债券时，为了提高信用级别，就有低估负债来降低财务风险的欲望。典型做法是将负债隐藏在关联企业、对或有负债不加以披露等。

表 3-1　　全国各行业国有企业平均或有负债比率统计性描述一览表

	2007 年	2008 年	2009 年	2010 年	2011 年	2012 年	2013 年
全部国有企业	5.8%	5.4%	5%	5.2%	4.8%	4.8%	4.8%
最大值	12.2%	10.3%	8.5%	12.1%	55%	40%	39.8%
最小值	0	3.2%	3.2%	1%	2.1%	2.1%	0.3%
标准差	1.419 1	0.986	0.939 7	1.407 8	4.512 7	3.353 4	3.462 2
变异系数	0.244 7	0.182 6	0.187 9	0.270 7	0.940 1	0.698 6	0.721 3

从表 3-1 可以看出，我国企业或有负债比率的整体情况，其中最高的行业为家用电器制造业，该行业在 2011、2012、2013 年三年的或有负债比率分别高达了 55%、40%、

39.8%。从该例可以看出关注或有负债的重要性。

总之,财务报表的粉饰动机决定了财务报表的粉饰类型。例如,以业绩考核、获取信贷资金、发行股票和仕途晋升等为目标,财务报表粉饰一般以利润最大化、利润均衡化,以及高估资产和低估负债的形式出现。而以减少纳税、推卸责任等为目标,财务报表粉饰一般以利润最小化、利润清洗,以及低估资产和高估负债的形式出现。就粉饰财务报表对与企业相关利益主体经济利益的影响来看,危害最大的财务报表粉饰是利润最大化或虚盈实亏,以及高估资产和低估负债的类型。

三、粉饰财务状况的后果

粉饰财务状况的最终结果是造成企业不良资产增加,企业的不良资产最终会变成企业未来的亏损。对于不良资产问题,在我国国有企业资本金绩效评价体系中也给予了高度的关注,不良资产比率作为资产营运状况的修正指标,其权重为6%,而应收账款周转率、存货周转率等指标的权重为4%。我国国有企业2000年至2013年不良资产比率的基本情况,如表3-2所示:

表3-2　　全国各行业国有企业平均不良资产比率统计性描述一览表

行业名称	2000年	2001年	2002年	2003年	2004年	2005年	2006年	2007年	2008年	2009年	2010年	2011年	2012年	2013年
全部国有企业	2.1%	4.9%	7.2%	6.9%	5.9%	1.8%	3%	2.6%	2.5%	3.5%	3.4%	3%	2.5%	2.5%
最大值	8.3%	20.6%	29.7%	35.6%	44.4%	19.3%	31.4%	31.4%	25.8%	25.3%	22%	22%	12%	11.9%
最小值	0.3%	0.2%	0.6%	0.4%	1.2%	0.2%	0.4%	0.4%	0.4%	0.3%	0.3%	0.3%	0.3%	0.3%
标准差	1.58	3.90	5.43	5.97	5.93	3.51	3.71	3.43	3.10	2.78	2.37	2.33	1.67	1.65
变异系数	0.19	0.19	0.18	0.17	0.13	0.18	0.12	0.11	0.12	0.11	0.11	0.11	0.14	0.14

从表3-2中可以看出,全部国有企业的不良资产在2002年最高,达总资产的7.2%。不同行业的不良资产比率差距也很大,2002、2003、2004、2005、2006、2007、2008、2009、2010、2011年等年度,自行车制造业不良资产占总资产的比率竟然分别高达29.7%、35.6%、44.4%、19.2%、31.4%、31.4%、25.8%、25.3%、22%、22%。这说明在对财务报表进行粉饰性揭示时,还要充分考虑企业的行业特征。

第三节　财务报表可信度分析

一、详细阅读审计报告

(一)关注审计报告类型

企业的财务报表按是否经过审计来划分,可分为经注册会计师审计过的财务报表和未经注册会计师审计过的财务报表两类。一般来说,注册会计师对上市公司财务报表审计的过程中,已经对公司的财务状况和经营成果进行了足够的分析和考察,并形成了自己的专业判断。因此,经注册会计师审计过的财务报表,可信度要高于未经注册会计师审计过的财务报表。在进行财务报表分析之前要对财务报表进行可信度分析,在可信度分析中要充分考虑注册会计师发表的审计意见。

注册会计师出具的审计报告从大的方面来看可以分为无保留意见、有保留意见、拒绝表示意见和否定意见四大类型。注册会计师如果出具的是有保留意见、拒绝表示意见和否定意见等三类审计报告,说明公司财务报表一定存在问题,即财务报表不可以相信。如果注册会计师出具的是带有解释性说明的非标准的无保留意见的审计报告,则需要详细分析这些解释性项目,一般应予充分怀疑,特别是对连续被注册会计师出具非标准的审计报告细则更应该引起充分关注。

(二)关注管理层解释

报表阅读者还应该充分关注公司管理当局对审计报告解释性说明或保留意见的说明。根据我国有关法规的规定,如果注册会计师出具了非标准的无保留意见、保留意见、拒绝发表意见、否定意见等审计报告,公司管理层(包括董事会、监事会)应对此加以说明。因此,在阅读注册会计师的审计报告后,有必要看公司管理当局的解释和说明是否合理,可以进一步分析公司是否存在粉饰财务报表的行为。

(三)注册会计师事务所的变更

还应该注意的是公司频繁更换会计师事务所和注册会计师的情况,并比较更换前后出具的审计报告有什么差别,查找这些差别的原因和根据,从中发现粉饰财务报表的行为。

一般而言,对已经注册会计师审计过的财务报表,应该结合审计报告意见,重点分析财务报表的粉饰状况;对未经注册会计师审计过的财务报表,除了分析财务报表粉饰状况外,还需要判断财务报表中是否存在技术错误。

【案例 3-1】

深圳中科健公司董事会各年对会计师事务所出具的
非标准的无保留意见审计报告的说明

1. 深圳中科健公司董事会对 2004 年度无法发表意见的专项说明

(1)会计师事务所审计意见

截至 2004 年 12 月 31 日,公司的合并资产总额人民币 477 821 666.27 元,合并负债总额人民币 1 731 898 997.02 元,合并净资产人民币−1 254 077 330.75 元,资产负债率 362.46%,已经资不抵债,并于 2004 年度发生人民币 1 519 769 711.96 元的经营亏损。截至本报告日,公司的逾期借款合计人民币

60 256.97 万元；对外担保合计人民币 175 982.65 万元，其中人民币 147 289.72 万元已逾期；涉及诉讼金额人民币 73 916.50 万元；部分资产和资金账户被查封或冻结。公司持续经营能力受到关注。会计事务所据此出具了无法发表意见的审计报告。

（2）公司董事会专项说明

为改善公司经营状况，公司采取了多项重组和改善措施。

目前，在政府部门的帮助下，在债权银行的支持下，中科健的债务重组进展顺利，中国科健股份有限公司及其关联企业银团重组债权银行间框架协议已经签订；在公司管理层的努力下，供应商债务重组工作也取得了很大的进展，大部分的供应商同意公司提出的延期支付逐步解决方案；同时，公司的生产经营活动也得到了一定程度的改善和恢复并开始部分清偿债务。在这种逐步转好的形势下，根据公司的基本情况和市场的宏观环境，并结合公司长远发展的战略和我们现有的业务和资产基础，对公司原有业务进行整合，总体计划如下：

将中国科健股份有限公司现有的相关 IT 制造类公司业务合并，努力开展科健品牌手机的制造和在中国以及国际市场（俄罗斯、印度、巴西、东南亚等区域）的自有品牌手机销售，同时积极开展 OEM 业务，并在现有的手机制造的基础上，发展笔记本电脑电池、有线电视模块等 IT 产品的制造、销售和 OEM 业务。

根据中国手机市场的环境变化，科健将适当地调整我们的产品研发和市场销售以及售后服务模式，针对各细分市场推出适销对路的产品，如：我们正在开发和研制的专为老人使用的老人手机等产品。在做好中国市场的同时，我们将积极开拓国际中低端手机市场。目前，IT 制造集团的科健品牌手机，已经有二款产品获得了越南的入网证，并成功地打入了东南亚市场，对于俄罗斯市场的调研和渠道销售商的选择工作也正在开展，2006 年开始将向俄罗斯市场批量供应科健品牌的手机，巴西、印度市场的开拓工作已经做了前期调研，预计 2006 年也将能够有所斩获。另外，对于笔记本电脑电池的销售，目前通过 OEM 的方式，已经进入台湾市场；科健有线电视模块的销售，也已经进入印度等国际市场。

尤其重要的是，公司将充分利用和韩国三星电子之间良好的合作，通过三星电子的技术制造科健品牌的手机，并在国际市场上面向中低端客户进行销售，这样就可以填补三星品牌在中低端产品上的空白，与三星电子在国际市场上形成一个合作共赢的局面。

公司力争在 2005 年下半年全面恢复正常的生产与经营秩序，扭转目前的经营困境和不良的市场形象，实现扭亏为盈的经营目标，并为公司今后的发展打下良好的基础。

综上所述，本董事会认为公司的持续经营能力是有保障的。

2. 深圳中科健公司董事会对 2005 年度无法发表意见的专项说明

（1）会计师事务所审计意见。

中科健公司 2005 年 12 月 31 日合并净资产为－144 642 万元，2005 年主营业务收入严重萎缩，各项财务指标显示其财务状况已严重恶化。截至报告签发日，中科健公司的逾期借款合计 60 639 万元、对外担保合计 164 060 万元（其中 151 760 万元已逾期）、涉及诉讼金额 102 293 万元、部分资产和资金账户被查封或冻结。中科健公司的持续经营能力存在重大不确定性，我们无法评价中科健公司按照持续经营假设编制会计报表的合理性。

由于本年度中科健公司关键管理人员发生变动及中科健公司内部控制制度的缺陷,我们未能获取充分、适当的审计证据,也无法实施恰当的审计程序,以合理判断中科健公司本年度会计报表的期初余额的真实性和完整性,及其对期末余额的影响。由于审计范围受到限制可能产生的影响非常重大和广泛,我们无法对上述会计报表发表意见。

(2) 公司董事会专项说明。

针对审计意见涉及的相关事项,公司董事会说明如下:

1) 公司持续经营情况

为改善公司经营状况,保障公司持续经营能力,公司积极推进债务重组和对公司业务进行整合。目前,在政府部门的帮助下,在债权银行的支持下,本公司的债务重组进展顺利。2005 年 7 月底,本公司及关联企业银团重组债权银行间框架协议已经签订;近期,本公司和银行间的债务重组协议正在协商之中,预计在较短时间内能够签订。在公司管理层的努力下,供应商债务重组工作也取得了很大的进展,大部分的供应商同意公司提出的延期支付逐步解决方案;同时,公司的生产经营活动也得到了一定程度的改善和恢复并开始部分清偿债务。在这种逐步转好的形势下,根据公司的基本情况和市场的宏观环境,并结合公司长远发展的战略和我们现有的业务和资产基础,对公司原有业务进行整合,总体计划如下:

将本公司现有的相关 IT 制造类公司业务合并,努力开展科健品牌手机的制造和在中国以及国际市场(俄罗斯、印度、巴西、东南亚等区域)的自有品牌手机销售,同时积极开展 OEM 业务,并在现有的手机制造的基础上,发展有线电视模块等 IT 产品的制造、销售和 OEM 业务。

根据中国手机市场的环境变化,本公司将适当地调整产品研发和市场销售以及售后服务模式,针对各细分市场推出适销对路的产品,在做好中国市场的同时,将积极开拓国际中低端手机市场。目前,IT 制造集团的科健品牌手机,已经成功打入了东南亚市场。另外,科健有线电视模块的销售,也已经进入印度等国际市场。

尤其重要的是,本公司将充分利用和韩国三星电子之间良好的合作,通过三星电子的技术制造科健品牌的手机,并在国际市场上面向中低端客户进行销售,这样就可以填补三星品牌在中低端产品上的空白,与三星电子在国际市场上形成一个合作共赢的局面。

本公司 2005 年下半年已基本恢复正常的生产经营秩序,2006 年本公司将扭转目前的经营困境和不良的市场形象,实现扭亏为盈的经营目标,为公司持续经营提供保障。

2) 关于本年度会计报表的期初余额的真实性和完整性说明

本公司认为,公司 2004 年度计提大额资产减值准备和预计负债,是基于对相关单位及事项作出充分评估后作出的,能真实地反映的公司财务状况和经营成果,符合国家颁布的企业会计准则和《企业会计制度》的规定。由于本年度公司关键管理人员发生变动及公司内控制度的不健全,公司未能提供充分、适当的审计证据,公司将以此为戒,不断完善公司治理结构,建立健全内控制度。

3. 深圳中科健公司董事会对 2006 年度带强调事项的专项说明

(1) 会计师事务所的审计意见。

2007 年 4 月 30 日,武汉众环会计师事务所在审计报告中强调指出:"我们提醒报表使用人关注:中科健公司 2006 年 12 月 31 日合并净资产为−135 436 万元,已严重资不抵债,存在多项巨额逾期借款、对外担保。本公司面临多项诉讼、部分资产和资金账户被查封或冻结,生产经营规模萎缩。持续经营能力仍然存在重大不确定性。

我们对中科健公司 2005 年度财务报表发表了无法表示意见的审计报告,通过中科健公司的努力及期后已经发生的事项,上年度的无法表示意见的事项已经得到证实或改善。"

(2) 公司董事会专项说明。

截至 2006 年 12 月 31 日,本公司合并净资产为 −135 436.13 万元,已严重资不抵债,存在多项巨额逾期借款、对外担保。本公司面临多项诉讼、部分资产和资金账户被查封或冻结,生产经营规模萎缩。为改善目前经营状况,公司已采取以下重组与改善措施:

在深圳市人民政府和中国银行业监督管理委员会深圳监管局、深圳市国内银行同业公会的支持与指导下,本公司及其 21 家关联公司、郝建学先生与上海浦东发展银行股份有限公司深圳分行等 21 家债权人签订了《关于本公司及其关联方的债务重组框架协议》,债权行各成员单位决定组成"本公司及其关联方债务重组金融债权人委员会"(下称债委会),统一行使债权,共同对本公司及其关联公司进行债务重组。为保持中科健的上市地位及核心业务的可持续经营,债委会将根据重组框架协议的规定,视具体情况给予本公司及其关联公司合理而必要的宽限或减免,并对其所欠债委会各成员单位的债务进行重组。债委会可根据具体情况采取以下方式给予宽限或减免:① 办理展期或借新还旧;② 继续保持原有的贸易融资额度;③ 在提供非关联担保的前提下,改变融资条件;④ 豁免关联担保义务;⑤ 暂缓主张、减免利息或罚息;⑥ 同意乙方变更担保;⑦ 其他宽限或豁免。

本公司在进行债务重组的同时,也在努力恢复公司的手机销售、手机制造等主营业务。本公司将充分利用和韩国三星电子之间良好的合作,努力扩大三星手机销售额度;将本公司现有的相关制造类公司业务合并,整合制造资源,努力开展科健品牌手机的制造和在中国以及国际市场的自有品牌手机销售,并在现有的手机制造的基础上,发展有线电视模块等 IT 产品的制造、销售和 OEM 业务。另外,中国 3G 市场预计将于 2007 年启动并将获得很大的发展,本公司子公司深圳三星科健移动通信技术有限公司预计将从中国 3G 市场获得较大的市场份额,本公司也将获得较大收益。

本公司 2006 年生产经营秩序稳定,实现了扭亏为盈的经营目标,中科健银行债务重组框架协议的签订将给公司带来凤凰涅槃的机会,公司董事会和经营管理层非常珍惜这个机会,将尽最大的努力来实现公司的二次腾飞。

4. 深圳中科健公司董事会对 2007 年度带强调事项的专项说明

(1) 会计师事务所审计意见。

武汉众环会计师事务所为中科健公司出具的带强调事项段的无保留意见审计报告中特别强调:截止 2007 年 12 月 31 日,中科健公司合并净资产为 −122 089 万元,已严重资不抵债,存在多项巨额逾期借款、对外担保。公司面临多项诉讼、部分资产被查封或冻结,生产经营规模萎缩。公司在财务、经营以及其他方面存在的某些事项或情况可能导致经营风险,公司持续经营受到关注。

(2) 公司董事会专项说明。

2008 年 3 月 24 日召开的本公司第四届董事会第十次(临时)会议审议并通过了《关于公司进行重大资产重组暨非公开发行股票购买资产的议案》;2008 年 3 月 25 日,本公司与债委会、科健集团、智雄电子、同利公司、郝建学签署了《中国科健股份有限公司资产及债务转让框架协议》。公司目前的重组方案拟将公司的资产、负债全部予以转让,并拟定向增发收购同方集团的房地产资产。虽然上期制定的经营改善措施未能执行,但上述重组方案已从 2007 年 7 月起就已进入了实质性操作,如果重组方案能够实施,则公司将不再存在大额逾期未支付的债务,其财务状况将得到实质性的改善。

公司能否顺利实现重组,尚存在重大不确定性,公司将全力按计划推进并尽早完成上述重组方案。

5. 深圳中科健公司董事会对 2008 年度无法表示意见审计报告专项说明

(1) 会计师事务所审计意见。

武汉众环会计师事务所有限责任公司认为,中科健公司 2008 年 12 月 31 日合并净资产为－123 085 万元,已严重资不抵债,存在多项巨额逾期借款、对外担保;本公司面临多项诉讼、部分资产被查封或冻结,生产经营规模萎缩;本公司在报告期内及 2008 年财务报表批准报出之前,已两次提出重大资产重组方案,但均已中止。截至审计报告日,本公司管理层在其书面评价中表示将继续采取包括债务重组、资产置换在内的多项措施;但由于该等措施并没有进入实施阶段,武汉众环会计师事务所有限责任公司无法获取充分、适当的审计证据以确证其能否有效改善本公司的持续经营能力,因此无法判断中科健公司继续按照持续经营假设编制 2008 年度财务报表是否适当。基于上述原因,武汉众环会计师事务所有限责任公司对公司 2008 年度财务报表出具了无法表示意见的审计报告。

(2) 公司董事会专项说明。

本公司董事会认为:2008 年,公司和"中科健债委会"经过协商后已经达成如下共识:将公司的所有债务、资产和人员进行整体剥离,力争使公司变为无资产、无负债、无人员的"净壳"公司;债务剥离完成后,公司通过定向增发购买重组方资产,从而彻底改善上市公司的资产质量和盈利能力。为实施上述重组方案,公司与相关各方做了大量工作,曾两次启动重组方案,但由于各方面原因,重组方案被迫中止。重组工作目前因故暂时中止,但公司与"中科健债委会"及相关各方正在为重组工作继续进行而努力,2009 年,公司将与相关各方努力推进公司的债务重组和资产重组工作,力争公司重组方案能尽快得以实施。如公司重组方案得以实施,将会彻底改善公司的资产质量和盈利能力,保障公司持续经营能力。

6. 深圳中科健公司董事会对 2009 年度无法表示意见审计报告专项说明

(1) 会计师事务所审计意见。

武汉众环会计师事务所有限责任公司在对公司 2009 年度财务报告审计过程中发现公司截至 2009 年 12 月 31 日,本公司合并净资产为－124 881 万元,已严重资不抵债,存在多项巨额逾期借款、对外担保;公司面临多项诉讼、部分资产被查封或冻结,主营业务停顿;公司已连续两年亏损,如公司财务状况不能得到根本改善,则公司股票将可能被暂停上市或终止上市。持续经营能力存在重大不确定性,因此,武汉众环会计师事务所有限责任公司为公司出具了无法表示意见审计报告。

(2) 公司董事会专项说明。

为改善目前经营状况,保障公司持续经营能力,本公司与债委会于 2008 年经过协商后达成共识:将公司的所有债务、资产和人员进行整体剥离,力争使公司变为无资产、无负债、无人员的"净壳"公司;债务剥离完成后,公司通过定向增发购买重组方资产,从而彻底改善上市公司的资产质量和盈利能力。本公司已两次启动上述重大资产重组方案,但均因故中止;2010年1月,公司债权人广西新强通信科技有限公司向法院提出对公司进行破产重整申请,公司将密切跟进、积极配合相关各方推进公司尽快进入重整程序。鉴于公司破产重整程序最终能否成功启动或启动后能否成功重整尚存在重大不确定性,公司不排除采取债务重组、资产置换等在内的多项措施以保障公司的持续经营能力。

7. 深圳中科健公司董事会对2010年度无法表示意见审计报告专项说明

(1) 会计师事务所审计意见。

武汉众环会计师事务所有限责任公司根据公司2010年12月31日合并净资产为-120 202万元,已严重资不抵债,存在多项巨额逾期借款、对外担保;公司面临多项诉讼、部分资产被查封或冻结,主营业务停顿,公司持续经营能力受到关注。出具了无法表示意见的审计报告。

(2) 公司董事会专项说明。

为改善目前经营状况,保障公司持续经营能力,本公司与债委会于2008年经过协商后达成共识:将公司的所有债务、资产和人员进行整体剥离,力争使公司变为无资产、无负债、无人员的"净壳"公司;债务剥离完成后,公司通过定向增发购买重组方资产,从而彻底改善上市公司的资产质量和盈利能力。

公司债权人广西新强通信科技有限公司(下称"广西新强")曾于2010年1月15日向深圳市中级人民法院提出申请,要求深圳中院对公司进行重整,后因申请人未能在深圳中院规定时间内补齐相关的申请资料,而被视为申请撤回,2010年12月31日,广西新强再次向深圳市中院提出破产重整申请,截至报告日止,尚未收到深圳中院是否受理的通知。鉴于公司破产重整程序最终能否成功启动或启动后能否成功重整尚存在重大不确定性,公司不排除采取债务重组、资产置换等在内的多项措施以保障公司的持续经营能力。

8. 深圳中科健公司董事会对2011年度无法表示意见审计报告专项说明

(1) 会计师事务所审计意见。

中科健公司2011年12月31日的合并净资产为-122 384万元,已严重资不抵债,存在多项巨额逾期借款、对外担保,面临多项诉讼、部分资产被查封或冻结,生产经营规模萎缩。经债权人广西新强通信科技有限公司申请,由广东省深圳市中级人民法院裁定对中科健公司自2011年10月17日起进行重整。截至审计报告日,中科健公司仍处于重整期间,管理人尚未向人民法院和债权人会议提交重整计划草案,会计师事务所无法获取充分、适当的审计证据以证实上述重整能否有效改善中科健公司的持续经营能力,因此无法判断中科健公司继续按持续经营假设编制的财务报表是否适当。在审计报告中发表了无法表示意见。

(2) 公司董事会专项说明。

公司债权人广西新强通信科技有限公司(下称"广西新强")于2010年12月31日再次以公司面临巨额债务、主业停滞、不能清偿到期债务等诸多原因,向深圳市中级人民法院(下称"深中院")提出申请,要求深中院对本公司进行重整。2011年10月8日,深中院依法受理了广西新强申请本公司重整一案。2011年10月17日,深中院作出(2011)深中法民七重整字第1-2号《民事裁定书》,裁定自2011年10月17日起对本公司进行重整,并指定北京市金杜(深圳)律师事务所、深圳市正源清算事务有限公司为本公司管理人。同时,深中院还作出(2011)深中法民七重整字第1号《中国科健股份有限自行管理财产和营业事务决定书》,批准本公司在管理人的监督下自行管理财产和营业事务。本公司进入破产重整程序后,根据《中华人民共和国企业破产法》的相关规定,管理人随即启动了债权申报登记及审查工作,本次债权申报工作已于2011年12月5日截止,公司重整案第一次债权人会议于2011年12月16日上午在深圳市中级人民法院第一审判庭召开,公司破产重整案的债权申报工作业已结束。目前,破产重整工作正在积极推进,公司将通过重整解决债务危机,在完成债务重组的基础上,引入有实力的重组方,注入优质资产,以恢复公司的持续经营能力及盈利能力,实现公司良性发展。

9. 深圳中科健公司董事会对2012年度带强调事项审计报告的专项说明

(1) 会计事务所审计意见。

众环海华会计师事务所有限公司认为,中科健公司财务报表在所有重大方面按照企业会计准则的规定编制,公允反映了中科健公司2012年12月31日的合并及母公司财务状况以及2012年度的合并及母公司经营成果和现金流量。强调事项:我们提醒财务报表使用者关注,中科健公司已经与北京首都农业集团有限公司(以下简称首农集团)签订了《重组意向协议》,首农集团将在深圳市中级人民法院裁定批准重整计划执行完毕后,启动对中科健公司的重大资产重组工作,重大资产重组应当符合中国证监会等主管部门的规定,并取得必要的审批,因此中科健公司的持续经营能力尚存在重大的不确定性。强调事项内容不影响已发表的审计意见。

(2) 公司董事会专项说明。

近年来,公司董事会及管理层一直致力推动公司的债务重组及资产重组。因公司陷入经营困境,严重资不抵债,公司债权人向深圳市中级人民法院(下称深圳中院)提出申请,要求深圳中院对本公司进行重整;2011年10月17日,深圳中院做出(2011)深中法民七重整字第1-2号《民事裁定书》,裁定自2011年10月17日起对本公司进行重整,并指定北京市金杜(深圳)律师事务所、深圳市正源清算事务有限公司为本公司管理人;2012年5月18日,深圳中院做出(2011)深中法民七重整字第1-4号《民事裁定书》,批准《中国科健股份有限公司重整计划》并终止重整程序。公司通过重整程序依法剥离现有资产、负债、业务、人员,成为无资产、无负债、无既有业务、无人员的公司,并在此基础上,引入有实力的重组方,注入优质资产,以恢复公司的持续经营能力及盈利能力。

本公司与首农集团于2013年4月16日签署了《重组意向协议》,协议约定:公司向包括首农集团在内的华都集团的全部股东、华都集团部分控股子公司的其他股东等发行对象发行股份,购买重组注入资产(具体的发行对象最终以相关各方签署的正式重组协议为准)。首农集团保证重组注入资产的权属清晰、质量良好、成长性良好、未来盈利能力强。保证重组注入资产符合现行《上市公司重大资产重组管理办法》关于重大资产重组的相关要求。本公司与首农集团拟在重整计划涉及的让渡股票划转完成后,并经深圳中院裁定公司重整计划执行完毕后正式启动该重大重组事项。实施上述重大资产重组事项,是恢复公司持续经营能力的保证。

10. 深圳中科健公司董事会对2013年度带强调事项审计报告的专项说明

(1) 会计师事务所审计意见。

中科健公司财务报表在所有重大方面按照企业会计准则的规定编制,公允反映了中科健公司2013年12月31日的财务状况以及2013年度的经营成果和现金流量。强调事项:我们提醒财务报表使用者关注,中科健公司重整计划已执行完毕,目前已无生产经营活动。为了恢复持续经营能力及盈利能力,中科健公司已经与江苏天楹环保能源股份有限公司全体股东签订了发行股份购买资产并募集配套资金相关协议,并于2013年12月19日经中科健公司2013年第二次临时股东大会审议通过。重大资产重组方案已经报送中国证监会并受理,但重大资产重组方案尚需中国证监会核准,因此中科健公司的持续经营能力尚存在重大的不确定性。强调事项内容不影响已发表的审计意见。

(2)公司董事会专项说明。

本公司董事会及管理层近几年一直致力推动公司的债务重组及资产重组。因公司陷入经营困境,严重资不抵债,经公司债权人申请,深圳中院于2011年10月17日作出(2011)深中法民七重整字第1-2号民事裁定书,依法裁定自2011年10月17日起对公司进行重整。2013年7月18日,深圳中院作出(2011)深中法民七重整字第1-67号《民事裁定书》,裁定本公司重整计划执行完毕并终结本公司重整程序。目前公司已无生产经营活动。

为了恢复公司的持续经营能力及盈利能力,实现公司良性发展,公司于2013年9月9日、2013年11月21日与江苏天楹环保能源股份有限公司(以下简称"天楹环保")全体股东分别签订了《发行股份购买资产并募集配套资金协议》、《发行股份购买资产并募集配套资金协议之补充协议》,约定公司以每股4.76元非公开发行378 151 252股份作为对价,购买天楹环保全体股东持有的天楹环保100%股份并募集配套资金,拟向不超过十名(含十名)特定对象非公开发行股份募集配套资金,拟募集配套资金总额不超过交易总额的25%,即不超过人民币6亿元。募集资金拟用于天楹环保在建及拟建项目的建设和运营,募集配套资金以发行股份购买资产为前提条件,但是募集配套资金的成功与否并不影响发行股份购买资产的实施。

根据公司与严圣军及其一致行动人南通乾创和南通坤德投资有限公司(以下简称严圣军及其一致行动人)于2013年9月9日、2013年11月21日签订的《盈利预测补偿协议》、《盈利预测补偿协议之补充协议》,严圣军及其一致行动人同意对2014—2016年注入资产实际净利润与净利润预测数(净利润预测数分别为:2014年13 665.57万元、2015年17 556.58万元、2016年22 583.81万元)之间的差额进行补偿;同时承诺注入资产和上市公司在本次重组实施当年的净利润不低于17 050.00万元,并针对实际净利润数不足17 050.00万元的可能设置了业绩补偿机制。上述协议已于2013年12月19日经公司2013年第二次临时股东大会审议通过。

本次重大资产重组方案尚需中国证监会核准,重组方案能否取得核准尚存在不确定性。公司董事会认为,本次重大资产重组如能成功实施,将是恢复公司持续经营能力的保证。

中科健公司重组的后续发展。中科健的重组方案最终获得证监会的批准,重组终于成功,公司股东大会于2014年6月18日审议批准将公司名称由中科健变更为中国天楹,经公司申请,并经深圳证券交易所审核同意,自2014年6月24日起,公司证券简称由"中科健"变更为"中国天楹",公司证券代码不变,仍为"000035"。

中科健公司破产重整实施情况

2010年12月31日,由于本公司不能偿还到期债务,且资不抵债,公司债权人向深圳市中级人民法院申请对本公司进行重整。2011年10月17日,深圳中院作出(2011)深中法民七重整字第1-2号《民事裁定书》，依法裁定自 2011 年 10 月 17 日起对本公司进行重整。

2012 年 5 月 18 日，深圳中院作出（2011）深中法民七重整字第 1-4 号《民事裁定书》，批准本公司重整计划并终止重整程序。

2013 年 7 月 18 日，深圳中院作出（2011）深中法民七重整字第 1-67 号《民事裁定书》，鉴于重整计划已经执行完毕，法院裁定确认本公司重整计划执行完毕并终结重整程序。2013 年 7 月，科健集团和智雄电子根据公司〈重整计划〉出资人权益调整方案，分别让渡了其所持有公司股份的 40%，即：科健集团让渡 13 445 600 股、智雄电子让渡 12 400 000 股。

科健集团和智雄电子的股份划转情况

（1）科健集团。2013 年 6 月 27 日，深圳中院做出（2012）深中法破字第 7-4 号《民事裁定书》，依法裁定对科健集团进行破产重整，因科健集团的重整计划草案未获得债权人会议表决通过，且科健集团未申请深圳中院裁定批准重整计划草案，深圳中院依法裁定终止科健集团的重整程序，并宣告科健集团破产清算。根据深圳中院 2013 年 8 月 15 日作出的（2012）深中法破字第 7-5 号《民事裁定书》，科健集团持有的本公司股票将用于其破产清算，但依照本公司重整计划应当让渡给本公司债权人的 40% 股份除外。

根据《深圳科健集团有限公司破产清算分配方案》，科健集团所持有的公司 20 168 400 股股份已全部用于科健集团破产清算，截至 2013 年 9 月 5 日，该等股份已全部划转至债权人，本次权益变动后，科健集团不再持有公司股份。

（2）智雄电子 2012 年 4 月 24 日，根据智雄电子的申请，深圳中院作出（2012）深中法破字第 8 号《民事裁定书》，裁定对智雄电子进行重整。2013 年 5 月 22 日，深圳中院作出（2012）深中法破字第 8-4 号《民事裁定书》，批准智雄电子重整计划，终止智雄电子重整程序。根据重整计划，智雄电子所持本公司股票将用于其破产重整，但依照本公司重整计划应当让渡给本公司债权人的 40% 除外。

2013 年 9 月，根据经法院批准的《深圳市智雄电子有限公司重整计划》，智雄电子所持有公司 18 600 000 股股份划转至各债权人及管理人账户，用于执行《深圳市智雄电子有限公司重整计划》，截至 2013 年 9 月 5 日，该等股份已全部划转至债权人，本次权益变动后，智雄电子不再持有公司股份。

从中科健案例，可以看出财务报告阅读者可以从审计报告和公司董事会对审计报告中提出问题的答复中获得若干有用的信息。可以说，如果中科健的重组不能获得成功，公司必然破产，前期公司董事会有关经营向好的所有承诺均不现实。

二、关注会计政策的变更

根据一致性和可比性原则，会计政策不得随意变更，但是在法律或会计准则等相关规定允许下，公司可以变更会计政策。虽然会计政策变更的前提是会计政策变更之后能够使所提供的公司财务状况、经营成果和现金流量信息更为可靠、更为相关。但是这些可靠和相关不可避免地带有主观性，这就为公司粉饰财务报表提供了条件。

正因为会计政策和会计估计的变更具有一定的主观性和可操控性，公司管理当局常会利用这一条件,在需要进行财务报表粉饰时,对会计政策和会计估计作出某种调整和变更。因此,关注公司会计政策和会计估计的变更,也是判断公司是否粉饰财务报表的一个重要线索。

会计报表合并范围是公司的重要会计政策之一,纳入合并会计报表编报范围的子公司财务状况及经营成果会直接影响合并会计报表的结果,合并范围的变化会对合并会计报表发生直接影响,公司可以通过改变合并范围来调节企业的盈利能力和风险水平。关注会计报表合并范围的变动,也可以为揭示公司存在粉饰财务报表的行为提供线索。

【案例 3-2】

中科健公司 2006 年度作出重大会计差错更正并进行追溯调整

中科健公司本年度作出重大会计差错更正并进行追溯调整,主要内容如下:

本年度公司发现以前年度多计提深圳市科健医电投资发展有限公司、江苏中桥百合通讯产品销售有限责任公司、深圳市科健营销有限公司、科健信息科技有限公司、江苏中科健通讯产品销售有限公司、深圳市凯士高科技有限公司、深圳市万达电子技术服务有限公司应收款项的坏账准备 30 981 331.43 元。

上述会计差错更正的累积影响数为 30 981 331.43 元,调增了 2005 年度净利润 14 720 759.80 元,调增了 2004 年度净利润 16 260 571.63 元,调增了 2006 年年初留存收益 30 981 331.43 元,均为调增未分配利润;利润及利润分配表的上年数栏,年初未分配利润调增了 16 260 571.63 元、调减了 2005 年末坏账准备 30 981 331.43 元、调减了 2004 年末坏账准备 16 260 571.63 元。

公司董事会审议后认为,上述重大会计差错更正,符合国家有关会计政策,同意上述重大会计差错更正。

三、检查财务报表是否存在技术性错误

未经注册会计师审计过的财务报表,由于企业会计的原因,财务报表还可能存在技术错误。财务报表中是否存在技术性错误,主要以利用报表与报表之间、同一报表内各项目之间的钩稽关系,以及主表与明细表之间的关系和主表与财务报附注说明之间的关系等来判断。

同一财务报表项目之间的钩稽关系有:"资产=负债+所有者权益"的静态平衡关系、"利润=收入-成本(费用)"的动态平衡关系,以及各项目明细数与合计数的关系等,一般而言,检查这类技术性错误比较容易,只要有会计核算的基本常识即可。

报表与报表之间的钩稽关系有:"利润表及利润分配表中的未分配利润=资产负债表中的未分配利润""资产负债表中现金及其等价物期末金额与期初余额之差=现金流量表中现金及其等价物净增加额""利润表中的净销货额-资产负债表中的应收账款(票据)增

加额＋预收账款增加额＝现金流量表中的销售商品、提供劳务收到的现金""资产负债表中除现金及其等价物之外的其他各项流动资产和流动负债的增减额＝现金流量表中各相关项目的减增额"等。检查这类错误特别是现金流量表的错误,要求熟悉各财务报表的编制理论和方法。

财务报表主表与明细表之间的钩稽关系有:比较简单的明细与合计的关系,比较复杂涉及数张报表发生额和余额的关系(如固定资产及累计折旧明细表,既与资产负债表中的固定资产原价、净值和累计折旧发生钩稽关系,又与现金流量表的固定资产折旧发生钩稽关系;如无形资产及其他资产、待摊费用、预提费用等明细表,也都存在上述的钩稽关系)。通过主表与明细表的逐项对照,可以判明财务报表编制中是否存在技术性错误。

将财务报表与其附注相对照,可以了解企业财务报表的披露政策是否合理、会计估计是否科学、会计差错处理是否恰当等方面的信息,为判断企业财务报表是否存在技术性错误提供有用的信息。

财务报表的技术性错误往往与粉饰财务报表的动机交织在一起。因此,纠正财务报表技术性的错误在一定程度上调整了粉饰过的财务报表。对无技术性错误而被人粉饰过的财务报表,分析和调整的难度较大,特别对无法检查企业会计账簿的财务报表的外部使用者则更是如此。要识别被人为粉饰过的财务报表,分析者应该了解诸如与企业供应和销售相关的市场信息,与企业所处行业相关的信息等多种宏观和微观的信息,以及应具备丰富的分析经验。除此之外,还要掌握识别粉饰财务报表的会计分析方法。只有这样,才可能揭示财务报表被粉饰的程度并将它调整还原,为财务报表进一步分析奠定良好的基础。下面着重讨论对被粉饰财务报表识别的会计方法和对虚假金额的估计及其剔除方法。

第四节　被粉饰财务报表的识别和粉饰金额估计及剔除方法

为了识别被粉饰财务报表并估计粉饰金额和进行调整,必须深入分析各种具体的粉饰手段。因此,本节针对财务报表的不同手段,具体讨论粉饰识别和粉饰金额的调整方法。在粉饰财务报表的各种类型中,对投资者和债权人等主体经济利益影响最大的是虚增利润、高估资产、低估负债。因此,这里重点讨论虚增利润的识别和调整方法。

一、利用资产重组操纵利润的识别和调整

资产重组本是通过资产置换和股权置换来优化企业资本结构、调整产业结构和实现战略转移的一种方法,但因资产重组需要将企业某些以历史成本记账的资产转换为

现时价值,所以给原资产升值留下了想象空间,导致资产重组被广泛滥用。近年来,不少企业通过资产重组将原以历史成本法记账的资产转化为现时价值,从而产生出巨额利润。这种方法特别在上市公司中被广泛用于利润操纵。典型做法是凭借关联交易,用上市公司的劣质或闲置资产,以大大高于账面值的金额,与其国有控股母公司的优质资产相交换或干脆出售,从而获取巨额利润。这种资产置换,如果公正,那么只是将企业本已持有的利得转换为本期利润;如果不公正,则是将关联交易母公司的利润转移到子公司。当然母公司之所以这样做,其目的不外是想保住上市子公司这个壳资源,为日后从股市上筹措资金打好基础。

识别这种操纵利润的方法并不难,可从损益表的营业外收入、投资收益、其他业务利润等项目及其明细表中查出虚增的利润金额,也可以从资产负债表有关长期资产项目及其明细表中查出其置换资产的性质和金额,还可以从财务报表附注的说明中了解资产置换的其他情况。掌握了这些信息,就可调减这部分人为虚增的利润和相应的净资产。

例如,某上市公司 2000 年度实现利润 20 000 万元,其中本年度将账面值为 5 000 万元的土地使用权作价 18 000 万元卖给母公司,并以账面净值为 4 000 万元的股权作价 8 000 万元从母公司换回 8 000 万元的优质资产,这两笔资产重组后合计产生利润 17 000 万元 [(18 000＋8 000)－(5 000＋4 000)]。由于这 17 000 万元的利润是利润操纵的结果,因此需要从企业利润 20 000 万元中扣除,扣除后的企业真实利润仅为 3 000 万元。而资产负债表因企业确实获得了价值为 26 000 万元(18 000＋8 000)的资产,故不需要调减资产的价值。

二、利用关联交易调节利润的识别和调整

利用关联交易将关联交易一方的利润转移至另一方,从而使其利润增加的操纵利润普遍见于国有企业改制而成的上市公司,其目的在于利用上市公司的壳资源从股市上筹措资金。这与跨国公司通行的利用关联交易将高税区的利润转移至低税区以降低税负,或将资金从外汇管制严的地区转移至外汇管制松的地区以逃避外汇管制等做法正好相反,可谓具有"中国特色"。

利用关联交易虚增利润的方式多种多样,既可利用产品和原材料的转移价格调节收入和成本,也可利用资产重组定价获取资产增值收益,利用高回报率的委托经营方式虚增业绩,利用利率差异降低财务费用、利用管理费收支、共同费用分摊等方式调节利润等。

上述调节利润的方法,除转移价格和管理(共同)费用分摊外,其余方法所产生的利润基本上都体现在"其他业务利润""投资收益""营业外收入""财务费用"等具体项目之中,其识别相对容易。首先,要计算各项目中关联交易产生的盈利分别占项目总额的百分比和这些项目占利润总额的百分比,判断企业盈利能力对关联企业的依赖程度;其次,要分析这些关联交易的必要性及公正性;最后,将非必要和欠公正关联交易产生的利润从企业利润总额中剔除,以反映这些项目的正常状况。

例如,某上市公司损益表中的"其他业务利润"为 2 000 万元,"投资收益"为 4 000 万元,"营业外收入"为 5 000 万元,"利润总额"为 20 000 万元。在财务报表附注及相关明细表中反映,其他业务利润 2 000 万元中有 1 800 万元来自关联企业交付的商标使用费,4 000 万元投资收益中有 3 800 万元来自向关联企业转让的股权投资收益,5 000 万元营业外收入中有 4 400 万元来自用房产向关联企业置换流水生产线的收益。

按上述资料,可以发现各项目中关联交易产生的盈利分别占其他业务利润的 90%(1 800÷2 000)、投资收益的 95%(3 800÷4 000),营业外收入的 88%(4 400÷5 000),合计则占利润总额的 50%[(1 800+3 800+4 400)÷20 000]。这反映出该企业利润对关联企业的依赖程度极高。如果通过进一步分析定价政策,发现上述交易均为非公正交易,属利润操纵行为,那么就应将这些盈利剔除。剔除虚增盈利后的结果为:其他业务利润 200 万元,投资收益 200 万元,营业收入 600 万元,利润总额 10 000 万元。

对转移价格引起的"营业外收入""营业成本""管理费用"等项目脱离实际状况的识别难度较大,要求分析者掌握市场价格和企业的定价政策。在分析识别过程中,要充分利用财务报表附注说明和相关明细表。如果关联交易占销售货物和采购货物的比重较大(大于 20%),那么就有必要分析、比较关联交易与非关联交易的价格差异。如价格差异过大,则有操纵利润之嫌,需要调整因价格差异而影响的利润额。

三、利用虚拟资产调节利润的识别和调整

资产是指能够带来未来经济利益的经济资源。但由于会计中普遍使用权责发生制核算损益,因此,将一些已经实际发生的费用作为待摊费用、递延资产、待处理资产损失等项目,列入资产负债表的资产方。而这些项目严格地说是不能够为企业带来未来经济利益的,不是企业真实的资产,只是一种虚拟资产。这种虚拟资产的存在,就为企业操纵利润提供了一个费用和损失的"蓄水池"。企业可以通过递延摊销、少摊销或不摊销已经发生的费用和损失来增加利润,即通过增加不良资产来虚增利润。制造虚盈实亏的借口较多,如权责发生制、收入与成本配比原则、地方财政部门批示等。

采用这类方法虚增利润的共同特点是:虚拟资产的多记少摊。识别方法也相对简单,应重点检查各类虚拟资产项目的明细表,以及注意财务报表附注中关于虚拟资产确认和摊销的会计政策,特别注意本年度增加较大和未予正常摊销的项目,如发现有人为操纵行为,应予调整。

例如,某公司 2000 年度报告利润总额为 3 000 万元,但递延资产增加 8 000 万元。递延资产明细表增加的 8 000 万元递延资产由如下项目组成:① 折旧费用 3 000 万元;② 管理费用 2 000 万元;③ 销售(广告)费用 3 000 万元。这些费用均经当地财政部门批准列入递延资产。从这些递延资产的性质不难看出,它们应该记入当期损益。8 000 万元资产调整为费用列入当期损益后,该公司 2000 年度实际亏损为 5 000 万元。

四、利用利息资本化调节利润的识别和调整

按会计制度规定,企业为购建固定资产而发生的利息费用,在固定资产尚未投入使用之前,应计入固定资产的成本,即应予以资本化。利息资本化本是为了满足收入与成本相配比原则的需要,但在实务中不少企业将它作为一种操纵利润的手段。

用利息资本化方法调节利润比较隐秘,因为不管自有资金还是借入资金,一旦投入使用后就难以区分清楚,这就给企业人为划定资金来源和资金用途大开方便之门,使企业很容易将非资本性支出的利息资本化。从而达到减少本期财务费用增加利润的目的。要识别这种隐秘性利润操纵比较困难,具体识别法主要是分析在建工程项目占总资产的比例。一般而言,利息支出资本化的比例应与该比例基本相当。过高则有操纵利润的嫌疑,如果资本化的利息支出大于在建工程项目的平均余额与规定利息率之积,那么可以肯定存在操纵利润的行为,应予以调整。

除了采用较隐秘的方法外,也会有较为公开的操纵。例如,渝钛白股份公司就曾将钛白粉工程建设期间的借款和应付债券的利息 8 064 万元,在该项目投入使用的情况下仍予以资本化,结果被注册会计师出具否定意见的审计报告,开了我国上市公司被出具否定意见审计报告的先河。

五、利用应收和应付款调节利润的识别与调整

企业应收和应付款项可分为两大类:一类是与销售货物和采购货物相关的应收应付款项,包括应收账款、预收账款、应付账款、预付账款等;另一类是与销售货物和采购货物无关的应收应付款项,包括其他应收款和其他应付款等。设置与销售和采购相关的应收应付款项,是为了满足权责发生制条件下的计算和反映相应债权债务往来的需要;设置与销售和采购无关的应收应付款项,则是为了反映与销售和采购无关的非经常的或小额的债权债务往来需要。由于这些项目的存在,给企业操纵利润提供了方便,因此需要对它们进行分析调整。

把应收账款作为调节营业收入的工具早被广泛滥用。如在本年底虚开发票,同时增加应收账款和营业收入,到次年又以诸如质量不符合要求等名义将其冲回,使本年营业收入虚增。当然,为了隐藏部分收入,则可利用推迟开票,将营业收入藏于预收账款之中。除此之外,高龄应收账款是最可能发生潜亏的资产项目,不少企业明知某些高龄应收账款已成坏账,但为了虚增利润就是不予冲销。识别这类操纵相对容易,其办法是:第一,大胆怀疑年底突发性产生的与应收账款相对应的营业收入。比如某企业全年营业收入 15 000 万元,除 12 月份外,各月都较为平均,1 月至 11 月累计营业收入 11 000 万元,而 12 月营业收入则高达 4 000 万元,且有 2 800 万元是通过应收账款产生的。对此,可以认定企业有利润操纵行为,应将 2 800 万元的营业收入予以剔除。即使次年这一笔 2 800 万元的营业收入没有开红票冲回,这样剔除也是应该的。因为它可能导致次年营业收入减少,将次年

的营业收入前置至本年。第二,大胆剔除高龄应收账款。按我国会计制度规定,账龄为三年及以上的应收账款应作为坏账处理,故应将已达到上述标准但未列入坏账的应收账款作为不良资产加以剔除。如某企业本年度利润总额为 10 000 万元,但应收账款明细表中列有账龄在三年及以上的应收账款 3 000 万元,那么将其剔除后,实际利润则只有 7 000 万元。

在正常情况下,其他应收款和其他应付款的余额不应过大,如出现余额过大甚至超过应收账款、应付账款余额的异常情况时,就应注意识别是否有操纵利润的情况。通过其他应收款虚增利润的常见方法主要是将已损失的资产转入其中,使亏损不体现出来。利用其他应付款则主要是隐藏利润,如将已实现的收益转入其中,使之不列入利润表之中。识别这类操纵仍然是从其他应收款和其他应付款的明细表入手,将属于异常情况的金额从中剔除。如某公司原有一笔债权 200 万元,债务合同规定该债权的年利率为 10%,期限为一年,但从借债至今的五年中,债务人从未支付利息也未偿还本金,经查实该债务人已经破产,债权已不可能收回,损失已成事实。可是该公司在其他应收款中的这笔债权却从 200 万元上升为 300 万元[200×(1+10%×5)]。显然,该公司有操纵利润的行为,这笔 300 万元的不良债权应予冲销。

六、关注利润与净现金流入量的差异

在识别是否存在操纵利润现象过程中,还应注意企业现金流量分析。该分析是将经营活动产生的现金净流量、投资活动产生的现金净流量、现金净流量分别与营业利润、投资收益和净利润进行比较,以判断企业营业利润、投资收益和净利润的质量。没有相应现金净流入量作支撑的利润,质量不如有足够现金净流量作支撑的利润质量高。

按会计基本原理企业的经营活动产生的现金净流量等于税后利润加各种长期资产摊销,即在一般情况下,经营活动产生的现金净流入量应该大于经营活动产生的净利润。只有在企业销售收入大量以应收账款形式实现、本应该计入当期成本费用的各种支出转化为虚拟资产等情况下,即应收账款、虚拟资产当期增加数超过了当期各种长期资产的摊销金额时,才会使经营活动产生的现金净流入量小于净利润。但在正常的情况下,这种差额会随着时间推移,经营活动产生的现金净流入量终究会超过净利润。如果某企业的现金净流量长期低于其净利润,那么就意味着该企业可能存在虚假销售以及本应作为费用处理的一些项目变为虚拟资产,而虚拟资产是不可能转化为现金的,即该企业是通过增加虚拟资产来操纵利润。出现这种情况,也应对利润进行调整。

一旦企业的经营活动产生的净利润大于经营活动产生的现金净流入量,分析者就应该充分关注这一问题,并将企业前面若干会计期间的经营活动产生的现金净流入量和经营活动产生的净利润进行比较,如果某企业在几个会计期间的现金净流入量都小于净利润,那么,根据应收账款、待摊费用等流动资产的性质,我们可以断定,该企业存在粉饰财务报表的行为,分析者可以大胆地以经营现金净流入量作为确定经营净利润的依据,并相应地调整各种虚拟资产。以下以我国上市公司的实际数据为例说明该问题。

【案例3-3】

世纪中天集团2001年至2003年持续盈利,但是经营活动现金净流量持续低于净利润,该公司各年的净利润、经营活动现金净流量、差异等情况,如表3-3所示①:

表3-3　　　　　　　　　　利润与现金流量差异分析表

金额单位：万元

年　　份	2001 年	2002 年	2003 年	合　　计
净利润	4 086.86	697.35	297.11	5 081.32
经营活动现金净流量	−14 772.39	−11 738.40	−2 581.14	−29 091.93
现金净流量减净利润	−18 859.25	−12 435.75	−2 878.25	−34 173.25

该公司在2004年和2005年连续两年亏损,其中:2004年亏损1.49亿元,2005年续亏1.66亿元,两年合计亏损3.15亿元,基本与前两年现金流入量与净利润的差异3.42亿元相当。

【案例3-4】

厦新电子公司2004年盈利,但该年的经营活动现金净流量低于净利润,差异达6.71亿元。2005年厦新电子净亏损6.58亿元,基本与2004年现金流入量和净利润的差异6.71亿元相当。厦新电子公司2004年的净利润、经营活动现金净流量、差异等情况,如表3-4所示:

表3-4　　　　　　　　　　利润与现金流量差异分析表

金额单位：万元

年　　　　　　份	2004 年
净利润	1 052.64
经营活动现金净流量	−66 034.44
现金净流量减净利润	−67 087.08

【案例3-5】

TCL集团从2003年至2004年连续两年盈利,但经营活动现金净流量持续低于营业利润,如表3-5所示:

表3-5　　　　　　　　　　利润与现金流量差异分析表

金额单位：万元

年　　份	2003 年	2004 年	合　　计
营业利润	135 538.57	29 950.57	165 489.14
经营活动现金净流量	66 555.86	−131 418.05	−64 862.19
现金净流量减营业利润	−68 982.71	−161 368.62	−230 351.33

---

① 本案例和以下案例均直接根据各个公司财务报表资料整理所得。

2005 年净亏损 3.2 亿元,2006 年续亏 18.4 亿元,合计亏损 21.6 亿元,基本上与 2003 年和 2004 年两年现金流入量和净利润的差异 23.04 亿元相当。

【案例 3-6】

四川长虹集团 2002 年、2003 年两年均为盈利,但这两年的经营活动现金净流量大大低于营业利润,差异高达 40.42 亿。该公司 2002 年和 2003 年的营业利润、经营活动现金净流量、差异等情况,如表 3-6 所示:

表 3-6 　　　　　　　　　　利润与现金流量差异分析表

金额单位: 万元

年　　份	2002 年	2003 年	合　　计
营业利润	12 744.18	18 236.31	30 980.49
经营活动现金净流量	−298 795.69	−74 402.61	−373 198.30
现金净流量减营业利润	−311 539.87	−92 638.92	−404 178.79

该公司在 2004 年出现巨额亏损,亏损高达 36.81 亿元,这一亏损与 2002 年、2003 年两年的营业利润和经营现金净流入量的差异相差也不大。

【案例 3-7】

深圳康佳集团 1999 年、2000 年两年均为盈利,但这两年的经营活动现金净流量均低于营业利润,其各年的营业利润、经营活动现金净流量、差异情况,如表 3-7 所示:

表 3-7 　　　　　　　　　　利润与现金流量差异分析表

金额单位: 万元

年　　份	1999 年	2000 年	合　　计
营业利润	60 245.35	25 368.96	85 614.31
经营活动现金净流量	38 391.38	−556.64	37 834.74
现金净流量减营业利润	−21 853.97	−25 925.60	−47 779.57

该公司 2001 年出现净亏损约 7 亿元,该亏损甚至大于前两年营业利润和经营现金净流入量的差异数。这是因为在计算该差异时并没有考虑固定资产折旧和其他长期摊销,而固定资产折旧和其他长期摊销是企业的现金流入量。在正常情况下,经营现金净流入量应该大于营业净利润。

需要指出的是:在上述调整和对比中,有些公司(如世纪中天、夏新电子)采用的是用净利润与经营现金净流入量对比,有些公司(如 TCL 集团、四川长虹、深圳康佳)采用的是用营业利润与经营现金净流入量对比。从理论上讲,这种对比应该是以营业利润为基础,因为净利润中已包含非经营现金的流量,所以,用净利润与经营现金净流入量相对比,在营业利润与净利润相差很大的时候会产生较大的误差。当然在净利润与营业利润相差不大的时候,可以用净利润来替代营业利润,以简化调整工作。

七、重视利润构成

公司利润由经营性收益和非经营性收益所组成,其中经营性收益具有较高的稳定性,可以作为评价公司价值的基础,而非经营性收益不可能持续发生,不能作为预测公司未来盈利能力的基础。在通常情况下,当一家企业经营性收益不足,影响到企业形象甚至生存时,往往会考虑通过出售资产、财务重组等方式来获取收益,而以这些方式获取的收益都属于非经营性收益。关注企业利润的构成,可以将企业的非经营性收益从总收益中剔除,揭示企业真实的盈利能力。表 3-8 所列的是部分扣除非经常性收益后净利润为负的公司情况。

表 3-8　　2013 年我国部分扣除非经常性收益后利润为负的公司情况[①]

金额单位:万元

指标名称	公允价值变动净收益	投资净收益)	营业外收入	非流动资产处置净损失	非经常性损益合计	利润总额	扣除非经常损益后的利润总额
中原特钢		619.85	10 817.20		11 437.05	1 701.36	−9 735.7
ST 南化		403.96	32 631.51	38.86	33 074.33	232.81	−32 841.5
新筑股份		105.53	12 702.22	122.81	12 930.57	315.79	−12 614.8
石岘纸业		−5 400.00	16 282.93	78.02	10 960.95	719.70	−10 241.2
星湖科技	−158.73	12 321.09	14 982.46	206.10	27 350.92	709.49	−26 641.4
中科英华	260.50	2 225.21	10 897.25	276.98	13 659.93	568.83	−13 091.1
启明信息			1 899.56	24.44	1 924.00	106.96	−1 817.0
煤气化	10.71		93 463.66	98.44	93 572.81	5 467.47	−88 105.3
鲁抗医药	17.22	5 276.47	12 499.50	137.65	17 930.84	812.74	−17 118.1
凌钢股份		20 172.02	44 378.42	9.86	64 560.31	2 951.56	−61 608.7
云维股份		30 958.88	32 934.08	2 755.92	66 648.88	2 236.73	−64 412.1
华灿光电			13 464.31		13 464.31	1 026.95	−12 437.4

显然,这些扣除非经常性收益后净利润为负的公司,其净利润未来的稳定性值得怀疑,掌握了公司利润构成的信息,有利于投资者作出更正确的决策。

---

① 资料来源于各公司 2013 年年报。

【资料】

附表 3-1　　全国各行业国有企业平均不良资产比率(新制度)一览表①

单位：%

行　业	2000年	2001年	2002年	2003年	2004年	2005年	2006年	2007年	2008年	2009年	2010年	2011年	2012年	2013年
全部国有企业	2.1	4.9	7.2	6.9	5.9	1.8	3	2.6	2.5	3.5	3.4	3	2.5	2.5
农林牧渔业	2.4	9.9	13.2	15.8	15.6	5.1	2.6	2.3	2.3	5.5	5.6	5.6	5.5	5.5
农业	2.5	15.1	16	16.7	14.7	3.9	1.1	0.8	0.8	1.3	1.4	1.5	1.5	1.5
林业	2.3	8.6	13.9	15.3	18.5	7.5	4	3.7	3.7	4.3	4.4	4	4	4
畜牧业	1.8	7.7	10.7	17.6	19.3	5.4	3.2	2.9	2.9	3.1	3.2	3.5	3.5	3.5
渔业	1.3	7	11.5	9.3	9.2	6.9	10	9.7	9.7	8.5	7.9	7.5	7.5	7.5
工业	1.6	5.5	6.7	6.3	5.5	1.6	3.3	3	2.8	2.5	2.4	2.4	2.4	2.4
煤炭工业	1.9	8.6	9.8	7.9	8.7	1.7	5.5	4.1	2.5	3	2.9	3	3	3
森林工业	3.5	15.3	16.1	22	21.4	7.7	4.8	4.3	4.3	4.2	1.4	1.4	1.4	1.4
水的生产与供应业			5.2	5.3	5	0.7	1.7	1.5	1.5	2.5	2.5	2	1.8	1.8
轻工业	2	6	10.9	10.6	9.6	2.5	2.7	2.5	2.3	2.2	2.2	2.2	2.2	2.2
纺织服装服饰业			13.5	14	13.1	5.4	7.4	7.2	7.1	6.8	6.5	6	6	6
工艺品及其他制品业			10.2	11.2	10.2	2.2	1	0.8	0.9	0.8	0.8	0.8	0.8	0.8
家具制造业	2.4	9.9	19.9	17.6	12.2	3.3	6.9	6.7	6.6	6.2	6	5.7	5.7	5.7
皮革毛皮羽绒及其制品业	8.3	18.8	29.1	25.7	25.7	7.3	6.9	6.7	6.6	6.4	6.1	5.9	5.9	5.9
文教体育用品制造业	2.3	6	11.1	14	13.3	3.2	2.7	2.5	2.6	2.5	2.5	2.5	2.5	2.5
印刷业,记录媒介复制业	2.3	6.2	8.3	8.6	9	2.4	1.9	1.7	1.8	2.5	2.2	2.2	2.2	2.2
造纸及纸制品业		1.8	9.2	11.6	9.3	2.8	3	2.8	2.9	2.8	2.6	2.6	2.6	2.6
制茶业		17.9	20.3	25.4	24.6	19.3	2	1.7	1.8	1.8	1.8	1.6	1.6	1.6
酒类饮料制造业	1.3	4.6	9.8	7.9	7.4	1.6	2.3	2	1.8	1.7	1.7	1.6	1.6	1.6
白酒制造业	1.4	5	7.1	7	15.6	1.2	2	1.7	1.2	2.1	2.1	2	2	2
啤酒制造业	1	3.8	8.7	8.2	7.7	1.8	3.2	2.9	3	2.8	2.8	2.5	1.5	2.5

① 表中数据根据 wind 数据库整理而得。

（续表）

行　业	2000年	2001年	2002年	2003年	2004年	2005年	2006年	2007年	2008年	2009年	2010年	2011年	2012年	2013年
食品工业	2.7	9.9	18.2	17.8	13.6	5.6	1.6	1.6	1.6	1.7	2.6	2.5	2.4	2.3
食品加工业	3.1	12.4	14.5	19.3	17.1	6.2	1.2	1.2	1.2	1.1	2.2	2	1.9	1.8
食品制造业	5.4	5.3	5.6	6.2	6.1	6.1	5.8	5.8	5.6	7.4	8.2	8.4	7.1	6
烟草工业	0.7	3.7	6.2	5.4	4.9	0.4	4.8	4.3	4.1	4.1	3.3	2.2	1.9	1.9
纺织工业	2.8	8.9	16.3	15.5	15.1	5.6	4.4	4.4	4.5	4.3	4.1	3.8	3.2	2.8
麻纺织业	1	17.1	18.5	21.3	14.6	1.4	10.4	10.4	11	10.7	6.8	6.8	6.2	5.8
毛纺织业	3.8	13.8	17.3	20.4	15.3	9.7	12.4	12.4	12.6	12.2	6.2	6.2	5.6	5.2
棉、化纤纺织业	2.4	9.6	14.2	15.3	13.8	6.2	3.4	3.4	3.6	3.5	3.3	2.8	2.2	1.8
丝绢纺织业	4.6	12.2	18.9	27.1	23.8	7.5	2.1	2.1	2.1	1.8	3.6	3.5	2.9	2.5
医药工业	1.6	4.5	6.2	6.8	6	1.4	4.5	4.5	4.5	4.3	4.3	4.5	4.3	2
化学药品原药,制剂制造业	1.4	5.4	7.3	6.9	6.8	2	4	4	4	3.9	3.7	3.8	3.6	1.3
中药材及中成药加工工业	2.2	2.8	4.5	6.9	5.2	1.6	2.2	2.2	2.2	2.1	3.2	4.6	4.4	2.1
电力工业	0.7	2.4	2	1.9	2.4	0.8	2.7	2.4	2.4	0.9	0.8	1	1	1
电力供应业	0.8	3.1	1.7	1.6	1.8	0.5	2.9	2.3	2	1.5	1.4	1.4	1.2	1.2
燃气生产与供应业	1.7	7	11	12.2	9	4.2	1.4	1.4	1	2.5	2.3	2.2	2.2	2.2
热力生产和供应业												1.5	1.5	1.5
电力生产业	0.4	2.2	3.5	2.2	3	0.8	2.4	2.2	2.2	1.9	2	2	2	2
火力发电业	1.7	3.1	3.2	2.3	3.9	0.9	2.6	2.5	2.5	1.9	1.9	1.8	1.7	1.7
水力发电业	2.8	2.8	0.9	2.7	2.3	0.2	2.3	2.1	2	1.9	1.8	1.6	1.5	1.5
石油石化工业	4.9		3.3	3.4	5.5	1	4.8	4.3	3.4	4.1	4.4	4.4	3.2	2.6
天然原油和天然气开采业	0.9	5.2	3.3	3.8	5.6	1.3	5.2	4.8	3.9	3	3	2.8	2.8	2.8
原油加工及炼焦业	2		5.8	5.2	4.6	0.7	4	3.6	3.6	3.6	3.6	3.8	3.8	3.8
冶金工业	2.4	6.1	6.4	5.7	5.5	0.9	6.8	6.3	6.3	5.8	5.8	1.2	1.2	2
黑色金属矿采选业	1.7	5.3	5.9	7.6	7.9	1.1	5.6	5.1	5.1	2.8	2.8	2.5	2.5	2.5
黑色金属冶炼业	2.6	5.3	5.6	5.8	5.6	0.6	5.9	5.4	5.4	5.9	5	3.8	3.8	3.7
有色金属矿采选业	1.8	8.3	8.5	10.2	9.7	1.6	5.6	5.1	5.1	3.9	3.9	3.5	2.9	2.9
有色金属冶炼业	1.6	8.9	8.5	7.8	6.8	1.4	7.7	7.2	7.2	6.6	5	2.9	2.9	2.9
建材工业	2	8.4	13.3	10.1	11.5	3.7	7.4	6.7	6	5.5	4.8	4.7	2.7	3
建筑用金属制品业	2.6	11.3	11.3	17.9	19.5	6.1	9.7	9	7	7.2	6.9	6.8	4.2	4.1

（续表）

行　业	2000年	2001年	2002年	2003年	2004年	2005年	2006年	2007年	2008年	2009年	2010年	2011年	2012年	2013年
建筑用矿石采选业	2.4	11.4	11.4	8.7	7.4	6.8	2.7	2.7	2.5	2.6	2.6	2.5	2.5	2.4
结构性金属制品业	1	14.8	10.8	16.1	10.9	6	4.4	3.7	3	2.9	2.7	2.2	2.2	2.1
水泥制品及石膏制品业	2.5	9.1	11.8	7.8	6.2	1.8	6	5.3	4.2	4.4	4.4	4.2	4.2	4.1
水泥制造业	1.7	7.3	12.1	5.7	7.7	3.6	3.4	2.7	2	2.1	2	2	2	1.9
电子工业	1.6	4.4	6.6	7.3	6.9	2.6	4.5	4.5	4.6	4.5	2.5	2.5	2.5	2.8
电子计算机制造业	1.2	6.5	7.5	6.9	6.7	1.7	4.4	4.4	4.4	4.3	3.1	2	2	1.5
电子元、器件制造业	2.2	5	9	9.3	8.5	1.5	2.8	2.8	3.5	3.4	4.5	3	3	2
广播电视设备制造业	4.6	3.6	14.5	13.2	5.6	3.3	2.3	2.3	2.3	2.2	2	4.5	4.5	4.7
通信设备制造业	1.2	2.1	3.7	5.1	8.5	4	6.8	6.8	6.8	6.7	4.5	2.5	2.5	2
化学工业	1.3	7.8	11.5	11.1	10.9	2.9	6.3	6.2	6.2	5.8	2	2	2	2
肥料制造业	0.8	7.5	9.2	8.6	8.2	2.8	6.2	5.6	5	4	4	3.5	3.5	3.5
化纤制造业	1	8.9	13.9	14	17.5	3.6	10.4	9.4	8	8.1	7.8	6.9	4.8	4.8
基础化学原料制造业	1.2	8	10.7	11.4	12.1	2.3	6.3	6.2	6	5.7	5.1	4.3	3.9	3.9
农药制造业			9.5	10.4	9.6	2.3	2.9	2.9	2	2.3	2.2	2.4	2.4	2.4
日用和化学产品制造业	1.8	6.5	9.4	12.8	9.1	3.9	4.7	4.7	4	3.9	3.7	3.7	3.7	3.7
塑料制品业	2.4	6.6	12.1	11.5	7.4	2.4	2.2	2.1	2	2.2	2.1	2.1	2.1	2.1
橡胶制品业	1.7	10.9	15.8	17.6	12.6	3.4	2.7	2.7	2.1	2.4	2.3	2.2	2.2	2.2
机械工业	2.6	6.5	10.3	11.5	10.6	2.5	3.5	3.2	3	3	3	3.4	2	2.1
矿山、冶金、建筑设备制造业	2.4	2.7	15.9	16.9	13.2	2.6	2.9	2.9	2.9	2.8	1.8	1.8	1.9	1.8
汽车制造业	2.5	4.9	5.7	7	5.8	0.9	4.3	3.9	3.8	3.5	3.5	3.5	3	2.8
船舶制造业	6.5	5.4	4.7	5	6	4.4	4.1	3.7	3.7	3.5	2.6	2.9	3.5	3
电工器材制造业	2.5	11.1	14	12.3	14.9	6.8	6.2	4.1	4.1	3.9	4	4	4	3.9
电机制造业	2.8	10.3	11.3	10.4	10.8	3.5	3.1	4.3	4.3	4.2	4	4	3.5	3.4
电气机械及器材制造业	2.3	6.9	10.9	12.1	11.9	2.9	3.4	3.4	3.4	3.3	3.3	3.2	2.8	2.7
锅炉及原动机制造业	2.6	6.8	10.6	12.4	9.1	0.9	2.9	2.9	2.8	2.8	2.6	2.5	3.2	3.1
化工、木材、非金属加工设备制造业			16.2	16.7	9.3	5.1	4	4	4	3.9	2.7	2.8	2.4	2.3
家用电器制造业	1.4	4.1	7.2	9.5	10.8	3.3	2.5	2.5	2.7	2.6	2.5	2.5	2	1.9

（续表）

行　业	2000年	2001年	2002年	2003年	2004年	2005年	2006年	2007年	2008年	2009年	2010年	2011年	2012年	2013年
交通运输设备制造业	2.2	5.1	6.5	7.7	7.2	1.2	3.5	3.2	3	2.9	2.5	2.3	2.3	2.2
金属工具制造业	6	15	17.6	18.6	10.4	5.8	6.6	5.9	5.8	5.5	5	5	4.5	4.4
金属加工机械制造业	2.6	12.8	17.5	16.3	13.2	5.5	5.1	5.1	5	5	4.5	4.3	3.5	3.4
金属制品业	3.2	7.5	15.7	14.6	12.4	5.5	7.9	7.1	7	6.3	6.3	6.3	4.8	4.7
摩托车制造业	0.4	6.5	10.9	19.9	12	2.1	13.7	12.3	12	10	10	10	10	9.9
农林牧渔水利机械制造业	2.4	8.6	12.2	19.7	17.7	5.8	6.9	6.2	6.2	6	5.6	5.6	4.5	4.4
其他通用设备制造业			11.4	12.3	9.1	4.3	3.9	3.9	3.9	3.7	3.5	3.3	3.1	3
轻纺工业设备制造业	2.8	14.6	16.5	16.6	13.2	1.8	4.8	5.1	5.6	5.2	4.7	4.6	4	3.9
输配电及控制设备制造业	2.5	5.4	11.2	13.4	9.7	1.3	3.9	3.9	3.4	3.3	2.8	2.9	2.6	2.5
铁路运输设备制造业	1.3	4.3	3.8	4.3	7.2	0.9	1.9	1.7	1.7	2.5	2.3	2.3	1.2	1.5
通用设备制造业	2.4	7	12.3	14.2	11.2	3.8	3.6	3.6	3.2	3.2	2.8	2.6	2.8	2.7
通用仪器仪表制造业	3.4	12	17.2	13.8	24	14	14.8	14.2	13.4	5.5	5	5	4	3.9
医疗仪器仪表设备制造业	1.9	6.7	17.3	11	8.4	2.5	4.5	4.1	4	3.7	2.8	2.6	2.8	2.7
仪器仪表及文化、办公用机械制造业	3.5	12.3	16.9	12.3	17.3	9.3	6.4	5.8	5.8	5.6	5.5	5.5	3.8	3.7
照明器具制造业	2.8	7.5	10.9	10.5	7.4	4.1	5.6	5.6	5.6	5.5	5	5	4.7	4.6
钟表制造业	6.9	20.6	19.6	16.4	10.5	11.7	10.1	5.1	9	8.1	7	7.2	6.5	6.4
轴承制造业	3.6	8	15.5	16.6	12.1	4.4	4.6	4.1	4.1	4	2.7	2.7	2.5	2.4
专用设备制造业	2.9	7.2	15.1	19.7	10.9	4.1	3.2	3	3	2.9	2.4	2.3	2.5	2.4
专用仪器仪表制造业	1.7	10.7	10.9	11	15.8	7	6.5	5.9	5.5	5.3	5	5	3	2.9
自行车制造业	5.2	10.3	29.7	35.6	44.4	19.2	31.4	31.4	25.8	25.3	22	22	12	11.9
传播与文化业		2.7	3.6	4.1	4.2	1.2	1.3	1.2	1.2	1.2	1.2	1.2	1.2	1
广播电影电视业		4.5	9.2	9.2	8.9	1.6	0.5	0.4	0.4	0.6	0.7	0.7	0.9	0.9
文化艺术业		2.4	1.9	5.6	7	1.1	1.2	1.1	1.1	1.8	1.7	1.7	1.6	1.5
房地产	1.2	3.2	3.7	4.2	3.2	0.7	8.3	5.1	6.1	6.1	3.8	4.2	4	4
房地产开发业	1.3	3.3	3.8	3.4	3.3	0.7	1.7	2.5	2.5	2.4	2.3	2.6	2.7	1.4
物业管理	0.4	1	2.1	5.8	7.3	2.4	1.8	2.6	2.6	2.4	2.5	2.4	2.4	2.2
建筑业	3.5	5.6	6.5	6.9	5.6	1.6	4.8	4.5	3.5	3.4	3.3	1.9	1.8	4
建筑安装业	5.5	6.3	7.9	8.5	6.8	2	2.7	1.8	0.8	2.9	1.7	1.6	1.5	1.3

（续表）

行　业	2000年	2001年	2002年	2003年	2004年	2005年	2006年	2007年	2008年	2009年	2010年	2011年	2012年	2013年
建筑装饰业		5.6	7.8	8.5	8.5	4	5.7	4.8	3.8	2.7	2.1	1.9	1.8	1.6
房屋工程建筑业		6.9	6.4	6.5	4.8	1.6	4.4	3.5	2.5	3.6	3.5	3.2	3.1	2.9
房屋建筑业	4.5	5.5	8.5	8.8	6.9	2.5	4.8	3.9	2.9	2.6	2.2	2.4	2.3	2.1
土木工程建筑业	3.4	5.5	2.3	2.8	2.8	0.4	2.4	1.5	0.5	3.7	3.2	3.3	3.2	3
信息技术服务业		2.7	1.5	1.2	1.3	0.6	2.4	1.9	1.6	2	1.9	1.9	2.5	2.5
电信业		0.2	1.5	1.2	1.2	0.4	5.2	3.5	3.1	3	2.5	2.6	2.6	2.5
计算机服务与软件业		2.5	3.4	3.4	2.1	0.7	1.6	1.1	1.1	2.1	1.9	2.9	2.4	2
住宿和餐饮业			11.3	12.7	13.2	4.3	2.2	2	1.6	2.5	2.3	2.8	2.2	1.7
餐饮业	0.9	8.5	11.5	15	14.1	3.8	2	1.4	1	0.9	0.9	0.9	2.7	2.2
住宿业	0.6	7.9	11.3	12.2	13.1	4.3	2.3	1.7	1.7	2.2	2	2.4	3.6	3.1
批发和零售贸易业	5.9	8.2	13.4	13.7	12.4	3.8	5.5	5.2	3.9	4	3.6	3.9	4	1
商业贸易	5.6	8.2	13.4	13.6	11.6	3.9	6.3	4.2	3.8	3.7	2.2	2.3	2.4	0.4
商业批发			6.4	8.7	14.3	12.6	11.9	3.8	6.9	4.8	4.4	4.2	3.4	3.1
综合零售	2.9	6.6	11.6	15.1	13.1	4.2	5.7	3.6	3.2	2.1	2	1.8	0.9	3
物资贸易	6.8	7.9	11.9	14.8	12	3.3	5.5	3.4	3.1	2.9	2.4	3.2	3.3	1.3
物资批发			6.9	7.7	11.9	14.8	12.1	3.4	5.1	3	2.7	2.7	2.9	2.7
物资零售			4.4	11.1	15	14.6	9.7	2.5	5.9	3.8	3.5	2.9	2.4	1.9
社会服务业	0.7	5.3	4.7	5.8	4.5	1	4.2	3.4	2.6	2.5	2.2	2	2	2
公共设施管理		3.7	3	7.4	2.2	0.9	0.4	0.5	0.5	2	1	1	1	1
科研设计		2.3	3.3	4.5	3.8	0.6	1.7	1.5	2.5	3.5	2.5	2.5	2.5	2.5
旅游业	0.8	5.1	8.6	11.6	11.8	2.1	7.5	6.4	6.2	6	5.8	4.6	4.4	3.6
信息咨询服务业	3.1	5.8	3.6	5.1	4.3	0.5	1	0.8	0.8	2.1	2.4	2.4	2.6	2.5
投资公司			8.2	4.7	5.8	0.8	12.5	7.9	6.9	6.8	5.6	5	3.5	3.5
道路运输业	1.6	6.8	3.7	3.2	2.9	0.7	1.2	0.8	0.8	0.8	0.8	0.8	0.7	0.7
高速公路			0.6	0.4	1.4	0.4	0.4	0.4	0.4	0.3	0.3	0.3	0.3	0.3
铁路运输业	0.3	6.7	6	6.5	7.2	0.2	2.1	1.9	1.9	1.8	1.6	1.6	1.5	1.5
水上运输业	1.4	5	6.7	8.8	5	2.8	5.8	3.8	3	3.2	2.7	2.7	2.8	2.8
航空运输业	0.3	3.2	3.4	8.5	6.2	0.7	3.9	3.5	3.5	2.6	2	2.5	2.5	2.5
城市公共交通业	3.9	3.9	5	3.8	3	1.3	1.5	1.2	1.2	1.2	1.2	0.5	0.4	0.4

附表 3-2　　　全国各行业国有企业平均或有负债比率一览表①

单位：%

行　业	2007 年	2008 年	2009 年	2010 年	2011 年	2012 年	2013 年
全部国有企业	5.8	5.4	5	5.2	4.8	4.8	4.8
农林牧渔业	6.5	6.5	6.8	6.8	6.8	6.8	6.8
农业	6.5	6.5	7.1	7.1	7	7	7
林业	6.5	6.5	6.7	6.7	6	6	6
畜牧业	6.5	6.5	5.6	5.6	5.5	5.5	5.5
渔业	6.5	6.5	6.7	6.7	6.7	6.7	6.7
工业	5.8	5.6	5	5.3	5	5	5
煤炭工业	5.8	5.8	5	5.3	5.3	5.4	5.4
森林工业	5.8	5.8	6.1	6	6	6	5
水的生产与供应业	6	6	6.1	6.1	6.1	5.4	5.4
轻工工业	8.5	8.6	8.5	8.5	8	7.9	7.6
纺织服装服饰业	8.5	8.6	8.1	8	7.5	7.5	7.5
工艺品及其他制品业	4.1	4.2	4	3.5	3.5	3.5	3.5
家具制造业	8.5	8.6	8.1	7.7	7.5	7.5	7.5
皮革毛皮羽绒及其制品业	8.5	5.2	5	4	3.8	3.8	3.8
文教体育用品制造业	4.1	4.2	4	4	4	4	4
印刷业、记录媒介复制业	4.7	4.7	4.5	4	4	4	4
造纸及纸制品业	5.3	5.4	5.2	4.8	4.8	4.8	4.8
制茶业	8.5	8.6	8.2	8.2	8.2	8.2	8.2
酒和饮料制造业	8.5	8.6	7.9	7.8	7.5	7.5	7.5
白酒制造业	8.5	8.3	7.8	7.8	7.5	7.5	7.5
啤酒制造业	8.5	8.6	8.3	8.3	8	8	8
食品工业	5.8	5.8	5.8	4.6	4.1	3.2	2.8
食品加工业	5.8	5.8	5.6	4.7	4.5	3.6	3.2
食品制造业	5.8	5.8	6.1	4.5	4.1	3.4	3
烟草工业	6	6	6.3	4.3	4.3	2.3	2.3
纺织工业	6	6.1	6.4	5.4	5.3	4.5	2.5
麻纺织业	6	6.1	6	5.4	5.3	4.5	2.5
毛纺织业	6	6.1	6	5.3	5.3	4.5	2.5
棉、化纤纺织业	6	6.1	6.4	5.2	5.2	4.4	2.4
丝绸纺织业	6	6.1	6.1	5.9	5.9	5.1	3.1

---

①　表中数据根据 wind 数据库整理而得。

（续表）

行　业	2007 年	2008 年	2009 年	2010 年	2011 年	2012 年	2013 年
医药工业	5.8	5.8	5.6	5.6	4.5	4.5	3
化学药品原药、制剂制造业	5.8	5.8	5.9	5.7	4.2	4.2	2.7
中药材及中成药加工业	5.8	5.8	5.9	5.3	5.3	5.3	3.8
电力工业	7	7	6.5	6.5	6.5	6.5	6
电力供应业	7	6	3.9	3.8	3.6	3.4	3.4
燃气生产与供应业	7	6	5.6	5.5	5.5	5.5	5.5
热力生产和供应业					4.6	4.4	4.4
电力生产业	7	7	6.5	6.5	6.3	6.1	6
火力发电业	7	7	7	7	6.8	6.6	6.6
水力发电业	7	6	5.9	5.9	6	8	5.8
石油石化工业	5.8	5.6	4.8	12.1	12.3	12.3	8
天然原油和天然气开采业	5.8	5.6	4.8	6.1	6	6	1.7
原油加工及炼焦业	5.8	5.8	4.8	4.7	4.7	4.7	1.3
冶金工业	5.8	5.8	5.6	5.6	5.6	5.6	5.5
黑色金属矿采选业	5.8	5.8	5.6	5.6	5.3	5.3	5.2
黑色金属冶炼业	5.8	5.8	5.5	5.5	2.1	2.1	2
有色金属矿采选业	5.8	5.8	3.9	3.9	2.8	2.8	2.7
有色金属冶炼业	5.8	5.8	5.6	5.6	4.2	4.2	4.1
建材工业	5.8	5.7	5.7	5.7	5.8	5.8	5.8
建筑用金属制品业	5.8	4.7	4.6	4.6	4.6	4.6	4.6
建筑用矿石采选业	5.8	5.4	5.5	5.5	5.5	5.5	5.5
结构性金属制品业	5.8	4.9	4.8	4.8	4.8	4.8	4.8
水泥制品及石膏制品业	5.8	5	5.1	5	5	5	5
水泥制造业	5.8	5	4.8	9.9	10.8	10.8	10.8
电子工业	5	5	4.9	4	6.5	6.5	8.5
电子计算机制造业	5	5.6	5.5	5	4.7	4.7	4.7
电子元、器件制造业	5	5.2	5.1	1	5	5	5
广播电视设备制造业	5	4.7	4.7	4.7	5.4	5.4	5.4
通信设备制造业	5	5	4.9	3	4	4	5.5
化学工业	7.7	7	6.7	6.7	6.5	6.5	6.5
肥料制造业	7.7	7	7.1	7	7	7	7
化纤制造业	7.7	7	6.5	6.5	6.5	6.5	6.5
基础化学原料制造业	7.7	7	6.8	5.9	3	3	3

（续表）

行 业	2007 年	2008 年	2009 年	2010 年	2011 年	2012 年	2013 年
农药制造业	7.7	7	6.8	6.8	6.8	6.8	6.8
日用和化学产品制造业	7.7	6.9	6.8	6.2	6.2	6.2	6.2
塑料制品业	7.7	7	6.8	6.6	6.6	6.6	6.6
橡胶制品业	7.7	7	6.8	6.6	6.6	6.6	6.6
机械工业	12.2	10.3	8.3	8.2	8.3	8.3	3.2
矿山、冶金、建筑设备制造业	6	6	6	6	6.1	5.5	5.3
汽车制造业	6	6	5.5	5	5.5	5.5	8.5
船舶制造业	6	6	6	5.6	6	5.5	4.8
电工器材制造业	6	6	5.6	5.2	5	4	3.8
电机制造业	6	6	5.8	5.5	5.6	5.2	5
电气机械及器材制造业	6	6	5.7	9.6	9.6	9	8.8
锅炉及原动机制造业	6	6	6	6	6	5.5	5.3
化工、木材、非金属加工设备制造业	6	6	6	4.8	4.8	4.2	4
家用电器制造业	6	6	5.7	5.5	55	40	39.8
交通运输设备制造业	6	6	6	5	5	5	4.8
金属工具制造业	6	5.9	5.7	8	8	6.3	6.1
金属加工机械制造业	6	6	6	5	5	4.7	4.5
金属制品业	6	5.9	5.8	5.8	5.5	4.3	4.1
摩托车制造业	6	6.4	6	5.5	5.5	5.5	5.3
农林牧渔水利机械制造业	6	6	6	6	6	5.2	5
其他通用设备制造业	6	6	6	5.5	5.5	5.2	5
轻纺工业设备制造业	6	6	5.7	4.8	4.8	4.2	4
输配电及控制设备制造业	3.8	3.7	3.5	5	5	6	5.8
铁路运输设备制造业	6	6	6	5.5	5.5	5.8	5.8
通用设备制造业	6	5.8	5.6	7	8	6.5	6.3
通用仪器仪表制造业	6	6	5.4	5	5.5	5	4.8
医疗仪器设备制造业	6	6	5.5	5.5	5.5	5	4.8
仪器仪表及文化、办公用机械制造业	6	6	5.5	5.4	5.4	5	4.8
照明器具制造业	6	6	5.5	5.5	5.5	5	4.8
钟表制造业	6	6	5.2	5	5	4	3.8
轴承制造业	6	6	6	5.6	5.6	4.6	4.4

（续表）

行　业	2007 年	2008 年	2009 年	2010 年	2011 年	2012 年	2013 年
专用设备制造业	6	6	6	5.5	5	4.2	4
专用仪器仪表制造业	6	6	5.6	5.5	5.5	4	3.8
自行车制造业	6	6	6	5.7	5.7	5.7	5.5
传播与文化业	4	4	3.9	3.6	3.6	3.6	3.2
广播电影电视业	4	4	4.7	4.6	4.6	4.6	3.3
文化艺术业	4	4	4.3	4.2	4.2	4.2	3.3
房地产	6.5	6.5	6.8	6.9	7.2	7.2	7.2
房地产开发业	6.5	6.5	6.8	6.9	6.6	6.6	5.8
物业管理	6.5	6.5	6.8	6.9	6.6	6.6	6.2
建筑业	6.2	6.2	6	5.9	4.7	4.7	0.3
建筑安装业	6.2	6.2	6	5.6	4.6	4.6	3.4
建筑装饰业	6.2	6.2	6	6.1	4.9	4.9	3.7
房屋工程建筑业	6.2	6.2	6	6.1	5.8	5.8	4.6
房屋建筑业	6.2	6.2	6	5.9	5.4	5.4	4.2
土木工程建筑业	6.2	6.2	6	5.6	5.9	5.9	4.7
信息技术服务业	5.2	5.2	5	4.8	4.8	4.5	4.5
电信业	5.2	3.2	3.2	3.1	3.1	3	3
计算机服务与软件业	5.2	5.2	5.2	5	5	4.6	4.6
住宿和餐饮业	7.1	7.1	6.5	6.4	6.4	6.3	4.5
餐饮业	7.1	7.1	6.5	6.4	6.4	3.9	2.1
住宿业	7.1	7.1	6.5	6.4	6.4	6.1	4.3
批发和零售贸易业	6.1	6.1	6.4	6.4	5.6	5.6	4.6
商业贸易	6.1	6.1	6.4	5.4	5.5	5.5	5.5
商业批发	0	6	6.1	6.1	6.4	6.5	6
综合零售	6.1	6.1	6	5.8	5.8	5.5	5.5
物资贸易	6.1	6.1	6	5.8	7.5	7.5	7.5
物资批发	0	6	6.1	6.1	6	5.8	7
物资零售	0	6	6.1	6.1	6	5.6	5.3
社会服务业	6.1	6.1	5.8	5.5	5.5	5.5	5.5
公共设施管理	6.1	6.1	5.9	5.9	5.8	5.8	5.8
科研设计	6.1	5.8	6.1	6.5	6.5	6.5	6.5
旅游业	6.1	6.1	5.9	5.9	2.3	2.2	2.1
信息咨询服务业	6.1	6.1	5.9	10	10	8	8
投资公司	6.1	5.8	5.7	5.9	4.5	4.5	4.5
道路运输业	5.6	5.6	5.6	5	5	5	5
高速公路	5.6	5.6	5.6	5.1	5	5	5

（续表）

行　业	2007 年	2008 年	2009 年	2010 年	2011 年	2012 年	2013 年
铁路运输业	5.6	5.6	5.3	5	5	5	5
水上运输业	5.6	5.6	5.9	3.2	3.2	3	3
航空运输业	5.6	5.6	5.5	5.5	5.5	5.5	5.5
城市公共交通业	5.8	5.8	5.8	5.2	5.2	5.2	5.2

习　题

【复习思考题】

1. 了解会计信息失真的基本原因。
2. 认识企业粉饰财务报表的基本动机。
3. 认识企业粉饰财务报表的类型与方法。
4. 掌握财务报表可信度分析的基本方法。
5. 掌握识别被粉饰财务报表的基本方法。
6. 掌握估计粉饰金额的计算和进行调整方法。

财务报表可信度分析训练

【练习要求】

1. 认真阅读审计机构对所选择公司出具的审计报告,如果审计报告的意见为非标准的无保留意见,则需结合公司对审计意见的回答,详细阅读上市公司的财务报表及其附注,对财务报表进行可信度分析,并得出自己的结论。

2. 仔细观察公司资产的构成,尽可能结合财务报表附注进行观察,判断公司资产的质量。

3. 仔细观察公司利润构成,判断公司盈利能力的稳定性和质量。

4. 将公司的利润与经营现金净流入量进行对比分析,观察公司是否存在粉饰财务报表的行为。

5. 对粉饰金额进行估计和调整,并编制调整后的财务报表。

第四章　财务报表调整的理论和方法

【本章提要】 财务报表之所以需要调整，一是因为它是以历史成本法为基础编制的，不能反映现实情况；二是财务报表可能被人为操纵，使它不能真实地反映企业的实际情况。第三章已对第二种情况进行了讨论，本章重点讨论对第一种情况进行调整的理论和方法。具体讲述对历史成本法为基础的财务报表调整的必要性，一般物价水平会计的理论和方法，现值会计的理论和方法。

【学习目标】 通过本章学习,要求掌握和了解如下内容:(1) 理解对历史成本法为基础的财务报表调整的必要性；(2) 掌握一般物价水平会计的基本理论与方法；(3) 了解购买力损益的基本概念；(4) 掌握一般现值会计的基本理论与方法；(5) 了解全面收益的基本概念。

第一节　财务报表调整的必要性

一、财务报表调整的必要性

货币计量是现代会计核算的基本前提之一。但它是以货币价值不变即币值稳定为条件的。只有在这个条件下或物价比较稳定或物价有涨有跌使得币值变动可以相互抵销的条件下,按历史成本法提供的各种会计信息才能较准确地反映企业实际的财务状况和经营成果。然而,在现代经济社会中,币值变化已是一个普遍现象,特别在持续、恶性通货膨胀的情况下,物价变动的速度与幅度异乎寻常,从而导致历史成本会计模式所具有的客观、可靠的优越性荡然无存。如用被历史成本法歪曲了的财务状况和经营成果等信息去决策,自然难以使人们作出正确的决策。因此,需要对按历史成本法编制的财务报表进行调整。

为了消除物价变动对会计的冲击,会计界不少同仁一直试图通过建立某种方法,将以历史成本法为基础的财务报表调整为现值或接近于现值的财务报表,并进一步希望将这种现值报表作为对外的财务报表。

二、财务报表调整实际上就是财务报表分析

笔者认为,将以历史成本法为基础的财务报表调整为现值或接近现值的财务报表,实际上就是财务报表分析。其理由如下:

第一,从调整方法来看,它受调整人主观因素影响过大,客观、公正性不够,容易被人为操纵。因为现行币值变动会计的调整方法主要分为如下三类:一是改变会计计量单位的一般物价水平会计或不变购买力会计;二是改变会计计量基础的现行成本会计或现行重置成本会计;三是同时改变会计计量单位和计量基础的不变币值与现行价值相结合的会计。一般物价水平会计是通过一般物价水平指数将按名义货币编制的基本财务报表调整为按不变币值货币编制的财务报表。这种方法是建立在个别物价水平变动与一般物价水平变动相一致的假定基础上。显然,这种假定与实际情况存在很大差距,无法客观地反映企业实际的财务状况和经营成果。现行成本会计是通过采用逐一确定资产的现时成本的方法,将历史成本的财务报表调整为现行成本的财务报表。从理论上讲,这种方法可以较好地反映企业的实际情况;但从实际上看,由于缺乏实际交易为依据,现时成本的确定必然带有过多的主观性,不同的人可能会得出不同的结果,用某人的观点去替代其他人的观点缺乏公正性,因此,它不适用于调整对外的财务报表。不变币值与现行价值相结合的会计,虽然可以将上述两种方法结合在一起来调整历史成本法为基础的财务报表,但它不可能回避上述两种方法的不足。正因为这些调整方法均难以客观、公正地反映企业的现实状况,所以不适宜用它们调整的结果作为对外报告公布。

第二,从对外财务报表的基本要求来看,对外财务报表的基本要求是可靠和相关。虽然调整后的财务报表貌似相关,但是由于可靠性大打折扣,且将报表调整编制者的观点强加于报表使用者身上的做法容易误导报表使用者,使财务报表使用者的风险增大,所以不能满足对外财务报表的基本要求。

第三,从财务报表使用者的角度来看,调整和分析财务报表是为了更深入地认识企业的财务状况和经营成果,以利于评估企业价值。其分析结果是不对外的,目的是为决策提供有用的信息。财务报表使用者可以用他自身认为有用的一切方法对财务报表进行调整,调整的可靠性如何,只是他自身的私事,对他人并不产生影响。

根据上述理由,笔者认为,在币值变动和物价变动条件下,需要对历史成本法为基础的财务报表进行调整,但该调整不是会计核算的事,而是财务报表分析的事,应将它纳入财务报表分析体系之中。财务报表调整的基本方法仍是一般物水平法、现时成本法以及一般物价水平与现时成本相结合的方法。只不过在分析调整中,财务报表使用者可以根据其需要择其重点进行分析调整,而不一定像财务报表编制者那样进行面面俱到的调整。比如,随着我国新会计准则的实施,某些带有交易性质的非流动资产就可以按照所谓的公允价值记账,这样在股票市场上就有不少分析者将这部分资产由历史成本调整为现时成本,并从中寻找最优的投资机会。

第二节　一般物价水平财务报表的编制

一、一般物价水平会计的理论和方法

(一)一般物价水平会计的基本理论

一般物价水平会计的基本特征是改变会计计量单位,将历史成本会计模式下的会计计量单位由名义货币变为不变币值货币。一般物价水平会计的理论基础是资本保持理论,即只有在保持资本完整无损的情况下才确认收益。它认为只要用不变的购买力来表述企业的财务资本,就能使企业的资本保持完整无损。只有在保持企业期末具有与期初相等购买能力的情况下,才能确认收益。即:收益=不变购买力的期末资本余额-不变购买力的期初资本余额。一般物价水平会计坚持的是货币资本保持的观点。

(二)一般物价水平会计的基本方法

它不要求在会计账簿中反映物价水平变动的影响,只要求将按历史成本编制的财务报表调整为一般物价水平的财务报表即可。调整的内容包括:① 资产负债表的调整;② 利润表的调整;③ 计算货币购买力损益。

调整的基本程序如下:

1. 区分货币性项目和非货币性项目。

在物价发生变动的时候,货币性项目和非货币性项目所受影响不一样,需要分别用不同的方法来进行调整。

货币性项目是以货币直接反映的项目,其金额是固定不变的,但在物价发生变动的情况下,它的实际购买力会发生变化。货币性项目包括货币性资产、货币性负债和货币性所有者权益等三大类。

非货币性项目是指其金额或价值随物价变动而变动的项目,与货币性项目相对应,它分为非货币性资产、非货币性负债和非货币性所有者权益等三大类。

2. 物价变动与货币性项目和非货币性项目的关系。

在物价水平发生变动时,货币性项目和非货币性项目与通货膨胀和通货紧缩的关系,如表4-1所示:

表 4-1　　　　　　物价变动与货币性和非货币性项目的关系

项　　目	货 币 性 项 目			非 货 币 性 项 目		
	资　产	负　债	资　本	资　产	负　债	资　本
通货膨胀	下跌	上涨	下跌	上涨	下跌	上涨
通货紧缩	上涨	下跌	上涨	下跌	上涨	下跌
账面价值	不　　　　变			变　　　　化		

注:表中上涨、下跌是指价值的上涨、下跌。

从表 4-1 可以看出,在物价变动情况下,货币性项目账面值不需要调整,但要计算购买力损益;非货币性项目需要调整,但不存在购买力损益的问题。

3. 资产负债表和损益表的调整方法。

将历史币值表示的各项目金额换算为不变币值表示的金额,首先应确定换算系数,换算系数通常用本期期末物价指数、本期平均物价指数与基期期末物价指数、基期平均物价指数之比确定;其次应明确换算内容,对于报表日的货币性项目金额不需要调整,对非货币性项目和非报表日的货币性项目则必须进行调整。其调整公式如下:

$$\text{用不变币值货币表示的项目金额} = \text{用名义货币表示的项目金额} \times \frac{\text{报告期一般物价指数}}{\text{基期一般物价指数}}$$

需要指出的是,物价指数有时点值和时期值(平均值)之分。凡项目为时点值的,用时点值物价指数去调整;凡项目为时期值的,用时期值(平均值)物价指数去调整。

4. 货币性项目购买力损益的计算方法。

为了简化计算,一般先将货币性资产与货币性负债相抵减,求得货币性项目净额,然后按一定方法直接计算出货币性项目净额的购买力损益。

货币性项目净额的购买力损益一般按以下方法计算:① 将年初货币性项目净额由年初货币单位调整为不变币值货币单位;② 将本年度发生的货币性项目由年度平均货币价格调整为不变币值货币单位,即用"年末物价指数/年平均物价指数"去调整本年度发生的货币性项目;③ 计算出本年度发生的货币性项目净额;④ 用"①+③—年末货币性项目净额"求出货币性项目净额购买力损益。

二、财务报表调整案例

下面以东方股份有限公司为例,讨论如何将历史成本的财务报表调整为一般物价水平的财务报表。

(一)资料设定

1. 东方股份有限公司成立于 2002 年 1 月 1 日。长期资产购置时间和金额如下:

(1)固定资产(金额单位:万元)。如表 4-2 所示:

表 4-2

资产名称	原价	折旧率	累计折旧	净值	购置时间	物价指数
房屋建筑物	20 000	2/50	4 800	15 200	2002.1.1	100
机器设备	5 000	1/10	3 000	2 000	2008.1.1	160
	2 000	1/10	0	2 000	2014.12.31	200
电子设备	4 000	1/10	1 600	2 400	2010.1.1	180
	1 000	1/10	0	1 000	2014.12.31	200
运输工具	2 000	1/12	835	1 165	2009.1.1	150
其他	1 000	1/30	363	637	2003.1.1	110
合计	35 000		10 598	24 402		

（2）长期投资（金额单位：万元）。如表 4-3 所示：

表 4-3

股权投资金额	投资时间	物价指数
500	2012.1.1	180
900	2013.1.1	190
1 400		

（3）无形资产及其他资产（金额单位：万元）。如表 4-4 所示：

表 4-4

类　别	原　价	摊　销	净　值	购置时间	物价指数
无形资产	1 500	350	1 150	2013.1.1	185
递延资产	400	250	150	2007.1.1	150
			1 300		

（4）在建工程（金额单位：万元）。如表 4-5 所示：

表 4-5

金　额	平均物价指数
3 000	186
300	195
3 300	

2. 期末存货多数购于每期的 11～12 月份。其中：2013 年 11～12 月的平均物价指数为 188；2014 年 11～12 月的平均物价指数为 198。

3. 普通股、资本公积均在公司成立时一次发行或产生，当时物价指数为 100。优先股于 2007 年 1 月 1 日发行，当时物价指数为 128。

4. 销售收入、销售成本、期间费用、其他收支、各类税款在年内为均匀发生。物价指数 2013 年平均为 186，2014 年平均为 195。

5. 货币性流动负债在年度内均匀发生，物价指数 2013 年平均为 186。

6. 长期借款发生时的物价指数假定为 182。

7. 长期债券发生时的物价指数为 186。

8. 盈余公积和未分配利润合并为留存收益一个项目加以考虑。

（二）将历史成本计价的项目调整为一般物价水平计价的项目

1. 资产负债表项目调整。

（1）货币性项目调整。

货币性项目的年末金额本身就是以年末的物价水平计价的，故不需要调整。货币性项目的年初数按年末物价指数与年初物价指数之比调整。具体调整系数为：年末物价指数/年初物价指数＝200/190。调整方法如下：

① 货币性资产项目调整（金额单位：万元）

　a. 货币资金＝905×200/190＝953

　b. 短期投资净额＝102×200/190＝107

　c. 应收票据＝2 200×200/190＝2 316

　d. 应收账款净额＝4 400×200/190＝4 632

　e. 其他应收款＝280×200/190＝295

② 货币性负债项目调整（金额单位：万元）

　a. 短期借款＝10 750×200/190＝11 316

　b. 应付票据＝1 500×200/190＝1 579

　c. 应付账款＝2 200×200/190＝2 316

　d. 应付工资＝380×200/190＝400

　e. 应付福利费＝200×200/190＝211

　f. 应付股利＝1 100×200/190－1 158

　g. 应交税费＝500×200/190＝526

　h. 其他应付款＝150×200/190＝158

　i. 长期借款＝4 700×200/190＝4 947

　j. 长期债券＝700×200/190＝737

③ 货币性所有者权益项目调整（金额单位：万元）

　　优先股本＝2 000×200/128＝3 120

该项目不作为货币性项目购买力损益计算的因素。

（2）非货币性项目调整。

在物价发生变动时，非货币性项目的价格也会相应发生变化，故该项目的期初和期末余额均需按物价指数变化率来调整。具体调整方法如下：

① 非货币性资产项目调整

a. 存货（金额单位：万元）

期初余额＝20 800×200/188＝22 128

期末余额＝23 800×200/198＝24 040

b. 待摊费用（金额单位：万元）

期初余额＝150×200/186＝161

期末余额＝200×200/195＝205

c. 固定资产原价（金额单位：万元）

房屋及建筑物

期初余额＝20 000×200/100＝40 000

期末余额＝20 000×200/100＝40 000

机器设备（金额单位：万元）

期初余额＝5 000×200/160＝6 250

期末余额＝5 000×200/160＋2 000×200/200＝8 250

电子设备（金额单位：万元）

期初余额＝4 000×200/180＝4 444

期末余额＝4 000×200/180＋1 000×200/200＝5 444

运输设备（金额单位：万元）

期初余额＝2 000×200/150＝2 667

期末余额＝2 000×200/150＝2 667

其他固定资产（金额单位：万元）

期初余额＝1 000×200/110＝1 818

期末余额＝1 000×200/110＝1 818

调整后固定资产原价期初余额合计＝40 000＋6 250＋4 444＋2 667＋1 818＝55 179

调整后固定资产原价期末余额合计＝40 000＋8 250＋5 444＋2 667＋1 818＝58 179

d. 累计折旧

房屋及建筑物累计折旧（金额单位：万元）

期初余额＝4 400×200/100＝8 800

期末余额＝4 800×200/100＝9 600

机器设备累计折旧（金额单位：万元）

期初余额＝2 500×200/160＝3 125

期末余额＝3 000×200/160＝3 750

电子设备累计折旧（金额单位：万元）

期初余额＝1 200×200/180＝1 333

期末余额＝1 600×200/180＝1 778

运输设备累计折旧

期初余额＝668×200/180＝891

期末余额＝835×200/180＝1 113

其他固定资产累计折旧（金额单位：万元）

期初余额＝330×200/110＝600

期末余额＝363×200/110＝660

调整后累计折旧期初余额合计＝8 800＋3 125＋1 333＋891＋600＝14 749

调整后累计折旧期末余额合计＝9 600＋3 750＋1 778＋1 113＋660＝16 901

e. 固定资产净值（金额单位：万元）

期初余额＝55 179－14 749＝40 430

期末余额＝58 179－16 901＝41 278

f. 在建工程（金额单位：万元）

期初余额＝3 000×200/186＝3 226

期末余额＝3 000×200/186＋300×200/195＝3 533

g. 长期投资(金额单位：万元)

期初余额＝500×200/180＝556

期末余额＝500×200/180＋900×200/190＝1 503

h. 无形资产(金额单位：万元)

期初余额＝1 300×200/185＝1 405

期末余额＝1 150×200/185＝1 243

i. 递延资产(金额单位：万元)

期初余额＝200×200/150＝267

期末余额＝150×200/150＝200

② 非货币性负债项目调整

预提费用(金额单位：万元)

期初余额＝100×200/186＝108

期末余额＝200×200/195＝205

③ 非货币性所有者权益项目调整

a. 普通股本(金额单位：万元)

期初余额＝12 000×200/100＝24 000

期末余额＝12 000×200/100＝24 000

b. 资本公积(金额单位：万元)

期初余额＝14 100×200/100＝28 200

期末余额＝14 100×200/100＝28 200

c. 留存收益(盈余公积＋未分配利润)(金额单位：万元)

$$\text{期初余额}=\underset{76\,476}{\text{资产总额}}-\underset{23\,456}{\text{负债总额}}-\underset{3\,120}{\text{优先股本}}-\underset{24\,000}{\text{普通股本}}-\underset{28\,200}{\text{资本公积}}=-2\,300$$

$$\text{期初余额}=\underset{80\,752}{\text{资产总额}}-\underset{26\,367}{\text{负债总额}}-\underset{2\,000}{\text{优先股本}}-\underset{24\,000}{\text{普通股本}}-\underset{28\,200}{\text{资本公积}}=185$$

2. 利润表及利润分配表项目调整(金额单位：万元)。

(1) 损益表项目调整。

损益表项目均为时期数,在假定其值在年度内均匀发生的条件下,原项目金额是按年度平均物价水平计价的。因此,各项目(折旧除外)均应按年末物价指数与年平均物价指数之比调整。具体调整如下：

a. 产品销售收入＝(12 100×200)÷195＝114 974

b. 产品销售成本＝(87 900×200)÷195＝90 154

c. 产品销售税金＝(9 880×200)÷195＝10 133

d. 其他业务利润＝(300×200)÷195＝308

e. 期间费用＝(5 720×200)÷195＝5 867

f. 折旧费＝16 901－14 749＝2 152

g. 无形及递延资产摊销＝(150×200)÷185＋(50×200)÷150＝229

h. 投资收益(年末收到)＝(200×200)÷200＝200

i. 营业外收入＝(250×200)÷195＝256

j. 营业所支出＝(150×200)÷195＝154

k. 所得税＝(2 250×200)÷195＝2 308

（2）利润分配表项目调整。

支付现金股利＝(2 919×200)÷200＝2 919

3. 货币性项目净额购买力损益计算。

货币性项目净额购买力损益采用"期初货币性项目净额＋本期货币性项目来源－本期货币性项目运用＝期末货币性项目净额"的方法计算。具体计算如表 4-6 所示：

表 4-6　　　　　　　　　　　购买力损益计算表

金额单位：万元

项　　　　　　　目	2013.12.31			2014.12.31 年末币值
	历史成本	换算系数	2013.12.31 币值成本	
货币性资产	7 887	200/190	8 303	8 750
货币性负债	(22 180)	200/190	(23 348)	(26 162)
货币性项目净额	(14 293)		(15 045)	(17 412)
加：货币性项目来源				
产品销售收入	112 100	200/195	114 974	
其他业务利润	300	200/195	308	
投资收益	200	200/200	200	
营业外收入	250	200/195	256	
来源合计	112 850		115 738	
减：货币性项目运用				
产品销售成本	87 900	200/195	90 154	
产品销售税金	9 880	200/195	10 133	
期间费用(减折旧和长期资产摊销)	5 720	200/195	5 867	
营业外支出	150	200/195	154	
采购存货	3 000	200/198	3 030	
购置固定资产	3 000	200/200	3 000	
追加在建工程	300	200/195	308	
追加长期投资	900	200/190	947	
增加待摊费用	50	200/195	51	
增加预提费用	(100)	200/195	(103)	
支付所得税	2 250	200/195	2 308	
支付优先股股利	200	200/200	200	

（续表）

项　　　　　目	2013.12.31			2014.12.31 年末币值
	历史成本	换算系数	2013.12.31 币值成本	
支付普通股股利	2 719	200/200	2 719	
运用合计	115 969		118 768	
期末货币性项目净额（历史成本）	(17 412)			
期末货币性项目净额（年末币值）			(18 075)	
货币性项目的买力利得			663	

（三）一般物价水平财务报表编制

根据前述调整结果和计算出的货币性项目购买力损益，就可以重新编制一般物价水平的财务报表。重新编制的利润表、利润分配表、资产负债表，如表 4-7、4-8 所示：

表 4-7　　　　　东方股份有限公司利润表及利润分配表

（以一般物价水平为基础）

2014 年度　　　　　　　　　　　　　　　金额单位：万元

项　　　　　目	金　　　额
一、营业收入	114 974
减：营业成本	90 154
营业税金及附加	10 133
二、毛利	14 687
加：其他业务利润	308
投资收益	200
减：期间费用	5 867
折旧费用	2 152
无形及递延资产摊销	229
三、营业利润	6 947
加：营业外收入	256
减：营业外支出	154
四、利润总额	7 049
减：所得税费用	2 308
五、净利润（不含购买力损益）	4 741
加：货币性项目购买力利得	663
六、一般物价水平净利润	5 404
加：年初留存收益	(2 300)
合　　　计	3 104
支付优先股股利	200
支付普通股股利	．2 719
年末留存收益（2007.12.31）	185

表 4-8   东方股份有限公司资产负债表

(以一般物价水平为基础)

2014 年 12 月 31 日   金额单位：万元

资　　产	年初数	年末数	负债及所有者权益	年初数	年末数
流动资产：			流动负债：		
货币资金	953	850	短期借款	11 316	14 050
交易性金融资产	107	50	应付票据	1 579	1 700
应收票据	2 316	2 180	应付账款	2 316	4 156
应收账款净额	4 632	5 470	应付职工薪酬	611	650
其他应收款	295	200	应交税费	526	800
存货净额	22 128	24 040	应付股利	1 158	1 300
待摊费用	161	205	其他应付款	158	200
流动资产合计	30 592	32 995	预提费用	108	205
非流动资产：			流动负债小计	17 772	23 061
长期投资净额	556	1 503	非流动负债：		
固定资产：			长期借款	4 947	2 700
固定资产原价	55 179	58 179	应付债券	737	606
减：累计折旧	14 749	16 901	非流动负债小计	5 684	3 306
固定资产净值	40 430	41 278	负债合计	23 456	26 367
在建工程	3 226	3 533			
固定资产小计	43 656	44 811	所有者权益：		
无形资产及其他资产：			优先股本	3 120	2 000
无形资产	1 405	1 243	普通股本	24 000	24 000
递延资产	267	200	资本公积	28 200	28 200
无形及其他资产小计	1 672	1 443	留存收益	(2 300)	185
非流动资产合计	45 884	47 757	所有者权益合计	53 020	54 385
资　产　总　计	76 476	80 752	负债及所有者权益总计	76 476	80 752

第三节　现行成本财务报表的编制

一、现行成本会计的理论和方法

（一）现行成本会计的理论和方法

上节讨论一般物价水平指数来调整财务报表中的相关项目，这种调整是基于各项目物价变化与一般物价水平变化相一致的假定基础之上的。但从实际情况来看，一般物价水平变化与个别物价变动之间不可避免地会存在差异,甚至会出现相反的变动状况。如在一般物价水平上涨时,一些电子产品的市价不但没上涨,反而还在不断下降。这说明用一般物价水平指数调整后的财务报表,仍然难以正确反映企业的财务状况和经营成果。为了反映和消除个别物价变动的影响,较好的方法是采用现行成本法来重编财务报表。

所谓现行成本法,就是通过改变会计计量基础,用现行成本或重置成本来替代历史成本作为计量资产和确定收益的基础的会计方法。

现行成本会计的理论基础仍然是资本保持理论,但它与一般物价水平会计在如何保持资本完整无损的观点上不一致。它认为资本保持应保持企业的经营能力不变,即坚持实物资本保持的观点。它认为,只有在企业期末持有的实物资本或生产经营能力大于期初的基础上,才会产生真正收益。即:收益＝期末实物资本－期初实物资本。

现行成本会计与传统会计相比,具有如下的特征:第一,它改变了传统会计的计量基础,将历史成本原则改变为现行成本基础,以现行价值来计量企业的资产、负债、收入、费用等,使计量结果与现实情况相符。第二,它改变了传统会计的收益确认原则,按照现行成本来确定企业收益,不但要确定经营盈亏,而且还要确定因现行成本与历史成本差异产生的资产持有损益(利得或损失)。

(二) 现行成本会计的基本方法

用现行成本调整财务报表的基本内容包括确定各种资产的现行成本、计算各种资产的持有损益和重新编制现行成本财务报表等三个方面的内容。其基本方法如下:

1. 确定各种资产的现行成本。

由于现行成本反映的是某项资产的价格水平,它不能用反映一般物价水平变化的物价指数来调整,而必须根据不同资产的具体情况来选用调整方法,因此,调整方法多样化。主要有:重置成本法,即用重置一项新的或旧的同样资产,或一种生产能力或使用潜力相等的资产的现行购置成本来调整历史成本的方法;现行市价法,即用资产在正常交易条件下的变现价值来调整历史成本的方法;可实现净值法,即用出售资产可以获得的净收入来调整历史成本的方法;未来现金流入量现值法,即用资产在正常经营条件下所产生的未来现金流量折现值来调整历史成本的方法。这些方法,从可靠性和可操作性来看,重置成本最强,然后依次递减。在本节中,我们主要根据重置成本法来调整历史成本。

另外需要指出:在历史成本为基础的财务报表中,各类货币性项目本身就是以现行成本表示的,故在调整前需将表内各类项目划分为货币性项目和非货币性项目,货币性项目不需调整。对于非货币性的权益类项目中的普通股本、资本公积等项目,也应按历史成本表述,而留存收益则用"资产－负债－普通股本－资本公积"方法倒挤计算。

2. 计算各种资产的持有损益。

持有损益是指在价格变动情况下企业持有资产现行成本与历史成本之差。现行成本大于历史成本之差,称为持有资产利得;现行成本小于历史成本之差,称为持有资产损失。

持有损益分为未实现持有损益和已实现持有损益两类。未实现持有损益是指期未企业持有资产的现行成本与历史成本之差;已实现持有损益是指已被消耗资产的现行成本与历史成本之差。对于持有资产利得如何处理,存在着两种观点:一是作为原始投资资本的收益,在损益表中加以反映;二是作为资本保持调整,以独立的项目在资产负债表中的所有者权益内反映。在流行现行成本会计的英联邦国家和西欧国家,其惯例多是将现行成本与历史成本的差额作为资本保持调整项目,列入所有者权益中,而不计入各期损益表中。国际会计准则已肯定资本保持调整是所有者权益的一部分而不作为利润的做法。

3. 重新编制现行成本的财务报表。

在计算出各种资产的现行成本和持有资产损益后,就可将这些调整后的项目直接记入财务报表,得到调整后的以现行成本为基础的财务报表。关于具体编制方法,见下面案例。

二、财务报表调整案例

(一) 资料设定

仍用东方股份有限公司实例,并补充如下必要的现行成本资料:

1. 存货重置成本:

　　　　2013 年 12 月 31 日为 23 000 万元

　　　　2014 年 12 月 31 日为 25 000 万元

2. 固定资产重置成本(金额单位: 万元)。如表 4-9 所示:

表 4-9

项　　　目	2013. 12. 31	2014. 12. 31
固定资产原价	56 000	60 500
累计折旧	14 000	16 500
固定资产净值	42 000	44 000

3. 在建工程重置成本。

　　　　2013 年 12 月 31 日　　　　3 500 万元

　　　　2014 年 12 月 31 日　　　　4 000 万元

4. 长期投资重置成本。

　　　　2013 年 12 月 31 日　　　　1 000 万元

　　　　2014 年 12 月 31 日　　　　2 500 万元

5. 产品销售成本。

按现行成本计算为 89 700 万元。

6. 产品销售收入、期间费用(不含折旧费)、其他业务利润、投资收益、营业外收入和支出、产品销售税金、所得税、支付的现金股利等项目均假定为现行成本。

7. 无形资产、递延资产、待摊费用、预提费用等项目的历史成本与现行成本相等。

（二）报表调整

现根据上述假定，对东方股份有限公司的财务报表作如下调整。

1. 资产持有损益计算。

在汇总有关项目历史成本与现行成本的基础上，确定持有损益，并计算未实现和已实现的持有损益。计算结果如表4-10所示：

表 4-10　　　　　　东方股份有限公司资产持有损益计算表

金额单位：万元

项　　目	现 行 成 本	历 史 成 本	持 有 利 得
存货　期初余额	23 000	20 800	2 200
期末余额	25 000	23 800	1 200
长期投资　期初余额	1 000	500	500
期末余额	2 500	1 400	1 100
固定资产原价　期初余额	56 000	32 000	24 000
期末余额	60 500	35 000	25 500
累计折旧　期初余额	14 000	9 098	4 902
期末余额	16 500	10 598	5 902
固定资产净值　期初余额	42 000	22 902	19 098
期末余额	44 000	24 402	19 598
在建工程　期初余额	3 500	3 000	500
期末余额	4 000	3 300	700
产品销售成本（全年数）	89 700	87 900	1 800
合　　　计	—		107 000

	存　货	长期投资	固定资产	在建工程	合　计
未实现持有利得					
期末余额	1 200	1 100	15 298	700	18 298
期初余额	2 200	500	15 098	500	18 298
未实现持有利得增加	（1 000）	600	200	200	0
已实现持有利得	2 100	1 000	0	0	3 100
本年度持有利得增加	1 100	1 200	200	600	3 100

2. 以现行成本为基础的财务报表编制。

根据东方股份有限公司的原报表资料、假定资料和上述持有损益计算结果，可重新编制以现行成本为基础的财务报表。如表4-11和4-12所示：

表 4-11　　　　　　　**东方股份有限公司利润表及利润分配表**

（以现行成本为基础）

2014 年年度　　　　　　　　　　　　金额单位：万元

项　　　　目	金　　额
一、产品销售收入	112 100
减：产品销售成本	89 700
产品销售税金	9 880
二、产品销售利润	12 520
加：其他业务利润	300
投资收益	200
减：期间费用(不含折旧费)	5 920
折旧费	2 500
三、营业利润	4 600
加：营业外收入	250
减：营业外支出	150
四、利润总额	4 700
减：所得税费用	2 250
五、现行成本下的经营净收益	2 450
加：已实现持有利得	2 800
六、已实现收益	5 250
加：未实现持有利得	300
七、现行成本下的净收益	5 550
加：年初留存收益	26 657
合　　　计	32 207
现金股利	2 919
年末留存收益	29 288

表 4-12　　　　　　　**东方股份有限公司资产负债表**

（以现行成本为基础）

2014 年 12 月 31 日　　　　　　　　　金额单位：万元

资　　产	年初数	年末数	负债及所有者权益	年初数	年末数
流动资产：			流动负债：		
货币资金	905	850	短期借款	10 750	14 050
交易性金融资产	102	50	应付票据	1 500	1 700
应收票据	2 200	2 180	应付账款	2 200	4 156
应收账款净额	4 400	5 470	应付职工薪酬	580	650
其他应收款	280	200	应交税费	500	800
存货净额	23 000	25 000	应付股利	1 100	1 300

（续表）

资　　　产	年初数	年末数	负债及所有者权益	年初数	年末数
流动资产：			流动负债：		
待摊费用	150	200	其他应付款	150	200
流动资产合计	31 037	33 950	预提费用	100	200
非流动资产：			流动负债小计	16 880	23 056
长期投资净额	1 000	2 500	非流动负债：		
固定资产：			长期借款	4 700	2 700
固定资产原价	56 000	60 500	应付债券	700	606
减：累计折旧	14 000	16 500	非流动负债小计	5 400	3 306
固定资产净值	42 000	44 000	负债合计	22 280	26 362
在建工程	3 500	4 000			
固定资产小计	45 500	48 000	所有者权益		
无形资产及其他资产：			优先股本	2 000	2 000
无形资产	1 300	1 150	普通股本	12 000	12 000
递延资产	200	150	资本公积	16 100	16 100
无形及其他资产小计	1 500	1 300	留存收益	26 657	29 288
非流动资产合计	48 000	51 800	所有者权益合计	56 757	59 388
资　产　总　计	79 037	85 750	负债及所有者权益总计	79 037	85 750

　　以上现行成本的财务报表是将资产持有的损益列入利润表中，最终计算出"现行成本下的净收益"。该净收益是一种全面收益。揭示企业全面收益有如下好处：第一，将企业持有资产的现实价值与会计账面资产价值差异揭示出来，可以更全面真实地反映企业的收益状况，有利于投资者和信贷人的决策；第二，由于必须对资产进行逐项评估，才能得到资产的现行成本资料，这样，就可以剔除无效的虚拟资产，有利于揭示企业操纵利润或粉饰业绩的行为。

　　关于报告全面收益的大讨论从 1970 年代开始，现在会计界关于揭示全面收益的讨论已有阶段性的结果。

　　英国会计准则委员会于 1992 年发布的第 3 号"财务报告准则"（ARS 3），要求企业在损益表外，增设一张"全部已确认利得和损失表"，该表就是一张全面收益表，又称第二业绩报告，是第一业绩报告的重要补充。

　　美国财务会计准则委员会也于 1997 年颁布了第 130 号财务会计准则"报告全面收益"（FASB 130），该准则增加了在通用财务报表中报告和列示全面收益确定了规则。根据 FASB 130，企业列示其他全面收益和全面收益总额可以有三种选择：第一，在扩展的收益表中列示（净收益和全面收益在一张表中详细列示）；第二，在综合收益表中列示（相当于英国的全部已确认利得和损失表，即第二业绩报告）；第三，在权益变动表中列示。

　　国际会计准则委员会（IASC）也于 1997 年，发布了修订后的第一号国际会计准则

(IAS1)《财务报表列报》,并提供了如下两种报告全面收益的方式:第一,已确认利得和损失表(反映权益的所有变动);第二,所有者权益变动表(不是由业主资本交易和对业主的分派所引起的权益变动的报表)。这些准则的颁布,表明全面收益报告已部分进入实用阶段。

第四节　　有选择性地调整财务报表

在本章第三节、第四节专门讨论了如何将历史成本法为基础的财务报表调整为以现行成本法为基础的财务报表的会计核算理论与方法。从前面的调整案例中可以看出,为了保证会计上的绝对平衡,它不仅需要对对企业价值影响大的项目进行调整,而且还需要对对企业价值影响很小的项目进行调整,其调整过程相当复杂。从企业价值分析的角度看,对若干调整与否对企业价值影响很小的项目可以不进行调整,这样做,既可以减少调整工作量,又可以保证价值评估的精确性。本节专门讨论如何选择对企业价值有重大影响大的项目进行调整的问题。

一、选择对企业价值有重大影响的资产进行调整

在本章第一节,我们在讨论关于是否需将历史成本为基础的财务报表调整作为财务会计的问题时,认为对历史成本为基础的财务报表调整本质上是一个财务报表分析问题,目的是评估企业价值。作为估计企业价值的财务报表分析,重新编制财务报表的方法可以灵活多样,不必像编制规范的对外财务报表那样,要求面面俱到,各个项目也不要求完全精确和绝对平衡。分析者可以根据分析需要,对重要项目详细估价,对非重要项目略而不调。这样,既可以保证分析结果的适用性,又不必花费太多的精力和时间。总之,用不同方法,将历史成本为基础财务报表调整为现行成本为基础的财务报表,在分析过程中,应重视结果的有用性,而不是形式上的规范性。下面仍以东方股份有限公司为例来加以说明。

东方股份有限公司按不同计量基础编制的 2014 年年末财务报表的不同资产的价值可归纳如表 4-13 所示:

表 4-13　　　东方股份有限公司按不同计量基础计算的资产价值

2014 年 12 月 31 日　　　　　　　　金额单位:万元

资产项目	资产价值		
	历史成本	一般物价水平	现行成本
流动资产	32 750	32 995	33 950
长期投资	1 400	1 503	2 500
固定资产	27 702	44 811	48 000
无形及其他资产	1 300	1 443	1 300
合　计	63 152	80 752	85 750

从表 4-13 中可以看出,按不同计量基础编制的财务报表,资产价值的差异主要由非流动资产引起。其中:固定资产价值按一般物价水平计算比按历史成本计算上涨了 61.76%[(44 811−27 702)/27 702],按现行成本计算比按历史成本计算上涨了 73.27%[(48 000−27 702)/27 702];长期投资价值按一般物价水平计算比按历史成本计算上涨了 7.35%[(1 503−1 400)/1 400],按现行成本计算比按历史成本计算上涨了 78.86%[(2 500−1 400)/1 400]。如仅就固定资产进行调整,按一般物价水平调整后的公司价值为 80 261 万元(32 750＋1 400＋44 811＋1 300),只比调整全部资产低 0.61%;而按现行成本调整后的公司价值则为 83 450 万元(32 750＋1 400＋48 000＋1 300),也只比调整全部资产低 2.68%。这说明仅对固定资产进行调整就可以充分满足计算公司价值的需要。需要指出的是进行资产项目的选择性评估,通用的方法是现行成本法。

一般而言,在现实中,由于固定资产存续的期间长,受物价变化的影响大,按不同计价方法计算的价值差异大,因此是价值调整的重点。此外,长期投资也因其存续时间长,价值变化大,故在调整中也应重点关注。特别是那些持有上市公司可流通股权的企业,就更有必要将原按历史成本法记价的价值投资换算为按市场价格记价的价值。比如,某企业持有甲上市公司 10 000 万股总股本中 20% 的股权,现在甲公司股票的市场价格为 10 元/股,而该企业持有股票的会计账面成本仅为 1 元/股,那么,就应该调增该企业的资产价值 16 000 万元[10 000×20%×(10−1)];当然相应地也应该调增利润 16 000 万元。

对于流动资产,由于存续时间短,受物价变化的影响相对较小,因此可以不必进行调整。当然,如果物价发生了剧烈变化,严重影响到流动资产的价值,那么也应对流动资产进行调整。

总之,在实际分析过程中,应选择受物价变化影响比较大的资产作为调整的重点,而将对其他受物价变化影响不大的资产的调整省约,这样做既可以减少分析的工作量,又可以保证分析结果的有用性。

二、选择对企业价值有重大影响的负债进行调整

与有选择性地资产项目进行调整一样,评估企业价值,还需要对企业价值有重大影响大的负债进行调整。对负债项目的调整,主要是通过核实负债项目和金额,特别是要发现企业的或有负债项目,并判断或有负债转变为真实性负债的可能性。比如,一家企业作为被告,正与原告打官司,如果输了官司,企业将赔偿原告 500 万元,这 500 万元就是该企业的或有负债。至于这 500 万元的或有负债,在本期究竟应该确认多少为负债,这就与官司的胜负概率有关了。假定该官司的胜负概率各为 50%,在进行分析估价时,就应该按照 250 万元确认负债;如果该官司的负概率为 70%,在进行分析估价时,就应该按照 350 万元确认负债。寻找企业或有负债,需要分析者认真阅读企业财务报表附注的相关资料,并根据分析者对产生或有负债事件的认识进行调整。

三、企业净资产价值的确定

在对资产和负债进行有选择性的调整调整之后,就可以直接按照"净资产＝资产－负债"的公式确定企业净资产价值。下面仍以东方股份公司为例,分别比较不同方法确定的净资产价值。如表4-14所示:

表 4-14　　　　　东方股份有限公司按不同计量基础计算的资产价值

2014 年 12 月 31 日　　　　　　　　　　金额单位:万元

资产项目	净 资 产 价 值			
	历 史 成 本	一 般 物 价 水 平	现 行 成 本	选 择 性 评 估
流动资产	32 750	32 995	33 950	32 750
长期投资	1 400	1 503	2 500	2 500
固定资产	27 702	44 811	48 000	48 000
无形及其他资产	1 300	1 443	1 300	1 300
资产合计	63 152	80 752	85 750	84 450
减:负债总额	26 362	26 367	26 362	26 362
净资产价值	36 970	54 385	59 388	58 088
减:优先股东权益	2 000	2 000	2 000	2 000
归普通股东的权益	34 970	52 385	57 388	56 088
除以普通股股数	12 000	12 000	12 000	12 000
普通股每股价值	2.914	4.365	4.782	4.674

从表4-14可以看出,用选择性调整方法得出的企业价值与按照现行成本法为基础计算出来的企业价值相差不大,基本上可以近似替代现行成本法计算出来的企业价值,但是换算方法却简单了许多,适用于外部人士对企业价值的评估。

不言而喻,将历史成本法为基础的资产和净资产取得价值转换为资产和净资产的经济价值,更有利于投资人做出正确的投资决策。

习　　题

【复习思考题】

1. 在进行财务报表分析之前,为什么要对历史成本法为基础的财务报表进行调整?
2. 一般物价水平会计的基本理论和方法是什么?
3. 货币性项目购买力损益应该如何计算?
4. 在一般物价水平会计中,货币性项目与非货币性项目的调整有何不同?

5. 现值会计的基本理论与方法是什么？

6. 在现值会计中，如何计算各种资产的持有损益？

7. 什么是全面收益报告？该报告有什么利弊？

财务报表调整训练

【练习要求】

1. 根据所选择公司的性质以及其资产特征，搜集社会相关物价水平变化方面的信息。

2. 详细阅读公司管理层分析报告、公司财务报表及其附注资料，判断社会物价水平变化对公司的影响程度。

3. 尽可能对公司历史成本法为基础的财务报表进行调整，估计公司的全面收益。

第五章　财务报表综合分析

【本章提要】　在对财务报表进行可信度判断、粉饰识别和将其调整为现值财务报表后,就进入正式的财务报表分析阶段。财务报表分析过程是一个由表及里、由综合到具体、再由具体到综合、步步深入的过程。财务报表综合分析,既是该过程的第一步,又是该过程的最后一步,是财务报表分析中技巧性高、难度大的分析。本章重点讨论财务报表综合分析的相关理论、方法和技巧。

【学习目标】　通过本章学习,要求掌握和了解如下内容:(1)掌握财务报表综合分析的基本方法;(2)掌握比较和百分比资产负债表的编制方法与综合分析方法;(3)掌握比较和百分比利润表的编制方法与综合分析方法;(4)掌握掌握比较和百分比现金流量表的编制方法与综合分析方法;(5)理解给出综合分析结论需要考虑的基本因素。

第一节　财务报表综合分析的基本方法

一、财务报表综合分析的意义

公司财务报表均是由若干不同的数据组成,这些数据从不同侧面反映了企业的资产、负债、所有者权益、收入、成本、费用、利润、现金流量等现状,但它并没有直接回答企业的财务状况如何、盈利能力怎样、风险水平高低、经营中存在的得失等一系列财务报表使用者所关心的问题。一位未受过专业训练的财务报表使用者可以根据财务报表回答诸如企业有多少资产(其中流动资产和固定资产分别有多少)、企业本年度获利额为多少等简单的问题;但要他判断诸如企业财务状况好坏、盈利能力高低等问题则可能无从下手。即未受过财务报表分析专业训练的人士,面对财务报表可能是"只见树木,不见森林"。据笔者调查,我国多数企业经理阅读财务报表均只看诸如利润、现金、应收账款、存货、总资产、短期借款、应付账款等单个指标,很少关心财务报表反映的综合问题。虽然这其中原因很多,但缺乏对财务报表综合分析能力是其中一项重要原因。

　　财务报表综合分析,既是财务报表分析的起点,又是财务报表分析的终点。从分析起点看,财务报表综合分析是将财务报表中各相关项目联系在一起,对企业财务状况和盈利能力的现状及变动趋势进行的简要分析,目的是简略判断企业经营的得失,为进一步的分析指明方向。从分析终点看,财务报表综合分析是在对企业财务状况和盈利能力的现状及变动趋势进行深入分析,以及查明企业经营的得失后,再对企业经营状况所作出的整体判断。

二、财务报表综合分析的基本方法

(一)作为起点的综合分析所用的基本方法

　　作为起点的综合分析所用的基本方法是编制百分比和比较财务报表。百分比财务报表是用财务报表各项目的金额除以合计金额而得到的反映企业资产、收入、现金流量等构成状况的财务报表。编制该种财务报表的目的是使不同时间或不同企业的财务报表建立在一个可以相互比较的基础上,以利于评价企业经营的优劣和得失。比较财务报表是由若干期同企业财务报表按时间顺序排列而成的报表。从该表可以一目了然地看出各项目在不同时期的状况,有利于进行比较、计算差异和趋势分析。现行会计编制的对外财务报表本身就是比较财务报表,只不过比较期间只有两期和比较内容只有绝对数而已。在实际分析中,可以将百分比和比较财务报表合二为一。这样,既可以看出各项目绝对金额的变化,又可以看出其相对数的变化,为分析提供方便。

(二)作为终点的综合分析所用的基本方法

　　作为终点的财务报表综合分析所用的基本方法是指标的综合判断法,它是在对企业的财务状况、盈利能力、经营业绩和管理效率的深入分析的基础上,将各类指标联系在一起,通过观察各指标之间的关系,以及各类指标本身的经济含义,各类指标本身反映出的企业经营活动中的某些利弊后,给企业经营状况、投资价值等所作出的整体判断。

三、财务报表综合分析程序

　　财务报表综合分析的程序,如图 5-1 所示。

　　在以下各节,我们将利用东方股份有限公司的财务报表资料,讨论对财务报表进行初步综合分析的问题。而对财务报表进行最终的综合分析问题,则留在对各种专题进行深入分析后,再在本书的最后加以讨论。

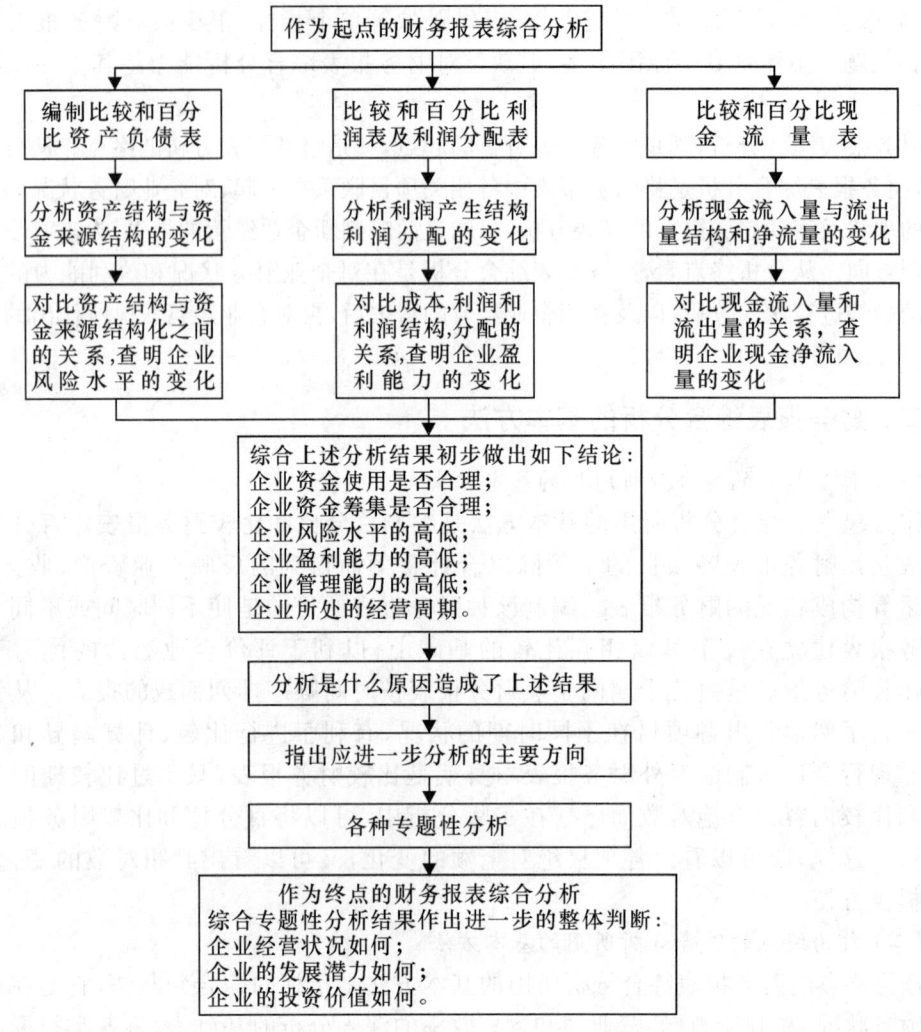

图 5-1　财务报表综合分析的程序图

第二节　资产负债表综合分析

一、比较和百分比资产负债表

资产负债表综合分析的目的,主要是了解企业财务状况的变化以及对变化作出一个总的评价。因此,该分析亦可称为财务状况变化分析。财务状况变化分析是通过编制比较资产负债表进行趋势分析和通过编制百分比资产负债表进行资金构成分析。将两者合二为一编制成比较和百分比资产负债表,更有利于对财务状况变化情况进行综合分析。因此,在只对少数几期资产负债表进行比较分析时,编制比较和百分比资产负债表是可取的。对于比较期数过多,分别编制比较资产负债表和百分比资产负债表,则显得更为简洁。

根据"东方股份有限公司资产负债表"(见图表 2-5)编制的比较和百分比资产负债表,如表 5-1 所示:

表 5-1　　　　　　　　东方股份有限公司比较和百分比资产负债表

金额单位:万元

资　　　产	2013 年 12 月 31 日		2014 年 12 月 31 日		差　　异	
	金　额	百分比	金　额	百分比	金　额	百分点
流动资产:						
货币资金	905	1.60	850	1.35	−55	−0.25
交易性金融资产	102	0.18	50	0.08	−52	−0.01
应收票据	2 200	3.88	2 180	3.45	−20	−0.43
应收账款净额	4 400	7.75	5 470	8.66	1 070	0.91
其他应收款	280	0.49	200	0.32	−80	−0.18
存货净额	20 800	36.66	23 800	37.69	3 000	1.03
其中:材料	10 000	17.62	8 200	12.98	−1 800	−4.64
在制品	6 200	10.93	6 750	10.69	550	−0.24
产成品	4 600	8.11	8 850	14.01	4 250	5.91
待摊费用	150	0.26	200	0.32	50	0.05
流动资产合计	28 837	50.82	32 750	51.86	3 913	1.04
非流动资产:						
长期股权投资净额	500	0.88	1 400	2.22	900	1.34
固定资产:						
固定资产原价	32 000	56.40	35 000	55.42	3 000	−0.98
减:累计折旧	9 098	16.03	10 598	16.78	1 500	0.75
固定资产净值	22 902	40.36	24 402	38.64	1 500	−1.72
在建工程	3 000	5.29	3 300	5.23	300	−0.06
固定资产小计	25 902	45.65	27 702	43.87	1 800	−1.79
无形资产及其他资产:						
无形资产	1 300	2.29	1 150	1.82	−150	−0.47
递延资产	200	0.35	150	0.24	−50	−0.11
无形及其他资产小计	1 500	2.64	1 300	2.06	−200	−0.59
非流动资产合计	27 902	49.18	30 402	48.14	2 500	−1.04
资　产　总　计	56 739	100.00	63 152	100.00	6 413	0

（续表）

负债及所有者权益	2013 年 12 月 31 日		2014 年 12 月 31 日		差　　异	
	金　　额	百分比	金　　额	百分比	金　　额	百分点
流动负债：						
短期借款	10 750	18.95	14 050	22.25	3 300	3.30
应付票据	1 500	2.64	1 700	2.69	200	0.05
应付账款	2 200	3.88	4 156	6.58	1 956	2.70
应付职工薪酬	580	1.02	650	1.03	70	0.01
应交税费	500	0.88	800	1.27	300	0.39
应付股利	1 100	1.94	1 300	2.06	200	0.12
其他应付款	150	0.26	200	0.32	50	0.05
预提费用	100	0.18	200	0.32	100	0.14
一年内到期的非流动负债				0.00	0	0.00
流动负债小计	16 880	29.75	23 056	36.51	6 176	6.76
非流动负债：					0	0.00
长期借款	4 700	8.28	2 700	4.28	−2 000	−4.00
应付债券	700	1.23	606	0.96	−94	−0.27
预计负债						
非流动负债小计	5 400	9.52	3 306	5.23	−2 094	−4.28
负债合计	22 280	39.27	26 362	41.74	4 082	2.48
						0.00
所有者权益					0	0.00
优先股本	2 000	3.52	2 000	3.17	0	−0.36
普通股本	12 000		12 000			
资本公积	16 100	28.38	16 100	25.49	0	−2.88
盈余公积	3 420	6.03	4 738	7.50	1 318	1.47
未分配利润	939	1.65	1 952	3.09	1 013	1.44
所有者权益合计	34 459	60.73	36 790	58.26	2 331	−2.48
负债及所有者权益总计	56 739	100.00	63 152	100.00	6 413	0

二、财务状况变化分析

财务状况是企业在某一时点上经营资金来源和分布状况。它既是企业生产经营活动结果在资金方面的反映，又是企业未来经营活动能力的表示。通过对财务状况变化的分析，第一，可以整体上查明企业经营活动中存在的问题，为进一步的分析指明方向；第二，可以大致评价企业未来经营的潜力，为投资者和债权人提供有用的投资和信贷决策的信息。根据资产负债表的构成形式，该种分析可先从资产、负债、所有者权益三个方向的变化分析入手，然后在分类分析的基础上进行总括分析，最后给出评价结论和指出经营活动中存在的问题。根据上面编制的东方股份有限公司比较和百分比资产负债表，可对该公司的财务状况变化情况作如下分析。

（一）资产变化情况分析

1. 对资产变化的总评价。

从总产来看，年末比年初增加了 6 413 万元，比年初增长了 11.3％[（6 413÷56 739）×100％]，表明企业占有的经济资源有所增加，经营规模有所扩大。

从总资产构成来看，流动资产增加了 3 913 万元，占总资产的比重由年初的 50.82％上升为年末的 51.86％，上升了 1.04 个百分点；长期投资增加了 900 万元，占总资产的比重由年初的 0.88％上升为年末的 2.21％，上升了 1.33 个百分点；固定资产金额虽然增加了 1 800 万元，但占总资产的比重却由年初的 45.66％，下降为 43.78％，下降了 1.79 个百分点。无形资产及其他资产减少了 200 万元，占总资产的比重由年初的 2.64％下降为 2.06％，下降了 0.58 个百分点。无形资产因摊销而逐年下降属正常情况，且占总资产比重不大，在分析中可以省略。从总资产构成来看，企业流动性资产比重上升，固定性资产比重下降，表明企业资产的流动性增强，风险降低。

结合固定资产绝对值增加和企业资产风险降低这两个方面的分析可以发现，企业资产风险降低并不会导致经营规模缩小、盈利减少。因此，可以对企业总资产结构变化予以好评。

2. 对各类资产变化的初步评价。

（1）寻找分析重点。

从各大类资产金额和构成的变化来看，固定资产等长期资产的变化应属正常。无形资产及其他资产因摊销而逐年下降属正常情况，且占总资产比重不大，在分析中可以省略。而流动资产的变化则存在一定的问题。这主要表现在应收账款和存货两个项目上。应收账款年末比年初增加 1 070 万元，上升了 24.32％[（1 070÷4 400）×100％]，存货年末比年初增加了 3 000 万元，上升了 14.40％[（3 000÷20 800）×100％]，两个项目合计年末比年初增加了 4 070 万元，占总资产的比重上升了 1.93 个百分点，占流动资产增加额的 104％[（4 070÷3 913）×100％]。因此，该两个项目应作为分析的重点。

（2）应收账款增减变化的主要原因分析。

应收账款增加的主要原因可归纳为三类：一是企业信用策略发生了变化，通过放松信用来增加销售收入；二是企业销售量增大导致应收账款增加；三是应收账款质量不高，存在长期挂账但难以收回的账款。该企业应收账款增加究竟由那一类原因引起，需要进行更深入的分析。不过结合该企业利润表中反映的本年度销售收入减少这一事实，应收账款增加不是由销售量增加所致。因此，该企业应收账款增加的原因应从第一类和第三类原因中去查找。结合下面的存货分析可知，该公司应收账款增加的主要原因属于第一类原因。

（3）存货增减变化的主要原因分析。

存货总额的增减变化受其构成的影响，进一步观察该公司存货的构成可发现，材料存货年末比年初减少1 800万元,减少18%[(1 800÷10 000)×100%];在制品存货年末比年初增加了550万元,上升了8.87%[(550÷6 200)×100%];产成品存货年末比年初增加了4 250万元,上升了92.39%[(4 250÷4 600)×100%]。可见存货增加的主要原因是产成品存货激增。产成品库存增加一般可认为是产品销路不畅的原因所致。就东方股份公司而言,从应收账款与产成品存货同时增加和销售收入减少这一点看,几乎可以断定该公司产成品存在积压现象。产品滞销积压肯定对企业不利,这可以从两个方面来理解:一是它会导致企业生产量减少,通过减产促销来消化积压产品。从该公司存货各组成项目的变化中可以看出,公司已经采取了一定的措施减少生产物资的储备,大幅削减材料存货可视为企业压缩产量的先兆。生产量下降的结果将是企业生产能力不能得到充分的运用,单位产品成本因固定成本分摊率的提高而上升,使企业收入盈利能力下降。二是积压产品的价值会下降,一旦其市价低于其成本价,就会产生跌价损失,最终结果也是企业盈利能力降低。另外,积压产品还表明它的变现能力低,风险大。通过上述分析,可知东方股份有限公司存货,特别是产成品存货激增,对公司生产经营活动极为不利,它使公司存货资产的质量下降,对未来的盈利能力和风险水平带来了不利影响。对这一点,应结合有关资料进行更深入的分析。

总的来讲,虽然东方股份有限公司资产总额有所增加,经营能力也有所提高;但由于应收账款和产成品存货等资产质量下降,因此,该公司经营能力的提高速度并不如账面表示的速度快。

(二)负债变化情况分析

1. 对负债变化的总评价

从负债总额来,年末比年初增加了4 082万元,增长率为18.32%[(4 082÷22 280)×100%],占资金来源的比重从39.27%上升为41.74%,上升了2.47个百分点,表明企业财务风险年末较年初为高。

从负债总额的构成来看,流动负债年末比年初增加了6 176万元,增长率为36.59%[(6 176÷16 880)×100%],占资金来源的比重从29.75%上升为36.51%,上升了6.76个百分点;长期负债年末比年初减少了2 094万元,降低率为38.78%[(2 094÷5 400)×100%],占资金来源的比重从9.52%下降为5.23%,下降了4.29个百分点。从理论上看,流动负债风险大于长期负债,流动负债比重上升就意味着企业的财务风险增大。所以,东方股份有限公司年末财务风险较年初有所增大。

2. 对各类负债变化初步总评价。

(1)确定分析重点。

从长期负债内部结构来看,导致长期负债降低的主要因素是长期借款减少,本年度偿还长期借款2 000万元,使长期借款年末数比年初数下降42.55%[(2 000÷4 700)×100%],占资金来源的比重下降了4.01个百分点,到期还款属于正常现象,不是分析的重点。

　　从流动负债内部结构来看,对流动负债变化影响最大的两项是短期借款和应付账款,年末与年初相比,短期借款增加了 3 300 万元,增长率为 30.7%[(3 300 ÷ 10 750)×100%],占总资金来源的比重上升了 3.29 个百分点;应付账款 1 956 万元,增长率为88.91%[(1 956 ÷ 2 200)×100%],占总资产来源的比重上升了 2.7 个百分点;两个项目合计增加了 5 256 万元,占流动负债增加总额的 85.1%[(5 256 ÷ 6 176)×100%]。可见,流动负债中的短期借款和应付账款这两个项目应是分析的重点。

　　(2) 短期借款增减变化的分析。

　　从短期借款的性质来看,该借款是根据借款合同取得的,企业如不能按期还本付息,其风险较大。对短期借款的进一步分析应结合短期借款明细账中的各短期借款的到期日进行。如果存在大量的已到期和快到期的短期借款,而企业在近期又不可能从经营中产生相应的现金流入量,那么,该企业面临的还款压力就很大。从该企业的实际情况来看,企业的现金流量较大,可以利用的周转中产生的空闲现金量也应该比较大,因此,目前可能尚不存在还款的巨大风险。

　　(3) 应付账款增减变化的分析。

　　从应付账款的性质来看,它是随采购发生的,一般采购量越大,应付账款的量也就越大。如果出现采购量减少与应付账款量同时增大的情况,则可能是企业拖欠应付未付的货款所致,表明企业信誉级别下降。从东方股份有限公司来看,材料存货的年末余额低于年初余额 18%。一般而论,其本年采购量也应低于上年采购量,特别与应付账款相关的本年最后几个月的采购量应有所减少。如果该公司付款策略不变,那么应付账款余额年末数也应低于年初数。但是,实际上应付账款余额年末数却大大高于了年初数,这表明企业付款策略发生了变化,信用程度有所降低。至于由信用程度降低所引起的风险水平上升是否超过可以承受的程度,则需要结合更多的资料进行更深入的分析才能回答。

　　总体而言,东方股份有限公司本年度财务风险有所增加,而且这种增加不仅是流动负债增加和长期负债减少的原因所引起,更重要的是流动负债内部结构的变化不均匀所引起,因此,实际财务风险可能被放大,从而超过账面上所表示出来的风险。至于这种风险增大是否可取,则需要进行更深入的分析才能回答。

　　(三) 所有者权益变化情况分析

　　从所有者权益总额来看,年末数比年初数增加了 2 331 万元,增长率为 6.76%[(2 331 ÷ 34 459)×100%]。且由于本年度并未发行新股,故该 6.76% 的增长率均来自于经营方面的贡献,表明经营有成绩。

　　从所有者权益占总资金来源的比重看,年末比年初下降了 2.47 个百分点。这表明企业所有者权益增加数不仅不能满足资产增加的需要,也不能按原比例满足资产增加的需要。所有者权益占资金来源比重的下降,意味着该公司的财务风险年末大于年初,究其原因主要是企业在外部环境发生变化时,资金使用欠合理和资金筹集欠科学所致。

（四）财务状况变化的总括分析和评价

1. 财务状况变化的总括评价。

根据前述分项分析,可以得出如下总括的分析结论:第一,东方股份有限公司经营能力增强,这不仅可从企业总资产增加中而且也可从净资产增加中推出;第二,企业整体财务风险增大,它既可从负债比重上升和所有者权益比重下降中推出又可以从流动负债比重上升和长期负债比重下降中推出;第三,无效资产增加,资产质量降低,这可从产成品存货和应收账款同时增长、产品销售收入反而减少的现象中推出;第四,企业绝对经营能力的增长速度低于风险水平的增长速度,这可从以上三点中推出。

2. 企业财务风险水平上升的原因分析。

导致财务风险水平上升的原因可从企业资金筹集和资金使用两个方面来考察:

第一,从资金筹集来看,随着长期负债到期和偿还企业长期负债减少,但生产经营资金需求却在不断扩大,企业必须再筹措新资金才能满足需要。这些新的资金来源中,除小部分靠经营利润留存弥补之外,大部分依赖于流动负债,从而导致流动负债激增,财务风险增大。

第二,从资金使用上看,资金使用不太合理,它突出表现在企业在偿还长期负债期中,大量购建固定资产(3 300 万元)和从事长期投资(900 万元),两者合计高达 4 200 万元,远超过了所有者权益增加数的 2 331 万元,占总资产增加额的 65.49%[(4 200÷6 413)×100%],偿还长期负债和增加其他资产只能依靠追加流动负债来解决,从而导致财务风险增大。

长期负债到期虽是客观原因,但企业可以通过主观努力来控制财务风险水平的上升。比如,企业可以通过再筹措长期负债资金,减少流动负债的筹资量,通过改变企业负债结构来控制财务风险;也可以暂缓对外长期投资和购建固定资产,通过减少资金需用量来减少流动负债,控制财务风险。

当然,企业财务风险扩大未必就不是一件好事,因为财务风险扩大,可以给企业带来更大的财务杠杆利益。对财务风险扩大后的得失判断,必须进行深入的专题分析。在这里进行的综合分析,目的只在于把握财务状况的变化情况及其影响。

第三节　利润表及利润分配表综合分析

一、比较和百分比利润表及利润分配表

利润表及利润分配表综合分析的目的,在于了解企业盈利能力的变化趋势,并对该变

化趋势作出一个总的评价。因此,该分析又可称为盈利能力变化趋势分析。

由于利润表及利润分配表是利润计算和利润分配合二为一的报表,因此,在分析时将它分为两大段。第一段,从销售收入起到净利润止,其各项目的百分比均按以销售收入为分母和各项目为分子的方法求得。第二段,从可供分配利润开始到年末未分配利润止,其各项目的百分比均按以可供分配利润为分母和各项目为分子的方法求得。

按表 2-27 资料编制的东方股份有限公司比较和百分比利润表及利润分配表,如表 5-2 所示:

表 5-2　　东方股份有限公司比较和百分比利润表及利润分配表

2014 年度　　　　　　　　　　　金额单位:万元

资　产	2013 年度		2014 年度		差　异	
	金　额	百分比	金　额	百分比	金　额	增减百分比
一、营业收入	120 000	100.00	112 100	100.00	−7 900	−6.58
减:营业成本	94 000	78.33	87 900	78.41	−6 100	−6.49
营业税金及附加	10 000	8.33	9 880	8.81	−120	−1.20
二、毛利	16 000	13.33	14 320	12.77	−1 680	−10.50
加:其他业务利润	800	0.67	300	0.27	−500	−62.50
减:销售费用	5 000	4.17	3 420	3.05	−1 580	−31.60
管理费用	2 600	2.17	2 700	2.41	100	3.85
财务费用	1 100	0.92	1 300	1.16	200	18.18
资产减值损失						
加:公允价值变动收益(损失以"−"号填列)						
投资收益(损失以"−"号填列)	100	0.08	200	0.18	100	100.00
其中:对联营企业和合营企业的投资收益						
三、营业利润	8 200	6.83	7 400	6.60	−800	−9.76
加:营业外收入	250	0.21	250	0.22		
减:营业外支出	450	0.38	150	0.13	−300	−66.67
其中:非流动资产处置损失						
四、利润总额	8 000	6.67	7 500	6.69	−500	−6.25
减:所得税费用	2 400	2.00	2 250	2.01	−150	−6.25
五、净利润	5 600	4.67	5 250	4.68	−350	−6.25
加:年初未分配利润	200		939		739	369.50
六、可分配利润	5 800	100.00	6 189	100.00	389	6.71
减:提取法定盈余公积	560	9.66	525	8.48	−35	−6.25
七、可供股东分配的利润	5 240	90.34	5 664	91.52	424	8.09

（续表）

资　　产	2013 年度		2014 年度		差　　异	
	金　额	百分比	金　额	百分比	金　额	增减百分比
减：已分配优先股股利	200	3.45	200	3.23	0	0.00
提取任意公积	1 160	20.00	793	12.81	−367	−31.64
应付普通股股利	2 941	50.17	2 719	43.93	−222	−7.55
八、未分配利润	939	16.19	1 952	31.54	1 013	107.88
九、每股收益：						
（一）基本每股收益	0.4667		0.4375		−0.0292	−6.26
（二）稀释每股收益	0.4667		0.4375		−0.0292	−6.26

二、盈利能力和分配政策变化分析

（一）盈利能力变化分析

1. 利润构成变化分析。

从表 5-2 可看出，企业销售收入本年度比上年度下降了 6.58％，产品销售利润（毛利）下降了 10.5％，营业利润下降了 9.76％，利润总额和净利润则下降了 6.25％。从这几个数据可发现，虽然企业总利润和净利润下降幅度基本上与销售收入的下降幅度相当，但销售利润和营业利润的下降幅度则高于销售收入的下降幅度，这表明利润表中的各个项目并不都是与销售收入同比例下降。详细观察分析表，可发现与销售收入不同比下降的有期间费用、其他业务利润、投资收益和营业外净收支等几个项目。对这些项目可作进一步的分析。

2. 期间费用构成变化分析。

期间费用本年比上年减少了 1 280 万元，降低率为 14.71％〔（1 280÷8 700）×100％〕。期间费用减少，部分地抵减了利润的下降。若从期间费用整体考察，期间费用减少导致利润增加（抵减利润下降）可以给予好评。但是，如从期间费用的性质考察，对这类费用减少的利弊，还必须进行深入分析才能回答。因为，期间费用多是由与销售业务量无密切关系的固定性费用或酌量性固定费用所组成，它们的增减变化与销售不成正比关系。一般来讲，它们的上升或下降幅度应低于业务量上升或下降的幅度。但东方股份有限公司的期间费用下降幅度却大大超过了销售收入的下降幅度，这有点反常，需要进行更深入的分析。从期间费用的各构成项目看，管理费用和财务费用均有所上升，只有销售费用大幅度下降，下降幅度高达 31.6％。销售费用多由酌量性固定费用所组成，这类费用的高低度与企业营销策略密切相关。一般而言，采取积极的攻式营销策略，销售费用会因广告费等费用的增加而增加；反之，采取保守的守式营销策略，销售费用则会减少。该公司销售费用大幅度减少的主要原因，可能是营销策略的变化所致。这一点应引起报表使用者注意。

3. 其他业务利润变化分析。

其他业务利润大幅度减少，降低率高达 62.5％，这一点也应引起分析者的注意。在更深入的分析中，主要要考察企业其他业务的稳定性，如果其他业务收入较稳定，那么还应进一步分析各类其他业务收入、成本和利润的情况，以查明其他业务利润增减变化的原因。如其他业务缺乏稳定性，则不应作为分析的重点。

4. 投资收益变化分析。

投资收益增长了 100％，结合资产负债表可以看出，这是企业长期投资增加的结果。对投资收益增减变化的分析，应属于更深入的专门分析。因在东方股份有限公司中，投资收益比重低，故不作为分析重点。

5. 营业外收支变化分析。

营业外收入本年数与上年数相等，无变化；营业外支出本年则比上年大幅度减少，降低了 66.67％，对企业利润作出了较大贡献。对营业外支出的减少，一般都应给予好评。

6. 产品销售成本变化分析。

对公司产品销售收入下降，但产品销售成本占产品销售收入的比重基本上没有上升，从表面上看，该公司在产品成本控制上有一定的成绩。因为产品成本仍是由变动成本和固定成本所构成。在一般情况下，随着产销量的下降，单位产品所分摊的固定成本会增加，从而导致产品的单位成本上升，占销售收入的比重上升。但在判断这一问题时，要结合产品产量来考虑。本年度与上年度相比，如企业产量没有减少，或产大于销，那么即使企业在成本控制方面没有新的贡献，也可能使产品销售成本占产品销售收入的比重不发生大的变化。结合东方股份有限公司的比较资产负债表可以看出，该公司本年度产大于销（产成品期末数大于期初数），说明该公司产品销售成本占产品销售收入的比重基本上没有上升这一现象，可能并非成本控制的业绩。另外，产品销售成本占产品销售收入比重的变化还受产品销售价格变化的影响，该比重与销售价格成反比，在产品销售成本不变时，产品销售价格越高，该比重就越低。至于东方股份有限公司在成本控制和价格控制方面的情况究竟如何，有赖于更深入的产品销售利润分析和产品成本分析。关于这类问题，本书将在管理业绩分析中展开讨论。

至于产品销售税金占销售收入的比重，是由国家税法规定的，一般不作为财务报表分析的重点。

（二）盈利分配政策变化分析

1. 盈利分配政策变化分析的目的。

公司盈利分配是由刚性分配与弹性分配相结合的分配。公司法定盈余公积金是按法定比例提取的，属刚性分配；优先股股利是按优先股票筹资合同规定支付的，一般也属刚性分配。企业可自主确定分配比例的只有任意盈余公积金、普通股股利和未分配利润，它们属弹性分配。盈利分配政策变化分析就是指对这部分弹性分配内容变化情况的分析。

这类分析,主要应揭示公司对待积累或内部筹资的态度的变化,该态度变化又是公司对未来盈利能力信心的表现。一般来讲,公司对待未来盈利能力的信心可以较正确地反映公司未来实际的盈利能力。分析企业盈利分配政策变化的基本目的,其实是揭示企业未来的盈利能力。

2. 盈利分配政策变化分析。

从表5-2可看出,东方股份有限公司本年与上年相比,提取的任意公积金下降了7.19个百分点(20.00％－12.81％),支付的普通股股利下降了6.24个百分点(50.17％－43.93％),未分配利润上升了15.35个百分点(31.54％－16.19％)。这种变化说明企业盈利分配政策转向保守。

盈利分配政策转向保守,可认为是企业对未来盈利能力信心不足的表现。因为,将可分配利润转为盈余公积金后,由于盈余公积金的用途只能是弥补亏损和转增股本,不可能再作为股利发放给股东,所以,一旦企业未来盈利减少,企业将无法保证股利的支付。而未分配利润则是未指定用途和尚未分给股东的净利润,保留未分配利润可以给企业较大的机动性。如果企业未来盈利不足以满足股利支付的最低要求,那么,企业就可以动用未分配利润来弥补其不足。当企业预期年利润会不断增长时,多倾向于少留未分配利润;相反,当企业对未来盈利前景不明时,多倾向于多保留未分配利润,以保持机动性。

根据上述观点,东方股份有限公司似乎已察觉到公司未来盈不容乐观,故在盈利分配时留了一手。这一变化也应引起财务报表使用者的注意。

(三)盈利能力和分配政策变化分析结论

根据上述盈利能力和分配政策变化分析,结合前面的财务状况分析可以得出如下简略结论:东方股份有限公司的盈利能力已显露出逐渐降低的迹象,且在未来还可能进一步下降。关于该结论除可以从公司盈利减少和盈利分配政策趋向于保守中看出之外,还可以从公司有意削减生产储备资金和产成品资金被迫增加等现象中得到证实。不过,公司已察觉了公司盈利减少这一趋势,并采取了相应的措施,这说明该公司的管理控制力还比较强,对这一点是值得肯定的。关于进一步的分析,将在后面的章节中展开。

第四节　现金流量表综合分析

一、比较和百分比现金流量表

现金流量表综合分析的目的,在于了解企业现金流量变化的趋势,以及对该变化趋势作出一个总的评价。该分析是通过编制变形的比较和百分比现金流量表来进行。之所以要编制变形的比较和百分比现金流量表,是因为正式的现金流量表是将现金流入量和现金流出量分别分为经营活动、投资活动和筹资活动三大块来考虑,并在各块中分别求出各自的现金净流量,最后求出的是现金净流量的增减变动额,而不是现金流入量和现金流出量的总额。由于这样不便于对企业现金总流量的分析,所以,需要对原现金流量进行变形,在变形后的基础上再编制比较和百分比现金流量表。变形后的东方股份有限公司的比较和百分比现金流量表,如表 5-3 所示:

表 5-3 　　　　东方股份有限公司比较和百分比现金流量表

2014 年度 　　　　　　　　　　　　　　　　　　金额单位:万元

项　目	2013 年度		2014 年度		差　异	
	金　额	百分比	金　额	百分比	金　额	百分点
一、现金流入量						
经营活动现金现金流入小计	119 600.00	98.64	115 080	96.64	−4 520.00	−2.00
其中:销售商品、提供劳务收到的现金	118 800.00	97.98	111 050	93.26	−7 750.00	−4.72
收到其他与经营活动有关的现金	800.00	0.66	4 030	3.38	3 230.00	2.72
投资活动现金流入小计	600.00	0.49	700	0.59	100.00	0.09
其中:取得投资收益收到的现金	100.00	0.08	200	0.17	100.00	0.09
处置固定资产等长期资产收回的现金净额	500.00	0.41	500	0.42	0.00	0.01
收到其他与投资活动有关的现金						
吸收投资收到的现金						
筹资活动现金流入小计	1 050.00	0.87	3 300	2.77	2 250.00	1.91
其中:取得借款收到的现金	1 050.00	0.87	3 300	2.77	2 250.00	1.91
收到其他与筹资活动有关的现金						
汇率变动对现金及现金等价物的影响						
现金流入量合计	121 250.00	100.00	119 080	100.00	−2 170.00	
二、现金流出量						
经营活动现金流出小计	113 720.00	93.79	109 674	92.10	−4 046.00	−1.69
其中:购买商品、接受劳务支付的现金	78 530.00	64.77	76 744	64.45	−1 786.00	−0.32
支付给职工以及为职工支付的现金	12 680.00	10.46	12 000	10.08	−680.00	−0.38
支付的各项税费	12 600.00	10.39	11 830	9.93	−770.00	−0.46
支付其他与经营活动有关的现金	9 910.00	8.17	9 100	7.64	−810.00	−0.53
投资活动现金流出小计	300.00	0.25	4 700	3.95	4 400.00	3.70

（续表）

项　　目	2013 年度		2014 年度		差　异	
	金　额	百分比	金　额	百分比	金　额	百分点
其中：购建固定资产等长期资产 　　　支付的现金	0.00	0.00	3 800	3.19	3 800.00	3.19
投资支付的现金	300.00	0.25	900	0.76	600.00	0.51
支付其他与投资活动有关 　　的现金						
筹资活动现金流出小计	6 250.00	5.15	4 813	4.04	−1 437.00	−1.11
其中：偿还债务支付的现金	2 950.00	2.43	2 094	1.76	−856.00	−0.67
分配股利、利润或偿付利息 　　　支付的现金	3 300.00	2.72	2 719	2.28	−581.00	−0.44
支付其他与筹资活动有关 　　　的现金						
现金流出量合计	120 270.00	99.19	119 187	100.09	−1 083.00	0.90

二、现金流量变化分析

（一）现金流入量变化分析

从表 5-3 可看出，经营活动产生的现金流入量占总现金流入量的比重本年度比上年度下降了 2 个百分点，其中销售产品收到的现金下降幅度更大，达 4.72 个百分点，这说明该公司现金流入量的质量有所下降。因为经营活动产生的现金流入量，特别是销售产品收到的现金，其稳定性要大于其他渠道来源的现金流入量。不过，本年度虽然经营产生的现金流入量占总现金流入量的比重有所下降，但是其比重仍高达 96.64%，其质量仍相当高。投资活动产生的现金流入量占总现金流入量比重极低，可不作为分析重点。筹资活动产生的现金流入量来自于借款，占总现金流入量的比重本年度虽有增加，但也仅为 2.77%，对总现金流入量的影响不大。

该企业现金流入量这些特征说明，该企业是一个主营业务突出、投机性小、主要依靠自身创造的现金流入量生存和发展的企业。

（二）现金流出量变化分析

从现金流出量看，经营活动产生的现金流出量占现金总流入量的比重也很大，上年为 93.79%，本年为 92.10%。这表明该企业在生产经营领域之外，可以动用的现金流入量的比例较小，上年为 6.21%（100%−93.79%），本年为 7.90%（100%−92.10%），企业依靠经营积累来扩张企业规模的能力较弱。如果这种能力过弱，不但会制约企业的发展，而且还会降低其偿债能力，最终危及企业的生存。

企业投资活动产生的现金流出量也大幅攀升，本年度比上年度上升 3.7 个百分点，但总现金流入量的比重并不算高，仅为 3.95%，因此，尚在企业的承受能力之内，可算正常。

筹资活动产生的现金流出量占现金总流入量的比重,从上年度的 5.15% 下降为本年度的 4.04%,下降了 1.11 个百分点。

对于筹资活动产生的现金流出量应分为法定流出和自由流出两个方面来考察。其中:自由流出量是指股利分配所引起的现金流出量,企业在现金紧张时,可以不支付股利,因此,这部分现金流出量不作为分析的重点。法定流出量是指由借债合同规定的还本付息金额,如果企业不按期还本付息,可能会面临破产的危险,因此,它是筹资活动产生的现金流出量分析中的重点。结合取得借款收到的现金,可以看出该公司本年度借款数大于还款数 1 206 万元(3 300-2 094),未来将存在一定的还款压力。

(三) 现金流量变化分析的综合结论

综合上述分析,对东方股份有限公司现金流量变化可作出如下结论:第一,公司现金流入量稳健,经营中投机性小,但本年度现金流入量的质量低于上年度;第二,公司可动用的现金流入量比例低,积累能力不强,但该问题在本年度已有一定的改善;第三,综合前述两点,该公司应属生存尚可、发展潜力不足、转向速度较慢、应变能力不强的处于成熟期的公司。

第五节　综合分析结论

在对东方股份有限公司的财务状况、盈利能力、分配政策、现金流量等变化状况做了综合分析后,还需要将这些从不同侧面反映公司状况的结果进行综合,对公司经营状况给出一个总的结论。

一、企业生命周期与财务报表分析的关系

(一) 企业生命周期理论

在对东方股份有限公司的经营状况进行综合性的简略评价之前,有必要对与评价密切相关的公司生命周期问题进行简单的讨论。公司通常被视为一个有机体,而有机体就存在生命周期。所谓企业生命周期,是指企业诞生、成长、壮大、成熟、衰退甚至死亡的过程。企业生命周期导源于企业生产产品的寿命周期。产品寿命周期理论认为,任何产品从最初投放市场到最终退出市场都存在一个有效生命的过程。这个过程可分为投放期、成长期、成熟期和衰退期等四个明显的阶段。这个过程和其各阶段的特征,如图 5-2 所示:

图 5-2 表明产品销售收入、单位利润以及企业投资均随产品寿命周期而变。在产品投放期,由于产品尚未能被人接受,产销量小,再加上市场开发支出大,因此,单位利润往往成负数;相应地,投资的现金流出量也较小。但进入成长期后,特别是处于高速成长期,

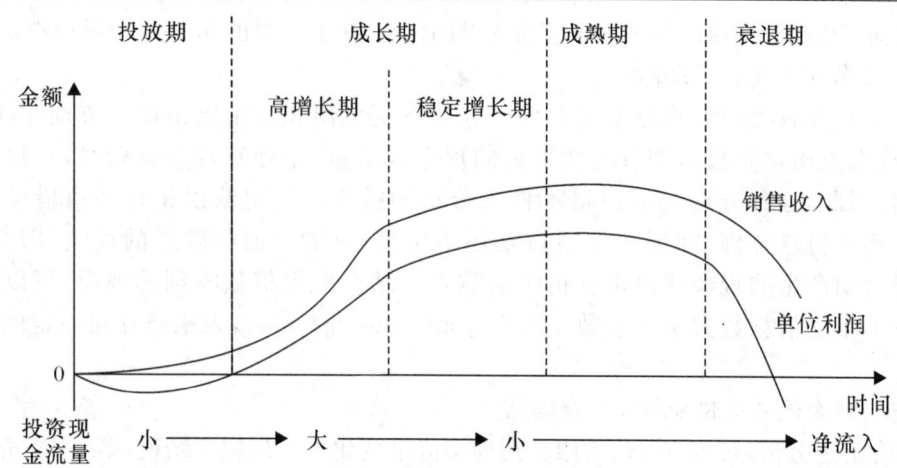

图 5-2　产品寿命周期图

　　因产品被人们普遍接受,产销量激剧扩张,单位利润迅速上升,受追逐利润目的的驱动,企业投资量也相应猛增。进入成熟期后,市场竞争变得更为激烈,利润来源更多地转向依靠充分利用现有生产能力和降低成本,这时销售收入基本处于停滞状态甚至开始下滑,投资也相应减少。当产品步入衰退期,由于销售收入迅速减少,单位利润激剧下降,生产该种产品已无利可图,停止生产实为明智之举,相应地原投资于生产该产品上的各种资产也不需再用,故通过变卖等方式以现金形式流回企业。

　　虽然产品寿命周期理论侧重于单个产品,但产品总是由企业生产的,产品的寿命周期必然会对企业产生影响,因此,可以将产品寿命周期理论扩张运用于企业生命周期甚至行业生命周期。在不同生命周期阶段的企业,其基本财务特征不一样,因此,在财务报表分析中应注意到这些特征。

　　一般来说,在公司创立阶段,投入大,收入小,发展速度不稳定,失败几率高,经营风险最大,但是创新意识强。在公司发展阶段,实力逐步加强,主导产品经营风险有所降低,但由于资金需要量增大和负债筹资相对容易,负债占资金来源的比重一般会上升,财务风险增大,但同时盈利能力也有所提高。进入成熟期后,公司发展速度变慢甚至停滞不前,此时因公司市场形象已形成,客户较为固定,盈利能力和现金流入量都较高和稳定,且因资金需要量减少,负债总额占资金来源的比重也会相应减少,财务风险降低,这是公司收获的阶段。但好景不长,公司又面临进入衰退阶段的威胁。在衰退阶段,公司生产工艺已呈落后状态,产品逐渐老化,生产萎缩,各种负担沉重,亏损严重,负债增加,财务状况逐步恶化。这时,公司面临着两种前途:一是破产衰亡;二是脱胎换骨,重获新生。一个企业要长盛不衰,就必须保持旺盛的创新能力,及时淘汰老产品,开发新产品。

　　正是由于企业在生命周期中的不同阶段有不同的财务特征,因此,对不同阶段也应有不同的分析评价标准。

（二）不同企业生命周期财务报表分析的重点

一般来说，在公司创立阶段，应特别注重公司的发展潜力，对当前盈利能力分析并不十分重要，重要的是要注意公司经营风险及其变化趋势。公司发展潜力主要由资产扩张能力、销售收入增长率等指标反映。而销售费用、研究开发费用的变化，则在一定程度上反映了公司经营层对企业发展潜力的看法，故对该类指标的变化分析亦很重要。

在公司发展阶段，因公司急于抢占市场，扩大生产能力，投资规模猛增，负债激剧膨胀，财务风险日益增大，且成为威胁企业生存的主要因素。因此，对财务风险的控制成为管理中的重中之重。相应地，对企业评价也应更加注重揭示企业财务风险类的指标，如资产负债率、流动比率、负债结构、资产结构等指标。

在公司成熟阶段，发展速度相对稳定，盈利能力和风险水平也相对稳定，这时公司经营的基本目的应是如何长期保持这种稳定的状态，故财务评价更偏重于当前盈利能力与风险水平的协调。此外，由于处于该阶段的公司很可能步入衰退期，因此，在分析中还应注意公司机动财力指标，该指标可由现金净流入量来表示。机动财力意味着企业应付变化所具有的潜力。当然，也应注意对企业创新、开拓意识的分析，因为这意味着企业保持稳定发展的能力。这种能力主要依靠产品品种结构变化、销售费用变化、生产成本变化等指标来判断。

在公司衰退阶段，由于公司面临着破产衰亡和重获新生两种前途，因此，在分析中更倾向于判定公司将步入那种命运。这种判断的主要指标包括产品结构调整能力、研究开发和销售费用的变化状况等。

二、财务报表分析的初步综合结论

根据上述思路，可以对东方股份有限公司的总体经营状况作出如下结论：

（一）所处的经营周期判断

从东方股份有限公司盈利能力和风险水平均处于相对稳定状态，但已开始出现盈利能力下滑和财务风险上升的势头来看，该公司是一个已步入成熟期的企业。

（二）公司经营管理对策判断

在这种形势下，公司采取了收缩发展速度的方针政策，无论对外减少营销宣传，还是对内缩减分利都暴露出企业试图集聚资金以应付不测之需的动机。公司为了防止企业步入衰退期，除仍在从事固定资产投资之外，还注意增加对外股权投资，调整资产结构，转变经营方略，进取之心犹存。

（三）公司发展的机会和问题判断

公司虽然有一定的进取意识和采取了一定的行动，显示出公司仍有进一步的发展潜力；但由于公司自身创造的现金净流入量少，不足以满足调整之需，结果导致企业负债增加，特别是流动负债增加，财务风险上升。

（四）初步总体评价

根据上述分析结果可以认定，该公司属于风险水平有所上升但仍在可控范围内，盈利能力有所下降但仍不算低，有进取意识但内部资源的支持力不够，内部控制能力较强但经营创新意识不强的较典型的成熟期企业。对该企业投资可以获得风险较小的稳定回报，但不能获得快速增长。从企业价值来看，该公司的未来企业价值将不会发生明显的变化，具有相当的稳定性。

在对企业进行简略的综合分析之后，还必须结合更明细的资料，对综合分析中提出的问题进行更深入的分析，才能对一个企业的价值作出更合理的判断。有关这方面的分析将在以后各章中展开。

习　　题

【复习思考题】

1. 对财务报表进行综合分析的基本方法是什么？

2. 为什么说财务报表综合分析既是财务报表分析的开始，又是财务报表分析的结束？

3. 应如何编制和使用比较和百分比资产负债表？

4. 应如何编制和使用比较和百分比利润表？

5. 应如何编制和使用比较和百分比现金流量表？

6. 对企业给出综合分析结论需要考虑哪些基本因素？

财务报表综合分析训练

【练习要求】

1. 编制比较和百分比财务报表，包括比较和百分比资产负债表、比较和百分比利润表、比较和百分比现金流量表。

2. 对编制出来的比较和百分比财务报表进行深入分析，判断公司的财务特征。

3. 对公司财务状况变化情况、盈利能力和分配政策变化情况、现金流量变化情况进行分析，并得出若干结论性的意见。

4. 结合公司年度报告的其他内容，如果有可能还应该结合公司所处行业的情况，判断企业的生命周期，并根据该周期判断，形成对公司盈利能力、风险水平、经营业绩、管理效率方面的初步分析结论。

第六章　企业盈利能力分析

【本章提要】　企业盈利能力是决定企业价值的一个最重要的因素,盈利能力又分为许多种类,因此,对企业盈利能力分析是既重要又复杂的分析。在本章重点讨论各类盈利能力指标的计算、指标的含义及比较的问题。

【学习目标】　通过本章学习,要求掌握和了解如下内容:(1)掌握盈利能力的分类方法;(2)掌握收入盈利能力的分类与计算方法;(3)掌握资产盈利能力的分类与计算方法;(4)掌握净资产盈利能力的分类与计算方法;(5)掌握现金净流量能力的分类与计算方法。

第一节　企业盈利能力分析的意义及分类

反映企业盈利能力的指标种类繁多,其意义也各不相同。本节重点讨论盈利能力分析的意义及其盈利能力的指标分类。

一、企业盈利能力分析的意义

(一)盈利能力的表述

企业盈利能力可用绝对数和相对数表示。盈利能力的绝对数是某种盈利指标的绝对金额,如利润总额、税后利润额、息税前收益额等。盈利能力的相对数是某种盈利额与相关基数之比,如毛利率、资产盈利率、净资产盈利率等。两种表示法各有不同的作用。在计算企业价值绝对值大小时,多用绝对盈利指标;在比较企业盈利水平高低时,多用相对盈利能力指标,因为它可以消除企业规模大小、占用资源多少的影响。企业绝对盈利量的多少已在企业财务报表中得到充分的揭示，不需要作进一步的分析。所谓企业盈利能力分析，主要就是对企业盈利能力相对数的分析。

（二）盈利能力分析的基本步骤

企业盈利能力分析一般包括三个步骤：一是计算各种盈利能力指标，即将各种盈利额指标与不同相关基数相比求得各种盈利能力的相对数指标。二是将计算出的盈利能力相对数指标与社会同类指标、行业同类指标以及企业历史和计划等指标进行比较分析，判断企业盈利能力的高低和任务完成的状况。三是将各种盈利能力指标联系在一起来分析，通过不同盈利能力指标的构成状况来揭示企业的风险特征、理财行为特征以及投资价值。

在上述分析的三步骤中，第一步最简单，是进一步分析的基础。第二步是比较评价企业盈利能力的高低，是对第一步的进一步深入分析，要求分析者掌握较多的信息，只有这样才能得出比较客观公正的评价。第三步是揭示企业盈利能力的构成或来源，企业某盈利能力指标总是由一些更基础的盈利能力指标和一些相关财务指标构成的，通过揭示这种构成，可说明某盈利能力的来源渠道，再对这些来源渠道进行比较分析，可判明企业达到某一盈利能力水平所承受的风险程度，这样就有利于对该盈利能力水平的价值进行判断，为投资和信贷决策服务。该步骤对分析者的要求最高，不但要求投资者掌握的信息量要大，而且要具有信息综合处理能力和风险判断力。该步骤分析结果是分析的最后结果。

（三）盈利能力分析的意义

从上述对企业盈利能力的分析步骤和目的的讨论中可以发现，企业盈利能力分析至少有如下意义：① 可以消除企业规模大小对盈利能力的影响，使规模大小不同的企业盈利能力具有可比性，为评价企业绩效提供可比的基础。② 通过计算各种不同的盈利能力指标，可以从不同则面揭示企业的风险特征，为不同的决策提供多种多样的盈利能力的信息。③ 可以判断企业盈利能力的构成，揭示企业盈利能力本身具有的风险特征，比较同等盈利能力水平指标的价值，有利于投资者和债权人进行投资和信贷的决策。

二、企业盈利能力指标的分类

企业盈利能力指标依据分子分母的不同，可分为收入盈利率、资产盈利率和净资产盈利率三大类。在每一大类中，分子分母又可有多种形式或内容，故又可以分为若干小类。每一类指标都有其独特的含义，可以揭示不同的问题，这些不同种类的盈利能力指标构成一个复杂的盈利能力指标体系。该指标体系如图 6-1 所示。

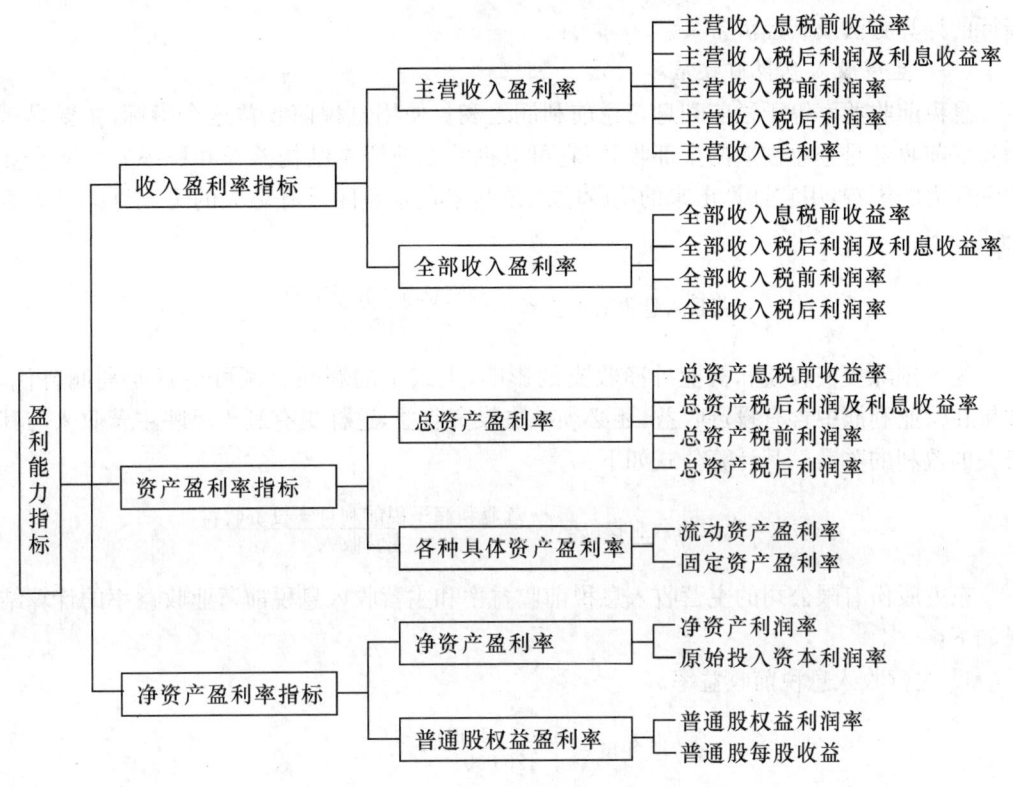

图 6-1　盈利能力指标体系图

第二节　企业收入盈利能力分析

　　企业收入盈利能力是企业最基本的盈利能力,是其他盈利能力的基础。该盈利能力因计算口径不一致,可以分为多种收入盈利能力,本节对不同类型的收入盈利能力指标的计算方法和含义进行讨论。

一、主营业务收入盈利能力分析

　　主营业务收入盈利率是盈利与主营业务收入之比。我国 2006 年颁布的新会计准则已经将主营业务收入与非主营业务收入合并为营业收入在利润表中列示,即从利润表中已经看不出企业的主营收入是多少,要查找企业的主营收入,必须查看利润表附注。主营业务收入与全部收入相比,具有相对的稳定性,因此,用主营业务收入作为分母计算出的盈利率,更有利于判断企业盈利能力的未来趋势。主营业务收入盈利率又因盈利所包含的内容不同,可分为多种不同的主营收入盈利率。下面分别介绍主要的主营收入盈利率指标的计算方法及其经济含义。

（一）主营收入息税前收益率

息税前收益率等于税前利息与税前利润之和。使用息税前收益这个指标，主要是因为息税前收益是企业创造的全部收益，它可以剔除企业资本结构差异和税率差异对企业盈利能力的影响，用它计算出来的主营收入盈利率在企业间具有更大的可比性。其计算公式如下：

$$主营收入息税前收益率 = \frac{利润总额 + 税前利息}{主营收入}$$

为了剔除投资收益和营业外净收支的影响，上式中的利润总额可用营业利润替代。如果在营业利润中含有投资收益，还必须减去投资收益，这样更有利于反映主营收入与其有关的盈利的关系。其计算公式如下：

$$主营收入息税前营业收益率 = \frac{营业利润 + 税前利息 - 投资收益}{主营收入}$$

东方股份有限公司的主营收入息税前收益率和主营收入息税前营业收益率的计算结果如下：

1. 主营收入息税前收益率。

$$2013 年度 = \frac{8\,000 + 1\,050}{120\,000} = 7.54\%$$

$$2014 年度 = \frac{7\,500 + 1\,180}{112\,100} = 7.74\%$$

注：① 假定上年度利息支出为 1 050（金额单位：万元，下同）。
② 营业收入均为主营收入。

2. 主营收入息税前营业收益率。

$$2013 年度 = \frac{8\,200 + 1\,050 - 100}{120\,000} = 7.63\%$$

$$2014 年度 = \frac{7\,400 + 1\,180 - 200}{112\,100} = 7.48\%$$

上述两种算法均表示主营收入的盈利能力。该指标反映了企业的市场竞争力和发展潜力。一般而言，主营收入盈利能力高，说明企业产品在市场上的竞争能力强，因为只有竞争能力强的产品才可能定价高和获利水平高。

比较两种方法的计算结果可发现，上年度以利润总额为基础计算出的主营收入盈利率低于以营业利润为基础计算出的主营收入盈利率；而本年度则相反，前者高于后者。究其原因是两个年度的投资收益和营业外净收支的影响程度不一致。从这里可以看出，用后一指标，可以更好地反映企业主营收入的盈利能力。

（二）主营收入税后利润及利息收益率

将上式中的税前利息和利润变为税后利息和利润，即可得到该盈利率指标。其计算公式如下：

$$主营收入税后利润及利息收益率 = \frac{税后利润 + 税前利息 \times (1 - 所得税率)}{主营收入}$$

或：

$$主营收入税后利润及利息收益率 = \frac{营业利润(1 - 所得税率) + 税前利息(1 - 所得税率)}{主营收入}$$

上述指标是剔除所得税影响后企业主营收入的盈利能力，其经济含义与前述指标相同，东方股份有限公司该指标的计算结果如下：

1. 主营收入税后利润及利息收益率。

$$2013 年度主营收入税后利润及利息收益率 = \frac{5\,600 + 1\,050 \times (1 - 30\%)}{120\,000} = 5.28\%$$

$$2014 年度主营收入税后利润及利息收益率 = \frac{5\,250 + 1\,180 \times (1 - 30\%)}{112\,100} = 5.42\%$$

2. 主营收入税后营业利润及利息收益率。

$$2013 年度主营收入税后营业利润及利息收益率 = \frac{(8\,200 - 100) \times (1 - 30\%) + 1\,050 \times (1 - 30\%)}{120\,000} = 5.34\%$$

$$2014 年度主营收入税后营业利润及利息收益率 = \frac{(7\,400 - 200) \times (1 - 30\%) + 1\,180 \times (1 - 30\%)}{112\,100} = 5.23\%$$

（三）主营收入税前利润率

主营收入税前利润率是剔除利息之后的企业实际获得的主营收入盈利率。它仍可用营业利润和利润总额作分子。其计算公式如下：

$$主营收入税前利润率 = \frac{利润总额}{主营收入}$$

或：

$$主营收入营业利润率 = \frac{营业利润}{主营收入}$$

东方股份有限公司主营收入税前利润盈利率类指标的计算结果如下：

1. 主营收入税前利润率。

$$2013 年度主营收入税前利润率 = \frac{8\,000}{120\,000} = 6.67\%$$

$$2014 年度主营收入税前利润率 = \frac{7\,500}{112\,100} = 6.69\%$$

2. 主营收入营业利润率。

$$2013 年度主营收入营业利润率 = \frac{8\,200 - 100}{120\,000} = 6.75\%$$

$$2014 年度主营收入营业利润率 = \frac{7\,400 - 200}{112\,100} = 6.42\%$$

从理论上看,主营业收入营业利润率比主营收入税前利润率指标更能反映收入与盈利之间的关系。我国国有企业效绩评价指标体系的收入盈利率便采用该指标,并以营业利润率作为基本财务效益状况的修正指标,其权重在 1999 年 6 月颁布体系中为 14%,在 2002 年颁布修改后的"国有资本金效绩评价"指标体系中为 8%。主营收入税前利润率与主营收入营业利润率的相比,其稳定性差、风险大。

（四）主营收入税后利润率

该类收入盈利率指标也可分为主营收入税后利润率和主营收入税后营业利润率两种。其计算公式如下:

$$主营收入税后利润率 = \frac{税后利润}{主营收入}$$

$$主营收入税后营业利润率 = \frac{营业利润 \times (1 - 所得税率)}{主营收入}$$

东方股份有限公司主营收入税后利润率的计算结果如下:

1. 主营收入税后利润率。

$$2013 年度主营收入税后利润率 = \frac{5\,600}{120\,000} = 4.67\%$$

$$2014 年度主营收入税后利润率 = \frac{5\,250}{112\,100} = 4.68\%$$

2. 主营收入税后营业利润率。

$$2013 年度主营收入税后营业利润率 = \frac{(8\,200 - 100) \times (1 - 30\%)}{120\,000} = 4.73\%$$

$$2014 年度主营收入税后营业利润率 = \frac{(7\,400 - 200) \times (1 - 30\%)}{112\,100} = 4.50\%$$

（五）主营收入毛利率

上述各类主营收入盈利率指标的盈利,均是扣除期间费用之后的盈利。期间费用的高低与销售收入的多少并不成正比,它只是为企业经营和营销提供一个基础,当然这一基础会间接影响到销售收入。一般而言,期间费用越高,经营风险就越大。主营收入利润是企业最基本的盈利,只有在该利润足够大时,才可能形成最终的企业利润。揭示主营收入毛利率,既可以反映企业经营活动的最基本的盈利能力,又可以从一个侧面反映企业经营风险的大小。其计算公式如下:

$$主营收入毛利率 = \frac{毛利（或主营业务利润、产品销售利润）}{主营收入}$$

$$2013\ 年度主营收入毛利率 = \frac{16\ 000}{120\ 000} = 13.33\%$$

$$2014\ 年度主营收入毛利率 = \frac{14\ 320}{112\ 100} = 12.77\%$$

上述计算结果表明，本年度企业的基本盈利能力略有下降。将该指标与主营收入营业利润率指标相比，可以从一个侧面反映企业经营风险的大小。一般而言，两指标之差越大，经营风险也越大。东方股份有限公司两个指标之差上年度为 6.58%（13.33% －6.75%），本年度为 6.35%（12.77%－6.42%）。两个年度变化不大表明，该公司两个年度的经营风险水平变化不大。

我国各行业国有企业 2000—2013 年平均主营业务利润率统计项描述情况如表 6-1 所示。

表 6-1　　　全国各行业国有企业平均主营业务利润率统计性描述表①

	2000年	2001年	2002年	2003年	2004年	2005年	2006年	2007年	2008年	2009年	2010年	2011年	2012年	2013年
全部国有企业	10.5%	11.7%	12.5%	13.6%	13.7%	9.5%	13.5%	13.6%	12.4%	9.5%	10%	9.2%	8%	7.9%
最大值	40.4%	44.1%	35%	40.7%	73.5%	51.4%	54.5%	51.9%	51.2%	37.3%	40.9%	43.5%	35.6%	35.7%
最小值	−6.1%	2%	1%	−8.2%	3.3%	1%	1.2%	2.4%	2%	2%	1%	−14.2%	−18.5%	−21.1%
标准差	6.32	6.07	6.16	7.22	9.00	10.54	8.78	8.09	8.40	6.99	6.88	7.77	6.89	7.16
变异系数	0.60	0.52	0.49	0.53	0.66	1.11	0.65	0.59	0.68	0.74	0.69	0.84	0.86	0.91

我国全国各行业国有企业 2000—2013 年平均主营业务利润率情况列于本章后面的资料，见附表 6-1。水力发电业 2001—2004 年平均主营业务利润率最高，分别为：44.1%、35%、40.7%、73.5%，在 2005—2008 年高速公路的平均主营业务利润率最高，分别达到 51.4%、49.4%、51.9%、51.2%，而在 2010 年后的几年，住宿和餐饮业平均主营业务利润率最高，在 2009—2013 年分别达到 37.3%、40.9%、32.7%、35.6%、35.7%。行业毛利率的变化与行业的经营特征和宏观经济环境有密切的关系。

比如，水力发电的成本基本固定，收入利润率的高低几乎完全取决于电价的高低，而电价高低又与社会对电的需求量相关，进入 2000 年之后，我国经济加速发展，对电力的需

---

① 资料来源：根据 wind 数据库提供的各个行业资料整理计算而得。

求量猛增,电力供应的缺口加大,导致电价上升,水利电力行业的收入利润率上升。但2005年之后,随着电力供应量的增加,电力供求矛盾逐渐缓解,电价也随之下降,水利电力行业的收入利润率也跟随降低,失去了收入利润率最高的宝座。

又如,随着我国汽车的日益普及,经济的繁荣,运输量的增加,高速公路发展迎来了春天,高速公路收费迅速增长,从2005年起夺得行业收入利润率最高的宝座。但随之而来的是,社会要求高速公路降低收费价格的呼声越来越高,随着收费的逐渐降低、假节日小车免费通行、高速公路网的完善、里程的增加、高速公路的相对流量降低,使高速公路从2009年起失去了最高收入利润率的宝座,到2013年其收入利润率已经下降到19.8%。

继高速公路之后,2009年起住宿和餐饮业夺得了行业收入利润率最高的宝座,但随着国家的反腐倡廉运动的深入,高档住宿和餐饮业受到极大冲击,其收入利润率也开始走低。

总之,收入利润率是分析企业盈利能力的起点,对它的分析需要结合企业的特征和宏观经济环境进行。有关对企业特征方面的分析将在盈利能力构成和经营效率分析各章中展开。

二、全部收入盈利能力分析

全部收入盈利能力分析的基本分析方法与上述主营收入盈利能力的分析方法一样,不同的是分母由主营收入改为全部收入。该类指标与主营收入盈利能力类指标比较,可以在一定程度上反映企业经营风险。两类指标差异越小,说明全部收入盈利能力就越稳定;反之,则越不稳定。

全部收入盈利能力类指标,主要适用于那些主营业务不突出的多元化经营的公司。在分析中应注意到,公司的主营业务的变化情况,使计算出的各类收入盈利能力指标具有可比性。

对全部收入盈利能力类指标的计算,因其计算方法与主营收入盈利能力类指标的计算方法一样,故不再加以讨论。

第三节　企业资产盈利能力分析

资产盈利率是企业在一定时期内的盈利额与资产平均余额之比,可以反映企业投资与盈利产出的状况。该类指标可以分总资产盈利率和各种具体资产盈利率两大类指标。本节讨论这两大类指标的计算方法及经济含义。

一、总资产盈利能力分析

总资产盈利能力分析,在盈利能力分析中占有十分重要的位置。总资产盈利能力的大小,可以用总资产盈利率指标表示。其计算公式如下:

$$总资产盈利率＝\frac{盈利}{总资产平均余额}$$

由于盈利可分为息税前收益、税后利润及税后利息、税前利润、税后利润等不同指标，因此，总资产盈利率指标也可分为多种具体的盈利率指标。下面分别加以讨论。

（一）总资产息税前收益率

息税前收益是排除利息和税收影响的收益，是企业经营中所创造的全部收益。用该指标来计算总资产盈利率，可以揭示企业真实的总资产息税前盈利能力，便于同社会平均的或同风险的息税前的资本收益率或资本成本率相比较，判明企业总资产盈利能力的高低。其计算公式如下：

$$总资产息税前收益率＝\frac{利润总额＋利息支出}{总资产平均余额}$$

东方股份有限公司 2014 年该指标的计算结果如下：

$$总资产息税前收益率＝\frac{7\,500＋1\,180}{(56\,739＋63\,152)÷2}＝\frac{8\,680}{59\,946}＝14.48\%$$

从上述指标可见，东方股份有限公司每投入 1 元钱的资产，可以产生 0.1448 元的息税前收益。但只从该指标本身并看不出其盈利率的高低，要判断它的高低必须有一定的参照物。可用的参照物主要包括：社会平均资产息税前收益率以及社会同风险和不同企业的资产息税前收益率。当企业的该指标大于社会平均、行业平均、同风险企业的该指标时，一般认为其获利能力强。该指标值越大，获利能力越强。它是不受筹资活动影响的企业真实盈利能力的反映。

如果社会资本市场上的同风险资本利率 10%，那么东方股份有限公司就可以通过举债、利用财务杠杆获取财务风险收益。

我国财政部等部门制定的国有资本效绩评价指标体系中的总资产报酬率，就是将它作为评价财务效益状况的基本指标，其权重仅次于净资产盈利率，为 13%。

（二）总资产税后利润和税后利息收益率

该比率与前比率一样，仍是将筹资活动的影响排除在外的总资产盈利率，所不同的是考虑了所得税的影响。其计算公式如下：

$$\genfrac{}{}{0pt}{}{总资产税后利润}{和税后利息收益率}＝\frac{净利润＋利息支出×(1－所得税率)}{总资产平均余额}$$

东方股份有限公司 2014 年该指标的计算结果如下：

$$\genfrac{}{}{0pt}{}{总资产税后利润}{和税后利息收益率}＝\frac{5\,250＋1\,180×(1－30\%)}{(56\,739＋63\,152)÷2}＝\frac{6\,076}{59\,946}＝10.14\%$$

该指标的经济含义与总资产息税前收益率相同。只是在与社会平均、行业平均或不同企业相比较时,要注意比较的参照物是否减去所得税的问题。该盈利率是企业真实的资产盈利率,它使不同企业的资产盈利率具有可比性。将该指标与企业负债资金成本相比较,可以判断企业负债筹资的合理性及效益性。本书第九章将作专门讨论。

总资产息税前收益率与总资产税后利润和税后利息率的关系可用下述计算公式表示:

$$总资产息税前收益率×(1-所得税率)=总资产税后利润和税后利息率$$

以东方股份有限公司为例,其计算结果如下:

$$14.48\%×(1-30\%)=10.14\%$$

(三)总资产税前利润率和税后利润率

如在计算总资产盈利率时将筹资活动的影响考虑在内,即将利息排除在外,那么得到的结果便是总资产利润率指标。该指标进一步按是否含税划分,又可分为总资产税前利润率和总资产税后利润率两个指标。其计算公式如下:

$$总资产税前利润率=\frac{利润总额}{总资产平均余额}$$

$$总资产税后利润率=\frac{净利润}{总资产平均余额}$$

东方股份有限公司这两个指标的计算结果如下:

$$总资产税前利润率=\frac{7\,500}{59\,946}=12.51\%$$

$$总资产税后利润率=\frac{5\,250}{59\,946}=8.76\%$$

该类指标特别是总资产税后利润率指标,试图反映的是企业资产创造的归所有者所有的获利能力。但由于企业总资产并非全归所有者所有,因此,这类指标的分子、分母并不对称,计算出的结果意义不大。故本书在以后涉及资产盈利率指标时均不采用总资产利润率类指标,而采用总资产利润和利息收益率指标。这类指标具体用税前还是税后指标,主要根据比较参照物的性质而定。在一般情况下,经常需要将总资产盈利率与净资产盈利率联系在一起来分析,而这时的资产盈利率只能是总资产税后利润和税后利息盈利率,即上述第二类指标,故在以后未作特别说明的总资产盈利率就是指企业的税后利润加税后利息与总资产平均余额之比。

在实际计算该比率时,要充分注意分母与分子的口径。比如在集团公司的合并报表中,如果分母包含合并主体的所有资产,那么,为了计算口径一致,分子也应包含合并主体的全部盈利。

总之,总资产盈利率是扣除筹资活动影响的盈利率,反映的是企业资产的真实盈利能力,是企业资产经营效率的表现,因而也是财务报表分析中最重要的分析指标之一。它不仅可作为企业判断负债筹资的最高资金成本标准,而且对投资者和债权人而言,了解该比率也十分有用,该比率越高,股东所持股票的每股收益才可能越大,债权人的债权才能够获得越有力的保障。

我国国有企业 2000 年至 2013 年的总资产盈利率情况如表 6-2 所示:

表 6-2　　　　全国各行业国有企业平均总资产报酬率统计性描述表①

	2000年	2001年	2002年	2003年	2004年	2005年	2006年	2007年	2008年	2009年	2010年	2011年	2012年	2013年
全部国有企业	3.1%	3.4%	2%	3.4%	4.7%	5.1%	5.4%	5.6%	5.2%	4.5%	4.6%	4.2%	4.1%	3.8%
最大值	14.3%	12.5%	7.6%	6.6%	9.5%	13.5%	12.7%	12.8%	12.9%	11.5%	12.4%	11.5%	12.3%	12.1%
最小值	−3.5%	−2.5%	−1.4%	−2.9%	−4.4%	−1.2%	−0.9%	−1.2%	0.1%	0.2%	0.3%	−4.1%	−5.7%	−6.8%
标准差	2.22	2.08	1.61	1.69	2.21	2.61	2.41	2.49	2.33	2.23	2.37	2.33	2.32	2.30
变异系数	0.72	0.61	0.80	0.50	0.47	0.51	0.45	0.44	0.45	0.50	0.52	0.55	0.56	0.61

总资产报酬率＝[(利润总额＋利息支出)/平均资产总额]×100%。

从表 6-2 与表 6-1 相比较,可以看出,全部行业平均总资产(收益)报酬率的变异系数要小于行业平均收入利润率,这说明全部行业平均总资产(收益)报酬率的平均波动要小于行业平均收入利润率。全部行业平均总资产(收益)报酬率排名前几位的行业为烟草工业、石油石化工业、肥料制造业和白酒制造业等,而行业平均收入利润率排名靠前的水利电力、高速公路、住宿和餐饮几个行业并不在其中。总资产(收益)报酬率才是企业的真实盈利能力,而收入利润率则只是追求总资产收益率的过渡性指标,因此,不能因为某行业的收入利润率高,就认定该行业属于暴利行业。

评价总资产收益率的高低,需要有参照系。银行存款利息率可以视为基本无风险的收益率,可以用来作为考核总资产收益率高低的一个参考标准。从理论上说,办企业的风险要大于将钱存在银行的风险,企业总资产收益率必须大于银行存款利息率才能给其投资人带来利益。同理,企业总资产收益率必须大于银行贷款利息率,企业才能从贷款中获得财务杠杆利益。我国在 1999 年到 2014 年期间,居民一年期定期存款利息率和一年期银行贷款利息率,如表 6-3 所示:

---

① 资料来源:根据 wind 数据库提供的各个行业资料整理计算而得。

表 6-3　　　　　　　　　　金融机构法定一年期存贷款利息率表①

单位:年利率‰

变化日期	存款利率	贷款利率	变化日期	存款利率	贷款利率
1999/6/10	2.25	5.94	2008/10/30	3.6	6.75
2002/2/21	1.98	5.49	2008/11/27	2.52	5.67
2004/10/29	2.25	5.76	2008/12/23	2.25	5.4
2005/3/17	2.25	5.76	2010/10/20	2.5	5.6
2007/3/18	2.79	6.57	2010/12/26	2.75	5.85
2007/5/19	3.06	6.75	2011/2/9	3	6.1
2007/7/21	3.33	7.02	2011/4/6	3.25	6.4
2007/8/22	3.6	7.2	2011/7/7	3.5	6.65
2007/9/15	3.87	7.47	2012/6/8	3.25	6.4
2007/12/21	4.14	7.56	2012/7/6	3	6.15
2008/9/16	4.14	7.29	2013/4/28	2.25	6.03
2008/10/9	3.87	7.02	2013/8/19	2.52	6.3
2008/10/15	3.87	7.02	2014/11/22	2.75	6

比较图表 6-2、6-3 可以看出,我国国有企业在 2000 年到 2014 年期间,资产盈利率极低,因为同期的居民一年期定期存款利息率已经高于或接近该资产利润率。从 2003 年开始,随着总资产收益率逐渐提高和存款利息率不断降低,使我国国有企业 2003—2013 年的总资产收益率超过了年银行存款利息率。但仍然低于一年期的银行贷款利息率,这说明我国国有企业总体银行借款的财务杠杆为负,总资产收益率极低。

二、各类资产盈利能力分析

将企业盈利与诸如流动资产、固定资产等相比,可以求得不同资产的盈利能力。通常有流动资产盈利率和固定资产盈利率两类资产盈利率指标。

(一) 流动资产盈利率

这类盈利率指标中的盈利虽也按是否含息和含税分为许多种,但根据前述资产盈利率的分析目的,最基本的盈利还是企业的税后利润加上税后利息,故其计算公式如下:

$$流动资产盈利率 = \frac{净利润 + 利息支出 \times (1 - 所得税率)}{流动资产平均余额}$$

该式表明企业流动资产投入与盈利产出的关系,一般而言,该比率值越大越优。

东方股份有限公司 2014 年度该指标的计算结果如下(金额单位:万元):

① 根据中国人民银行资料整理。

$$流动资产盈利率=\frac{5\,250+1\,180\times(1-30\%)}{(28\,837+32\,750)\div2}=\frac{6\,076}{30\,794}=19.73\%$$

用该指标与行业平均水平相比较,可以看出企业流动资产盈利能力的高低和流动资产的使用效率。该指标,在我国的计划经济年代一直是作为考核的一个重要经济指标,但在市场经济条件下的今天,由于不再存在国家对企业的三段资金平衡管理,该分析指标的意义已大为减弱。

（二）固定资产盈利率

固定资产盈利率指标除了分子的盈利可分为多种外,分母的固定资产也有原值和净值之分,不过从企业总资产的组成角度去考虑,用固定资产净值更好。其计算公式如下：

$$固定资产盈利率=\frac{净利润+利息支出\times(1-所得税率)}{固定资产净值平均余额}$$

东方股份有限公司2014年度该指标的计算结果如下（金额单位：万元）：

$$固定资产盈利率=\frac{5\,250+1\,180\times(1-30\%)}{(22\,902+24\,402)\div2}=\frac{6\,076}{23\,652}=25.69\%$$

计算结果表明,东方股份有限公司每100元固定资产净值可以创建盈利25.69元。该指标对于考察固定资产投资的经济效益具有一定的参考意义。与前面讨论流动资产盈利率意义时,所提及的三段资金平衡管理已不存在一样,该分析指标的意义也不如从前重要。

第四节　企业净资产盈利能力分析

企业净资产是总资产减去负债后的余额,它是归企业所有者拥有的资产。净资产盈利能力用净资产盈利率来反映。净资产盈利率是净利润与净资产之比。虽然从所有者的角度考虑,其投资所得只能是税后利润（净利润）,该比率的分子只采用净利润；但由于所有者按权益的性质,可以分为普通股和优先股等,还可分为实缴资本和包括留存收益在内的全部资本（净资产）,因此,该类盈利能力也可进一步分为若干意义不同的净资产盈利率指标。本节讨论这些不同类别的净资产盈利率指标的计算方法和经济含义。

一、全部净资产盈利能力分析

全部净资产盈利率,简称净资产盈利率,是企业税后利润与全部净资产平均余额之比。该比率体现了由企业投资者拥有的权益获取净收益的能力,反映的是投入资本及其积累与报酬的关系,是评价企业资本经营效率的核心指标。其计算公式如下：

$$净资产盈利率=\frac{净利润}{净资产平均余额}$$

净资产盈利率是最具综合性与代表性的指标。由于在市场经济条件下,利润率具有平均化的趋势,因此,该指标不受行业不同的限制,通用性强,适用范围广。一般认为,净资产盈利率越高,资本运营效益越高,投资者和债权人的利益受保障的程度也就越高。在我国上市公司业绩综合排序中,该指标居于首位。比如,在 2006 年以前,我国规定只有净资产盈利率达到 10% 的上市公司才可获得配股资格。此后由于社会平均收益率下降,从 2006 年开始该标准降为 6%。在我国国有资本金效绩评价指标体系中,净资产盈利率指标的权重也大大高于其他指标,高达 25%。可见,在我国对企业效绩评价中,净资产盈利率所处的核心位置。关于对净资产盈利率的进一步分析,我们将在第八章中讨论。

东方股份有限公司 2014 年度净资产盈利率指标的计算结果如下(金额单位:万元):

$$净资产盈利率 = \frac{5\,250}{(34\,459 + 36\,790) \div 2} = \frac{5\,250}{35\,625} = 14.74\%$$

将上述计算出的净资产盈利率与社会平均收益率和社会同风险平均收益率相比较,可以判明东方股份有限公司盈利能力在行业及社会中所处的地位。如果社会平均收益率为 7%,那么说明东方股份有限公司的盈利能力强,因为该公司 1 元净资产所创造的盈利是社会平均水平的 2.1 倍(14.74% ÷ 7%)。除了与社会平均收益率比较外,还应与社会同风险平均收益率相比较,假定东方股份有限公司的社会同风险平均收益率为 10%,那么东方股份有限公司的盈利能力仍高于社会同风险平均收益率的 40.74%[(14.74% ÷ 10%) − 10%]。根据与不同的标准比较,可以判断东方股份有限公司的盈利能力较强,投资价值较大。

我国国有企业 2000 年至 2013 年的净资产利润率情况如表 6-4 所示。

表 6-4　　　　　**全国各行业国有企业平均净资产收益率统计性描述表**[①]

单位:%

	2000年	2001年	2002年	2003年	2004年	2005年	2006年	2007年	2008年	2009年	2010年	2011年	2012年	2013年
全部国有企业	3.9	3.2	3.4	3.9	5.8	6.6	6.2	6.7	6.3	5.8	6.2	6	5.5	5.1
最大值	12.3	10	8.4	7.6	10.7	13.8	13	16.2	16.3	24.4	22.4	14	14.6	12.4
最小值	−11.8	−10.1	−4.7	−4.1	−8.3	−3	−2.2	−1.6	−2.2	−1.2	0.5	−4.5	−6.2	−7.5
标准差	3.438	3.066	2.242	2.322	2.862	3.408	3.192	3.547	3.425	3.445	3.479	3.169	2.993	2.991
变异系数	0.881	0.958	0.66	0.595	0.494	0.516	0.515	0.529	0.544	0.594	0.561	0.528	0.544	0.587

---

① 根据 wind 数据库提供的各个行业资料整理计算而得。

仔细观察全国各行业国有企业平均净资产收益率表,可以发现在所有行业中净资产收益率排在前面的行业为商业批发、烟草工业、天然原油和天然气开采业、汽车制造业、白酒制造业、中药材及中成药加工业、科研设计。收入利润率最高的水利电力、高速公路、住宿和餐饮等几个行业也不在其中。

在总资产收益率中没有排列在前的商业批发行业的净资产收益率在 14 年的平均值中最大,特别在 2007 年至 2010 年四年期间在所有行业中间最高,分别为 16.2%、16.3%、24.4%、22.4%。这是因为商业批发行业的资产负债率高,通过增加财务杠杠提高了净资产收益率。

将表 6-4 与表 6-2 和表 6-3 相比较,可以看出,我国国有企业平均净资产收益率高于平均总资产收益率,表明企业通过扩大财务风险影响,获得了利益。但平均净资产收益率低于一年期的银行贷款利息率,说明从整体上来说,企业向银行借款不能获得财务杠杆利益。

二、原始投入资本盈利能力分析

原始投入资本是指投资者直接投入企业的股本和资本公积,不包括企业经营过程中产生的积累,即盈余公积和未分配利润。原始投入资本盈利率就是企业净利润与原始投入资本平均余额之比。其计算公式如下:

$$原始投入资本盈利率 = \frac{净利润}{股本平均余额 + 资本公积金平均余额}$$

该比率对投资者用处较大,因为投资者考察自己投资的获利能力,往往会以自己实际投入资本为基础,判断其实际投资的回报率。

东方股份有限公司 2014 年度该指标的计算结果如下(金额单位:万元):

$$原始投入资本盈利率 = \frac{5\ 250}{2\ 000 + 12\ 000 + 16\ 100} = 17.44\%$$

该比率值越大,对股东就越有利。该比率也是投资者研究分配方案的一个重要参考指标。比如投资者在投资时,就期望每年获得以原始投资额为基础的 10% 的回报率,那么通过与该比率比较,可以判断东方股份有限公司的分红能力较强。

在一般情况下,原始投入资本盈利率应高于净资产盈利率,但是,当企业亏损严重时,企业的留存收益可能为负,即会出现原始投入资本大于净资产的情况,这时原始投入资本盈利率就会低于净资产盈利率,企业分红能力自然就会降低。

我国各行业国有企业资本收益率的基本情况如表 6-5 所示:

表 6-5　　　　　全国各行业国有企业平均资本收益率统计性描述表①

单位：%

	2006 年	2007 年	2008 年	2009 年	2010 年	2011 年	2012 年	2013 年
全部国有企业	6	6.2	5.8	6.5	7	6.5	6	5.5
最大值	16.8	17.6	18.7	27.7	30.1	15.2	14.9	15.7
最小值	−4.1	−1.8	−3.6	−1.4	0.7	−4.8	−6	−6.8
标准差	3.693	3.859	4.077	3.974	4.135	3.576	3.295	3.218
变异系数(倍)	0.615	0.622	0.703	0.611	0.591	0.550	0.549	0.585

将表 6-5 与表 6-4 相比较，可以看出，虽然我国国有企业平均资本收益率高于平均净资产收益率，但相差比例并不大，这说明，我国净资产与原始投入资本之比不大，资本的积累较少。将表 6-5 与表 6-2 相比较，可以看出，我国资本收益率总体较低，分红能力也必然不高。

三、普通股权益盈利能力分析

净资产盈利率是包含普通股和优先股在内的所有者权益的盈利率。在普通股股东和优先股股东中，普通股股东才是公司的最终所有者，他们对普通股权益盈利能力十分关注，因此，有必要进一步分析普通股权益盈利能力。其计算公式如下：

$$普通股权益盈利率 = \frac{净利润 - 优先股股利}{净资产 - 优先股权益} = \frac{归普通股东拥有的净利润}{归普通股东拥有的权益}$$

需要注意的是公司的优先股种类可能较多，它们按是否参与剩余利润分配为标准，可分为参与分配优先股和不参与分配优先股；按股利能否累积为标准，可分为累积优先股和非累积优先股等。因此，优先股股利和优先股权益要根据不同优先股的特征计算确定。净利润中扣除优先股股利后的余额归属于普通股股东拥有的收益，净资产中扣除优先股权益之后的余额归属于普通股股东拥有的权益。

假定东方股份有限公司的优先股权益为账面值，股利按 10% 的固定比率支付，那么，该公司 2014 年度的普通股权益盈利率指标的计算结果如下（金额单位：万元）：

$$普通股权益盈利率 = \frac{5\,250 - 200}{(32\,459 + 34\,790) \div 2} = \frac{5\,050}{33\,625} = 15.02\%$$

对比前面计算的净资产盈利率 14.74% 的结果可发现，普通股权益盈利率大于净资产盈利率，其原因是优先股股利率低于净资产盈利率。关于这一原因，我们将在第八章进行详细讨论。

---

① 根据 wind 数据库提供的各个行业资料整理计算而得。

四、普通股每股收益分析

（一）基本每股收益计算

普通股盈利能力除了可用普通股权益盈利率表示外，还可用反映普通股每股盈利能力的指标即每股收益来表示。每股收益有基本每股收益与稀释每股收益之分。所谓基本每股收益，是减去优先股股利后的净利润除以发行在外普通股的加权平均股数所得的每股收益。基本每股收益的计算公式如下：

$$\frac{\text{普通股基本}}{\text{每 股 收 益}} = \frac{\text{归普通股所拥有的净利润}}{\text{发行在外的普通股股数}} = \frac{\text{净利润} - \text{优先股股利}}{\text{发行在外的普通股股利}}$$

该指标由于直接反映普通股每股的盈利能力，便于每股价值的计算，因而被广泛使用。东方股份有限公司普通股每股收益的计算结果如下（金额单位：万元）：

$$2013\text{年普通股每股收益} = \frac{5\,600 - 200}{12\,000} = 0.45(\text{元/股})$$

$$2014\text{年普通股每股收益} = \frac{5\,250 - 200}{12\,000} = 0.4208(\text{元/股})$$

（二）稀释每股收益计算

在复杂的资本结构条件下，普通股每股收益的计算可能会变得相当复杂。所谓复杂资本结构，是指拥有可转换证券、认股权证和认股权等稀释性证券的资本结构。这些证券之所以称之为稀释性证券，其原因是这些证券的认股价是固定的，一旦股票的市价高于认股价，这些证券的持有人便有可能将这些证券换为普通股以获取差价利益，这样，公司的普通股数量便会增加，在净利润没有相应上升时，普通股数量的增加必然导致普通股每股收益下降即每股收益蒙受稀释。对复杂资本结构的企业，一般需要对每股收益作双重表述：一是基本每股收益，二是稀释每股收益。

所谓稀释每股收益，是在假定公司所有潜在性稀释证券全部按既定认股价转换为普通股基础上计算出的每股收益。在计算稀释每股收益前，首先要调整作为分子的可分配给普通股股东的净利润。因为在可转换为普通股票之后，债券的利息和优先股的股息均不需再支付，故应将其调整作为分子的可分配给普通股股东的净利润。其次要调整作为分母的发行在外的普通股股数。调整方法有诸如约当普通股份法、库藏股份法、假设转换法等。

按照根据我国《企业会计准则第 34 号——每股收益》的规定，当企业存在稀释性潜在普通股的，应当分别调整归属于普通股股东的当期净利润和发行在外普通股的加权平均数，并据以计算稀释每股收益。稀释性潜在普通股，是指假设当期转换为普通股会减少每股收益的潜在普通股。

计算稀释每股收益，应当根据下列事项对归属于普通股股东的当期净利润进行调整：① 当期已确认为费用的稀释性潜在普通股的利息；② 稀释性潜在普通股转换时将产生的收益或费用。

计算稀释每股收益时,当期发行在外普通股的加权平均数应当为计算基本每股收益时普通股的加权平均数与假定稀释性潜在普通股转换为已发行普通股而增加的普通股股数的加权平均数之和。

计算稀释性潜在普通股转换为已发行普通股而增加的普通股股数的加权平均数时,以前期间发行的稀释性潜在普通股,应当假设在当期期初转换;当期发行的稀释性潜在普通股,应当假设在发行日转换。

认股权证和股份期权等的行权价格低于当期普通股平均市场价格时,应当考虑其稀释性。计算稀释每股收益时,增加的普通股股数按下列计算公式求得:

$$\text{增加的普通股股数} = \text{拟行权时转换的普通股股数} - \frac{\text{行权价格} \times \text{拟行权时转换的普通股股数}}{\text{当期普通股平均市场价格}}$$

企业承诺将回购其股份的合同中规定的回购价格高于当期普通股平均市场价格时,应当考虑其稀释性。计算稀释每股收益时,增加的普通股股数按下列计算公式求得:

$$\text{增加的普通股股数} = \frac{\text{回购价格} \times \text{承诺回购的普通股股数}}{\text{当期普通股平均市场价格}} - \text{承诺回购的普通股股数}$$

稀释性潜在普通股应当按照其稀释程度,按从大到小的顺序计入稀释每股收益,直至稀释每股收益达到最小值。

假定东方股份有限公司的长期债券和优先股票均为可转换为普通股的债券和优先股票。其中可转换债券的年利息率为5%,转换价格为8元/股;可转换优先股票的年股息率为10%,转换价格为10元/股;认股权证2000万股,认股价10元/股,东方股份有限公司2007年度普通股公允价值为20元/股。根据以上资料,东方股份有限公司基本每股收益和充分稀释每股收益的计算结果如下:

1. 东方公司基本每股收益。

$$\text{基本每股收益} = \frac{5\,250 - (2\,000 \times 10\%)}{12\,000} = 0.4208(\text{元/股})$$

2. 东方公司稀释每股收益。

(1) 调整作为分子的可分配给普通股股东的净利润。

a. 可转换债券利息 $= 606 \times 5\% = 30.3$(万元)

b. 可转换债券的税后利息 $= 30.3 \times (1 - 30\%) = 21.21$(万元)

c. 可分配给普通股股东的净利润 $= 5\,250 + 21.21 = 5\,271.21$(万元)

(2) 调整作为分母的普通股股数。

a. 可转换债券约当普通股股数 $= 606 \div 8 = 75.75$(万股)

b. 可转换优先股约当普通股数＝2 000÷10＝200(万股)

c. 认股权证约当普通股数 ＊ ＝2 000－[(2 000×10)÷20]＝1 000(万股)

d. 普通股股数合计＝12 000＋75.75＋200＋1 000＝13 275.75(万股)

＊ 该股数为因认股权证存在而多发行的股份数。

（3）稀释每股收益。

$$5\ 271.21÷13\ 275.75＝0.397(元/股)$$

将基本每股收益与充分稀释每股收益相比较可发现,东方股份有限公司的稀释每股收益比基本每股收益低 0.0238 元。这个信息对普通股东而言是有用的,因为它可以预测每股收益的未来走势。当然,也可能出现反稀释的情况,即充分稀释的每股收益大于基本每股收益的情况。

我国《企业会计准则第 34 号——每股收益》从 2007 年开始执行,我国部分具有复杂资本结构的上市公司 2013 年中报反映出的稀释每股收益情况,如表 6-6 所示:

表 6-6　2013 年我国部分具有复杂资本结构上市公司的每股收益情况①

名称	每股基本收益	每股稀释收益	差额	稀释后每股收益降低百分比%
民生银行	1.49	1.43	0.06	4.03
网宿科技	1.53	1.48	0.05	3.27
深圳机场	0.2971	0.2511	0.046	15.48
富瑞特装	1.74	1.7	0.04	2.30
中国石化	0.579	0.543	0.036	6.22
思源电气	0.79	0.76	0.03	3.80
长城电工	0.1854	0.161	0.0244	13.16
汇川技术	1.44	1.42	0.02	1.39
蓝色光标	1.04	1.02	0.02	1.92
阳光城	0.64	0.62	0.02	3.13
中国银行	0.56	0.54	0.02	3.57
泰尔重工	0.08	0.06	0.02	25.00
远兴能源	0.04	0.02	0.02	50.00
同仁堂	0.503	0.487	0.016	3.18
国电电力	0.364	0.35	0.014	3.85

在上述各种净资产盈利率指标中,为了剔除非经常性损益的影响,其分子均可采用税后营业利润,这样分析出来的指标更具稳定性。目前,我国就要求上市公司计算扣除非经常性损益后的每股收益,作为每股收益的补充资料。

———————————

① 资料来源于各公司 2013 年年报。

[资料]

附表 6-1　　全国各行业国有企业平均主营业务利润率一览表①

单位：%

行　业	2000年	2001年	2002年	2003年	2004年	2005年	2006年	2007年	2008年	2009年	2010年	2011年	2012年	2013年
全部国有企业	10.5	11.7	12.5	13.6	13.7	9.5	13.5	13.6	12.4	9.5	10	9.2	8	7.9
农林牧渔业	11.2	14.4	12.1	14.9	15.5	16.9	9.8	10.3	10.8	8.5	8.9	8	7.1	7.6
农业	9.8	11	10.7	14.4	15.8	17.5	10.5	11	11.5	10.2	10.6	8.5	8.2	8.8
林业	21.7	18.4	20.1	25.3	28.1	30.1	13.4	14.1	14.8	15.5	16	15	15.2	16.3
畜牧业	9	10.3	10.2	11.1	9.9	10	8.2	8.6	9	11.4	11.5	10	11.2	12
渔业	14.6	8.3	7.1	10	8.8	9.4	9.8	10.3	10.8	12.4	8.4	9	6.5	7
工业	13.1	13.3	13.5	15.1	15.3	14.5	14.8	15.6	11.9	12.8	12.9	11.8	9.2	8.8
煤炭工业	13.8	12.3	13.2	17.2	26.8	25	20.6	21.6	23.9	22.1	22.5	16.8	14	3
森林工业	16.7	17.5	5	8	8	9.6	5.4	5.9	5.9	6.2	9.1	9.5	7.7	7.1
水的生产与供应业			17.3	17.4	13.2	14.1	10.4	11.4	14.3	15.2	16.1	15.8	14.9	11.8
轻工工业	13.5	12.7	15.9	17.8	18.2	17.4	16.9	17.1	16.3	13.6	13.9	14.5	13.5	12.2
纺织服装服饰业			8.9	12.1	25.4	12.2	11.9	12	10.5	10.4	10.4	9.7	8.9	9.1
工艺品及其他制品业	7.4	9.1	9.4	15.6	16	20.9	12.4	12.5	14.6	14.8	13.6	14	13.1	13.8
家具制造业	6.9	14.7	8.2	9.5	11.8	11.9	11.9	12	11.2	12	12.9	13.5	14.4	15.3
皮革毛皮羽绒及其制品业	6.9	5.1	6	8.8	16.9	8.8	8.1	8.2	8	8.2	8.3	8	8.2	8.7
文教体育用品制造业	13.4	11.8	15.6	16.8	15.8	17.2	13.7	13.8	12.9	13.1	13.9	11.5	12.6	13.1
印刷业、记录媒介复制业	17	17	16.9	18.4	18.5	16.4	15.6	15.8	15.2	14.5	14.7	10	9.3	9.8
造纸及纸制品业		9.5	13.2	15.3	13.9	15.1	13.3	13.4	13.1	12.7	11.9	9.5	8.6	8.1
制茶业		9.1	7.9	10	22.4	2.4	22.7	22.9	21.9	17.5	17.7	17	16	16.2
酒和饮料制造业	15.7	15.3	19	21.9	21.9	21.2	19.6	19.8	18.3	23.9	24.4	25	24.8	23
白酒制造业	18.3	15.8	17	21.8	6.4	27.6	20	20.2	15.4	22.5	22.9	23	24.4	20.5
啤酒制造业	14.2	14.1	20.2	17.1	24.1	24.6	15	15.2	18.2	20.4	20.3	22	21.7	21
食品工业	6.9	8.1	10.3	10.8	10.9	9.7	10.1	10.9	10.7	11.5	12.6	12.4	11.5	10.5

① 表中数据根据 wind 数据库整理而得。

（续表）

行　业	2000年	2001年	2002年	2003年	2004年	2005年	2006年	2007年	2008年	2009年	2010年	2011年	2012年	2013年
食品加工业	5.8	6.7	6.8	7.6	7.6	7.1	8.1	8.8	7.1	7.8	9.5	8.9	8.3	7.6
食品制造业	10.2	10.9	19.5	16	13.2	13.2	11.9	12.9	12.3	14	16.9	16.7	15.5	14.2
烟草工业	11.6	13.3	14.4	16.9	18.7	20.6	19.5	19.5	19.8	24.5	20.1	19.7	18.2	19.7
纺织工业	10	8.2	7.9	9.2	7.5	7.2	7	7.4	7	7.2	7.9	7.6	7.7	7.5
麻纺织业	8.9	5.4	5.3	7.1	6.3	6.4	5.8	5.8	5.1	7.1	7.7	7.8	7.9	7.7
毛纺织业	11.2	7.9	6.6	10.3	8.3	7.2	7.8	8.6	7.8	8.2	9.1	9.1	9.2	9
棉、化纤纺织业	10.4	8.8	8.5	9.4	7.7	6	6.2	6.5	6	6.6	6.7	6.5	6.6	6.4
丝绢纺织业	7.9	7.2	5.3	3.8	3.5	5.2	8	7.2	6.9	6.6	7.2	7.2	7.3	7.1
医药工业	20.4	17.7	23.7	30.1	25.7	18.6	20.7	21.9	23	25.2	22.4	25.4	25.1	29.4
化学药品原药、制剂制造业	19.8	15.9	20.7	25.9	22.5	15	19	20.1	21.8	22.5	24.5	25	24.7	28.9
中药材及中成药加工业	22.3	20.1	31.2	39.6	33.6	20.6	28.7	28.7	29.4	29.8	27.4	27.3	27	31.6
电力工业	9.3	12.3	10.7	11.1	23	8.3	6.2	6.8	3.6	3.8	5.5	4.3	4.6	5
电力供应业	6.4	8.3	6.8	7.1	5.7	4.4	3.4	4.1	3.5	2.9	5.5	4.3	3	3.2
燃气生产与供应业	−6.1	2	1	2	6.4	5.3	4.8	6.2	8.9	9.8	10.9	10.2	10.5	9.5
热力生产和供应业												−1.2	1.2	1.4
电力生产业	27.7	20.7	24.2	22.6	12	18.1	6.9	5.7	2	5.6	9.3	8.5	11.1	13.2
火力发电业	11.7	16.1	16	19.2	22.6	13.7	3.7	5.6	2.2	4.7	6.7	5.4	10.1	14.1
水力发电业	10.8	44.1	35	40.7	73.5	49.6	10.4	12	12.1	12.6	14.7	17.9	19.4	23.7
石油石化工业	20.3	17.5	9.5	10.5	19.4	20.1	20.5	16.4	14.5	14.6	10.6	10.3	8.3	8.4
天然原油和天然气开采业	40.4	24.1	25.1	12.4	20.4	36.9	25.2	22.7	16	15.9	14.9	14.8	13.3	13.5
原油加工及炼焦业	15.9	8.3	6.4	8.7	10.7	1	1.2	2.4	2.5	5.6	5.5	−0.1	0.4	0.4
冶金工业	12.2	12.2	13.1	12.7	14.7	11.2	11.3	12.2	6.8	6.7	8	7.7	4.1	2
黑色金属矿采选业	11.7	12.6	15.2	12.1	19	26.5	14.7	15.9	12.8	11.9	13.3	12.6	10	10
黑色金属冶炼业	10.8	8.4	12.3	13.7	14.2	9.2	9.4	10.2	8.6	6.6	7	4.7	3.6	3.6
有色金属矿采选业	20.3	22.2	23.4	21	19.4	19.8	25.3	25.3	12.6	9.8	10.1	10.6	6.9	6.9
有色金属冶炼业	15.9	13.7	12.9	12.8	12.9	13.9	10.1	11.1	11.9	11.6	5.9	5.2	4	4
建材工业	14.4	15.1	13.9	16.9	13.1	16.2	11	12.1	12.5	10.1	14.6	14.9	12.2	12.4
建筑用金属制品业	7	8.9	16.4	9.5	9.6	12.9	12	11.4	11.7	11.9	12	12	14.6	14.8
建筑用矿石采选业	17.5	16.7	23.1	20.7	25.2	18.2	17.5	18.4	18.5	18.8	16.1	16	16	16.3

（续表）

行　业	2000年	2001年	2002年	2003年	2004年	2005年	2006年	2007年	2008年	2009年	2010年	2011年	2012年	2013年
结构性金属制品业	6.4	11.9	11	8.8	8.5	10.3	13.1	11.8	12	12.9	13	13	9	9.1
水泥制品及石膏制品业	16.5	13.5	10.8	19.7	15.1	10.1	13	13.7	14	14.1	14.2	14	14	14.2
水泥制造业	12.2	15	13.6	20.1	18.1	13.7	13.9	14.6	16.1	17.1	17.2	17.5	14	14.2
电子工业	11.3	8.4	12.3	14.5	19	9.5	6.6	6.9	6.5	6.4	11.5	6.7	6.5	7
电子计算机制造业	24.9	10.9	12.4	9.2	19.2	2.8	4	4	3.6	4.5	5	8.7	8.4	9.5
电子元、器件制造业	13.9	10.6	24.1	14.9	13.8	15.4	11.3	11.3	7.3	7.2	10	4.6	4.5	5.5
广播电视设备制造业	14.4	20.1	11.8	13.2	15.9	14.1	13.7	13.7	10.9	10.7	12	7.5	7.3	9
通信设备制造业	15.1	10.1	8.5	15.2	16.2	9.1	8.5	9.4	9.4	9.3	10	7.8	7.6	10.5
化学工业	10.5	10.5	8.8	13.4	15.2	12.5	10.8	10.8	7.7	8.1	12	12.2	9.4	9.4
肥料制造业	8.3	10.8	12.2	11.9	12.1	16.4	15.4	15.4	12.4	12.3	12.3	12.5	12.5	12.5
化纤制造业	10	8.1	9.7	9.9	16	9.2	7.9	7.9	7	6.8	7.8	7.9	7.9	7.9
基础化学原料制造业	14.6	11.4	11.7	13.7	19	10.9	9.5	9.5	8.6	8.4	10.2	11	8.9	8.9
农药制造业	13.1		12.5	14	20.8	14.5	15	15	16	16.5	11.9	11.7	11.7	11.7
日用和化学产品制造业	12.7	13.7	15.3	19.4	18.7	34.8	18.4	16.6	10.5	11.4	14.3	13	9.6	9.6
塑料制品业	9.1	12	12.3	15.2	16.6	10.5	10.2	10.2	3.4	3.6	9.2	9.1	9.4	9.4
橡胶制品业	7.1	8	13.2	13.9	15.4	11.5	11.2	11.2	9	8.9	9.4	9.3	9.3	9.3
机械工业	13.1	12.2	15	15.5	13.6	13.7	8.5	8.9	10.3	10.8	10.3	10.2	10.5	10.7
矿山、冶金、建筑设备制造业	10.7	11.6	15	14.3	13.6	14.4	13.9	15.3	15.5	15.7	15.8	15.8	13.6	13.9
汽车制造业	14.3	11.8	15.5	15.5	14.1	10.7	5.4	6.5	6.1	11.3	13.5	10.6	10.6	10.9
船舶制造业	9.5	4.1	5.7	8.3	8.8	4.7	4.1	6.6	6.4	6.1	10.6	9.1	4.6	5.1
电工器材制造业	13.4	9.5	12.8	12.3	11.9	14.7	12.4	13.6	11.1	12.1	12.3	11	0.8	0.8
电机制造业	15.1	16.6	15	15.4	12.2	15.5	11.1	12.2	11.9	12.9	13	13.1	12.8	13
电气机械及器材制造业	14.5	13.5	15.1	14.4	12.7	16.8	9.5	10.4	9.9	12	13.3	13	14	14.3
锅炉及原动机械制造业	13.2	13.3	14.8	16.3	16.9	15.9	10.8	11.9	12.3	12.1	12.4	12.6	12.2	12.4
化工、木材、非金属加工设备制造业			17.4	15.8	15.7	15	13.3	14.4	14.3	14.9	1	1	7.9	8.1
家用电器制造业	10.9	11.6	8.5	15.2	13.9	11.4	9.5	10.9	11.3	13.1	14.5	14.6	15	15.3
交通运输设备制造业	13.1	14.2	15	15.3	13	11	6.4	7.7	7.8	9.5	13	13	14	14.3

（续表）

行业	2000年	2001年	2002年	2003年	2004年	2005年	2006年	2007年	2008年	2009年	2010年	2011年	2012年	2013年
金属工具制造业	17	15.2	18.6	18.1	18.4	12.8	13.2	15.3	14.5	14.9	16.3	16.3	12.6	12.8
金属加工机械制造业	13.7	17	16.6	16.2	14.6	14.7	10.7	12.8	12.9	13.1	13.2	13.1	11.2	11.4
金属制品业	11.1	17.1	11.1	12.9	12.3	10.2	6.3	9.4	7.6	7.9	11	11	10.3	10.5
摩托车制造业	6.6	2.1	5.3	7.4	5	9.7	8.8	8.4	8.5	9.5	11	11	7.5	7.6
农林牧渔水利机械制造业	7	7	8.4	7.7	7.5	9.6	6.6	7.3	7	7.2	12	12	10.8	11
其他通用设备制造业			17.4	19.1	16.2	17.2	12.6	14.5	15.5	14.7	14.7	14.5	12.4	12.6
轻纺工业设备制造业	13.2	14.4	15.7	17.4	16.6	13.6	12.1	13.3	11.3	11.4	11.2	11.3	9.6	9.8
输配电及控制设备制造业	18	16.1	18.4	17.4	14.9	14.6	11.9	13.7	15.3	16.1	16.6	15.1	16.2	16.5
铁路运输设备制造业	11.7	15.2	14.7	16	15.5	12.8	12.7	14	14.9	14.6	15	14.8	10.2	10.6
通用设备制造业	15.2	13.9	16.2	17.3	14.6	16.2	9.2	11	11.2	10.8	11.5	11.5	10.7	10.9
通用仪器仪表制造业	20.6	16.7	17	19.5	14.6	22.4	20.4	22	22	21.3	19	19	19	19.4
医疗仪器设备制造业	17.9	20.2	18.2	21.8	20.8	23.7	13.9	15.3	15.8	15.1	19.4	19.4	19.5	19.9
仪器仪表及文化、办公用机械制造业	18.2	17.3	17.6	17.9	16.9	19.8	16.9	18.3	17.9	18.4	18.6	18.7	16.5	16.8
照明器具制造业	13.1	17.8	13.4	15.3	9.9	21.5	16.7	13.4	12.3	13.8	14	14.2	12.3	12.5
钟表制造业	4.8	2.4	3	11.5	6.1	38.1	35.5	14.2	14.3	10.2	12	11.7	12	12.2
轴承制造业	13.9	13.2	15.5	16.6	17.2	12.9	8	9.6	9.9	12.2	13	13.1	12.7	12.9
专用设备制造业	10.4	11.8	10.1	14.7	13.8	15	11.7	14.6	13.9	14	14.5	14.6	13.2	13.5
专用仪器仪表制造业	24.4	14.2	26.7	22	17.7	32.2	28.7	31	29.7	22.5	22.5	21.7	18.7	19.1
自行车制造业	8.3	4.3	7.6	8.5	4.1	6.8	6.2	6.2	6.4	6.5	6.6	6.6	6.2	6.3
传播与文化业		25.9	23.3	27.1	27	25.4	24.7	25	25.2	28.7	29.2	29.2	25.3	27.3
广播电影电视业		25.3	20.2	24.3	25.3	30.7	27.6	27.9	28.1	29.5	29.1	30	28.5	29
文化艺术业		18.6	14.6	28.8	22.3	22.5	23	23.2	23.4	24.3	25.5	25.5	17.7	18.5
房地产	17.5	16.3	19.6	17.3	16.3	17.3	15.3	17.1	19.5	19.7	19.9	18.9	18.1	18.1
房地产开发业	16.3	15.6	15.3	15.6	15.2	16.7	15	16.8	21.1	21.5	22.3	22.5	19.6	19
物业管理	33.6	31.3	21.2	33.2	27.3	29.7	23.4	26.2	32.9	27.4	18.6	20	18	17.5
建筑业	8.6	8.7	7.5	7.4	6.5	5.6	5.8	5.9	5.2	5.3	5.5	5.3	5.2	5.1
建筑安装业	11.5	11.8	11.1	8.3	7.1	6	6.2	6.6	6.4	6.5	6.2	6	5.9	5.8
建筑装饰业		7.4	7.1	8.2	7.7	7.6	7.8	8.3	8	7.9	2.2	5	4.9	4.8

（续表）

行　业	2000年	2001年	2002年	2003年	2004年	2005年	2006年	2007年	2008年	2009年	2010年	2011年	2012年	2013年
房屋工程建筑业		8	7.3	7.1	6.1	6.1	5.2	5.6	5.4	5.2	5.5	5.3	5.2	5.1
房屋建筑业	7.8	8.6	6.6	6.2	5	5	4.1	4.4	4.3	4.7	4.5	5.4	5.3	5.2
土木工程建筑业	8.5	8.6	8.6	7.7	8.3	7.2	7.2	7.7	7.4	6	5.7	5.2	5.1	5
信息技术服务业		13.5	11.2	12.3	15.3	43.5	18.9	20.8	22.1	22.5	23.2	21	21.2	15.5
电信业		28.9	27.3	30.5	40.8	45.7	24.5	26.9	28.9	25.2	24.6	24.3	24.6	17.5
计算机服务与软件业		11.5	17.3	10.5	12.5	11.1	11.3	12.4	12.7	13.7	16.5	15.4	15.5	12.5
住宿和餐饮业	14.2		11.5	9.9	35.2	44.9	51.4	46.3	45.3	34.7	34.4	41	26.1	26.2
餐饮业	27.2	15.4	10.2	8.7	24.5	28	33.5	30.1	29.4	20.5	40.9	32.7	35.6	35.7
住宿业		24.6	14.5	11	37.7	47.8	54.5	49	49	37.3	37.2	43.5	24.3	24.4
批发和零售贸易业	4.5	5.6	5	5.5	6.5	6.2	3.9	3.9	3.5	3.5	4.1	4.2	3.2	2.3
商业贸易	5.7	6	6.7	8.3	9.1	10.8	11	13.2	13.7	9.9	10.8	10.7	8.2	8.5
商业批发			5.3	5.6	5.5	7.8	6.9	10.7	10.9	13.1	13.6	9.2	10.4	10.2
综合零售	7.5	8	7.5	9.5	9.9	10.9	11.1	13.3	13.8	11.9	12.1	15.1	9.4	9.7
物资贸易	3.7	5.8	6.8	3.4	3.3	4	3.9	4.7	4.8	4.8	5.2	4.2	3.2	3.3
物资批发			3.7	5.9	6.7	3.4	3.3	4	3.8	4.6	4.7	5.2	5	4.5
物资零售		3.7	3.7	5.4	7.3	3.1	3.4	4.2	4	4.8	4.9	4.7	4.9	5.7
社会服务业	19.8	18.4	22.7	16.9	17.8	20.6	18.1	18.6	17.3	14.5	1.5	3.5	6.5	6.8
公共设施管理	14.4	14.8	9.2	23.2	19.3	21.3	18	17.5	17.6	15.5	15	13	10.4	9.7
科研设计	22.4	16.7	18.4	20.9	23.2	27.2	13.9	14	14.5	10.2	15	13	11	9
旅游业	22.4	15.6	14.8	8.8	26.4	9.2	7.8	8.3	7.5	7.5	10.1	12	9	6.2
信息咨询服务业		22.5	25	30.8	35.8	46.9	26.5	25.7	26.1	26.3	14	11.5	8.1	8.2
投资公司			12.8	15.7	12.9	17.9	18.1	17.7	17.9	18.6	19.1	19	10.5	10.9
道路运输业		20.7	24.8	28	30.6	36.6	10.6	11.1	10.8	10.9	11.8	12.1	8.5	7.3
高速公路			25.2	30.9	35.8	51.4	49.4	51.9	51.2	28.9	31	33	23.1	19.8
铁路运输业	16.1	17.6	12.9	13.8	15.3	14.3	8.1	12.2	11.8	11.8	13	13.2	4.5	3.9
水上运输业	8	9.6	9.8	11.4	15.5	23.9	7.1	8.5	8.4	2	8.1	2	1.5	1
航空运输业	12.5	9.7	10.3	-8.2	9.1	1.6	8.8	9.2	4.1	5.2	10	8.5	8	7.8
城市公共交通业		15.3	10.2	15.3	13.2	13.4	6	8.5	7.8	7.8	8	-14.2	-18.5	-21.1

附表 6-2　　全国各行业国有企业平均总资产收益率(报酬率)一览表①

单位:%

行　业	2000年	2001年	2002年	2003年	2004年	2005年	2006年	2007年	2008年	2009年	2010年	2011年	2012年	2013年
全部国有企业	3.1	3.4	2	3.4	4.7	5.1	5.4	5.6	5.2	4.5	4.6	4.2	4.1	3.8
农林牧渔业	0.6	1.4	0.8	1.3	1.6	1.8	1.6	1.9	2	1.8	1.9	1.9	1.3	1.4
农业	-0.1	1.3	1	2	2.4	2.6	2.7	3.2	3.4	3.3	3.4	3	2	2.2
林业	0.9	1.2	0.6	1	1	1.1	0.3	0.4	0.4	0.7	0.5	0.5	0.5	0.5
畜牧业	1.6	2	1	0.2	0.1	1.7	0.1	0.1	0.1	2.7	2.5	2	2.6	2.8
渔业	3.6	2	0.7	1.2	1	1.1	1.2	1.4	1.5	2	0.3	0.5	1	1.1
工业	3.5	3.4	2.3	3.7	5.5	6.1	6.3	6.5	5.7	5.7	5.9	5.2	4.7	4.6
煤炭工业	0.9	1.5	1.7	2.1	5.4	7	6.8	7.2	8.4	6.2	6.9	6.3	5.9	2.8
森林工业	0.7	0.4	-0.9	0	0.2	1.4	-0.3	-1.2	1.2	1.4	1.2	1.3	0.1	0.1
水的生产与供应业			0.4	0.8	0.7	0.5	0.8	0.9	1	1	1.3	1.2	1	0.9
轻工工业	2.7	3.4	2.1	2.9	3.8	4.1	3.4	4	3.2	2.9	3.2	3.5	3.2	3.9
纺织服装服饰业			1.5	0.8	1.4	2.9	3.1	3.7	2.3	2.8	3.1	3.1	3.1	3.3
工艺品及其他制品业			2	2.3	2.7	4.8	1.9	2.2	3.1	3.3	3	2.5	2.4	2.5
家具制造业	1.9	1.4	2.1	2.4	1	0.7	0.2	0.2	0.1	0.3	0.4	1.2	1.1	1.2
皮革毛皮羽绒及其制品业	-0.7	-1.1	0.6	0.8	0.8	0.6	0.7	0.8	0.6	1.8	2.2	2.7	4.1	3.8
文教体育用品制造业	1	2.3	3	3.2	3.8	4.7	3	3.5	3.1	3.3	3.2	3	2.6	2.8
印刷业,记录媒介复制业	2.2	2.7	2.2	2.7	2.6	1.4	1.5	1.8	1.5	1.2	1.4	0.5	2	2.1
造纸及纸制品业		1.5	2	2.3	2.5	3	1.9	2.2	2.1	2.3	1.5	0.5	0.2	0.2
制茶业	-0.4	-0.4	1.8	1.6	2.7	-0.6	-0.3	-0.3	0.4	0.4	0.4	0.3	0.4	0.4
酒和饮料制造业	4.3	3.9	2	4	4.1	6	6.1	6.3	6.5	7	7.3	7.5	7.4	6.9
白酒制造业	5.8	3	2.7	3.7	1.7	4.7	7.2	7.5	8.5	10.2	12.4	11.5	12.3	8.9
啤酒制造业	2.7	3.9	1.3	3.6	3.7	5	5.2	5.4	5.6	6.1	6.2	6	5.5	5.6
食品工业	0.6	2.8	0.2	1.9	2.5	3.6	3.6	4	3.6	2.1	3.1	3	3.2	3
食品加工业	0.6	2.4	-0.5	1.4	2.6	3.6	3.8	4.2	3.9	3.5	4.3	4.2	4.5	4.2
食品制造业	3.2	3.5	1.7	2.7	2.6	2.6	3.6	4	3.7	3.5	3.7	3.7	3.9	3.7
烟草工业	3.1	8.3	7.6	6.5	9.5	13.5	12.7	12.8	12.9	10.9	10.1	9.9	10.8	12.1

① 表中数据根据 wind 数据库整理而得。

（续表）

行　业	2000年	2001年	2002年	2003年	2004年	2005年	2006年	2007年	2008年	2009年	2010年	2011年	2012年	2013年
纺织工业	1.9	1.7	1.3	1.5	0.8	0.7	0.8	0.9	0.7	0.9	1.2	1	1.3	1.6
麻纺织业	1.8	0.2	1	0.2	0.2	0.6	-0.7	0.3	0.1	0.7	0.9	0.7	0.9	1.1
毛纺织业	0.9	-0.6	0.1	1	0.1	1.3	0.5	0.6	0.5	0.8	1.6	1.6	2.1	2.6
棉,化纤纺织业	2.1	1.6	1.4	1.7	0.8	0.8	0.6	0.8	0.6	0.7	1.2	1	1.3	1.6
丝绢纺织业	0.5	1	-0.7	-0.5	-1.7	1.6	1.8	1.6	1.4	1.3	1.2	1	1.3	1.6
医药工业	5.2	4.2	4.8	5.3	5.1	4.2	4.1	4.5	4.7	6.4	7.2	7.4	7.3	7.5
化学药品原药,制剂制造业	4.5	4.6	4.8	5.2	4.6	5.3	3.5	3.9	4	4.2	6.3	7	6.9	7.1
中药材及中成药加工业	6.6	6.7	4.8	5.7	5.4	3.2	3.6	4.3	4.8	4.9	6.3	7.6	7.5	7.7
电力工业	2.9	4	2.3	2.7	4.6	4	1.8	2.1	1.6	1.5	2.5	1.9	2.8	3.1
电力供应业	2.2	2.5	1.3	2.5	2	2.8	1.4	2.1	2.1	0.8	3.1	2.3	2.6	2.8
燃气生产与供应业	-0.8	0.2	0.8		1.6	1.6	1.2	1.4	2	1.9	2.5	2.1	3.2	3
热力生产和供应业												0.6	1	0.2
电力生产业	6.1	5.1	4.4	4.8	5.3	5.9	3	4.5	0.5	0.9	2.8	2.4	3.2	3.9
火力发电业		5.2	6.5	5.5	7.8	5.8	2.3	3.5	0.7	0.8	1.4	2.2	4.2	4.6
水力发电业		4.4	4.3	2.5	-4.4	4.8	2.5	3.5	3.6	3.9	4	3.5	4	4.9
石油石化工业	14.3	1.2	3.2	3.8	7	11.4	10.6	9.5	7.9	8.4	5.8	5.8	5.5	5
天然原油和天然气开采业		2	5.2	4.8	6.9	10	10.8	11	8	7.8	10.1	8.9	8.1	7.4
原油加工及石油炼焦业		1.6	2.1	2.9	6.5	-1.2	1.3	2.6	2.4	2.8	2	-0.5	0.3	0.3
冶金工业	3.3	3.1	2.7	3.7	7.9	6.5	6.6	7.4	4.9	3	3.5	2.9	1.1	1.2
黑色金属矿采选业	0.6	1.3	1.9	1.3	6	10.8	5.8	6.5	5.9	1.9	2	3.3	2.8	3.1
黑色金属冶炼业	3	3.9	3.7	3.9	6.3	7.8	4.9	5.5	4.9	2.8	3	2.2	1.3	1.4
有色金属矿采选业	4	3.9	3.4	3.2	5.7	10.7	8.4	9.4	5.7	0.5	0.6	2.6	2.4	2.6
有色金属冶炼业	4.7	3.3	3.1	3.5	7.3	6.3	3.9	4.7	5	0.5	0.6	2.1	1.8	2
建材工业	1.7	1.9	1.1	1.8	3.7	3.1	1.5	2.4	2.9	3.2	5	5.3	4.7	3.1
建筑用金属制品业	1.1	-0.4	-0.2	-0.5	1.4	2.1	0.5	0.8	1	1.3	1.6	1.8	3.4	3.5
建筑用矿石采选业	1.1	1	1.7	2.1	4.2	2.4	2.6	3.6	3.8	3.9	3.6	3.4	2.8	2.9
结构性金属制品业	1.7	1.2	0.4	0.7	0.3	0.2	0.3	0.6	1	1.3	1.9	1.9	1.9	1.9
水泥制品及石膏制品业	1.7	2.2	1.3	3.7	1.8	2	2.8	4.5	4.9	5	5.1	5.1	6.8	6.9
水泥制造业	1.7	2.2	2	3.1	3.6	2.4	1.1	2	2.1	2.6	4.1	6	5.8	5.9

（续表）

行　业	2000年	2001年	2002年	2003年	2004年	2005年	2006年	2007年	2008年	2009年	2010年	2011年	2012年	2013年
电子工业	4.6	3.7	2.5	3	3.6	2.8	0.6	1.1	1.1	1.1	2.6	2.2	1.8	1.5
电子计算机制造业	6.3	5.8	0.5	3	1.6	3.3	2.9	2.9	2.5	2.5	4.5	2.4	2	3.2
电子元、器件制造业	4.1	1.4	5.9	2.7	2.9	3.1	-0.4	-0.4	0.6	0.6	3	2.9	2.4	2.5
广播电视设备制造业	1.9	12.5	2	1.6	0.3	2	2.2	2.2	2.4	2.4		2.2	1.8	2.5
通信设备制造业	7	5.3	4.6	4.9	1.4	2	0.3	0.5	0.5	1.5	2.5	2.2	1.8	2.8
化学工业	2	1.8	1.8	2.3	2.2	3.7	3.8	4.2	3.2	2.5	2.9	2.9	2.3	2.3
肥料制造业	1.1	1.9	1.5	2	4.3	7	7.8	7.8	5.4	2.2	2.8	2.9	3.2	3.2
化纤制造业	3	1.2	1.5	1.7	2.8	2.3	-0.1	0.8	0.7	0.6	0.9	0.9	0.9	0.9
基础化学原料制造业	3	2.2	1.4	2.3	5.8	2.4	3	3.3	2.3	2.1	2.8	2.6	2.1	2.1
农药制造业	3		1.5	1.7	1.6	5.6	2.7	3	3.4	3.2	2.6	2.5	2.5	2.5
日用和化学产品制造业	2.2	3.3	1.6	1.7	1.2	3.1	0.3	0.6	0.3	0.5	0.7	0.6	1.1	1.1
塑料制品业	2	3.7	2.3	3.2	3.8	3.7	3.6	3.8	0.2	0.4	2.3	2.4	2.8	2.8
橡胶制品业	0.5	1.5	0.8	1.4	4.1	3.2	2.8	2.9	0.4	0.3	1.4	1.5	3.1	3.1
机械工业	2.4	2.1	3.3	3.5	3	4.8	2.1	2.4	3.4	3.8	3.4	2.7	2.9	2.1
矿山、冶金、建筑设备制造业	1.2	1.9	1.9	1.5	2.3	3.1	3.9	4.7	4.9	5.4	5.6	5.7	4.2	4.3
汽车制造业	5	5	5.2	6.5	8.9	4.2	4.8	5.3	5	8	10.5	10.5	7.1	7.2
船舶制造业	0.6	1.4	0.6	1.3	1.4	2.6	3.4	4.1	4	5	5	4.8	2.6	2.7
电工器材制造业	3.6	2.3	1.3	1.2	3	1.5	1.2	2.6	2.7	2.9	1.4	1.1	0.7	0.7
电机制造业	1.2	0.3	0.2	0.8	1.4	4.2	6.4	7	6.8	6	6.5	5.7	5	5.2
电气机械及器材制造业	2.6	2.5	1.9	2	1.7	3.5	3.1	3.4	3.4	5.1	5.3	5.1	3.9	4
锅炉及原动机制造业	1.7	1.5	1.3	1.2	3.3	5.9	6.8	7.1	7.3	6	5.6	5.5	4.8	5
化工、木材、非金属加工设备制造业			0.2	0.8	1.7	1.2	1.2	1.4	1.4	2.8	4.2	4.3	3.7	3.8
家用电器制造业	3	2.8	1.8	2.3	0.3	3.3	2.6	3.1	3.5	5.4	5.8	5.9	5.2	5.4
交通运输设备制造业	3.9	4.3	4.9	5.9	3.5	5.1	4.5	5.2	4.4	6.3	9.1	9	8	8.3
金属工具制造业	0.2	0	0	0	1.2	2.2	2.4	3.6	3	3.2	3.4	3.1	2.8	2.9
金属加工机械制造业	0.9	1.3	1	0.9	1.2	2.1	2.3	2.8	2.7	3	3.6	3.5	3.2	3.3
金属制品业	0.8	0.6	0.6	2.1	4.2	3.9	1.4	2.1	1.8	2.1	3.5	3.3	3.2	3.3

（续表）

行　业	2000年	2001年	2002年	2003年	2004年	2005年	2006年	2007年	2008年	2009年	2010年	2011年	2012年	2013年
摩托车制造业	1.4	-0.1	-1	-0.6	1	2.8	1.2	1.1	1.1	1.9	2.2	2.1	0.9	0.9
农林牧渔水利机械制造业	0.1	0.9	1.1	1.1	1.8	0.4	0.1	0.6	0.6	0.6	4.3	4.4	4.4	4.6
其他通用设备制造业			2.7	2.9	4.6	5.7	5.8	6.4	6.5	6.1	6.2	6.1	4.8	5
轻纺工业设备制造业	0.1	2.2	1.8	2.7	2.3	2.8	2	2.4	2	2	2.1	2	1.4	1.4
输配电及控制设备制造业	3	3.1	2.3	1.8	1.9	4.5	5.7	6.6	7.1	7.3	8.2	7.3	7.5	7.8
铁路运输设备制造业	-0.5	1.3	1.4	1.4	1.1	2.8	3.1	3.4	3.6	5.8	5.9	5.6	3.8	3.9
通用设备制造业	2	2.9	1.1	1.5	2.6	4.3	3.7	4.4	4.6	4	4.2	3.8	3.5	3.6
通用仪器仪表制造业	2.6	1.7	2	2.5	2.2	1.5	1.7	1	1.2	3.2	4.5	4.7	5.3	5.5
医疗仪器设备制造业	5.1	3.6	4.2	2.9	2.8	1.9	2.5	3	3.1	3.5	6.8	6.7	7.8	8.1
仪器仪表及文化、办公用机械制造业	2	1.5	1.5	2	1.8	1.7	1.7	2	1.8	3.4	4	4	4.2	4.3
照明器具制造业	2.2	4.1	1	3.2	3.3	3	-0.9	0.7	0.6	2.3	4.2	4.3	3.7	3.8
钟表制造业	-3.5	-2.5	-1.4	2.4	0.2	1.2	1.8	2.2	2.3	2.1	3	3	4.5	4.7
轴承制造业	0.8	1.1	0.6	0.9	1.2	1.6	1.7	2	2.1	3.1	5	5.2	4.2	4.3
专用设备制造业	0.9	1.5	0.8	1.5	2	2.5	2	2.5	2.8	2.7	3.5	3.6	3.4	3.5
专用仪器仪表制造业	3.8	3.4	2.8	3	5	1.8	2.1	2.5	2.5	4.4	4.5	4.3	4.5	4.7
自行车制造业	-0.1	-2	-0.2	-0.2	-0.4	-0.8	0.1	0.1	0.1	0.2	0.4	0.4	0.4	0.4
传播与文化业		9.2	4.9	6.6	6.6	5.9	5.6	5.7	5.9	6.6	6.5	5.5	3.9	4.2
广播电影电视业		4.4	-1.3	1.8	2.5	3.7	3.8	3.9	4	4.5	4.3	4	3.4	4.2
文化艺术业		6.7	4	4.1	0.9	0.1	0.3	0.3	0.3	0.7	0.9	1.1	2.2	2.4
房地产	4.7	2.1	1.5	2	2.3	2.3	3	3.2	3.5	3.8	4.4	3.9	3.6	3.5
房地产开发业	8.8	2	1.4	2	2.3	2.5	2.6	2.8	3.6	3.9	3.8	3.3	3.8	3.7
物业管理	3.3	2.7	2	3.4	1.7	2.1	1.4	1.5	1.9	2.3	2.2	2.3	1.2	2.5
建筑业	2.5	1.4	1	1.3	1.6	1.6	2	2.1	1.8	2.1	2.2	2.1	1.2	1.3
建筑安装业	2.2	0.9	0.9	1	1.1	1.3	1.8	2	1.9	2	2.2	2.4	1.4	1.5
建筑装饰业		1.3	1	0.6	1	1.3	1.5	1.6	1.5	2.3	2.4	2	1.1	1.2
房屋工程建筑业		1.5	1.2	1.5	1.3	2	2.1	2.3	2.2	2.5	2.7	2.5	1.4	1.5

行　业	2000年	2001年	2002年	2003年	2004年	2005年	2006年	2007年	2008年	2009年	2010年	2011年	2012年	2013年
房屋建筑业	2.4	1.6	1.2	1.4	1.2	1.7	1.8	2	1.9	2.5	2.4	2.6	1.5	1.6
土木工程建筑业	2.5	1.4	1.5	2.1	2.4	0.7	2	2.2	2.1	2.9	2.6	2.5	1.4	1.5
信息技术服务业		6.5	4	3.2	7	8.5	6.6	6.9	5.2	4.7	4.7	4.2	4.8	3.5
电信业		6.6	4.6	5	6.3	8.6	3.4	4.6	5.3	4.2	2.1	2	2.5	2
计算机服务与软件业	3.8	4.3	3.3	2.9	4.3	4.1	3	3.1	3.2	3.4	5.7	5.5	5.6	5.5
住宿和餐饮业			-0.2	-2.5	-0.4	1	0.5	0.6	0.8	1	1.3	1	1.2	1
餐饮业	2.7	1.1	0.5	-2	0.3	0.7	0.8	0.9	1.2	1.6	2.2	2.3	2.8	2.3
住宿业	-0.2	0.3	-0.4	-2.9	-0.6	1.1	0.6	0.7	0.7	0.5	0.7	0.8	1.5	1.3
批发和零售贸易业	1.9	2.9	1.3	3.2	3.6	4.7	4.2	4.6	4.7	3.5	3.6	4.1	3.8	2.9
商业批发	3.8	3.2	2	4.3	5.4	6.6	6.7	8.4	8.6	3.9	4.1	4.5	4.2	4.3
商业零售			4.1	3.3	1.9	5.8	7.2	9	9.2	11.5	11.8	5.4	5.6	5.5
综合零售	2.8	3	1.8	2	2.3	2.7	2.8	3.5	3.6	3.5	3.6	3.7	7.1	7.3
物资贸易	2.1	2.7	0.7	2.1	2.3	3.8	4.8	6	5.9	4.7	4.9	4.4	4.1	4.2
物资批发			2.2	2.7	0.8	2.1	2.3	3.9	5	6.3	6.2	4.9	4.8	4.6
物资零售			2	2.7	0.6	2.6	3.1	1.8	1.6	2	2	2.5	2.7	3.2
社会服务业	2.6	2.2	2.7	2.3	2.3	2.6	3.2	3.3	4	4.2	4.5	4.9	4.1	4.2
公共设施管理		2	0.5	0.9	0.7	0.7	0.2	0.5	0.6	0.8	0.6	0.5	0.5	0.4
科研设计	5.7	4	4.4	4.8	4.3	5.7	5.8	6	6.3	4.9	5.2	3.5	3	2.9
旅游业		3	1	0.4	0.3	1.7	3.9	4.2	3.2	2.8	2.7	3.1	2.3	3.3
信息咨询服务业	4.3	3.6	3.3	4.3	4.2	6.2	2.3	3.2	3.8	5.1	7	6	4.5	4.5
投资公司			1.5	2.1	2.1	2.6	2.7	2.9	3	3.1	3.3	5	2.2	2
道路运输业	1.3	1.3	2.4	3	2.9	4	3.8	3.9	3.6	3.7	4	4.2	2.5	2
高速公路			3	3.2	3	2.9	3.2	3.3	3.1	4.1	4.2	4.3	2.6	2.1
铁路运输业	0.7	1.3	1.4	1.1	0.9	1.7	0.2	0.5	0.6	1.3	1.4	1.6	1	0.8
水上运输业	1	3.6	3.2	2.5	3.1	12.1	7	7.3	6.8	0.4	1.8	-0.4	-1	-1.5
航空运输业	4.1	4	3.3	-2.2	0.9	2.9	2.4	3.4	2.8	3.5	5	1.1	1	-1
城市公共交通业		2.2	3.4	1.7	1.1	0.7	0.6	0.1	0.1	1.1	1.2	-4.1	-5.7	-6.8

附表 6-3　全国各行业国有企业平均净资产收益率一览表①

单位：%

行　业	2000年	2001年	2002年	2003年	2004年	2005年	2006年	2007年	2008年	2009年	2010年	2011年	2012年	2013年
全部国有企业	3.9	3.2	3.4	3.9	5.8	6.6	6.2	6.7	6.3	5.8	6.2	6	5.5	5.1
农林牧渔业	-1.8	0.4	0.9	1.6	2	2.3	1.8	2.2	2.3	2	2.2	2.5	2	2.2
农业	-4.7	0.4	0.5	3.3	3.8	4.6	4.7	5.6	5.8	3.9	5.1	4	3.7	4.1
林业	-0.4	1.4	0.1	0.3	0.4	0.3	0.5	0.6	0.6	0.8	0.7	0.6	0.6	0.7
畜牧业	1	2.8	1.2	-0.3	0.2	2.4	0.3	0.4	0.5	3.2	3.8	6	5.2	5.7
渔业	4.8	1.8	0.4	0.9	1.1	0.7	2.7	3.2	3.4	2.6	0.5	0.8	1.7	1.9
工业	4.2	3.6	3.9	4	6.5	7.8	7.9	8.3	6.6	6.6	6.7	6.5	6.2	6
煤炭工业	-0.8	0.5	2.8	2.9	7.2	9.6	8.3	10.9	11.2	7.7	8.1	7.6	7	3
森林工业	-0.3	0.6	-2.1	-0.2	-0.1	1.4	-0.4	-1.6	2	2.2	1.9	1.7	0.4	0.3
水的生产与供应业			-0.6	-0.1	-0.4	-0.4	1	1.1	1.2	1.4	1.6	1.7	1.5	1.2
轻工业	3.3	3.9	3	3.5	5.2	6.3	5.7	6.3	5.4	4.6	5	5.3	5	5.3
纺织服装服饰业			-3	0.5	1.5	4.5	4.8	5.3	4.6	4.7	4.7	4.7	4.6	4.9
工艺品及其他制品业			3.3	2.7	3.3	6.7	2.5	2.8	3.5	3.6	3.1	2.7	2.7	2.9
家具制造业	3.2	0.6	4.3	4.5	2.9	0.3	0.3	0.3	0.2	1.2	1.6	2.5	2.1	2.2
皮革毛皮羽绒及其制品业	-2.4	-6.4	3.1	3.2	0.8	1.2	1.2	1.3	1.2	1.9	2.4	3	5.4	5
文教体育用品制造业	2	3.7	3.8	4.3	5.5	5.9	3.3	3.7	3.3	3.7	3.4	3.5	3.7	3.6
印刷业,记录媒介复制业	3	5.3	2.5	3	3.2	1.3	1.8	2	1.8	1.6	1.5	1.5	2.3	2.5
造纸及纸制品业		1	3.8	2.8	3.7	4.9	3.2	3.5	3.4	2.9	1.7	2	0.5	0.4
制茶业		-3.3	1.9	1.5	2.6	-1.1	-0.5	-0.5	1	1.1	1.1	1.5	1.2	1.1
酒和饮料制造业	6	4.8	3.4	4.6	5.2	6.7	7	7.2	7.4	8.2	8.4	9	8	7.8
白酒制造业	7.5	6.2	3.6	3.8	0.4	4.9	10.6	10.9	11.3	11.2	13.8	14	14.6	10.6
啤酒制造业	4.2	4	2.3	3.9	4.4	5.2	5.3	5.5	5.7	6.7	6.9	7.2	6.8	6.9
食品工业	1.5	3.5	1.7	3.3	4.5	5.6	5.8	6.4	6	2.4	4.2	4.1	4.3	3.8
食品加工业	2.1	2.8	0.3	1.1	3.3	5.9	6.6	6.6	6.2	4.7	5.4	4.9	5.1	4.5
食品制造业	4.9	4.1	3.7	3.5	3.5	5.5	5.5	6.1	5.8	4.2	4.7	4.8	4.6	4.1

① 表中数据根据 wind 数据库整理而得。

（续表）

行业	2000年	2001年	2002年	2003年	2004年	2005年	2006年	2007年	2008年	2009年	2010年	2011年	2012年	2013年
烟草工业	8	8.1	8.4	7.6	9.7	13.3	13	13.1	13.3	11	12.3	12.6	12.2	12.4
纺织工业	3.4	0.5	2.6	2.1	1.6	1	1.2	1.3	1	1.1	1.7	1.5	1.7	2
麻纺织业	0.5	-3.3	1.1	0.8	0.6	2	-0.3	0.4	0.2	0.9	1.2	1.1	1.2	1.4
毛纺织业	0.5	-4.1	-1.3	1.4	0.3	1.9	2.2	2.4	2	2.3	2.8	2.9	3.3	3.9
棉、化纤纺织业	4.9	0.7	2.8	2.3	1	0.8	0.9	1.2	1	0.9	2.3	2.1	2.4	2.8
丝绢纺织业	2.7	1.6	-1.3	-1.2	-2.5	2	3	2.7	2.4	1.6	2.2	2.1	2.4	2.8
医药工业	6.4	6.6	6.4	7.4	7	6.8	5.3	5.8	6.3	8.6	9.1	10.1	9.8	10
化学药品原药,制剂制造业	6.2	6.4	7.6	7.3	4.4	7.8	4.6	5.1	5.3	5.6	6.9	8.4	8.2	8.4
中药材及中成药加工业	9.8	7.8	6.1	7.6	7.4	6.1	6.5	7.8	8	8.2	8.9	10.7	10.4	10.6
电力工业	2.9	3.9	2.2	3.3	3.4	3.9	2.5	2.8	2.2	1.9	3	2	3.2	3.6
电力供应业	1.8	2.3	1.2	1.8	1.2	1.9	1.6	2.4	2.3	0.9	4.3	2.6	2.9	3
燃气生产与供应业	-2.1	-0.1	0.6	0.7	1.4	1.2	1.8	1.8	2.9	2.8	3.4	3.1	4.3	4.1
热力生产和供应业												-1.1	0.4	0.3
电力生产业	5.5	5	5.8	4.3	6.2	6.2	3.2	4.8	1.2	2.3	2.9	2.6	3.8	4.3
火力发电业		5.5	6.3	6.8	10.7	7.3	2.9	4.3	-2.2	1.9	1.7	1.1	2.3	3.6
水力发电业		3.5	3.9	3.3	-8.3	5.2	3.8	5.2	5.4	5.6	5.9	5.2	5.7	6.1
石油石化工业		2.6	3.2	4.1	7.9	13.1	11.3	10.2	8.7	8.5	6.8	6.5	6	6.2
天然原油和天然气开采业	12.3	6.2	6.5	5.2	7.8	11.7	12.5	12.8	9.5	9.4	11.9	11.5	10.2	10.5
原油加工及炼焦业		0.9	1.4	3.2	8	-3	2.2	3.7	3.6	3.9	2.8	2.6	2.4	2.5
冶金工业	3.2	3	3.5	4.3	9.9	9.3	8.2	9.2	5.3	4.7	4.7	4.1	1.7	1.7
黑色金属矿采选业	0.1	0.4	1.3	1.5	6.3	13.8	9.2	10.3	7.3	4.6	4.7	5.1	4.4	4.4
黑色金属冶炼业	2.1	2.5	4	4.7	7.9	10.9	9.1	10	6.6	3.9	4.2	2.9	1.5	1.5
有色金属矿采选业	4.1	4.1	3.7	3.5	6.8	12.8	8.6	5.6	6.1	0.6	0.7	3.9	3.5	3.5
有色金属冶炼业	4.2	3.5	3	4.2	8.4	10.2	7.9	5.5	6.7	0.6	0.9	2.5	2.3	2.3
建材工业	0.8	1	1.7	2.1	4.8	4.2	2	3.2	4	4.5	6.5	6.7	5.7	5.8
建筑用金属制品业	0.5	-3	-1.4	-1	3	3.9	0.9	1.4	2	1.4	3.1	3.5	4.6	4.7
建筑用矿石采选业	1.2	0.4	0.3	1.9	5.5	4.5	4.8	5.8	5.9	6	5.1	5.1	4.3	4.4
结构性金属制品业	0.6	0.8	-0.1	1.8	1.3	0.2	0.3	1.5	2	2.8	4.9	4.8	4.1	4.2
水泥制品及石膏制品业	1.3	2.8	1.6	4.1	3.1	4.3	6.6	10.6	6	6.2	6.5	6.6	8.9	9.1

（续表）

行　业	2000年	2001年	2002年	2003年	2004年	2005年	2006年	2007年	2008年	2009年	2010年	2011年	2012年	2013年
水泥制造业	0.1	1.6	3.2	3.9	4.6	2.6	1.6	2.9	4	4.8	6.8	7.5	7	7.1
电子工业	7.5	4.1	3.8	3.9	2.9	4.1	1	1.8	1.7	1.5	3	2.6	2.1	1.8
电子计算机制造业	7.3	6.7	2.8	3.2	0.1	6	5.7	5.7	5.2	4.6	9	2.8	2.3	3.5
电子元.器件制造业	6	0.2	2.5	2.8	2.8	3.7	-1.3	-1.3	-1.1	-1	5.8	5.8	4.7	6.5
广播电视设备制造业	-0.1	9	5.1	2.5	-1	4.8	5	5	6.2	5.5	3.1	3.1	2.5	3.5
通信设备制造业	10.2	10	4.3	4.5	0.4	2.2	0.8	0.8	0.8	2.7	3.5	2.7	2.2	4.5
化学工业	2.2	1.5	2.6	2.8	2.4	4.3	4.2	4.6	4.4	3.4	3.5	3.5	2.8	2.8
肥料制造业	0.1	0.8	1.5	2	6	10.4	8.4	8.4	6.6	4.5	4.9	5.2	5.2	5.2
化纤制造业	2.8	0.4	1.1	2.2	3.2	3.8	-0.9	0.9	-0.9	-1	1.1	1.5	1.5	1.5
基础化学原料制造业	3.5	2	1.1	1.9	6.3	2.2	5.9	6.5	4.3	3.2	4.2	4.2	2.8	2.8
农药制造业	3.4	4.6	0.7	0.1	2.2	8.5	3.6	4	4.1	3.3	3.9	3.8	3.8	3.8
日用和化学产品制造业	1.8	4.2	3.3	2	3.1	3.6	1	1.1	0.6	0.8	1.1	1.2	1.7	1.7
塑料制品业	-0.9	0.9	3.3	4.8	4.5	3.6	3.8	4.2	0.6	0.8	3.3	3.3	3.7	3.7
橡胶制品业	2.3	2.7	-0.8	1.6	5.2	4.2	3.7	3.9	-1.4	-1.2	3.6	4.1	5.5	5.5
机械工业	-0.1	0.8	2.9	4.7	4.5	7.3	4.6	5.3	5.5	5.5	5	4.8	5	2.6
矿山,冶金,建筑设备制造业	6	6.5	0.1	1.6	2.5	5.7	7.2	7.9	8.4	8.8	9.2	9.3	7.8	8
汽车制造业	-1.3	1.5	7.5	7.4	10	5.8	7.8	8.6	8.2	10.8	13.4	13.5	9.3	9.5
船舶制造业	3.2	4.9	1	2.2	2.4	7.5	10.8	11.9	11.2	7.2	9	8.6	2.8	3
电工器材制造业	-0.1	-2.2	1.7	0.4	2	0.5	1.5	3.3	3.4	3.5	1.6	1.3	1.2	1.2
电机制造业	3.1	2.6	0.1	0.6	2.6	10.8	12.7	13.7	13.3	12.6	12.8	12.2	8.9	9.1
电气机械及器材制造业	1.5	0.5	2.5	3.2	2	5.7	9.9	9.9	9.2	10.1	10.2	9.8	8.8	9
锅炉及原动机械制造业			1	0.7	4.3	11.6	8.7	9.6	9.9	7.9	8.2	8.2	7.8	8
化工,木材,非金属加工设备制造业			-0.5	2.1	2.2	0.9	5.6	6.2	6	6.7	8.2	8.2	6.4	6.5
家用电器制造业	3.5	2.7	-0.2	5	-3	8.2	7.3	8.4	8.9	9.2	9.4	9.5	8.8	9
交通运输设备制造业	4.8	4.7	5.5	6.5	5.5	6.7	6.8	7.8	8.1	8.8	10.2	10	8.5	8.7
金属工具制造业	-2.1	-4.2	-1.5	0.5	1.4	4.4	4	6	5	4.4	5	4.4	4.1	4.2
金属加工机械制造业	-0.5	0.9	-0.2	0.4	2.1	3.2	3.6	4.3	4.2	6.1	6.2	6	5.4	5.5

（续表）

行　业	2000年	2001年	2002年	2003年	2004年	2005年	2006年	2007年	2008年	2009年	2010年	2011年	2012年	2013年
金属制品业	1.3	0.4	2.9	4.6	6.8	7.2	5.6	5.6	4.7	4.6	5.2	5.3	5.1	5.2
摩托车制造业	1	-3.3	-2.5	-2.8	1	3.3	3.1	3	2.9	3	3.5	3.3	2.1	2.1
农林牧渔水利机械制造业	1.1	0.9	1	1	2.1	0.2	0.3	1.2	1.1	1	4.8	4.9	5.2	5.3
其他通用设备制造业			5.2	4.4	5.5	6.9	7	8.4	8.6	8.1	8.1	8	6.2	6.3
轻纺工业设备制造业	-0.5	2.5	2.3	3.5	3.4	4.3	2.2	2.6	2.1	2.1	2.3	2.2	1.6	1.6
输配电及控制设备制造业	2.4	3.9	2.9	1.8	2.7	6.4	7.7	9.2	10.2	10.9	11	10	11	11.2
铁路运输设备制造业	-4.8	0.4	1.9	1.4	1.2	5.1	6.3	6.9	8.5	8.2	8.5	7.9	4.2	4.5
通用设备制造业	2	3.5	2.1	1.9	4.1	7.4	6.8	8.2	8.9	7.9	8.1	8	6.7	6.8
通用仪器仪表制造业	1.9	1.8	2.8	3.1	2.7	2.1	3.6	4.3	4.4	5.4	7.8	7.9	8.2	8.4
医疗仪器设备制造业	6.4	5.5	5	4.6	4.5	3.5	4.5	5.4	5.6	5.2	10.3	10.1	10.6	10.8
仪器仪表及文化、办公用机械制造业	3	2.2	2.3	2.6	4.7	4.2	3.5	4.2	3.7	4.8	5.2	5.3	6	6.1
照明器具制造业	3.9	5.7	3	4	4.3	3.5	-2.2	1.3	1.2	2.4	5	5.1	4.2	4.3
钟表制造业	-11.8	-1.5	1.8	3	4.3	1.8	8.8	7.9	8	5.6	6	6.1	6.9	7
轴承制造业	-1.5	5.7	3.3	5.1	1	1.7	1.8	2.2	2.4	4.4	6.5	6.6	4.5	4.6
专用设备制造业	-0.3	-2.2	1.2	1.7	2.7	4.6	4.3	5.2	6.3	6.1	6.4	6.4	5.6	5.7
专用仪器仪表制造业	3.8	4.7	3.6	3.8	5.8	5.3	6.3	7.6	6.5	6.6	6.8	6.6	7	7.1
自行车制造业	-2.8	-10.1	-4.7	1.6	3.9	0.3	0.3	0.3	0.4	0.3	0.5	0.5	0.9	0.9
传播与文化业		5.4	5	7.4	6.8	6.6	8.1	7.8	7.9	7.9	7	8	6.2	6.1
广播电影电视业		3.6	-2	1.5	2.3	4.9	6.1	5.9	6	6.6	6.4	6.2	5	5.2
文化艺术业		5.7	3.3	5.1	1	-0.5	1.6	1.5	1.5	1.6	1.7	1.5	3.1	2.5
房地产	6	3.4	1.9	2.2	3.1	4.1	5.6	5.8	6.9	7.7	7.8	7.3	6.7	6.5
房地产开发业	10.2	3.3	1.8	1.9	4.2	4.5	6.6	6.9	8.7	8.8	8.5	7.5	6.9	6.7
物业管理	4.8	4.3	3.7	4.6	2.2	3.5	2.6	2.7	3.4	3.5	3.3	3	2.8	2.8
建筑	3	2.3	2	2.5	3.2	3.2	5.3	5.7	5	6.2	6.5	6.1	5.4	7
建筑安装业	2.3	1.7	1	1.8	1.7	2.6	3.7	4	3.9	5.9	6.1	6.2	5.5	5.7
建筑装饰业		3.6	2.2	1.7	2.3	2.4	5.5	5.9	5.8	7.2	7.4	6.5	5.8	6

（续表）

行　业	2000年	2001年	2002年	2003年	2004年	2005年	2006年	2007年	2008年	2009年	2010年	2011年	2012年	2013年
房屋工程建筑业	2.7	2.8	2.1	2.5	2.4	4.2	4.3	4.6	4.5	5.8	6	5.4	4.8	5
房屋建筑业			2.1	2.3	2	4.5	4.6	5	4.9	5.1	5.3	5.2	4.6	4.8
土木工程建筑业	3	2.3	2.3	3.1	4	2.4	2.4	2.6	2.5	5.9	5.5	5.4	4.8	5
信息技术服务业		6.1	5.2	4.7	6.2	9.3	7.5	8.3	6	5.8	5.9	5.5	5.6	5
电信业		5.9	4.2	5.3	7.2	9.5	4.5	6.1	6.3	6.1	3.2	3.1	3.5	3.5
计算机服务与软件业		8.7	3.4	3.7	5.8	4.4	3.2	3.5	3.7	3.9	6.2	6.2	6.4	7.5
住宿和餐饮业	1.1		-0.8	-3.6	-1.5	0.8	0.8	0.9	1.1	1.2	1.4	2.1	1.7	1.5
餐饮业	-2.1	0.4	-0.2	-3.1	-0.2	-0.2	1.1	1.2	1.5	1.7	2.3	7.5	5	4.4
住宿业		-0.7	-1.5	-4.1	-1.7	0.9	0.9	1	1	0.8	1.3	1	2	1.8
批发和零售贸易业	2.9	4.1	2.5	5.9	6.6	8.8	4.8	5.6	5.7	4.9	5.4	5.6	6	4.1
商业贸易	5.2	5.1	3.9	7.5	8.9	12.4	10.6	15.9	14.6	7.5	7.6	7.7	7.3	7.4
商业批发			6	5.3	4	8.9	9.2	16.2	16.3	24.4	22.4	8.3	9.1	8.6
综合零售	3	4.7	2.6	2.9	3	4.2	4.3	6.5	6	5.1	6.5	7.1	8.9	9
物资贸易	3.2	3	0.4	3.9	5	6.1	7.9	11.8	11.6	8.9	9.3	8	7.6	7.7
物资批发			3.1	3.2	0.3	3.9	4.9	6.2	8.9	13.3	13.1	9.3	9.1	8.5
物资零售			4.5	0.9	0.5	5.4	7.1	3.1	2.9	4.3	4.2	4.6	4.8	5.8
社会服务业	2.3	2	1.3	2.4	2.4	3.6	3.4	3.7	4.5	4.9	5	5.6	5.2	5.3
公共设施管理		1.9	1.7	0.7	0.3	0.3	0.4	0.8	0.9	1	1.5	1.3	1.3	1.2
科研设计		6.6	6.9	7.6	5.4	9.2	9.3	9.4	9.6	6.2	12	8	7.5	6.5
旅游业	4.9	2.8	0.5	-1.5	0.8	1.9	5.1	5.3	4	3.8	4	5.3	3.2	5
信息咨询服务业	7.7	4.1	4.5	6.5	2.3	3.2	3.3	4.6	5.2	6.9	12.5	12	9.2	9.5
投资公司		0.8	1.6	2.3	3.5	4.9	3.8	4	4.1	4.2	4.1	6	2.6	2.4
道路运输业	0.6		3.1	2.8	2.4	4.4	4.3	4.1	3.9	4	4.5	4.7	3	2.4
高速公路			3.8	4.5	5.2	5.1	5.5	5.2	4.9	5.3	5.5	5.6	3.5	2.8
铁路运输业	0.6	1.2	0.4	0.2	0.2	0.6	0.7	0.9	1.1	1.4	1.5	1.8	-1.2	-1.5
水上运输业	-0.8	0.7	1.5	3.8	6.8	12.4	7.2	8.6	7.6	0.7	2.1	-0.5	-1.5	-2
航空运输业	-2.5	1.6	2	-3.1	5	3.2	2.9	3.8	3.4	4.1	6.8	3	2.5	2.4
城市公共交通业	2	2	3.1	1.6	0.3	-0.2	0.8	0.3	0.2	1.2	1.3	-4.5	-6.2	-7.5

附表 6-4

全国各行业国有企业平均资本收益率一览表①

单位：%

行　业	2006 年	2007 年	2008 年	2009 年	2010 年	2011 年	2012 年	2013 年
全部国有企业	6	6.2	5.8	6.5	7	6.5	6	5.5
农林牧渔业	1.7	1.9	2.4	2.5	2.7	2.7	2.7	2.9
农业	2.1	2.3	2.9	4.1	5.2	4.5	4.1	4.3
林业	0.4	0.4	0.5	0.9	0.9	1.1	1.1	1.1
畜牧业	2.4	2.6	3.3	3.5	4	8	8	8
渔业	0.2	0.2	0.3	2.7	0.8	0.9	2.4	2.4
工业	5.4	5.7	5.5	6.8	7.3	7	6.5	6.2
煤炭工业	8.7	9.1	11.5	9.3	9.5	9.2	8.6	4.5
森林工业	−0.6	−1.8	2.2	2.4	2.1	1.9	0.8	0.6
水的生产与供应业	0.3	0.4	0.5	1.5	1.7	1.8	1.7	1.5
轻工工业	5.4	5.5	5.7	5.8	5.9	5.9	5.9	5.9
纺织服装服饰业	4.7	4.8	4.4	4.8	4.9	5	5	5.3
工艺品及其他制品业	2.5	2.5	2.7	3.7	3.2	3	2.9	3.1
家具制造业	0.8	0.8	0.5	1.3	1.9	2.8	2.8	2.8
皮革毛皮羽绒及其制品业	1.2	1.2	1.2	2	2.5	3.2	5.8	5.6
文教体育用品制造业	4	4.1	3.8	3.9	3.6	4.5	4.5	4.5
印刷业,记录媒介复制业	1.5	1.5	1.4	1.7	1.6	1.6	3.1	3.2
造纸及纸制品业	3.2	3.3	3.1	3	2.1	2.2	1.1	0.9
制茶业	−1	−1	−1.3	1.4	1.6	1.8	1.8	1.8
酒和饮料制造业	7.9	8.2	8	9.2	9.5	9.5	1	8.9
白酒制造业	7.5	7.8	8.4	11.3	14.7	14.5	14.9	12.8
啤酒制造业	6	6.2	6.6	7.3	7.4	7.5	7.3	7.4
食品工业	2.2	2.4	2.4	3.6	4.5	4.3	4.8	4.2

① 表中数据根据 wind 数据库整理而得。

（续表）

行　业	2006年	2007年	2008年	2009年	2010年	2011年	2012年	2013年
食品加工业	1.9	2.1	1.9	5.2	5.5	5.1	5.5	4.8
食品制造业	2.5	2.8	2.6	4.8	5.7	5.4	4.8	4.2
烟草工业	15.9	13.5	13.8	14.4	14.7	14	14.4	15.7
纺织工业	1.1	0.9	0.8	1.7	1.8	1.7	1.9	2.1
麻纺织业	-0.3	-0.3	-0.1	1.4	1.6	1.6	1.8	1.8
毛纺织业	1.1	0.9	0.8	2.9	3.1	3	3.4	4
棉、化纤纺织业	0.4	0.4	0.2	1.1	2.6	2.2	2.5	2.9
丝绢纺织业	1.2	1	0.7	1.8	2.7	2.8	3.1	3.1
医药工业	4.3	4.7	4.9	8.9	11.7	11.9	10.2	10.5
化学药品原药、制剂制造业	3.1	3.4	3.5	5.7	7.3	9.1	8.5	8.7
中药材及中成药加工业	6.5	7.2	7.5	8.8	9.5	12.3	10.5	10.8
电力工业	2.2	2.4	1.8	2.8	3.9	2.5	3.5	4
电力供应业	1.9	2.9	1.9	1.1	5.6	3.5	3.6	3.8
燃气生产与供应业	1.8	1.6	2	2.9	4	3.8	4.9	4.9
热力生产和供应业						-2.2	0.8	0.7
电力生产业	5	5.5	0.6	3.1	3.5	3	3.9	4.5
火力发电业	5.7	5.7	-3.6	2.3	1.9	1.2	2.9	3.9
水力发电业	4.8	4.9	5	6.1	6.3	6.1	6.6	7.8
石油石化工业	12.2	11.4	11.1	10.6	8.8	8.6	7.2	7
天然原油和天然气开采业	12.4	12.7	11.4	11.3	13.1	12.8	12.8	12.4
原油加工及炼焦业	3.8	4.2	3.9	4.3	3.5	3.4	3.1	3
冶金工业	10.4	11.4	5.8	4.8	4.9	4.2	2.7	2.7
黑色金属矿采选业	10.4	11.4	8	7.1	5.6	5.9	5.9	5.9
黑色金属冶炼业	12.3	12.9	8	4.7	4.4	3.5	3.5	3.5
有色金属矿采选业	12.2	13.4	10.3	0.8	0.9	4.6	3.9	3.9
有色金属冶炼业	8.4	9.2	8.3	0.8	1.3	2.7	3.9	2.7
建材工业	2.8	2.9	3.3	5.5	7.2	7.3	7.3	7.3

（续表）

行　业	2006年	2007年	2008年	2009年	2010年	2011年	2012年	2013年
建筑用金属制品业	0.5	1	1.4	2.6	3.7	3.7	4.8	4.8
建筑用矿石采选业	5.7	5.1	5.2	6.4	6.3	6.3	6.3	6.3
结构性金属制品业	4.1	3.7	4	6	6.1	5.3	5.3	5.3
水泥制品及石膏制品业	7.8	7	7.9	8	9.3	9.1	9.1	9.5
水泥制造业	4	3.6	4	4.9	9.9	9.9	9.9	9.9
电子工业	0.8	1.2	1.2	1.6	3.2	3.5	3.5	4
电子计算机制造业	6.7	6.7	6.7	6.1	14	3.6	3.6	4
电子元,器件制造业	-1.8	-1.8	-1.5	-1.4	6.1	2.8	4.9	6.9
广播电视设备制造业	1.8	1.8	2.1	5.9	3.8	3.6	3.6	3.6
通信设备制造业	0.6	0.7	0.7	2.8	3.8	3	3	4.8
化学工业	3	3.2	1.9	3.8	3.7	3.7	2.9	2.9
肥料制造业	7.1	7.1	3	4.8	6	6	6	6
化纤制造业	-1.9	0.8	0.5	-1.3	1.4	1.6	1.6	1.6
基础化学原料制造业	2.9	4	4.5	4	4.4	4.6	3	3
农药制造业	4	4.2	3.7	3.8	4.2	4.2	3.9	3.9
日用和化学产品制造业	1.9	1.3	0.3	0.9	1.5	1.5	1.9	1.9
塑料制品业	2.3	2.4	1	1.1	3.6	3.6	3.9	3.9
橡胶制品业	3.5	3.5	2.4	2.1	4	4.3	5.6	5.6
机械工业	4.5	4.5	5.7	6.2	6.2	6	6.1	6.1
矿山,冶金,建筑设备制造业	6.8	7.5	8.6	9.1	9.4	9.5	8.2	8.2
汽车制造业	6.9	6.9	8.4	12.2	13.5	13.7	10	10
船舶制造业	9.8	11.3	11.7	11.2	11.4	10.9	3.5	3.8
电工器材制造业	1.8	2	3.5	3.6	2	2	1.4	1.4
电机制造业	11.4	11.7	13.4	13.3	13.4	13.3	10.6	10.6
电气机械及器材制造业	7.3	7.3	9.8	10.3	10.4	10	9	9.2
锅炉及原动机制造业	6.9	6.9	10	8.2	8.5	8.3	8	8.3
化工,木材,非金属加工设备制造业		6.9	6.1	6.9	8.5	8.4	6.9	6.9

（续表）

行业	2006年	2007年	2008年	2009年	2010年	2011年	2012年	2013年
家用电器制造业	4.4	4.8	9	9.3	9.6	9.6	9.8	9.8
交通运输设备制造业	8.9	8	9.1	10.7	11.3	10.4	10.6	10.6
金属工具制造业	2.3	2.5	2.4	5.5	6.4	6.5	5.5	5.5
金属加工机械制造业	1	1.3	4.3	7	7.2	7	6.1	6.1
金属制品业	2.7	2.4	4.8	5.1	5.4	5.5	5.3	5.3
摩托车制造业	2.8	2.5	3	3.1	3.6	3.5	2.2	2.2
农林牧渔水利机械制造业	0.1	0.2	0.5	1.1	5	5	5.5	5.5
其他通用设备制造业	5.9	5.9	8.9	8.4	8.5	8.3	7.1	7.1
轻纺工业设备制造业	2.5	2.8	2.2	2.2	2.4	2.4	1.9	1.9
输配电及控制设备制造业	6.4	6.7	10.4	11.4	11.5	11.5	12	12
铁路运输设备制造业	7.6	6.8	8.7	8.9	8.9	8.5	6.3	6.1
通用设备制造业	4.2	4.6	9.2	8.9	9	8.8	7.4	7.4
通用仪器仪表制造业	2.9	3.2	4.5	5.6	8	8	8.5	8.5
医疗仪器设备及器械制造业	2.5	2.6	5.9	5.8	11.1	11	12.2	12.2
仪器仪表及文化、办公用机械制造业	1.4	2.5	3.9	4.9	5.4	5.4	6.4	6.4
照明器具制造业	−4.1	0.8	1.3	2.5	5.3	5.2	6	·6
钟表制造业	0.6	0.7	0.9	6.2	6.9	6.9	7.6	7.6
轴承制造业	1.7	2	2.5	4.6	6.8	6.8	5.9	5.9
专用设备制造业	4.3	5	6.5	6.4	6.6	6.6	5.8	5.8
专用仪器仪表制造业	3.9	4.3	6.6	6.8	7	7	7.7	7.7
自行车制造业	−0.4	0.2	0.5	0.5	0.7	0.8	1.5	1.5
传播与文化业	6.5	7.2	8.1	8.3	7.9	8.5	7.5	7.5
广播电影电视业	5.3	5.9	6.6	7.4	7.1	7	6	6
文化艺术业	0	1.9	2.1	2.1	2.1	2.1	3.6	2.6
房地产	4.1	4.3	5	7.8	8.2	8.2	8	7
房地产开发业	4.6	4.8	6.7	8.9	8.6	8	8.3	7
物业管理	3.1	3.3	4.6	4.2	3.9	3.5	3.4	3.1
建筑业	3.8	4	3.2	6.6	7.1	6.9	6.8	8
建筑安装业	2.9	3.2	3.2	6.3	6.5	6.4	6.3	6.4

（续表）

行　业	2006年	2007年	2008年	2009年	2010年	2011年	2012年	2013年
建筑装饰业	2.9	3.2	3.2	7.8	7.6	7.2	7.1	7.2
房屋工程建筑业	4.9	5.4	5.4	6.4	6.6	6.4	6.3	6.4
房屋建筑业	4.8	5.3	5.3	5.9	6	6.5	6.4	6.5
土木工程建筑业	5.5	6	6	6.6	6.1	6.2	6.1	6.2
信息技术服务业	10.2	11.2	10.9	10.3	10.4	8.7	6.2	6
电信业	10.5	11	11.7	8.6	3.3	3.2	3.8	3.7
计算机服务与软件业	4.6	5.1	5.3	5.7	7.5	8	8.2	9
住宿和餐饮业	1.1	1	1.2	1.3	1.9	2.3	1.9	1.6
餐饮业	0.2	0.2	0.2	1.8	2.6	10.8	5.2	4.5
住宿业	1.3	1.2	1.2	1	1.5	1.8	2.2	1.9
批发和零售贸易业	4.9	5.7	5.4	7.7	7.8	7.5	7.1	6.3
商业贸易	9.2	13.6	14.8	8.2	9.3	8.4	8	7.5
商业批发	0	0	18.7	27.7	30.1	9.2	9.9	8.7
综合零售	5.9	8.7	9.5	7.9	7.6	8.2	11.2	9.9
物资贸易	11.7	17.3	16.1	12.1	11.1	9.6	9.1	8.1
物资批发	0	0	12.2	18.1	16.8	12.5	11.8	9.9
物资零售	0	0	4.1	6.1	5.7	5.9	6.2	7.8
社会服务业	3.9	4.1	5.6	5.9	6.5	6.8	6.8	6.8
公共设施管理	0.2	0.4	0.7	1.1	2.2	1.5	1.5	1.3
科研设计	10.1	10.5	11.8	12.1	14	15.2	13.2	11.4
旅游业	1.8	2.2	1.8	5.3	6.6	5.5	5.6	6.5
信息咨询服务业	4.3	4.9	5.4	7.3	13.8	12.8	11.8	11.8
投资公司	3.6	3.8	3.9	4.3	4.2	6.5	3.5	3.6
道路运输业	4.8	4.1	3.9	4.2	4.8	4.9	3.6	3.1
高速公路	6	5.1	4.8	5.5	5.8	5.9	4.4	3.8
铁路运输业	1.3	1.1	1.2	1.5	1.7	1.9	1.3	1.1
水上运输业	16.8	17.6	15.3	1	2.3	0.6	0.3	0.3
航空运输业	3.5	3.9	3.5	4.5	9	7	6.5	6.3
城市公共交通业	-0.5	-0.8	-0.7	1.3	1.4	-4.8	-6	-6.8

习　题

【复习思考题】

1. 怎样理解盈利能力分析的意义?

2. 为什么要对盈利能力进行分类? 在计算不同类型的盈利能力时应该如何使分子分母相配合?

3. 为什么要计算主营业务收入盈利能力? 该类盈利能力可以分为多少类?

4. 为什么要计算资产盈利能力? 该类盈利能力可以分为多少类?

5. 为什么要计算净资产盈利能力? 该类盈利能力可以分为多少类?

6. 基本每股收益与稀释每股收益有什么区别? 计算稀释每股收益有何意义?

企业盈利能力分析训练

【练习要求】

1. 计算所选择公司各种收入盈利能力指标,并根据计算出来的这些指标,对公司收入盈利能力特征进行判断。

2. 计算所选择公司各种资产盈利能力指标,并根据计算出来的这些指标,对公司资产盈利能力特征进行判断。

3. 计算所选择公司各种净资产盈利能力指标,并根据计算出来的这些指标,对公司净资产盈利能力特征进行判断。

4. 对所选择公司盈利能力进行综合分析和判断,并给出明确的意见。

第七章 企业经营现金净流量能力分析

第六章讨论的盈利能力使用的均是利润类指标。由于利润是按权责发生制计算出来的,它与按收付实现制计算出来的经营现金净流入量存在一定的差异,企业盈利能力的高低与其现金支付能力的强弱并不相等;因此,为了考察企业现金支付能力的变化,有必要对企业经营现金净流量能力进行分析。经营现金净流量能力分析可以视为对盈利能力的补充分析,将盈利能力与经营现金净流量能力比较,可以揭示企业盈利能力的质量。这可以作如下分析,由于经营现金净流量中包含有固定资产折旧和长期资产摊销等内容,而经营利润中则不包含这些内容,因此,经营现金净流量在一般情况下会大于经营利润,相应地经营现金净流量能力也会高于经营利润盈利能力。如果,后者低于前者,则说明其低量较低。本章将围绕经营现金净流量的各种能力展开讨论。

第一节 收入现金流量能力分析

收入现金流量能力分析中的分母与收入盈利能力分析中的分母相同,不同的只是分子。而分子有经营现金净流入量和 EBITDA 之分。

一、收入经营现金净流量能力分析

经营现金净流入量有实际与理论之分,实际经营现金净流入量是现金流量表中反映的经营现金净流入量,理论的经营现金净流入量是按照"经营现金净流入量＝净利润＋折旧及摊销"公式计算而得的。分别以两种经营现金净流入量为基础计算出两种收入经营现金净流入量指标,然后比较两种指标的差异,可以考察企业为追求营业收入而投入营运资本的状况,进一步分析营运资本的使用效率。

（一）收入实际现金净流入量率

收入经营现金净流量能力用收入经营现金净流量率指标反映,其计算公式如下:

$$\text{收入经营现金净流量率} = \frac{\text{经营现金净流量}}{\text{营业收入}}$$

该比率表明,企业在一定时期内从营业收入中取得的每一元现金有多少可以用于经营之外的支出。该比率的值越大,说明企业自我扩张的能力越强,该比率在不同行业之间差异较大,一般而言,该比率较大的行业其风险水平较低。这是因为,企业从经营中收取的现金支付经营中的各种现金需要后的余额,即经营现金净流量,是企业可以自主支配的现金和现金积累的主要源泉,企业不仅扩大生产经营规模要依赖于它,而且对市场的应变能力也有赖于它。经营现金净流入量越多,企业的现金积累能力越强,应付突发事件和市场变化的现金支付能力才会越强,这种能力强,就意味着企业的风险低。

东方股份有限公司该指标的计算结果如下:

$$\text{2013 年收入经营现金净流量率} = \frac{5\ 880}{120\ 000} = 4.90\%$$

$$\text{2014 年收入经营现金净流量率} = \frac{5\ 406}{112\ 100} = 4.82\%$$

从上述计算结果可以看出,东方公司现金积累能力比较低,这将会对它的扩张能力和应变能力带来不利影响。将该比率与主营收入税后营业利润率相比较,可发现收入经营现金净流量率略高于主营收入税后营业利润率,这表明,主营收入盈利率指标真实可靠,质量较高。

（二）收入理论经营现金净流入率

从较长时间来看,经营现金净流入量＝净利润＋折旧和摊销。该经营现金净流入量可以称为理论经营现金净流入量。按该理论,收入经营现金净流量率的公式,可以按下面的方法进行分解。

$$\begin{aligned}
\text{理论收入经营现金净流量率} &= \frac{\text{理论经营现金净流量}}{\text{营业收入}} = \frac{\text{净利润＋折旧和摊销}}{\text{营业收入}} \\
&= \frac{\text{净利润}}{\text{营业收入}} + \frac{\text{折旧和摊销}}{\text{营业收入}} \\
&= \text{收入净利润率} + \text{折旧和摊销占营业收入的比重}
\end{aligned}$$

东方股份有限公司理论收入经营现金净流入量指标的计算结果如下:

$$\text{2013 年理论收入经营现金净流量率} = \frac{\overset{\text{净利润}}{5\ 600}}{120\ 000} + \frac{\overset{\text{固定资产投资}}{1\ 200} + \overset{\text{无形资产摊销}}{150} + \overset{\text{长期待摊费用}}{50}}{120\ 000}$$

$$= 4.67\% + 1.17\% = 5.84\%$$

$$\text{2014 年理论收入经营现金净流量率} = \frac{\overset{\text{净利润}}{5\ 250}}{112\ 100} + \frac{\overset{\text{固定资产投资}}{1\ 500} + \overset{\text{无形资产摊销}}{150} + \overset{\text{长期待摊费用}}{50}}{112\ 100}$$

$$= 4.68\% + 1.52\% = 6.2\%$$

（三）收入实际现金净流入量率与收入理论经营现金净流入率之间的关系

当然理论收入经营现金净流量率与实际收入经营现金净流量率在多数情况下会存在

差距,这应归咎于企业在营运资本方面的投资。实际收入经营现金净流量率与理论收入经营现金净流量率之间的关系可以用下式表述。

$$\frac{\text{实际收入经营}}{\text{现金净流量率}} = \frac{\text{净利润} + \text{折旧和摊销} - \text{营运资本投资}}{\text{营业收入}}$$

$$= \frac{\text{净利润}}{\text{营业收入}} + \frac{\text{折旧和摊销}}{\text{营业收入}} - \frac{\text{营运资本投资}}{\text{营业收入}}$$

$$= \frac{\text{收入净}}{\text{利润率}} + \frac{\text{折旧和摊销占}}{\text{营业收入的比重}} - \frac{\text{营运资本投资占}}{\text{营业收入的比重}}$$

$$= \frac{\text{收入理论经营}}{\text{现金净流入率}} - \frac{\text{营运资本投资占}}{\text{营业收入的比重}}$$

根据东方股份有限公司实际收入经营现金净流量率与理论收入经营现金净流量率之间的差额,可以计算出公司实际的营运资本投入量与营业收入之比,通过该比例还可以方便地计算出营运资本投资量。

东方股份有限公司实际营运资本投入量与营业收入之比为:

$$\frac{2013\text{ 年营运资本投资}}{\text{占营业收入的比重}} = \frac{\text{理论收入经营现金}}{\text{净流量率 5.84\%}} - \frac{\text{实际收入经营现金}}{\text{净流量率 4.90\%}} = 0.94\%$$

$$\frac{2014\text{ 年营运资本投资}}{\text{占营业收入的比重}} = \frac{\text{理论收入经营现金}}{\text{净流量率 6.2\%}} - \frac{\text{实际收入经营现金}}{\text{净流量率 4.82\%}} = 1.38\%$$

东方股份有限公司实际营运资本投入量为:

$$2013\text{ 年营运资本投资量} = 120\,000 \times 0.94\% = 1\,128(\text{万元})$$

$$2014\text{ 年营运资本投资量} = 112\,100 \times 1.38\% = 1\,547(\text{万元})$$

比较东风公司两年的实际营运资本占营业收入的比例,可以发现,追加营运资本占销售收入的比重 2013 年为 0.94%,2014 年为 1.38%,增速为 46.8%[(1.38%−0.94%)/0.94%]。这说明 2014 年的营运资本使用效率下降。营运资本使用效率下降是由营运资本投资量增大和销售收入减少共同作用的结果。可以说,如果一家企业的营业收入增长是建立在营运资本的大量投资之上,那么,该企业的产品受市场的欢迎程度就不如营运资本投入量小的企业。如果一家企业的营业收入下降,而营运资本投资增大,那么,该企业的产品销售可能遇到了问题,需要引起分析者的注意。东风公司正是属于营业收入下降、营运资本投资上升这种情况。结合本书前面相关的分析,也可以证明东风公司的销售遇到了困难。

二、收入 EBITDA 率

EBITDA 是英语 Earnings Before Interest,Taxes,Depreciation and Amortization 的缩写,即息税、折旧和摊销前收益。将 EBITDA 与理论的经营现金净流入量相比较,计

算 EBITDA 指标用的是息税前收益加折旧和摊销,计算理论经营现金净流入量指标用的是税后前收益加折旧和摊销。因为,税后收益=(息税前收益-利息)×(1-所得税率),所以 EBITDA 大于理论经营现金净流入量。使用 EBITDA 指标的意义在于,利息是在税前支出,企业实际的偿债能力要大于理论经营现金净流入量所反映的结果。因此,债权人比较关心该指标。

将 EBITDA 与营业收入相比,可以求得营业收入 EBITDA 率,即:

$$营业收入 EBITDA 率 = \frac{EBITDA}{营业收入}$$

营业收入 EBITDA 率主要希望揭示在维持企业正常经营的条件下,可以用于偿还负债的现金净流入量占营业收入的比例。但该比例究竟大好还是小好,仅从该指标难以判定。

东风公司的营业收入 EBITDA 率为:

$$\frac{2013 年度营业}{收入 EBITDA 率} = \frac{5\ 600 + 1\ 050(1 - 30\%) + 1\ 200 + 200}{120\ 000} = 6.45\%$$

$$\frac{2014 年度营业}{收入 EBITDA 率} = \frac{5\ 250 + 1\ 180(1 - 30\%) + 1\ 500 + 200}{112\ 100} = 6.98\%$$

比较 2013 年和 2014 年两年的营业收入 EBITDA 率可以看出,虽然 2013 年的盈利能力强于 2014 年,但 2013 年的营业收入 EBITDA 率却低于 2014 年,这是因为 2014 年营业收入低于 2013 年和折旧额大于 2013 年的缘故。如果单以营业收入 EBITDA 率指标值的大小,说明对偿债能力担保的强弱,容易得出错误的结论。我国不同行业的营业收入 EBITDA 率如表 7-1 所示:

表 7-1　　　　全国各行业国有企业平均 EBITDA 率统计性描述表[1]　　　单位:%

	2011 年	2012 年	2013 年
全部国有企业	10.2	9.3	5.9
最大值	28.4	28.6	27.5
最小值	1	1.2	1.2
标准差	5.465	4.905	4.970
变异系数	0.536	0.527	0.842

从表 7-1 可以看出,我国企业的 EBITDA 率从 2011 年到 2013 年逐年下降的趋势,意味着我国企业的收入现金流入能力减弱。行业最大值为电信业,三年的 EBITDA 率分别为 28.4%、28.6% 和 27.5%;行业最小值为麻纺织业三年的 EBITDA 率分别仅为 1%、1.2% 和 1.2%。从 EBITDA 率来看,我国的麻纺织业几乎已经丧失了借债的能力。

---

① 根据 wind 数据库提供的各个行业资料整理计算而得。

第二节　总资产经营现金净流量能力分析

一、总资产经营现金净流量率

总资产经营现金净流量能力可用总资产经营现金净流量率表示,该指标计算公式如下:

$$总资产经营现金净流量率 = \frac{经营现金净流量}{总资产平均余额}$$

该比率又称总资产现金回收率,表示资产创造经营现金净流量的能力,该比率越大,说明资产的现金回收能力越强,风险越小。用该指标与总资产税后利润率相较,可以判断企业总资产盈利率指标的质量。

东方股份有限公司 2014 年度该指标的计算结果如下:

$$总资产经营现金净流量率 = \frac{5\ 406}{(56\ 739 + 63\ 152) \div 2} = \frac{5\ 406}{59\ 946} = 9.02\%$$

二、总资产经营现金净流入能力分析的意义

计算结果表明,东方公司投入每百元资产,一年可创现金流入量 9.02 元,折算为资产回收期则为 11.09 年(100/9.02)。可见,该公司资产回收速度较慢,风险较大。

将总资产经营现金净流量率与总资产税后利润率相比,可以看出前者高出后者 0.26(9.02%−8.76%)个百分点,这表明东方公司总资产盈利率指标比较真实地反映了公司总资产的盈利状况,指标的质量较高。

我国企业总资产现金回收率的情况如表 7-2 所示。

表 7-2　　全国各行业国有企业平均总资产现金回收率统计性描述表[①]

单位:%

	2006 年	2007 年	2008 年	2009 年	2010 年	2011 年	2012 年	2013 年
全部国有企业	4.6	5.2	5.3	4	3.9	3.4	3	2.9
最大值	12.5	12.5	11.7	11.6	10.4	10.3	10.3	9.8
最小值	−4.6	−4.6	−0.7	−1.4	−1.5	−1.5	−1.8	−1.9
标准差	2.412	2.423	2.21	2.002	2.137	2.085	2.055	1.897
变异系数	0.524	0.466	0.417	0.5	0.548	0.613	0.685	0.654

从表 7-2 可以看出,我国企业的总资产现金回收率很低,且呈下降趋势,从全国平均

---

① 根据 wind 数据库提供的各个行业资料整理计算而得。

水平来看,在最高的 2008 年收回总资产大约需要 19 年,而最低的 2013 年则需要 35.5 年。行业最大值分别为天然原油和天然气开采业(2006—2009 年)、汽车制造业(2010—2012 年)、电力供应业(2013 年),行业最小值分别为锅炉及原动机制造业(2006—2007 年)、钟表业(2008 年)、房地产开发业(2009—2011 年)、船舶制造业(2012 年)、森林工业(2013 年)。

第三节　净资产经营现金净流量能力分析

净资产经营现金净流量能力既可用净资产经营现金净流量率表示,又可用普通股每股经营现金净流量表示。下面分述之。

一、净资产经营现金净流量率

该比率是经营现金净流量与净资产平均余额之比。其计算公式如下:

$$净资产经营现金净流量率 = \frac{经营现金净流量}{净资产平均余额}$$

该比率表示净资产创造经营现金净流量的能力,一般而论,该比率越高越好。东方公司 2014 年度该指标的计算结果如下:

$$净资产经营现金净流量率 = \frac{5\ 406}{(34\ 459 + 36\ 790) \div 2} = \frac{5\ 406}{35\ 625} = 15.17\%$$

该指标略高于该公司的净资产盈利率,说明净资产盈利率指标的质量尚可。上述计算结果说明,每百元净资产可创造 15.17 元的经营现金净流入量,如将这些现金全部分给所有者,那么投资者大约需要 6.59(1÷15.17%)年才能收回全部投资。

二、普通股每股经营现金净流量

普通股每股经营现金净流量是用得极为普遍的指标,我国证券市场上也要求公司发布此信息。将每股经营现金净流量与每股收益相比较,除可以考察每股收益的质量之外,还可以考察公司现金股利的支付能力,每股经营现金净流量越是大于每股收益,说明公司支付现金股利的能力就越强。每股经营现金净流量的计算公式如下:

$$普通股每股经营现金净流量率 = \frac{经营现金净流量 - 归优先股的经营现金净流量}{发行在外的普通股股数}$$

东方股份有限公司该指标的计算结果如下:

$$2013 年每股经营现金净流量率 = \frac{5\,880 - 200}{12\,000} = 0.473(元／股)$$

$$2014 年每股经营现金净流量率 = \frac{5\,406 - 200}{12\,000} = 0.434(元／股)$$

从上述计算结果可以看出,本年度普通股每股经营现金净流量较上年度有所减少,但下降的幅度尚不算大。将东方公司的普通股每股经营现金净流量与每股收益相比,可发现前者略高于后者,说明每股收益的质量尚佳,现金股利的支付能力也较强。

就东方股份公司的经营现金净流量与净利润的比较而言,虽然本年度前者高于后者156(5 406－5 250)万元,但净利润指标的质量并不算很高。这是因为在本年度的固定资产折旧(1 500 万元)和长期资产摊销(200 万元)之和达 1 700 万元,高于经营现金净流量与净利润的差异数 1 544(1 700－156)万元,这说明,东方公司的净利润中有 1 544 万元并没有相应的经营现金净流入量作保证;再进一步考察 2013 年度,也存在同样的情况,故东方公司的净利润的质量不算很高,它很难满足现金股利支付和保证维持再生产的全部现金需要量。

表 7-3　2013 年我国每股经营现金流量最低和最高的部分上市公司情况

单位:元

名称	每股收益(基本)	每股经营现金流量	名称	每股收益(基本)	每股经营现金流量
泰禾集团	0.72	－11.25	欧亚集团	1.54	3.25
京投银泰	0.10	－11.20	中国联通	0.16	3.93
象屿股份	0.28	－5.44	厦门钨业	0.67	4.10
中房地产	0.20	－5.35	扬农化工	2.19	4.14
阳光城	0.64	－5.24	庞大集团	0.08	4.27
东凌粮油	0.57	－4.81	格力电器	3.61	4.31
北京城建	1.44	－4.70	三联虹普	2.00	4.35
招商证券	0.48	－3.95	中国太保	1.02	4.98
金科股份	0.85	－3.90	金山股份	0.63	5.17
福建金森	0.35	－3.85	萃华珠宝	0.98	5.30
浪潮信息	0.67	－3.84	美的集团	4.33	5.96
云南铜业	－1.06	3.00	大商股份	4.01	6.09
京能置业	0.35	3.10	贵州茅台	14.58	12.19
皖能电力	1.11	3.14	宁波银行	1.68	13.43
湖北宜化	0.08	3.19	新华保险	1.42	18.02
华新水泥	1.26	3.21	南京银行	1.51	22.44
江山股份	1.53	3.24	中国平安	3.56	27.43

从表 7-3 可以看出,每股经营现金净流入量低于每股收益且为负的公司主要集中在投资集团、房地产和证券类公司,每股经营现金净流入量最大且大大高于每股收益的公司主要集中在银行和保险类公司,而制造性企业则处于中游水平。这是因为,投资集团、房

地产和证券类公司本身的固定资产折旧和长期资产摊销较小,为了获取收入的营运资本投资量又大;银行和保险类公司获取收入非但不需要投入营运资本,甚至投入营运资本多为负;制造性企业本身的固定资产折旧和长期资产摊销较大,为了获取收入的营运资本投资量的波动也大,因此经营现金净流入量的波动也大。一般来说,经营现金流量指标分析只适应于实体企业,而不太适应于分析金融类,特别是银行和保险类企业。因为,银行和保险类企业主要资产就是现金,按照通用会计准则计算出来的经营现金净流入量并不能反映其经营的特征。

<h1 style="text-align:center">第四节　自由现金流量分析</h1>

一、自由现金流量的特征

前述的现金流量能力分析是以经营现金净流入量为基础的。但有人认为,经营现金净流入量还不能全部用于股东分配,因为,企业必须留存一部分现金以保证企业的发展。因此,发展出了自由现金流量的概念。自由现金流量是指企业经营过程中产生的现金流量,在满足企业投资所需现金之后的那部分剩余现金流量。自由现金流量从企业和股东不同角度,可以分为企业自由现金流量和股东自由现金流量两种形式。

虽然自由现金流量目前在企业价值评估领域已经得到广泛运用,但这一概念还处于发展过程之中,其定义并不严密,对其内涵还没有达成统一的认识,会计报表也没有披露该信息。比较可行的办法是利用现金流量表近似分析计算自由现金流量。

二、企业自由现金流量的计算

企业自由现金流量是指企业扣除了所有经营支出、投资需要和税收之后的,在清偿债务之前的剩余现金流量;企业自由现金流量用于计算企业整体价值,包括股权价值和债务价值。

企业自由现金流量可以从如下三个方面理解:第一,该现金流量是企业经营过程中产生的,不包括来自筹资活动所产生的现金流量;第二,该现金流量减去了公司经营和发展所必需的现金支出;第三,该现金流量是可供股东分配的现金流量。按照该定义,自由现金流量可按照如下公式计算:

自由现金流量＝(税后净营业利润＋折旧及摊销)－(资本支出＋营运资本增加)

现有的财务报表并没有直接提供自由现金流量的数据,要掌握该数据,需要分析计算。按照现金流量表的结构特征,本书以现金流量表主表中提供的数据计算自由现金流量。对自由现金流量的计算公式进行变形,可以得到:

企业自由现金流量＝（税后净营业利润＋折旧及摊销－营运资本增加）－资本支出

　　　　　　　　＝经营活动产生的现金流量净额＋投资活动产生的现金流量净额

东方股份有限公司企业自由现金流量计算表如表7-4所示：

表7-4　　　　　东方股份有限公司企业自由现金流量计算表

项　　　目	上期金额	本期金额
一、经营活动产生的现金流量净额	5 880	5 406
二、投资活动产生的现金流量净额	300	−4 000
企业自由现金流量	6 180	1 406

三、股东自由现金流量的计算

股权自由现金流量是指扣除所有开支、税收支付、投资需要以及还本付息支出之后的剩余现金流量；股权自由现金流量用于计算企业的股权价值。

$$\begin{aligned}\text{股东自由}\atop\text{现金流量} &= \left(\text{税后净营}\atop\text{业利润} + \text{折旧及}\atop\text{摊销} - \text{营运资}\atop\text{本增加}\right) - \text{资本}\atop\text{支出} + \left(\text{新发行}\atop\text{债务} - \text{债务本}\atop\text{金偿还}\right)\\ &= \text{经营活动产生的}\atop\text{现金流量净额} + \text{投资活动产生}\atop\text{的现金流量净额} + \left(\text{筹资活动产生的}\atop\text{现金流量净额} - \text{吸收投资活动}\atop\text{收到的现金} - \text{分配股}\atop\text{利、利润}\right)\\ &= \text{现金及现金等}\atop\text{价物净增加额} - \text{吸收投资活动}\atop\text{收到的现金} - \text{分配股}\atop\text{利、利润}\end{aligned}$$

东方股份有限公司股东自由现金流量计算表如表7-5所示：

表7-5　　　　　东方股份有限公司股东自由现金流量计算表

项　　　目	上期金额	本期金额
一、经营活动产生的现金流量净额	5 880	5 406
二、投资活动产生的现金流量净额	300	−4 000
三、筹资活动产生的现金流量净额		
其中：吸收投资收到的现金		
分配股利、利润	3 141	2 919
股东自由现金流量	9 321	4 325

利用自由现金流量作为分子，替代前述的经营现金净流入量，可以分别计算出收入自由现金流量率、总资产自由现金流量率、净资产自由现金流量率等指标。

第五节　盈余现金保障倍数

盈余现金保障倍数反映的是经营现金净流量与净利润之比，计算公式为：

$$\text{盈余现金保障倍数} = \frac{\text{经营现金净流入量}}{\text{净利润}}$$

　　根据经营现金净流入量与净利润之间的关系,该指标的值应该大于1。如果指标的值小于1,则说明有一部分净利润没有经营现金净流入量作支撑,企业偿债和分红的能力会受到不利的影响。该指标越大,说明净利润的质量越高,反之,则越低。盈余现金保障倍数受企业所处行业的影响较大,比如,工业的固定资产折旧和各种摊销会大于商业,而重工业的固定资产折旧和各种摊销又会大于轻工业。除此之外,盈余现金保障倍数还受企业经营思路的影响,比如,靠大量投入营运资金获取利润企业的盈余现金保障倍数会低于投入营运资金少的企业,等等。

　　东风公司的盈余现金保障倍数为:

$$2013\text{年度盈余现金保障倍数} = \frac{5\ 880}{5\ 600} = 1.05(\text{倍})$$

$$2013\text{年度盈余现金保障倍数} = \frac{5\ 406}{5\ 250} = 1.03(\text{倍})$$

　　通过计算可以得知,东风公司的盈余现金保障倍数很低,利润质量不高,而且2014年的利润质量较2013年还有所降低。

表 7-6　　全国各行业国有企业平均盈余现金保障倍数统计性描述表①

单位:倍

	2000年	2001年	2002年	2003年	2004年	2005年	2006年	2007年	2008年	2009年	2010年	2011年	2012年	2013年
全部国有企业	2.6	1.4	1.4	1.5	1.6	1.2	1.3	1.4	1.5	1.3	1.2	1	0.7	0.7
最大值	18.8	3.9	4.2	3.6	4.6	5	4.6	4.6	4	4.7	15	15	4.9	4.7
最小值	−17.1	−1.7	0.1	−2.5	−0.7	−0.8	−1.4	−1.8	−1.6	−2.6	−2.8	−2.5	−1.2	−1.2
标准差	4.304	0.931	0.721	0.830	0.833	0.872	0.727	0.755	0.744	0.792	1.430	1.404	0.636	0.687
变异系数(倍)	1.655	0.665	0.515	0.553	0.521	0.726	0.560	0.539	0.496	0.609	1.192	1.404	0.909	0.981

　　从表7-6中可以看出,我国企业的盈余现金保障倍数呈现出降低的趋势,全部国有企业平均水平从2011年起下降为1,2012年和2013年则仅为0.7。我国盈余现金保障倍数从2008年以后就持续下降,很明显与国际金融危机密切相关。由于受国际金融危机的影响,我国企业的盈利质量正逐渐降低,值得分析者的高度关注。

---

　　① 根据 wind 数据库提供的各个行业资料整理计算而得。

【资料】

附表 7-1 　　全国各行业国有企业平均 EBITDA 率一览表①

单位：%

行　业	2011 年	2012 年	2013 年
全部国有企业	10.2	9.3	5.9
农林牧渔业	6	5.3	6.6
农业	8	8.1	10.1
林业	9	8.5	10.6
畜牧业	8	9.1	11.3
渔业	16	14.1	17.6
工业	12.4	10.2	6.5
煤炭工业	15.1	16.3	11.4
森林工业	8.4	6.9	6.6
水的生产与供应业	19.9	20.6	20
轻工工业	10	7.1	7.1
纺织服装服饰业	5	4.8	4.8
工艺品及其他制品业	10	8.1	7.3
家具制造业	7	7.2	6.7
皮革毛皮羽绒及其制品业	6	5.7	5.3
文教体育用品制造业	7.5	6.1	6.2
印刷业、记录媒介复制业	10	11.1	7.4
造纸及纸制品业	10	7.1	6.1
制茶业	4	4	4.7
酒和饮料制造业	10	11.2	11.4
白酒制造业	15	14.1	10.1
啤酒制造业	14	14.1	10.3
食品工业	3.3	3.7	3.5
食品加工业	3.5	3.9	3.7
食品制造业	7.7	8.6	8.1
烟草工业	14.6	14.7	14.9
纺织工业	4.8	5.7	5.7
麻纺织业	1	1.2	1.2
毛纺织业	4.6	5.5	5.5

---

① 表中数据根据 wind 数据库整理而得。

（续表）

行　业	2011 年	2012 年	2013 年
棉、化纤纺织业	4.9	5.8	5.8
丝绸纺织业	4.2	5	5
医药工业	13.2	15.5	18
化学药品原药、制剂制造业	12.1	14.2	16.5
中药材及中成药加工业	15.4	18.1	21
电力工业	10	12.2	13.5
电力供应业	10.4	12.3	12.3
燃气生产与供应业	13	13	10.8
热力生产和供应业	7.9	8.7	8.6
电力生产业	16.6	17.4	19.3
火力发电业	12.3	13.6	15.6
水力发电业	27.7	23.7	25.2
石油石化工业	12.8	11.2	9.5
天然原油和天然气开采业	16	16	13.6
原油加工及炼焦业	12	6	9.5
冶金工业	5.8	5.8	5.8
黑色金属矿采选业	12.5	12.5	12.5
黑色金属冶炼业	3.9	3.9	3.9
有色金属矿采选业	10.5	10.5	10.5
有色金属冶炼业	4.8	4.8	4.8
建材工业	15.3	7	7
建筑用金属制品业	3.1	3.1	3.1
建筑用矿石采选业	12.2	11	11
结构性金属制品业	3.6	3.6	3.6
水泥制品及石膏制品业	12.5	11	11
水泥制造业	18.8	8.9	8.9
电子工业	8.2	8.2	7.5
电子计算机制造业	4.3	4.3	3.5
电子元、器件制造业	3.6	3.6	3.8
广播电视设备制造业	5.7	5.7	5
通信设备制造业	8.9	8.9	9.1
化学工业	10.8	8.5	8.5
肥料制造业	10.6	7.5	7.5
化纤制造业	10.7	7.9	7.9
基础化学原料制造业	10.8	10.8	10.8
农药制造业	4.6	4.6	4.6

（续表）

行　业	2011 年	2012 年	2013 年
日用和化学产品制造业	9.9	7.2	7.2
塑料制品业	11.2	8.6	8.6
橡胶制品业	5.6	5.6	5.6
机械工业	8.5	8.3	8.3
矿山、冶金、建筑设备制造业	5	7.6	7.6
汽车制造业	8	8	8
船舶制造业	7.5	6.4	7.2
电工器材制造业	3.5	3	3
电机制造业	7.4	7.8	7.8
电气机械及器材制造业	6.8	6.8	6.8
锅炉及原动机制造业	5.3	6.7	6.7
化工、木材、非金属加工设备制造业	7.6	8.7	8.7
家用电器制造业	2.8	4.6	4.6
交通运输设备制造业	5	5.6	5.6
金属工具制造业	10	8.7	8.7
金属加工机械制造业	7.5	6.7	6.7
金属制品业	5.8	6.5	6.5
摩托车制造业	1.5	1.2	1.2
农林牧渔水利机械制造业	4	4.5	4.5
其他通用设备制造业	5.4	6.3	6.3
轻纺工业设备制造业	3.2	2.2	2.2
输配电及控制设备制造业	6	4.2	4.2
铁路运输设备制造业	6	5.9	5.3
通用设备制造业	5.1	6.7	6.7
通用仪器仪表制造业	7	8.9	8.9
医疗仪器设备制造业	3.6	7.8	7.8
仪器仪表及文化、办公用机械制造业	5.5	8	8
照明器具制造业	2.7	7.8	7.8
钟表制造业	5.5	13	13
轴承制造业	4.8	6.7	6.7
专用设备制造业	8.5	8.2	8.2
专用仪器仪表制造业	6.6	8.9	8.9
自行车制造业	1	3	3
传播与文化业	15.7	8.1	12.3
广播电影电视业	20.7	18.7	19.5
文化艺术业	18.3	14.6	13.8

（续表）

行　业	2011 年	2012 年	2013 年
房地产	15	16.6	16
房地产开发业	25	17.4	15
物业管理	8	9.2	8.5
建筑业	4.3	4.3	4.1
建筑安装业	4.6	4.6	4.4
建筑装饰业	2.9	2.9	2.8
房屋工程建筑业	4.5	4.5	4.3
房屋建筑业	4.6	4.6	4.4
土木工程建筑业	3.5	3.5	3.3
信息技术服务业	26.1	25.8	25
电信业	28.4	28.6	27.5
计算机服务与软件业	18.7	18.7	15.7
住宿和餐饮业	15.2	15.2	15.6
餐饮业	7.5	12.2	12.5
住宿业	14.6	14.1	14.5
批发和零售贸易业	4.8	4.8	3
商业贸易	5.5	5.5	3.4
商业批发			4.4
综合零售	7.2	4.2	2.6
物资贸易	5	5	3.1
物资批发			3
物资零售			2.6
社会服务业	12	12.4	12
公共设施管理	15	13.2	12.8
科研设计	11	11	11
旅游业	10.9	8.9	9.3
信息咨询服务业	8	8.1	8.2
投资公司	18	12	12
道路运输业	11.5	11.5	10.3
高速公路	12.5	12.5	11.3
铁路运输业	14.3	14.3	12.9
水上运输业	15.3	12	8.5
航空运输业	13.5	10	10
城市公共交通业	12.5	12.5	11.3

附表 7-2　　全国各行业国有企业平均资产现金回收率一览表①

单位:%

行　业	2006 年	2007 年	2008 年	2009 年	2010 年	2011 年	2012 年	2013 年
全部国有企业	4.6	5.2	5.3	4	3.9	3.4	3	2.9
农林牧渔业	3.4	3.5	2.3	1.3	1.2	1.2	1.2	1.2
农业	4.2	4.3	3.1	2.9	3	2.5	2.5	2.5
林业	3.3	3.4	2.2	2.2	2.3	2	2	2
畜牧业	4.1	4.2	3	3.4	2.9	3	2.8	2.8
渔业	1.4	1.5	0.3	0.8	0.9	0.8	0.8	0.8
工业	6	6.2	5.8	5.4	5.5	5	4.2	4
煤炭工业	7	7	8.6	5.8	6.3	6.6	7	3.5
森林工业	1.6	2.4	2.3	2	2	1.6	−1.6	−1.9
水的生产与供应业	3.6	3.6	3.7	2.1	2.3	3.1	2.8	2.7
轻工工业	3.1	3.4	3.9	3.3	3.3	3	3	3.1
纺织服装服饰业	2.9	3.2	3.1	3	3	3	2.4	2.2
工艺品及其他制品业	1.8	2.1	2.5	2.6	2.3	2.2	2.2	2.1
家具制造业	1.4	1.7	1.4	1.7	1.5	1.5	1.9	2
皮革毛皮羽绒及其制品业	2.2	2.5	2.1	2.3	2.7	2.6	3	2.8
文教体育用品制造业	1.6	1.9	1.8	1.9	2.3	2	2.2	2.2
印刷业、记录媒介复制业	3.9	4.2	3.9	2.3	2.9	2.5	2.8	2.8
造纸及纸制品业	2.9	3.2	3	2.8	2.8	2.8	1.8	1.2
制茶业	2.1	2.2	2	1.9	2.2	2.2	2.2	2.1
酒和饮料制造业	3.4	3.5	4.2	4.6	4.9	4.5	4.7	4.4
白酒制造业	0.6	0.7	0.8	0.9	1.8	1.9	2.7	2.7
啤酒制造业	6.6	6.7	6.5	6	6	6	6.1	5.9
食品工业	4.1	4.1	3.8	2.7	3.1	2.8	2.6	2.6
食品加工业	4.2	4.2	4	3.2	2.9	2.8	2.6	2.6
食品制造业	3.4	3.4	3.2	2.8	3.1	2.8	2.6	2.6
烟草工业	5.6	6.2	6.4	5.8	5.4	6.1	5.5	5.1
纺织工业	2.3	2.3	2	1.5	1.8	2	2.1	2.5
麻纺织业	0.5	0.5	0.4	0.5	1.3	1.3	1.4	1.8
毛纺织业	1.9	1.9	1.7	1.5	1.6	1.6	1.7	2.1
棉、化纤纺织业	1.9	1.9	1.8	1.1	2.3	2.3	2.4	2.8

①　表中数据根据 wind 数据库整理而得。

（续表）

行　业	2006 年	2007 年	2008 年	2009 年	2010 年	2011 年	2012 年	2013 年
丝绢纺织业	1.9	0.8	0.7	0.6	0.9	0.9	1	1.4
医药工业	3.5	3.5	3.9	4.5	5.1	5.9	5.5	5
化学药品原药、制剂制造业	3.5	3.5	3.7	3.8	4.7	4.7	4.3	3.8
中药材及中成药加工业	3.9	3.9	4.2	4.3	5.5	6.6	6.2	5.7
电力工业	6.5	6.6	6.2	6.3	6.7	5	5.3	5.7
电力供应业	6.8	6.8	6.4	6.5	8.8	8.6	9.1	9.8
燃气生产与供应业	4.6	5.1	5.3	5.1	5.3	4.9	5.4	5.2
热力生产和供应业						3.6	3.8	3.7
电力生产业	6.3	6.4	6	5.8	5.6	5	5.2	5.2
火力发电业	6.4	6.4	5.5	5.6	5.6	5.6	5.2	5.3
水力发电业	6.1	6.1	6.4	6.2	6.4	6.2	6.4	6.7
石油石化工业	6	6	8.8	8.4	7.2	7.4	7.4	6.2
天然原油和天然气开采业	12.5	12.5	11.7	11.6	10.1	9.6	9.6	9.6
原油加工及炼焦业	1	1	1.6	1.9	2	2.5	2.5	2.5
冶金工业	6.5	6.5	5.2	4.9	4.9	3.2	3.2	1.2
黑色金属矿采选业	5.6	5.6	5	2.8	2.3	2.2	2.2	2.2
黑色金属冶炼业	6.3	6.3	5	4.4	4	1.3	1.2	1.2
有色金属矿采选业	9.7	9.7	8.7	2.9	2.8	2.2	2.2	2.2
有色金属冶炼业	5.7	5.7	5.6	2.9	2.8	0.9	0.9	0.9
建材工业	2.7	2.7	2.8	2.2	2	2	2	2
建筑用金属制品业	1	1	1.8	1.9	0.6	0.6	0.6	0.6
建筑用矿石采选业	3.4	3.6	3.7	3.9	2.8	2.8	2.8	2.8
结构性金属制品业	1.1	1.1	1.4	2.1	1.2	1.2	1.2	1.2
水泥制品及石膏制品业	3.3	3.3	3	3.3	3.1	3.2	3.2	3.2
水泥制造业	2.6	2.6	2.4	3.4	4.2	4.5	4.5	4.5
电子工业	2.2	2.2	2.2	2	4	2.4	1.7	1.7
电子计算机制造业	1.3	2	2	1.8	10	3.2	2.5	2
电子元、器件制造业	1.4	1.4	−0.1	−0.3	3	9	8.3	6.5
广播电视设备制造业	1.4	1.4	1.4	6.7	4	1	0.3	0.3
通信设备制造业	3.1	2.5	2.5	2.3	2.3	3	2.3	3
化学工业	5.1	5.4	4.9	5.1	5.1	5	4	4
肥料制造业	7	6.3	5	5.5	5.5	5.5	5.5	5.5
化纤制造业	5.6	5.9	4.3	4.2	4.9	4.4	2.4	2.4
基础化学原料制造业	4.7	5	4.4	6.3	6.4	6.4	3	3

（续表）

行　业	2006 年	2007 年	2008 年	2009 年	2010 年	2011 年	2012 年	2013 年
农药制造业	5.2	5.5	5.4	5.6	5.5	4.7	4.5	4.5
日用和化学产品制造业	1.3	1.3	1	1.1	1.4	1.4	1.4	1.4
塑料制品业	3.4	3.7	2	2.2	3.1	3.2	3.2	3.2
橡胶制品业	3.4	3.1	2	2.5	3	1.9	1.9	1.9
机械工业	1.8	2.2	3.3	3.3	3.3	3	1	1
矿山、冶金、建筑设备制造业	3.4	3.4	3.5	3.2	3.2	3.2	2.5	2.5
汽车制造业	9.4	9.8	7.8	7.8	10.4	10.3	10.3	5
船舶制造业	6.6	9.9	5.5	5.5	2.5	2.2	−1.8	−1.2
电工器材制造业	1	1.6	1.4	1.5	2.6	2.6	2	2
电机制造业	6.9	6.2	6.1	5.8	5.8	5.8	2.6	2.6
电气机械及器材制造业	4.4	4	3.8	3.9	2.8	2.8	1.2	1.2
锅炉及原动机制造业	−4.6	−4.6	0.8	1.1	1.5	1.3	0.9	0.9
化工、木材、非金属加工设备制造业	1.1	1.1	1.2	1.3	1.3	1.3	1.1	1.1
家用电器制造业	3.8	3.4	3.5	3.7	3.7	3.7	3.8	3.8
交通运输设备制造业	4.1	4.9	5.1	5.7	6	6	5	5
金属工具制造业	2.7	2.4	2.5	2.3	2.4	2.3	1.9	1.9
金属加工机械制造业	2.6	2.6	2.7	2.4	2.4	2.2	1.6	1.6
金属制品业	2.7	2.8	2.7	2.4	2.6	2.6	2.2	2.2
摩托车制造业	3.2	3.2	3.2	2.8	2.8	2.6	2	2
农林牧渔水利机械制造业	1.2	1.2	1.1	0.5	4	4	3.1	3.1
其他通用设备制造业	2.7	2.7	2.8	2.9	3.3	3.2	2.7	2.7
轻纺工业设备制造业	1.5	1.5	1.3	1.3	1.5	1.5	1.3	1.3
输配电及控制设备制造业	3.6	3.2	3.6	3.7	3.1	3	2.5	2.5
铁路运输设备制造业	−1.1	2.4	2.5	2.5	4	4	2	1.5
通用设备制造业	1	1	1	1	1.8	1.8	1.6	1.6
通用仪器仪表制造业	3	3	2.9	3.1	5	5.1	3.2	3.2
医疗仪器设备制造业	0.4	2.3	2.3	2.5	9.1	9	6.6	6.6
仪器仪表及文化、办公用机械制造业	2.8	2.8	2.7	2.8	3.2	3.2	2.8	2.8
照明器具制造业	1.6	1.4	1.3	1.5	1.5	1.5	1.4	1.4
钟表制造业	−0.6	−0.6	−0.7	0.3	0.8	0.8	0.6	0.6
轴承制造业	1.9	1.9	2.1	2.3	2.5	2.5	1.9	1.9
专用设备制造业	2.7	2.9	2.8	2.6	2.8	2.9	2.5	2.5

（续表）

行　业	2006 年	2007 年	2008 年	2009 年	2010 年	2011 年	2012 年	2013 年
专用仪器仪表制造业	3.2	3.2	3.1	2.8	3.5	3.5	2.3	2.3
自行车制造业	1.6	1.6	1.6	1.5	2	2	4	4
传播与文化业	4.1	4.6	4.7	4.9	5.2	5	3.4	3.4
广播电影电视业	5.6	6.1	6.2	6.7	6.5	6.5	5.3	5
文化艺术业	1.3	1.8	1.9	2	2.4	2.4	2.4	3
房地产	−1.5	−1.4	−0.4	−0.1	−0.3	−0.3	0.8	0.5
房地产开发业	0.2	0.3	1.3	−1.4	−1.5	−1.5	1.1	0.7
物业管理	2.1	2.2	3.2	2.5	2.6	2.5	2.4	2.5
建筑业	2.8	2.2	2.2	1.8	1.9	0.8	0.7	0.4
建筑安装业	3	2.5	2.5	2.3	2.9	2.5	2.4	2.1
建筑装饰业	2	1.5	1.5	1.7	3.3	2.6	2.5	2.2
房屋工程建筑业	2.5	2	2	1.9	2.1	1.7	1.4	1.1
房屋建筑业	2.3	1.8	1.8	1.7	2.1	1.8	1.7	1.4
土木工程建筑业	2.8	2.3	2.3	2.5	2.2	1.6	1.5	1.2
信息技术服务业	6.5	6.6	6.4	3.3	3.7	5.2	6.2	6.5
电信业	7.4	7.6	8.5	6.3	6.5	6.5	7.6	8.6
计算机服务与软件业	4.1	4.2	4.3	4.5	5.2	4.5	3.6	3.2
住宿和餐饮业	4.9	5.1	5.2	3.4	3.3	5.7	4	3.6
餐饮业	3	3.2	3.3	2.5	2.7	2.6	5	4.6
住宿业	5.2	5.4	5.4	5.1	4.8	4.9	2.6	2.2
批发和零售贸易业	4.2	4.3	3.1	1.8	1.8	1.7	1.5	1
商业贸易	6.3	6.3	6.5	3.4	3.9	3.5	3.3	2.8
商业批发	0	0	8.7	8.7	8.9	4.8	5.5	3.3
综合零售	4.9	4.9	5.1	5.2	5.8	5.3	6.1	5.6
物资贸易	2.8	2.8	2.6	2.5	2.3	2	1.8	1.3
物资批发	0	0	2.7	2.7	2.5	2.6	2.3	2
物资零售	0	0	3	3	2.8	2.2	3	3
社会服务业	1.7	1.5	3.3	2.5	2.5	2.5	2.5	2.5
公共设施管理	0.8	0.6	0.8	0.8	0.8	0.6	1.2	1.2
科研设计	9.4	9.3	7.4	5.2	5.6	5	3.2	3.2
旅游业	3.1	3.5	3.3	2.8	2.8	3.4	2.5	3.8
信息咨询服务业	3.9	3.7	3.2	3.3	3.5	4	3.8	3.8
投资公司	5	1.9	2	2.1	2	1.8	1.5	1.5
道路运输业	4	4	3.8	4.2	4.8	5	4	3.7
高速公路	5.2	5.2	5.1	6.7	7.1	7.3	6.3	6
铁路运输业	4.2	2.9	3	1.3	1.5	1.6	0.6	0.3
水上运输业	8.4	7.3	10.4	0.6	0.7	0.7	0.6	0.5
航空运输业	5.2	5.3	5.2	3.1	8	4.5	3.1	3.5
城市公共交通业	3.3	2.8	2.6	2.6	2.7	0.1	0.1	0.8

附表 7-3

全国各行业国有企业平均盈余现金保障倍数一览表①

单位：%

行　业	2000年	2001年	2002年	2003年	2004年	2005年	2006年	2007年	2008年	2009年	2010年	2011年	2012年	2013年
全部国有企业	2.6	1.4	1.4	1.5	1.6	1.2	1.3	1.4	1.5	1.3	1.2	1	0.7	0.7
农林牧渔业	-1.5	1.6	1	1.5	2.1	1.4	1.6	1.6	1.7	1.1	1.1	1.1	0.9	0.9
农业	-2.7	1.2	1	1.8	2.4	1.5	1.6	1.6	1.7	1.5	1.5	1.5	1.5	1.5
林业	-0.3	0.7	0.9	1.5	1.7	2.2	2.2	2.2	2.3	2.1	1.8	1.5	1.5	1.5
畜牧业	1.2	1.5	1.9	1.2	1.7	1.3	1.4	1.4	1.5	2	1.1	0.8	0.8	0.8
渔业	1.1	0.7	1.4	0.5	0.7	0.6	1	1.1	1.1	1	1	1.2	1.1	1.1
工业	4.2	1.6	1.5	1.7	1.8	1.2	1	1.1	1.6	1.5	1.6	1.5	1	1
煤炭工业	-0.2	2.3	2.2	2.6	2.3	1.5	1.1	1.2	1.8	1.6	1.6	1.5	1.4	0.8
森林工业	-0.9	2.3	3.7	1.9	2.4	1.5	1.5	1.5	1.5	1.5	0.9	0.7	0.9	-1.2
水的生产与供应业			2.3	3.2	3	2.8	2.6	2.6	2.7	2.5	2.5	2.2	2.1	1.9
轻工工业	4.5	0.8	1.1	1.6	1.1	1.3	0.9	1.1	1	1.1	1.1	1.1	0.8	0.8
纺织服装饰业			1	0.9	0.5	2	0.9	1	1	1	1	1.1	1.1	1.1
工艺品及其他制品业			1.1	1.6	1.2	1.4	0.8	1	1.1	1.3	1	1.1	1	1
家具制造业	4.7	0.1	0.6	0.7	1	1.1	1.1	1.3	0.6	0.8	0.7	0.8	1.3	1.2
皮革毛皮羽绒及其制品业	-0.3	0.6	1	0.1	1.6	3	1.8	2.2	1.9	1.9	1.8	1.8	1.8	1.6
文教体育用品制造业	1.8	1.1	0.4	0.5	1.1	1.9	1.1	1.3	1.2	1.2	1.2	1.2	1.2	1.2
印刷业、记录媒介复制业	2	0.6	1.7	1.6	1.2	1.8	1.8	2.2	2.1	2	1.9	1.5	1.5	1.5
造纸及纸制品业		0.3	1.5	2.2	1.3	1.7	1.6	1.9	1.6	1.5	1.3	1.3	1.3	1
制浆业		0.7	2.2	3.2	2	-0.8	-1.4	-1.2	-1.4	0.5	0.6	0.5	0.7	0.7
酒和饮料制造业	8.6	0.9	1.8	1.7	1	1	1	1.2	1.3	1.4	1.5	1.2	1.2	1.1
白酒制造业	11.5	1.1	1.1	1.3	0.6	0.6	0.1	0.1	0.2	0.3	2.1	2	2	2
啤酒制造业	6.4	1.2	1.7	3.1	2.1	1.6	1.7	2	2.1	2.2	2.1	2.3	2.3	2
食品工业	0.4	1.3	1	1.1	1	1	1	1.3	1.1	1.4	1.2	1	1.2	1.3

① 表中数据根据 wind 数据库整理而得。

（续表）

行　业	2000年	2001年	2002年	2003年	2004年	2005年	2006年	2007年	2008年	2009年	2010年	2011年	2012年	2013年
食品加工工业	-0.7	1.6	0.9	1	1	1.4	1.4	1.4	1.2	1.4	1.2	0.9	1.1	1.2
食品制造业	3.3	0.9	1	1.2	0.8	0.8	0.8	1	0.9	1	1.5	1.3	1.6	1.7
烟草工业	3.1	1.4	0.7	1.2	1.2	0.9	0.9	1	1.3	1.4	1.5	1.3	1	0.8
纺织工业	3	0.8	0.9	1	1.2	2.4	1.9	1.9	1.7	1.8	2	1.5	1.3	1.3
麻纺织业	0.4	-0.2	0.2	1.1	0.8	2.9	0.4	0.4	0.3	0.8	1.7	1.4	1.2	1.2
毛纺织业	5.8	1.1	0.6	0.9	0.8	2	1	1	1	1.9	1.7	1.7	1.5	1.5
棉、化纤纺织业	2.7	1	1.5	1.2	1	2.5	1.6	1.6	1.3	1.6	1.8	1.6	1.4	1.4
丝绢纺织业	1.3	1.7	1.4	1.4	-0.1	0.5	1.7	1.5	1.4	1.1	0.9	0.9	0.8	0.8
医药工业	7.6	0.5	1	1.1	0.9	1.6	1	1.3	1.4	1.5	1.3	1.5	1.4	0.5
化学药品原药、制剂制造业	5.9	0.9	1	1.1	0.9	1.7	1.2	1.6	1.7	1.9	1.5	1.4	1.3	0.5
中药材及中成药加工工业	11.5	0.6	1	1	0.9	1.2	0.7	0.9	0.9	1	1.1	1.6	1.5	0.5
电力工业	4.8	1.2	2.6	2.4	2.1	2.4	2.4	2.4	1.2	1.4	2.6	2.6	2.5	2.5
电力生产与供应业	3.4	3.8	3.1	3.5	3.1	5	4.6	4.6	3.5	3.6	4.6	4.6	4.9	4.7
燃气生产与供应业	-3.6	0.5	1.4	2.2	1.4	1.2	2.4	2.4	2.5	2.6	2.8	2.5	2.3	1.7
热力生产和供应业												1.4	1.4	1.4
电力生产业	11.5	1.5	2.4	1.7	1.7	1.6	1.5	1.7	0.8	1.1	1.5	1.7	2.4	2.7
火力发电业	6.8	1	2.7	2	1.9	1.4	1.4	1.4	0.8	0.9	1.1	1.4	2.5	2.5
水力发电业	0.1	2	2.5	2.8	2.4	2.1	2	2.2	2.3	2.4	2.4	2.4	2.1	2.3
石油石化工业	7.5	3.4	2	2.5	1.6	1.1	1.1	1.4	1.2	1	1	0.7	0.7	0.8
天然原油和天然气开采业	18.8	1.2	1.3	2.1	2	1.5	1.4	1.4	1.5	1.5	1.5	1.7	1.7	1.7
原油加工及炼焦业	6	3.5	0.3	1.9	0.8	0.4	0.4	0.8	0.8	1.1	0.8	0.8	0.8	0.8
黑色金属矿采选业	6.2	3.3	1.8	1.9	0.6	0.8	0.7	1.1	0.9	1	1	0.9	0.9	0.3
黑色金属冶炼业	1.7	3.4	2.4	2.1	2.1	1.4	1.3	1.7	1.3	1.1	0.9	1.3	1.3	0.9
有色金属矿采选业	6.2	2.9	1.3	1.4	1.4	1.2	1.2	1.2	1.4	0.9	1	1.1	1.2	0.7
有色金属冶炼业	1.7	1.6	2.4	2.1	1.6	1.4	1.3	1.7	1.3	1.1	0.9	1.3	1.3	0.9
建材工业	6.2	1.6	1.3	1.4	1.4	1.2	1.2	1.2	1.4	0.9	1	1.1	1.2	1.3
建筑用金属制品业	7.1	-0.4	1.3	2.9	0.8	0	0.9	0.9	1.6	1.8	0.6	0.5	0.6	1.2
建筑用矿石采选业	3.2	1.1	1.4	2.1	2.2	1.1	1	1.2	1.4	1.5	1.5	1.5	1.5	1.5

（续表）

行 业	2000年	2001年	2002年	2003年	2004年	2005年	2006年	2007年	2008年	2009年	2010年	2011年	2012年	2013年
结构性金属制品业	0.1	0.2	2.2	2.3	1	1.1	1.1	1.1	1.6	1.7	1	1	1	1
水泥制品及石膏制品业	3.1	2.4	0.3	1.7	2.2	1.2	1.1	1.1	1.4	1.5	1	1	1	1
水泥制造业	0.6	1.4	1.5	1.2	1.3	1.2	1.1	1.5	1.7	1.9	1.2	1.2	1.2	1.2
电子工业	5.5	0.4	0.8	1.1	1.1	0.6	0.6	0.9	1	0.9	0.9	0.9	0.9	0.7
电子计算机制造业	5.9	0.3	0.5	1.7	0.7	-0.4	0.4	0.4	0.4	0.4	1.2	1.8	1.8	1.5
电子元、器件制造业	6.1	0.7	1.1	1.9	1.5	1.1	0.4	0.4	-0.4	-0.4	0.9	0.8	0.8	0.5
广播电视设备制造业	4.6	0.2	0.1	0.6	4.2	0.4	0.4	0.5	0.6	0.5	2.8	2	0.9	2.5
通信设备制造业	8	0.3	0.9	1.2	0.9	0.2	1.1	1.1	1	0.9	0.9	0.9	0.9	2
化学工业	1.8	1.6	1.9	2	1.7	1.5	1.4	1.4	1	1.1	1.1	0.9	0.9	0.9
肥料制造业	0.1	2	2.2	3	2.7	1.6	1.2	1.1	1	1.1	1.2	1.2	1.2	1.2
化纤制造业	1.9	1.4	2.8	2.3	1.7	1.4	1.4	1.4	1	0.8	1.1	1.1	1.1	1.1
基础化学原料制造业	4.5	1.9	1.5	2.2	1.8	1.6	1.5	1.5	1.2	1.1	1.4	1.3	1	1
农药制造业			1.7	1.8	2.4	1.2	1.2	1.4	1.3	1.4	1.5	1.5	1.5	1.5
日用和化学产品制造业	1.2	1.5	1.2	1	1.2	-0.2	0.6	0.6	0.5	0.6	0.9	0.9	0.9	0.9
塑料制品业	1.8	1.1	1.3	1.2	1.3	1.9	1.2	1.2	0.6	0.8	0.8	0.9	0.9	0.9
橡胶制品业	-0.8	2.1	2.7	2.9	1.4	1.2	1.2	1.2	1	1.1	1.2	1.1	1.1	1.1
机械工业	3.9	1.1	1.2	1.2	0.9	0.8	0.8	1.2	1.3	1.8	1.6	1	1	2.7
矿山、冶金、建筑设备制造业	1.8	1.3	1	1.7	1.8	0.7	0.7	0.8	0.8	0.9	0.9	0.9	0.8	0.8
汽车制造业	6.7	0.9	0.7	1.1	0.7	1	1.2	1.4	1.2	2.3	2.4	2.1	1.5	1.6
船舶制造业	-1.5	2.7	2.3	2	1.6	2.9	3	3	3	2	2	1.7	-1.2	-0.6
电工器材制造业	4.5	1.3	1	1.8	1.2	0.7	0.7	0.7	0.7	0.8	1	1	0.7	0.7
电机制造业	0.1	2.7	2.1	1.3	4.5	2.2	0.9	1	1	1.1	1.1	1.1	0.7	0.7
电气机械及器材制造业	3.8	0.9	0.9	0.8	1.6	0.9	1.2	1	1	1.1	1.1	1.1	0.6	0.6
锅炉及原动机制造业	2.2	0.9	1.2	2.5	4.6	4.2	-0.8	-0.8	1	0.8	1	1	0.8	0.8
化工、木材、非金属加工设备制造业			0.9	2.3	2.1	1.5	0.8	1.1	1	1	15	15	3.2	3.2
家用电器制造业	5.8	1.1	0.7	0.6	0.8	0.5	0.5	1.1	1.2	1.3	1.3	1.3	1	1
交通运输设备制造业	5	0.9	1.2	1.2	0.7	0.6	1.5	1.6	1.7	1.9	1.9	1.7	1.4	1.4
金属工具制造业	-0.2	1.8	1	0.8	1	1.3	0.9	0.8	0.9	1	1.1	1.1	1	1

（续表）

行　业	2000年	2001年	2002年	2003年	2004年	2005年	2006年	2007年	2008年	2009年	2010年	2011年	2012年	2013年
金属加工机械制造业	0.8	-0.2	1.8	2.2	2.6	1.3	1.2	1.2	1.3	1.4	1.4	1.4	1.1	1.1
金属制品业	2.8	1.1	1.4	0.5	0.8	1.3	0.8	0.9	0.8	1.2	0.8	0.8	0.5	0.5
摩托车制造业	0.9	0.1	0.9	1.1	1.1	3.7	3	0.6	1	1.1	1.2	1.2	0.9	0.9
农林牧渔水利机械制造业	-0.8	1.7	1.4	2	1.4	0.3	0.7	0.8	0.8	0.9	1.1	1.1	1	1
其他通用设备制造业			1.2	1.3	1.2	0.8	0.8	0.9	0.9	1	1	0.8	0.8	0.8
轻纺工业设备制造业	2	1.6	1.5	1.4	1	0.1	0.1	0.8	0.7	0.7	0.7	0.7	0.7	0.7
输配电及控制设备制造业	2	0	0.9	0.6	1	1	1	1	1	1.1	1.1	1.1	1.3	1.3
铁路运输设备制造业	-3.3	0.8	1.9	3.6	0.8	2.4	-0.4	-1.8	1	1.1	1.8	1.8	1.2	0.4
通用设备制造业	2.9	0.8	1.2	1.6	2.1	2.3	0.1	0.3	0.2	0.3	0.5	0.5	0.4	0.4
通用仪器仪表设备制造业	1.8	1.2	2.3	2.5	1.6	0.8	0.8	0.8	0.9	1	1.2	1.2	1.2	1.2
医疗仪器设备制造业	15.8	1	0.7	1	0.9	0.8	0.1	1	1	1.1	1.1	1.1	1	1
仪器仪表及文化办公用机械制造业	2.4	1.2	1.6	2.6	1.1	1	1	1	1.8	1.1	1.1	1.1	0.6	0.6
照明器具制造业	3.8	1.3	0.9	1.3	1.3	1	1	1	1.8	1.1	1.1	1.1	0.9	0.9
钟表制造业	-17.1	-1	0.5	-0.5	-0.7	-0.1	-0.1	-0.1	-0.3	0.4	0.5	0.5	0.5	0.5
轴承制造业	-0.8	1.7	1.1	2	1.8	1.3	0.8	1	1	1.1	1.1	1.1	1	1
专用设备制造业	0.4	2	0.9	1.6	2.1	0.8	0.8	0.9	0.9	1	1	1	0.9	0.9
专用仪器仪表制造业	3.5	1.3	0.9	1.3	0	0.4	1.8	1.3	1.8	1.9	1.9	1.9	1	1
自行车制造业	-4.2	-1.7	1.2	-0.3	2.3	2.1	1.3	1.3	1.5	1.4	2	2	2.1	2.1
传播与文化业		1	1.3	1.1	1	1	0	0.3	0.5	0.9	1	1	1.1	0.8
广播电影电视业		0.7	0.4	0.9	1.6	1.3	1.2	2.4	4	4.7	3.8	4	2.8	2.6
文化艺术业	5	1.8	3.8	0.7	1.1	1.7	1.1	2.2	3.7	3.9	3.5	3.5	1.8	1.4
房地产														
房地产开发业	4.6	0.3	0.2	0.5	0.2	0.6	-1	-1.2	-1.6	-1.7	-1.6	-1.1	1.2	0.8
物业管理	11.8	1.9	1.2	1.2	1.1	1.3	1.1	0.1	0.1	-2.6	-2.8	-2.5	1.4	1
建筑业	0.5	1.3	1.7	1.2	1.2	0.9	1.3	1.2	1.2	1.6	0.6	0.4	0.3	0.3
建筑安装业	0.5	3.2	1.6	0.3	1.5	1.3	1.5	1.7	2.1	1.6	1.5	1	0.8	0.8

（续表）

行　业	2000年	2001年	2002年	2003年	2004年	2005年	2006年	2007年	2008年	2009年	2010年	2011年	2012年	2013年
建筑装饰业		−0.4	1.5	1.1	1.9	0.4	0.4	0.5	0.6	1.1	2.8	1	0.8	0.8
房屋工程建筑业		0.3	1.7	1.4	1	0.9	0.9	1	1.3	1.1	1.2	0.6	0.5	0.5
房屋建筑业	0.3	1.2	1.8	1.9	0.7	0.9	0.7	0.8	1	0.9	1.1	0.9	0.7	0.7
土木工程建筑业	0.5	1.2	1.7	1.1	0.9	4.5	1.2	1.4	1.8	2	2.4	0.5	0.4	0.4
信息技术服务业		0.8	1.2	1.2	1.2	1.5	0.9	0.9	1.2	1.2	1.2	1.2	1.2	1.2
电信业		0.9	1.2	1.1	1.3	1.5	0.9	0.9	1.6	1.7	1.2	1.1	1.3	1.2
计算机服务与软件业		0.5	0.7	1.2	0.8	1.2	1.2	1.2	1.4	1.5	1.7	1.2	1	1
住宿和餐饮业	−1	1.8	1.9	1.9	2.2	1.9	1.9	1.9	1.9	2.9	2.5	2.9	1.6	1.9
餐饮业		2.3	0.8	1.5	1.6	1.1	1.1	1.1	1.1	1.6	1.4	1.7	0.9	1.1
住宿业	−3.8	2.3	2.2	1.9	2.4	2.1	2	2	2	1.9	1.6	1.9	1.7	2
批发和零售贸易业	0.8	1.2	1.4	1	0.7	1.1	0.7	0.7	0.8	0.9	0.7	0.8	0.7	0.4
商业贸易	1.2	1	1.4	1.2	1.2	1.2	0.6	0.6	0.8	0.9	1.1	1.2	1.1	0.6
商业批发			1.2	0.8	1.5	1.1	1	1.1	0.4	0.4	0.5	0.9	1.1	0.9
综合零售	1	1.8	1.1	1.7	1.8	1.5	1.3	1.3	1.7	1.5	1.4	1.7	0.9	0.5
物资贸易	0.7	1.6	1.9	0.8	0.6	0.8	0.5	0.5	0.4	0.7	0.9	0.7	0.6	0.3
物资批发			0.7	1.6	1.9	0.8	0.6	0.9	0.4	0.4	0.3	0.6	0.5	0.4
物资零售			0.4	1	0.7	0.7	0.4	−0.1	1.4	1.4	1.1	0.9	1.1	1.3
社会服务业	0.7	1.2	1.1	0.7	0.6	0.6	0.6	0.9	1.8	1.2	1.5	1.6	1.6	1.8
公共设施管理		2.2		0.8	0.1	1.3	0.3	0.6	0.6	0.7	0.5	0.6	0.6	0.5
科研设计		0.9	1.1	1.1	2.1	2	1.2	1.3	0.8	1	1.1	1.2	1.2	1.1
旅游业	1.5	0.9	1.1	1.7	2.2	0.2	1	1.1	1	1.7	1.7	2	0.6	0.9
信息咨询服务业	3.3	0.6	0.4	1.3	0.7	0.4	0.6	0.7	0.7	0.9	0.3	0.1	1	1
投资公司			0.9	0.1	−0.2	−0.1	0.3	0.3	0.5	0.5	0.4	0.5	0.6	0.8
道路运输业	0.2	3.3	1.6	1.8	2	1.4	0.8	0.9	0.8	1.2	1.7	1.8	1.8	1.4
高速公路			1.2	1.5	1.6	1.5	1.5	1.6	1.5	1.7	1.8	2	2	1.6
铁路运输业	3.8	2.3	4.2	3.3	4.1	2	0.6	0.9	0.9	1.2	1.3	1.5	1	0.8
水上运输业	0.2	1.9	1.5	1.6	2.1	1	0.7	0.7	1.6	0.5	0.3	0.2	0.2	0.2
航空运输业	0.5	3.9	2.9	−2.5	0.9	1.6	1.1	1.3	0.8	0.9	1.2	1	1	1
城市公共交通业	2.5	2.5	1.7	2.4	1.7	3.1	2.5	2.6	2.3	2.4	2.5	1	1	0.8

习　题

【复习思考题】

1. 怎样理解经营现金净流入能力分析的意义？

2. 为什么要对经营现金净流入量进行分类？在计算不同类型的经营现金净流入能力时应该如何使分子分母相配合？

3. 为什么要计算收入经营现金净流入能力能力？该类经营现金净流入能力可以分为多少类？

4. 为什么要计算资产经营现金净流入能力？

5. 为什么要计算净资产经营现金净流入能力？该类经营现金净流入能力可以分为多少类？

6. 计算自由现金流量有何意义？它与经营现金净流入量有何区别和联系？

7. 计算盈余现金保障倍数有何意义？

企业经营现金净流入能力分析训练

【练习要求】

1. 计算所选择公司各种收入经营现金净流入能力指标，并根据计算出来的这些指标，对公司收入经营现金净流入能力特征进行判断。

2. 计算所选择公司各种资产经营现金净流入能力指标，并根据计算出来的这些指标，对公司资产经营现金净流入能力特征进行判断。

3. 计算所选择公司各种净资产经营现金净流入指标，并根据计算出来的这些指标，对公司净资产经营现金净流入能力特征进行判断。

4. 计算所选择公司不同的自由现金流量指标，并将其与经营现金净流入量指标进行比较，观察两者差异产生的原因。

5. 计算所选择公司盈余现金保障倍数指标，判断公司的盈利质量。

6. 对所选择公司经营现金净流入能力进行综合分析和判断，并给出明确的意见。

第八章　企业风险水平分析

【本章提要】　企业风险水平是除企业盈利能力之外决定企业价值的另一个因素。企业风险水平既可通过企业盈利能力又可通过折现率来影响企业价值,因此,企业风险水平分析与盈利能力分析一样,是财务报表分析中最重要的分析内容之一。企业风险种类繁多,分析的方法可能比较简单,但理解风险的含义却并不容易。本章将重点讨论企业风险水平分析的意义及分类、各类风险水平指标的计算、含义及判别问题。

【学习目标】　通过本章学习,要求掌握和了解如下内容:(1) 理解企业风险水平分析的意义;(2) 掌握企业风险的分类以及不同风险的含义;(3) 理解企业经营风险和财务风险及其总风险;(4) 掌握企业经营风险和财务风险及其总风险的确定方法;(5) 掌握各种偿债能力指标的计算方法和含义。

第一节　企业风险水平分析的意义及分类

一、企业风险分类及其风险产生的根源

(一) 企业风险分类

企业总是在不同的风险环境条件下生存和发展的,经营企业就离不开风险。风险是影响企业价值的重要因素之一,风险对企业价值的影响是通过风险对盈利能力的影响和风险对折现率的影响两个方面起作用的。企业风险分类,既可从风险对盈利能力的影响和风险对折现率的影响来分,又可以从经营风险和财务风险来分。各类风险又是相互影响的,本书所定义的企业风险分类,如图 8-1 所示。

(二) 企业风险产生的根源

风险对企业盈利能力产生影响的根源在于企业存在着固定成本。一旦企业经营收入抵减变动成本之后的余额(贡献毛益)不足以弥补固定成本,企业就会发生亏损。相反,则

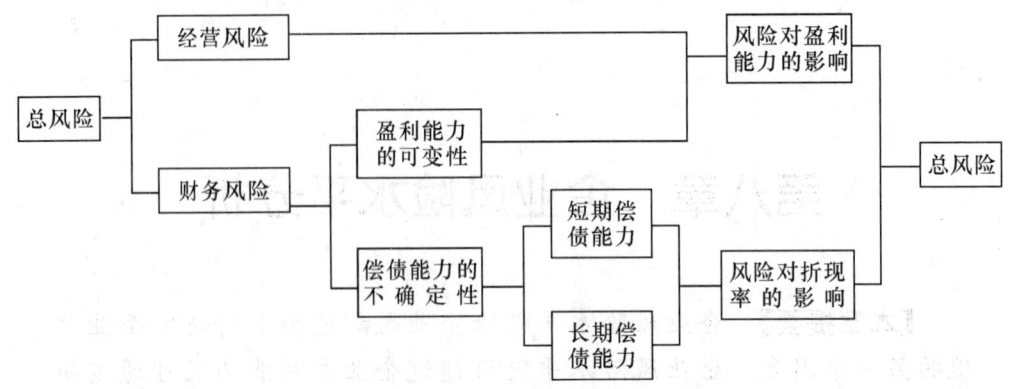

图 8-1　企业风险分类图

会产生盈利。此外,企业经营收入增减变化率与企业盈亏变化率并不一致,由于固定成本的存在,前者总会低于后者,即风险对企业盈利能力的变化率起着放大性的作用。若将固定成本进一步分为经营性固定成本和财务性固定费用,那么对盈利能力起作用的风险,又可进一步分为经营风险和财务风险,而未分解之前的风险则称为总风险。总风险是经营风险与财务风险之积。

　　风险对企业折现率产生影响的最根本原因在于企业存在的负债。负债的存在给企业带来两个方面的不确定性:一是由于负债要支付利息,即存在固定的财务费用,从而带来盈利能力的可变性或不确定性;二是由于负债意味着企业要还本付息,从而带来偿债能力的不确定性。企业偿债能力的不确定性,从债权人来看,就是债权人债权安全完整的不确定性,即债权的风险性。债权存在风险,债权人就要求得到风险补偿,即提高债权的利息率,这就导致企业负债资金成本上升,折现率提高。当然,企业偿债能力的不确定性,除了影响负债资金成本之外,也会影响到股权资金成本,进而影响到企业平均资金成本,使折现率发生变化。

二、不同风险水平盈利能力与折现率的换算

　　不同风险水平的盈利能力其实并不可比,要将不同风险水平的各种指标进行比较,必须将它们换算为同一风险水平的指标。这里专门对不同风险水平的盈利能力换算为同一风险水平的盈利能力的理论与方法进行讨论。

　　(一)不同风险水平盈利能力的换算

　　风险对企业盈利能力的影响,是指由于风险的存在使企业盈利能力具有的可变性,风险越大,这种可变性就越大。同一盈利能力,风险越大,价值越低;反之,风险越小,价值越高。风险对折现率的影响,是指由于风险的存在,使企业资金供给者(包括投资者和债权人)要求的资金回报率具有的可变性,风险越大,这种可变性就越大,相应的要求回报率就越高。这两种风险对企业价值影响虽然不同,但在计算企业价值时两者是可以替代的。

　　将不同风险水平的盈利能力换算为同一风险水平的盈利能力的方法一般是主观概率法,即先为每一风险水平的盈利能力确定一个概率系数,再将同概率系数与同风险水平的盈利能力相乘,其值就是同风险水平的盈利能力。

　　【例8-1】 假如有甲、乙、丙三家企业,其年利润分别为100万元、120万元、130万元,获利风险系数(概率)分别为1、0.833、0.769。要求:① 将不同企业的盈利换算为无风险盈利额;② 将不同企业的盈利换算为乙企业风险水平的盈利额;③ 将不同企业的盈利换算为丙企业风险水平的盈利额。

　　解:

　　(1)将各企业的盈利换算为无风险盈利额。

　　分析:将各企业年利润额分别乘以各自获取利润的概率,就可以得到各企业的无风险盈利额。

$$甲企业=100×1=100(万元)$$
$$乙企业=120×0.833=100(万元)$$
$$丙企业=130×0.769=100(万元)$$

　　(2)将不同企业的盈利换算为乙企业风险水平的盈利额。

　　分析:以乙企业的风险水平为基数,可以将各企业的盈利能力换算为与乙企业风险相等的盈利额。

$$甲企业=100×\frac{1}{0.833}=120(万元)$$
$$乙企业=120×\frac{0.833}{0.833}=120(万元)$$
$$丙企业=130×\frac{0.769}{0.833}=120(万元)$$

　　(3)将不同企业的盈利换算为丙企业风险水平的盈利。

　　分析:以丙企业的风险水平为基数,可以将各企业的盈利能力换算为与丙企业风险相等的盈利额。

$$甲企业=100×\frac{1}{0.769}=130(万元)$$
$$乙企业=120×\frac{0.833}{0.769}=130(万元)$$
$$丙企业=130×\frac{0.769}{0.769}=130(万元)$$

　　(二)不同风险水平折现率的换算

　　风险对折现率的影响是由于投资者普遍不喜欢风险,因此,当他们预期某项投资风险越大时,相应地对投资收益率的要求也就越高。这种关系如图8-2所示:

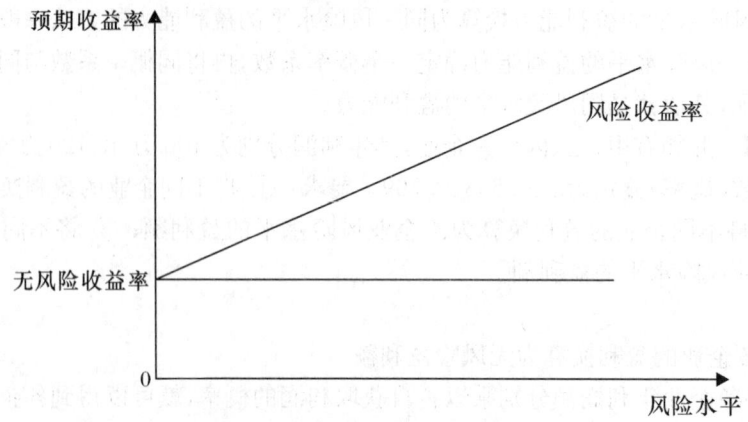

图 8-2　风险与预期收益率关系图

在图 8-2 中，纵轴表示预期收益率，横轴表示不可避免的风险。当风险为零时，风险收益率在预期收益率为正值的纵轴上有一个截距，这个截距没有风险，称为无风险收益率。风险收益率则与风险水平成正比，随风险水平的上升而提高。无风险收益率的升降，受整个市场收益率预期变化的影响。如国家调整银行存款贷款利率就会对无风险收益率产生影响。风险收益率斜率的变化则受投资者对风险大厌恶程度的影响，对风险越是厌恶，其斜率就越大；反之，则越小。

在确定企业价值时，是以预期收益率作为折现率，企业风险水平不一样，使用的折现率也就不一样。

【例 8-2】　仍以[例 8-1]为例，假定甲企业的适用折现率为 10%，又知折现率与盈利能力概率线性相关，试问乙、丙企业的适用折现率应为多少？

解：

分析：当折现率与盈利能力概率线性相关时，可用下式计算乙企业和丙企业的适用折现率。

$$乙企业的适用折现率 = 10\% + \frac{1-0.833}{0.833} = 12\%$$

$$丙企业的适用折现率 = 10\% + \frac{1-0.769}{0.769} = 13\%$$

在确定企业价值时，用同一折现率对同风险水平的盈利折现和用不同折现率对不同风险水平的盈利折现所得的企业价值应当相等。下面仍举例说明。

【例 8-3】　以[例 8-1]和[例 8-2]的资料，用如下两种方法计算不同企业的价值：① 用同一折现率对同风险水平的盈利折现的方法计算不同企业的价值；② 用不同折现率对不同风险水平的盈利折现的方法计算不同企业的价值。

（1）用同一折现率对同风险水平的盈利折现方法计算不同企业的价值。

$$甲企业价值=\frac{100}{10\%}=1\,000(万元)$$

$$乙企业价值=\frac{120\times0.833}{10\%}=1\,000(万元)$$

$$丙企业价值=\frac{130\times0.769}{10\%}=1\,000(万元)$$

（2）用不同折现率对不同风险水平的盈利折现方法计算不同企业的价值。

$$甲企业价值=\frac{100}{10\%}=1\,000(万元)$$

$$乙企业价值=\frac{120}{12\%}=1\,000(万元)$$

$$丙企业价值=\frac{130}{13\%}=1\,000(万元)$$

三、企业风险水平分析的意义

通过上述分析可知,企业风险水平分析至少有如下几方面的意义。

（一）有利于控制企业风险

可以明确不同种类风险对企业总风险的影响程度,有利于企业根据自身实际情况采取不同的风险控制方法,有效控制企业风险。

（二）有利于不同风险水平盈利能力的比较

可以将不同风险水平的盈利能力折算为同风险的盈利能力,有利于投资者和债权人比较不同企业盈利能力的高低,从而作出科学的投资和信贷决策。

（三）有利于判断企业价值

明确风险类型和程度之后,可以较准确地判断不同风险对企业价值的影响状况,正确选择折现率,合理估计企业价值。

第二节　企业经营风险水平分析

一、经营风险概述

经营风险是指生产经营方面的原因给企业盈利即企业息税前收益带来的不确定性。这种风险是企业固有的。任何企业都必然承受这种风险。企业生产经营的各个方面都会受企业外部环境和内部条件的影响,不可避免地具有不确定性。

从企业外部环境看,产品销售市场上的供求关系会直接影响到企业产品的销售数量和销售价格,从而引起企业息税前收益的变化。而产品销售市场上的供求关系,又受诸如宏观经济政策的变化、新的竞争对手的出现、新的替代产品的出现、消费者爱好的变化等多种因素的影响。另外,生产要素市场的变化也会直接影响到企业的生产成本,从而引起企业息税前收益的变化。而生产要素市场的变化更是受众多因素的影响。比如,原材料供应就受生产厂商、运输路线、季节变化甚至供应地的政治经济形势等诸多因素的影响;劳动力的招聘,受劳动力市场供求关系、基本工资水平等方面因素的影响。

从企业内部条件来看,企业经营管理水平、科技开发能力、决策正确与否、生产设备是否先进均会影响到企业的收入和费用,进而引起企业息税前收益的变化。比如,企业经营管理水平不高,使得生产的产品质量不高,这一方面影响到企业产品的销售数量,另一方面影响到销售价格,从而给企业息税前收益带来不利影响。再如,如果企业科技开发能力弱,不能及时研究和生产出被市场接受的新产品,那么必然会导致企业竞争能力减弱,盈利能力下降。

企业经营风险不仅因行业而异,而且还因同行业中的不同企业而异,就是同一企业在不同时间内也存在差异。一般而言,从事传统产品制造的行业,其经营风险要低于从事新兴产品开发和制造的行业。同行业中,经营管理水平高的企业,其经营风险要低于经营管理水平差的企业。对同一企业而言,成熟期的经营风险最低。

二、经营杠杆分析

(一) 经营杠杆的计算方法

经营风险是企业客观存在的风险,分析者有必要揭示这种风险并将它定量化,以利于判断企业价值。从企业财务角度看,经营风险是指销售收入变化所引起的息税前收益的加速变化。产生这种加速变化的原因是企业存在固定费用,固定费用占总费用的比重越大,息税前收益受销售变化影响的幅度就越大,即经营风险越大。经营风险的大小通常用经营杠杆来加以表示。经营杠杆法的计算公式如下:

$$\text{经营杠杆} = \frac{\text{销售量} \times (\text{销售单价} - \text{单位变动成本})}{\text{销售量} \times (\text{销售单价} - \text{单位变动成本}) - \text{固定成本}} = \frac{\text{贡献毛益总额}}{\text{息税前收益总额}}$$

上式反映了固定成本对经营杠杆的影响状况,固定成本利用越充分,即同等的固定成本创造的销售量越大,经营杠杆就越小;反之,则越大。经营杠杆越高,说明经营风险越大,即息税前收益相对于销售量变化的速度越快。

(二) 完全成本分解方法

在现行对外财务报表中并没有提供计算经营杠杆所需的变动成本和固定成本,因此,分析者必须对它们进行估计。分析者可用某种成本费用的分解方法,对完全成本法为基础的成本费用进行分解,近似地估计出公司的变动成本和固定成本。对完全成本的分解,可以采用直接认定法和因素分析法。

1. 直接认定法。

完全成本分解的直接认定法,是分析者根据各种成本费用项目的成本习性特征,直接将完全成本下的成本数据转换为变动成本法下的成本数据。分解的一般方法如下:

第一，确定各成本项目和不同费用的性质，各产品成本项目中，直接材料、直接人工可视为变动成本，制造费用则属混合成本。管理费用、财务费用、销售费用等期间费用也属于混合成本。然后，再将制造费用、管理费用、财务费用、销售费用等费用分解为变动成本、固定成本和混合成本。

第二，将混合成本进一步分解为变动成本和固定成本。

第三，将全部变动成本相加，求得变动成本总额；将全部固定成本相加，求得固定成本总额。

求得生产成本中的变动成本总额后，就可以计算变动成本总额占总成本费用的比重，并用该比重乘以产品销售成本和费用，求得产品销售成本和费用中变动成本总额。在已知产品销售成本和费用中的变动成本后，就可以分别计算贡献毛益总额和贡献毛益率，最终计算出经营杠杆。

【例8-4】　以本书所举的东方股份有限公司为例，采用直接分解法来分解公司的成本费用资料，并计算公司的经营杠杆。

根据东方股份有限公司的各种财务报表附注资料，可以采用以下方式确定不同成本费用项目的成本习性。

（1）生产成本中可直接认定为变动成本的成本项目包括直接材料67 500万元、直接人工9 600万元，两者合计77 100万元。

（2）制造费用中工资及福利费2 200万元、劳动保护费1 570万元属变动成本，合计3 770万元。折旧费655万元、办公费2 540万元属固定成本，合计3 195万元。修理费1 210万元、水电费3 110万元、机物料消耗2 285万元、其他1 530万元属混合成本，合计8 135万元。假定分解混合成本后，有40%属于变动成本，有60%属于固定成本，那么制造费用最终分解结果为：变动成本7 024万元（3 770＋8 135×40%），固定成本为8 076万元（3 195＋8 135×60%）。

（3）管理费用中业务招待费、修理费、差旅费为混合费用，合计350万元；其余均为固定费用，合计2 350万元。假定分解混合费用后，有60%属于变动成本，有40%属于固定成本，那么管理费用最终分解结果为：变动成本210万元（350×60%），固定成本2 490万元（2 350＋350×40%）。

（4）财务费用中的利息净支出应扣除，不作为费用，而列入收益之中，其余项目属于混合成本的有手续费和其他费用，合计60万元；属于固定成本的是汇兑净损失，计60万元。假定分解混合费用后，变动成本与固定成本各占50%，那么财务费用最终分解结果为：变动成本30万元（60×50%），固定成本90万元（60＋60×50%）。

（5）销售费用中包装费、运杂费、保险费属于变动成本，合计900万元；租赁费、差旅费、修理费属于混合成本，合计1 000万元；其余项目属于固定成本，合计1 520万元。假定混合费用分解后，有30%属于变动成本，有70%属于固定成本，那么销售费用的最终分解结果为：变动成本 1 200 万元（900＋1 000×30％），固定成本为 2 220 万元（1 520＋1 000×70％）。

（6）计算本年度变动成本总额和固定成本总额。

$$变动成本总额＝77 100＋7 024＋210＋30＋1 200＝85 564（万元）$$

$$固定成本总额＝8 076＋2 490＋90＋2 220＝12 876（万元）$$

（7）计算变动成本占总成本费用的比重。

$$变动成本占总成本费用的比重＝\frac{85 564}{85 564＋12 876}＝86.92\%$$

（8）计算本期产品销售成本和费用中的变动成本总额。

$$本期产品销售成本和费用中的变动成本总额＝（87 900＋2 700＋120＋3 420）×86.92\%＋9 880$$

$$＝81 826＋9 880＝91 706（万元）$$

（9）计算本期的贡献毛益总额和贡献毛益率。

$$贡献毛益总额＝112 100－91 706＝20 394（万元）$$

$$贡献毛益率＝\frac{20 394}{112 100}＝18.19\%$$

（10）计算本期的经营杠杆。

$$经营杠杆＝\frac{贡献毛益总额}{贡献毛益总额－固定成本总额}＝\frac{20 394}{20 394－12 876}＝2.7（倍）$$

该经营杠杆表明，东方公司息税前收益将以 2.7 倍于销售量变化的速度而变化。经营杠杆越大，经营风险就越大。

2. 因素分析法。

用因素分析法来分解完全成本的方法虽然有回归分析法、高低点法等多种方法。但仅就财务报表分析而言，由于受到数据资料的限制，因此，在条件许可的情况下，可以采用比较简单的高低点法对完全成本进行分解。高低点法的计算公式如下：

$$变动成本率＝\frac{高点成本－低点成本}{高点收入－低点收入}$$

$$固定成本＝总成本－总销售收入×变动成本率$$

【例 8-5】　仍以本书所举的东方股份有限公司为例，采用高低点法来分解公司的成本费用资料，并计算公司的经营杠杆。

（1）分解公司总成本。

从公司利润表中，可以取得如下不同年份的收入和成本费用资料，如表8-1 所示：

表 8-1 收入和成本费用资料

金额单位：万元

项　　目	上年金额	本年金额
营业收入	120 000	112 100
营业成本	94 000	87 900
营业税金及附加	9 200	9 580
销售费用	5 000	3 420
管理费用	2 600	2 700
财务费用	1 100	1 300
成本费用总额	111 900	104 900

在上述成本费用中，营业税金及附加肯定属于变动费用，不应该纳入分解计算之中，而应直接归属于变动成本。财务费用与经营风险无关，也应该剔除。销售费用和管理费用属于混合费用，需要进行分解，但为了简化，在这里将其作为固定费用处理。这样，需要分解的就只剩下营业成本了。对营业成本的分解，如表 8-2 所示：

表 8-2 营业成本分解表

单位：万元

项　　目	上年金额	本年金额	差　　额
营业收入	120 000	112 100	7 900
营业成本	94 000	87 900	6 100

变动成本率 $=\dfrac{6\ 100}{7\ 900}=0.77$

营业成本中的变动成本 $=112\ 100\times0.77=85\ 558$（万元）

营业成本中的固定成本 $=87\ 900-85\ 558=1\ 342$（万元）

变动成本总额 $=85\ 558+9\ 580=96\ 138$（万元）

固定成本总额 $=1\ 342+3\ 420+2\ 700=7\ 462$（万元）

（2）计算本期的贡献毛益总额。

贡献毛益总额 $=112\ 100-96\ 138=15\ 962$（万元）

（3）计算本期的经营杠杆。

$$经营杠杆=\dfrac{贡献毛益总额}{贡献毛益总额-固定成本总额}$$

$$=\dfrac{15\ 962}{15\ 962-7\ 462}=1.88（倍）$$

比较上述两种方法的计算结果，可以发现两者的差异非常大，说明在成本分解时选择分解方法很重要。

三、经营杠杆的意义

从前述经营杠杆的计算公式中可以看出,经营杠杆的高低受固定成本总额大小的影响。当固定成本为零时,经营杠杆就等于1,这时的经营风险就等于零。即息税前收益变化率完全与销售量变化率相等。但在实际中任何企业的固定成本均不可能等于零,固定成本的大小与企业经营的性质密切相关。一旦企业经营方针制定下来后,固定成本的绝对金额就很难随意增减,降低固定成本的可行途径只能是通过增加产销量来降低产品中的单位固定成本。在固定成本总额不变的前提下,产销量越大,经营杠杆就越小,经营风险也相应越低。这种情况可通过实例说明。

【例 8-6】　假定东方股份有限公司 2013 年度的各种情况与 2014 年度相同,但 2013 年度产品销售收入为 120 000 万元,较 2014 年度的 112 100 万元为高,那么,2013 年度的经营杠杆必然会低于 2014 年度的经营杠杆。其计算结果如下:

$$2013 \text{ 年度经营杠杆} = \frac{120\,000 \times 18.19\%}{120\,000 \times 18.19\% - 12\,876} = 2.4 \text{(倍)}$$

对比 2014 年度的经营杠杆可以看出,2013 年度东方股份有限公司的经营杠杆比 2014 年度低 0.3 倍(2.7-2.4)。这说明东方股份有限公司 2014 年度因固定成本运用不如 2013 年度充分,结果导致经营风险上升。

经营杠杆本身并不是企业息税前收益可变性的根源,而主要是市场和生产的不确定性。但经营杠杆会放大市场和生产的不确定性,经营杠杆越高,这种放大功能也就越大,从而使企业的经营风险扩大化。下面仍以东方股份有限公司的实例来说明这种情况。

【例 8-7】　假定东方股份有限公司在其他条件均不发生变化的情况下,公司 2015 年度的销售收入有增长 10% 和减少 10% 两种可能性,试求在两种可能条件下,息税前收益的金额和增减幅度。

(1) 2014 年度息税前收益=20 394-12 876=7 518(万元)。

因采用的成本计算方法不同,以及未考虑其他业务利润、投资收益和营业外净收支等,所以它不等于按对外公布利润表计算出来的息税前收益金额。

(2) 销售收入增长 10% 情况下的息税前收益变化情况。

$$\text{息税前收益} = 112\,100 \times (1+10\%) \times 18.19\% - 12\,876 = 9\,554 \text{(万元)}$$

$$\text{息税前收益增长率} = \frac{9\,554 - 7\,518}{7\,518} = 27\%$$

$$\text{息税前收益增长率为}\atop\text{销售收入增长的倍数} = \frac{27\%}{10\%} = 2.7 \text{(倍)}$$

(3) 销售收入减少 10% 情况下的息税前收益变化情况。

息税前收益＝112 100×(1−10%)×18.19%−12 876＝5 476(万元)

$$息税前收益增长率＝\frac{5\ 476−7\ 518}{7\ 518}＝−27\%$$

$$\frac{息税前收益增长率}{销售收入增长的倍数}＝\frac{−27\%}{−10\%}＝2.7(倍)$$

显然,知道了企业经营杠杆,就可以更准确地把握企业盈利能力的变化趋势,为预测企业价值提供有用的信息。

由于不同企业的经营风险不一样,盈利能力的可变性也就不一样,因此,严格来说,这些风险水平不相同的盈利能力是不能相互比较的。为了能相互比较,可以将不同经营风险水平的盈利能力换算为同一经营风险水平的盈利能力。笔者认为,可以以同行业的平均经营杠杆为标准,将企业的总资产息税前收益率换算为行业平均经营风险条件下的总资产息税前收益率,这样,就可以同行业内不同企业的总资产息税前收益率进行比较,从而有利于判断企业价值。

【例8-8】 假定东方股份有限公司所处行业的经营杠杆平均值为3倍,试计算东方公司换算为行业平均风险水平之后的总资产息税前收益率。

解:

分析:如果收益率与风险线性相关,那么可按下式将东方股份有限公司的总资产息税前收益率换算为行业平均经营风险的总资产息税前收益率。

$$换算为行业平均经营风险的企业总资产息税前收益率＝\frac{资产息税前收益率}{\dfrac{企业经营杠杆}{行业经营杠杆平均值}}＝\frac{14.48\%}{\dfrac{2.7}{3}}＝16.09\%$$

计算结果表明,东方股份有限公司的总资产息税前收益率的质量高于行业总资产息税前收益率的平均质量,究其原因是它的稳定性高于行业平均水平。因为任何投资者都会在不同程度上厌恶风险,只要存在风险,投资者就会要求获得风险补偿,所以风险大的收益率的价值要低于风险小的同等收益率的价值。当然,如果收益率与风险水平不存在线性相关关系,则需要在寻找到两者之间关系的函数后,才能进行换算。

第三节　企业财务风险水平分析

一、财务风险概述

财务风险是指由于筹集负债资金原因引起的股东收益的可变性和偿债能力的不确定性。该种风险,又称为筹资风险或举债风险。下面分别讨论财务风险的这两方面的影响。

（一）负债筹资引起的股东收益的可变性

从负债筹资引起的股东收益的可变性来看，负债资金成本是固定的，当资产息税前收益率高于负债资金成本率时，负债资金所创造的一部分收益归股权资金所有，因此，负债资金占总资金来源的比重越大，净资产的收益率就越高；反之，当资产息税前收益率低于负债资金成本率时，则必须利用一部分股权资金创造的利润去支付负债利息，因此，负债资金占总资金来源的比重越大，净资产的收益率就越低。

（二）负债筹资引起的偿债能力的不确定性

从负债筹资引起的偿债能力的不确定性来看，这种不确定性主要是由借入资金必须偿付本金和利息的原因所引起，企业借入资金越多，固定的利息支出就越多，企业丧失现金支付能力的可能性就越大。在企业资产息税前收益率低于负债资金利息率的情况下，企业必须用股权资金创造的部分利润去支付负债利息。更有甚者，在企业息税前收益不足以支付负债利息时，即出现亏损时，企业还必须动用股权资金去偿还部分乃至全部负债的本息。这势必导致企业财务状况恶化，丧失偿债能力，甚至逼使企业破产。除此之外，企业丧失偿债能力，还有可能是企业资金调度和使用不当的致。虽然这种财务上的技术性失败可能是比较次要的原因，但它却是导致企业破产的最直接的原因。因为破产法规定：企业"不能清偿到期债务的依照本法宣告破产"。

从上可知，企业只要存在负债，就存在财务风险，就应该对这种风险进行分析。下面对财务风险的两种表现形式进行专门分析。

二、财务杠杆分析

由企业负债筹资引起的固定利息支出，必然使企业的股东收益具有可变性，且它的变化幅度会大于息税前收益变化的幅度。这是因为负债利息是固定的，当息税前收益增大时，单位息税前收益所负担的固定利息支出就会减少，相应地股东收益就会以更大的幅度增加；反之，当息税前收益减少时，单位息税前收益所负担的固定利息支出就会增加，相应地导致股东收益以更大幅度减少。这种关系称为财务杠杆关系。财务杠杆是反映负债筹资对股东收益可变性的影响程度的指标。其计算公式如下：

$$财务杠杆 = \frac{息税前收益总额}{息税前收益总额 - 利息支出} = \frac{息税前收益总额}{税前收益}$$

东方股份有限公司 2014 年度财务杠杆计算结果如下：

$$财务杠杆 = \frac{7\,518}{7\,518 - 1\,180} = \frac{7\,518}{6\,338} = 1.186（倍）$$

从计算结果来看，东方股份有限公司的财务杠杆值不算大，相应由负债筹资所引起的股东收益可变性的幅度也不大。当息税前收益发生增减变化时，股东收益则只以其变化幅度的 1.186 倍的速度变化。

【例 8-9】　假定在其他各种条件均不变化的情况下,东方股份有限公司的息税前收益增减 10%时的股东收益的增减幅度可计算如下:

(1) 息税前收益增加 10%,股东收益的变化幅度。

$$股东收益 = 7\ 518 \times (1 + 10\%) - 1\ 180 = 7\ 090(万元)$$

$$股东收益增长率 = \frac{7\ 090 - 6\ 338}{6\ 338} = 11.86\%$$

$$股东收益增长率为息税前收益增长率的倍数 = \frac{11.86\%}{10\%} = 1.186(倍)$$

(2) 当息税前收益减少 10%,股东收益的变化幅度。

$$股东收益 = 7\ 518 \times (1 - 10\%) - 1\ 180 = 5\ 586(万元)$$

$$股东收益增长率 = \frac{5\ 586 - 6\ 338}{6\ 338} = -11.86\%$$

$$股东收益增长率为息税前收益增长率的倍数 = \frac{-11.86\%}{-10\%} = 1.186(倍)$$

通过财务杠杆来了解企业财务风险有着重要的意义。因为财务风险与经营风险不一样,它不是企业固有的,当企业全部资金均为自有资金时,这时财务杠杆率就为 1,即息税前收益的变化幅度变化与股东收益的变化幅度相等,财务风险等于零。把握了企业财务风险的大小,就有利于企业控制财务风险和评价股东收益的稳定性。稳定性越强的股东收益其价值就越大。

当然,随着息税前收益的增减变化,企业的财务杠杆率也会发生变化。仍以上例的息税前收益增减 10%的情况来说明该问题。

息税前收益增长 10%时的财务杠杆如下:

$$财务杠杆 = \frac{7\ 518 \times (1 + 10\%)}{7\ 090} = 1.166(倍)$$

息税前收益减少 10%时的财务杠杆如下:

$$财务杠杆 = \frac{7\ 518 \times (1 - 10\%)}{5\ 586} = 1.211(倍)$$

这说明降低财务风险的可行途径除了绝对减少负债持有量外,还可以通过增加息税前收益来办到。增加息税前收益的有效方法则是增加销售收入、降低成本费用等,在这里不加以讨论。

三、偿债能力分析

偿债能力的不确定性是负债筹资所引起的另一类财务风险问题。偿债能力从时间上划分,可分为短期偿债能力和长期偿债能力。在传统的财务报表分析中,这种分析占有重要的地位。下面分别对短期偿债能力分析和长期偿债能力分析的问题进行探讨。

(一)短期偿债能力分析

短期偿债能力的强弱,与企业未来盈利能力的高低并无直接的关系,短期债权人最关心的是企业短期内获取现金的能力。企业在短期内获取现金的能力,则与企业的资产构成密切相关。流动资产的变现能力大于长期资产,流动资产中的货币资金本身就是现金,无需变现;应收账款的变现能力在法制健全的环境条件下也很强;存货是流动资产中变现能力最差的项目。因为存货销售后,一般先变成应收账款,然后再由应收账款变为现金。此外,一些占资产比重不大的虚拟资产项目,如待摊费用、待处理财产损失等,则完全没有变现能力。对短期债权人而言,资产的变现能力越强,资产的价值就越高。资产变现能力的强弱,与资产周围转率密切相关,本书第九章将加以讨论。

资产变现能力的强弱只是短期偿债能力强弱的一个方面,短期偿债能力的强弱同企业可变现资产与流动负债之比的大小密切相关。该比率越大,说明企业短期偿债能力越强;反之,则越弱。评价企业短期偿债能力的财务比率常用的主要有流动比率、速动比率和经营现金净流量与流动负债的比率(简称为现金流动负债比率)等三个。

1. 流动比率。

流动比率是流动资产总额与流动负债总额之比。这是一个用得最普遍的,也是投资者、债权人和企业管理部门普遍关心的一个反映企业短期偿债能力的比率。我国 1999 年 6 月颁布的"国有资本金效绩评价"指标体系,流动比率作为偿债能力状况的修正指标,其权重为 6%,但 2002 年修改的"国有资本金效绩评价"指标体系,取消了该比率。流动比率的计算公式如下:

$$流动比率 = \frac{流动资产}{流动负债}$$

在计算该比率时,应注意从流动资产中减去待摊费用等虚拟资产。如果这些虚拟资产的比重很小,则可以不予抵减,进行近似计算。

东方股份有限公司 2014 年年初和年末的流动比率如下:

$$2014\,年年初流动比率 = \frac{28\,837 - 150}{16\,880} = 1.7(倍)$$

$$2014\,年年末流动比率 = \frac{32\,750 - 250}{230\,556} = 1.4(倍)$$

这一比率是衡量企业短期偿债能力强弱最通用的比率,它表明了企业短期债务由易变现资产来偿还的能力。国际上公认的该比率的标准是 2 倍时为佳,而我国较好的比率为 1.5 倍左右。我国国有企业 1997 年至 2000 年流动比率平均值,如表 8-3 所示:

表 8-3　　　　我国国有企业 1997 年至 2000 年流动比率平均值表①

	1997 年	1998 年	1999 年	2000 年
流动资产	53 698.50	55 751.10	59 351.70	66 825.60
流动负债	53 318.70	56 018.40	59 499.60	63 518.10
流动比率(%)	100.70	99.50	99.80	105.20

这表明我国企业流动资产的资金来源几乎全靠流动负债提供,短期偿债能力极低。之所以为该比率确定一个 1.5~2 倍的标准,是因为它衡量企业流动资产在清偿流动负债后,还有多少余力去应付日常经营活动中的其他资金需要。流动比率过低,表明公司可能会面临清偿到期账单、票据的困难。特别当流动比率小于 1 时更是如此。因为这时一部分流动负债资金被投放于变现能力差的长期资产之上,企业倾其所有流动资产也不能偿还全部流动负债,其结果必然是偿债困难,风险高企。反之,流动比率过高,则表明企业资金过多滞留在盈利能力较低的资产之上,影响了企业资金的高效运转,进而影响到企业的获利能力。特别当企业流动负债趋于零时,流动比率会趋于无穷大,这时企业的资金成本必然会上升,盈利能力则会相对降低。

流动比率标准实际上是因行业、企业,以及企业的不同经营期间而异。因此,在具体评价各企业的流动比率时,应以行业平均流动比率为标准。由于各行业的生产经营周期不一样,为了控制偿债风险,生产经营周期较长的行业,其流动比率会相应较高;而生产经营周期较短的行业,其流动比率则可以相应降低。

如果东方股份有限公司所处行业的平均流动比率为 1.5 倍,那么年初达到了行业平均标准,风险控制较佳,但年末则未能达到行业平均标准,风险增大。

虽然,流动比率这一指标用得极为普遍,但是它受到不少批评。其中最主要的批评意见是流动比率容易被人操纵。

例如,某企业在年度快终了时的流动资产为 300 万元,流动负债为 200 万元,那么,该企业的流动比率为 1.5 倍(300÷200)。但企业觉得该比率低于行业平均标准的 2 倍,不利于企业的形象和对外筹资,因此,决定通过某些同时减少流动资产和流动负债的交易来提高流动比率,使之达到或接近行业平均标准。这类交易可以用现金偿还应付账款、应交税金等应付款项的方法完成,也可以用与债权人比如银行达成年末还款下年初再借回的

---

① 参见财政部公布资料。

信贷协议等方法完成。这样,通过等量减少流动资产和流动负债,就可使该企业的流动比率提高。假定该企业与其主要债权人达成了年末还款 100 万元并与下年初再借回的协议,那么该企业年末的流动比率则为:

$$流动比率 = \frac{300-100}{200-100} = 2(倍)$$

该流动比率就达到了社会平均标准。但这个比率并不能反映该企业真实的短期偿债能力,因为年末一过而到年初时,该比率又下降为 1.5 倍。流动比率被企业管理部门操纵了。因此,在进行流动比率分析时,最好是掌握企业年度内各月份的财务报表,这样,可以较真实地反映企业的流动比率。

2. 速动比率。

速动比率是速动资产总额与流动负债总额之比。该比率实质上是对流动比率的一种补充。所谓速动资产,是指在流动资产中那些可以迅速转变为货币资金的资产。该类资产一般由货币资金、短期有价证券和应收账款所组成。但速动资产的组成项目可能会因企业而异,比如多年收不回来的应收账款就不能称为速动资产,而某些供不应求采用预收账款方式销售的产成品存货归入速动资产则更为合理。我国 1999 年 6 月颁布的"国有资本金效绩评价"指标体系,速动比率作为偿债能力状况的修正指标使用,其权重为 4%,但 2002 年修改的"国有资本金效绩评价"指标体系,由于取消了流动比率,将该比率的权重调升为 10%。速动比率又称为酸性测试比率,其计算公式如下:

$$速动比率 = \frac{速动资产}{流动负债}$$

或:

$$速动比率 = \frac{流动资产-存货-待摊费用}{流动负债}$$

东方股份有限公司 2014 年年度,年初和年末的速动比率如下:

$$2014 \text{ 年年初速动比率} = \frac{28\,837-20\,800-150}{16\,880} = 0.47(倍)$$

$$2014 \text{ 年年末速动比率} = \frac{32\,750-23\,800-200}{23\,056} = 0.38(倍)$$

该比率的经济含义与流动负债基本相同,但由于它剔除流动资产中变现力最差的存货,因此,计算出的短期偿债能力比流动比率更准。它反映的是企业几乎可以立即用来偿付流动负债的流动资产是流动负债的多少倍。该指标是国际公认标准为 1 倍,我国国有企业平均速动比率的情况,如表 8-4 所示:

表 8-4　　　　　　　　　全国各行业国有企业平均速动比率表①

单位:%

行业	2000年	2001年	2002年	2003年	2004年	2005年	2006年	2007年	2008年	2009年	2010年	2011年	2012年	2013年
全部国有企业	99.7	83.1	72.8	74.5	75	75.6	77	80.3	78.5	69	75	75	75	75
最大值	176.8	138.4	123.9	119.8	128.3	130	138.7	141.7	123.2	110.9	123.2	114	112.3	105.9
最小值	60.7	37.8	38.1	40.4	35.3	22.1	46.4	46.4	22.3	47	43.2	33.2	31.2	33
标准差	18.48	16.48	15.44	15.30	15.32	14.11	15.74	15.99	15.61	12.87	14.84	16.01	15.67	15.11
变异系数	0.19	0.20	0.21	0.21	0.20	0.19	0.20	0.20	0.20	0.19	0.20	0.21	0.21	0.20

从表 8-4 中可以看出,除 2000 年之外,我国国有企业的平均速动比率都达不到国际公认的标准,表明我国企业的平均短期偿债能力不足。从变异系数来看,各年的变化均不大,这显然与速动比率易于控制有关。

该比率过低,表明企业短期偿债能力弱,风险大;但该比率过高,则表明企业滞留在现金或近似于现金的资产过多,利用效率差,会影响到企业的盈利能力。

速动比率也是因行业而异的,因此,在评价企业该比率是否合理时,应以行业平均的速动比率为标准。一般而言,速动比率与流动比率的变化趋势密切相关,但如果出现速动比率反映的短期偿债能力低于流动比率的短期偿债能力时,分析者应加以特别关注,并以速动比率作为考察短期偿债能力的主要指标。因为这说明企业流动资产的变现能力较低。

速动比率也会存在流动比率那样的被人为操纵的问题。比如在年末,企业可以通过延期采购材料或商品。这样,一方面减少现金流出,另一方面避免应付账款增加,从而促使速动比率增大。

从东方股份有限公司的流动比率和速动比率来看,该企业的短期偿债能力比较低,且呈下降趋势。特别从速动比率来看,该比率不仅大大低于公认标准,而且比流动比率反映出来的短期偿债能力更差,这将会使企业财务风险放大。因为企业如要清偿全部流动负债,那么必须变卖大量存货,而在短时间内变卖大量不易变现的资产,势必折价销售,使企业盈利减少或出现亏损,导致风险放大。

---

① 资料来源:根据 wind 数据库整理和计算而得。

3. 现金流动负债比率。

现金流动负债比率是经营现金净流入量流动负债比率的简称,是指企业一定时期经营现金净流入量与期末流动负债的比率,它是从现金流量角度来反映企业当期短期偿债能力。我国 1999 年 6 月颁布的"国有资本金效绩评价"指标体系,现金流动负债比率作为偿债能力状况的修正指标使用,其权重为 4%,但 2002 年修改的"国有资本金效绩评价"指标体系,将该比率的权重调升为 10%。现金流动负债比率的计算公式如下:

$$现金流动负债比率 = \frac{年经营现金净流入量}{年末流动负债}$$

由于按权责发生制计算的利润与按收付实现制计算的经营现金净流入量不相等,而各种负债只能以现金清偿,因此,需要考察经营活动所产生的现金流入量可以在多大程度上保证当期流动负债的偿还。用现金流动负债比率这个指标,可以直观地反映企业偿还流动负债的能力。与其他指标相比,用该指标反映企业短期偿债能力相对比较谨慎和保守。因为它反映的是企业在维持生产经营能力不变情况下的短期偿债能力。

就理论而言,该指标值越大,表明企业的短期偿债能力越强。但该指标值并非越大越好,过大意味着企业流动资金利用不充分,盈利能力较低。

东方股份有限公司现金流动比率指标的计算结果如下:

$$2013 年现金流动负债比率 = \frac{5\ 880}{16\ 880} = 0.35(倍)$$

$$2014 年现金流动负债比率 = \frac{5\ 406}{23\ 056} = 0.23(倍)$$

从计算结果可看出,2014 年度东方股份有限公司的短期偿债能力大幅度下降,这与流动比率、速动比率反映出来的结果是一致的。比较反映企业短期偿债能力的三个指标可发现,现金流动负债比率下降速度最快,高达 34.29%[(0.23-0.35)÷0.35],速动比率次之,下降幅度为 19.15%[(0.38-0.47)÷0.47],流动比率下降幅度最小,为 17.65%[(1.4-1.7)÷1.7]。这种变化说明,东方股份有限公司真实的短期负债清偿能力 2007 年度比 2006 年度大幅降低。结合第五章的综合分析结论,可发现导致公司真实短期偿债能力比表面短期偿债能力弱的主要原因是:第一,企业产品销路不畅产成品存货增加,这使得以速动比率表现出的短期偿债能力降低速度快于流动比率表现出的短期偿债能力降低速度;第二,企业资金筹集不合理,将筹资方式从长期负债筹资转变为流动负债筹资,导致流动负债迅速上升。因此,最终结果必然使现金流动负债比率加快下滑。对于东方股份有限公司短期偿债能力减弱其及减弱的原因,报表分析者应予以足够的重视。

我国国有企业现金流动负债比率的基本情况,如表 8-5 所示:

表 8-5　　　　　全国各行业国有企业平均现金流动负债比率一览表①

	2001年	2002年	2003年	2004年	2005年	2006年	2007年	2008年	2009年	2010年	2011年	2012年	2013年
全部国有企业	6.1%	4.4%	6.9%	6.7%	8%	7.1%	10.3%	11.5%	11.1%	10.9%	9.3%	8.9%	7.5%
最小值	56.3%	24.6%	26.9%	27.7%	27.8%	38.1%	39.7%	42.6%	41.9%	38.4%	33.6%	38.6%	40%
最大值	−12%	−1.5%	−1.7%	−2.1%	−2%	−5.8%	−5.8%	−0.8%	−1.5%	−1.8%	−2.1%	−3.3%	−2.9%
标准差	8.763	3.706	4.844	4.696	5.337	5.547	6.225	6.495	6.455	6.639	6.305	6.613	6.609
变异系数	1.437	0.842	0.702	0.701	0.667	0.781	0.604	0.565	0.582	0.609	0.678	0.743	0.881

从表 8-5 可以看出，我国国有企业平均现金流动负债比率极低，如果用最好的 2008 年现金流动负债比率推算，企业仅用自身经营活动产生的现金流量来偿还全部流动负债，必须花 7 年（1/11.5%）的时间，而用最差的 2002 年的现金流动负债比率推算，则需花 22.73 年（1/4.4%）。显然，在这种情况下，企业维持正常的经营活动只能依靠借新债来还旧债。如果信用链出了一点问题，整个企业的产生经营活动必然受到极大的冲击。

（二）长期偿债能力分析

与短期偿债能力强弱的判断标志不一样，长期偿债能力的强弱，与企业短期内获取现金的能力关系不密切，因为企业目前获取现金的能力，与未来长期负债到期时的获取现金的能力并无直接关系。从理论上讲，企业长期偿债能力的强弱，与企业的盈利能力的高低呈高度正相关，只有企业盈利状况一直良好，能从经营中形成足够的现金流入量，企业才能保证按期付息和到期还本，故在长期偿债能力分析中，盈利能力分析占有最为重要的位置。这里我们主要集中讨论与长期负债担保能力有关的资产负债率、已获利息倍数和现金总负债比率等指标。

在我国国有资本金效绩评价指标体系中，将长期偿债能力指标作为偿债能力的基本指标，而将短期偿债能力指标作为偿债能力的修正指标。可见，我国评价企业偿债能力更重视长期偿债能力分析。

1. 资产负债率。

资产负债率或称负债与资产的比率，是企业一定时点上负债总额与资产总额的比率。它表示企业总资产中有多少是通过负债筹集的，因此又称举债经营比率。该比率是我国国有资本金效绩评价指标体系中评价偿债能力的基本指标，其权数在 1999 年 6 月和 2002 年的"国有资本金效绩评价"指标体系中均为 12%。资产负债率指标的计算公式如下：

---

① 资料来源：根据 wind 数据库整理和计算而得。

$$资产负债率 = \frac{负债总额}{资产总额}$$

该比率在资金市场发达的地方备受重视，一方面反映了债权人的风险，另一方面反映了企业的经营活力。

以债权人的观点看，该比率反映了企业资产对负债的担保能力。因为对长期负债而言，企业能否按时还本付息的可变因素太多，为了保证还本付息的能力，债权人会要求企业用其资产对所负债务承担责任。该要求亦是法律要求，比如公司法就明文规定：公司以其全部资产对所负债务承担有限责任。当公司不能清偿到期债务时，债权人可向法院申请变卖公司资产，并将变卖资产所得用于偿还公司所欠债务。由于公司资产变现能力大小不一，许多资产在变现时必须折价，企业的资产负债率越小，就意味着企业资产对负债的担保力越强，债权人的借贷风险越小；反之，资产负债率过大，则表明企业资产对负债的担保力不足，债权人收不回借贷本息的可能性就越大，故债权人认为该比率较小为优。正是如此，债权人在决定是否借贷之前，会详细考察企业的资产负债率。除此之外，还可能在借贷合同中规定借贷期限内企业最高的资产负债率，以确保自身的利益。

按一般经验判断，资产负债率最高标准为 50%，这是因为当该比率为 50% 时，表示企业每借入 1 元的负债就有 1 元的股权资金作担保；当该比率大于 50% 时，则表明担保每 1 元负债的股权资金不足 1 元，债权人风险较大。但根据我国实际情况，资产负债率高于公认 50% 的标准。我国国有企业 2000 年至 2013 年的资产负债率情况，如表8-6 所示：

表 8-6　　　　　全国各行业国有企业平均资产负债率一览表①

行业	2000年	2001年	2002年	2003年	2004年	2005年	2006年	2007年	2008年	2009年	2010年	2011年	2012年	2013年
全部国有企业	69.7%	68.7%	68.4%	68.7%	65.4%	65.2%	65%	63.2%	64.5%	67.5%	65.2%	64%	64%	65%
最大值	88.3%	89.8%	90.4%	90.2%	116.9%	133.7%	96.7%	95.2%	95.3%	79.2%	77.9%	77%	77.5%	75.2%
最小值	33.3%	37.2%	23.7%	35.4%	35.2%	40%	40.3%	38.3%	37.5%	49.5%	44%	44%	43.6%	60%
标准差	8.80	10.11	11.37	11.30	13.04	12.50	9.86	9.70	9.62	7.31	7.95	7.91	8.11	3.45
变异系数	0.13	0.15	0.17	0.16	0.20	0.19	0.15	0.15	0.15	0.11	0.12	0.12	0.13	0.05

从表 8-6 可以看出，我国国有企业的整体资产负债率偏高。这也可以解释为什么我国企业有极强的对外融资要求。

---

① 数据来源：根据 wind 数据库整理和计算而得。

以投资人的观点看，一般希望有一定比例的资产负债率。这样，在资产息税前收益率高于负债利息率的时候，投资人就可以获得财务杠杆利益，增加其收益。另外，用负债筹资还可以减少发行股票筹资的量，使原股东容易保持对企业的控制权。当然，过度的举债经营，也会增加股东的风险，当企业资产息税前收益率低于负债利息率时，股东则会蒙受收益减少的损失。该比率的大小，与企业的经营思想密切相关，激进的该比率会较高，保守的该比率则会较低，故资产负债率又是企业经营活力的反映。

东方股份有限公司2014年年初和年末资产负债率的计算结果如下：

$$2014年年初资产负债率 = \frac{22\,280}{56\,739} = 39.27\%$$

$$2014年年末资产负债率 = \frac{26\,362}{63\,152} = 41.74\%$$

计算结果表明，东方股份有限公司的资产负债虽然年末比年初高，但仍然在公认标准之内，长期偿债能力的风险尚不算太大。

资产负债率的一个十分有用的变形指标是负债与净资产的比率。其计算公式如下：

$$净资产负债率 = \frac{负债总额}{净资产}$$

该指标的经济含义与资产负债率基本相同，其差异在分母为净资产，即总资产减负债之后的余额，它直接反映净资产对负债的担保能力。按拥有1元的自有资金最多可以借入1元的负债的观点，该比率不应超过100%，如超过这个标准，对债权人而言，风险就过大了。该比率之所以被广泛使用，还因为可以用它来测定负债经营对净资产盈利率的影响程度。我们将在第八章专门进行讨论。

2. 利息保障倍数。

利息保障倍数，又称已获利息倍数是企业一定时期息税前收益与利息支出之比。它反映的是企业偿付负债利息的能力。该比率也是我国国有资本金效绩评价指标体系中评价偿债能力的基本指标之一，在1999年6月颁布的"国有资本金效绩评价"指标体系中为10%，在2002年修改的"国有资本金效绩评价"指标体系中为8%。利息保障倍数（已获利息倍数）指标的计算公式如下：

$$利息保障倍数 = \frac{息税前收益}{利息支出}$$

或：

$$利息保障倍数 = \frac{利润总额 + 实际利息支出}{实际利息支出}$$

需要指出实际利息支出，既包括进入财务费用账户的利息支出，又包括未进入财务费用的资本化的利息支出。

该比率与前述资产负债率不同，资产负债率是从资产对负债的担保能力角度考察债权人的借贷风险，而利息保障倍数则是从企业盈利能力的角度考察企业偿付负债利息的能力。如我们前面所提及的一样，企业长期偿债能力的强弱，与企业盈利能力的高低呈高度正相关，只有企业盈利状况一直良好，才能保证企业的资产负债率维持不变或逐步降低；反之，如果企业出现亏损，就会蚕食企业的资本或净资产，即使资产负债率的分母子变小，在负债不变的情况下，必然导致资产负债率上升，风险增大。因此，考察盈利能力对债权人有着重要的意义。利息保障倍数指标表面上是从企业偿债资金来源的角度去揭示企业债务利息的支付能力，实质上也有助于揭示企业偿还全部负债的能力。

利息保障倍数越大，说明企业支付利息的能力越强，风险越小；反之，企业偿债能力就越差。为了充分说明企业偿付利息能力的稳定性，有必要计算若干年的利息保障倍数。西方国家一般要求计算五年的利息保障倍数指标，我国则只要求计算三年的数值即可。

东方股份有限公司 2013 年和 2014 年利息保障倍数指标的计算结果如下：

$$2013 \text{ 年利息保障倍数} = \frac{8\,000 + 1\,050}{1\,050} = 8.62(\text{倍})$$

$$2014 \text{ 年利息保障倍数} = \frac{7\,500 + 1\,180}{1\,180} = 7.36(\text{倍})$$

利息保障倍数的公认标准为 3 倍。如果低于该标准，说明偿付利息的能力低。从理论上分析，利息保障倍数大于 1 倍，表明企业经营收益高于负债利息，能够赚回利润；如小于 1，则表明企业经营收益低于负债利息，会产生亏损。我国国有企业 2000～2013 年的平均利息保障倍数情况，如表 8-7 所示：

表 8-7　　　　　我国各行业国有企业平均利息保障倍一览表[①]

单位：倍

行业	2000年	2001年	2002年	2003年	2004年	2005年	2006年	2007年	2008年	2009年	2010年	2011年	2012年	2013年
全部国有企业	2.1	2	1.3	1.8	2	3.7	3.2	3.3	3.1	3	3.2	3	2.8	2.5
最大值	29.4	6.9	8.1	5.4	7.3	47.7	6.9	7.9	6	7.1	8.1	8	8.8	9.1
最小值	-2.7	-1.7	-2.8	-1.2	-3.1	-1.3	-0.5	-0.2	-0.5	-0.2	0.4	-0.1	-1	-1.2
标准差	3.008	1.321	1.268	1.131	1.571	4.582	1.377	1.435	1.289	1.383	1.566	1.546	1.595	1.579
变异系数（倍）	1.432	0.661	0.975	0.629	0.786	1.238	0.430	0.435	0.416	0.461	0.489	0.515	0.570	0.632

①　数据来源：根据 wind 数据库整理和计算。

从表8-7可以发现我国国有企业平均利息保障倍到2005年达到峰值,然后开始下降。2005年的行业最大值为天然原油和天然气开采业47.7倍,最小值为原油加工及炼焦业－1.3倍。究其原因,是2005年国际原油价格大幅度上涨,原油开采业的利润迅速增加,利息保障倍数快速提高;而成品油则受国家价格的管制,赶不上原油上涨的幅度,造成炼油企业大幅亏损,利息保障倍数急速下降。

按公认的评价标准,东方股份有限公司偿付负债利息的能力很强,2014年虽较1999年有所降低,但这仍然未威胁到其长期偿债能力。

3. 现金总负债比率。

现金总负债比率是现金净流入量与负债总额比率的简称,是指企业一定时期经营现金净流入量与负债总额之比,它是从现金流量的角度来反映企业长期偿债能力。其计算公式如下:

$$\text{现金总负债比率(或现金净流入量与负债总额的比率)} = \frac{\text{经营现金净流入量}}{\text{负债总额}}$$

需要指出:由于现金净流入量与负债总额比率主要是用来考察企业长期偿债能力的,而从较长期间来看,按收付实现制计算的经营现金净流入量减去折旧和长期资产摊销之后的余额合计数,会与按权责发生制计算的净利润相等。为了简化计算和平滑经营现金净流入量,现金净流入量与负债总额比率的分子可用净利润加折旧和长期资产摊销来替代,其计算公式如下:

$$\text{现金总负债比率(或现金净流入量与负债总额的比率)} = \frac{\text{净利润＋折旧＋长期资产摊销}}{\text{负债总额}}$$

该比率说明企业一定时期(比如说一年)的经营现金净流入量占负债总额的百分比。其倒数则说明,企业目前的负债如全部用经营现金流入量来偿还需多少时间才能清偿完毕。显然现金总负债比率的值越大,表明企业长期偿债能力越强。

东方股份有限公司2014年度现金总负债比率如下:

$$\text{现金净流入量与负债总额的比率} = \frac{5\,250＋1\,500＋200}{26\,362} = 26.36\%$$

该计算结果表明,东方股份有限公司年经营现金净流入量占负债总额26.36%,公司用经营现金净流入量消清全部负债的时间大约需要四年。但该比率并无公认标准,判断比率的高低,有赖于公司的负债结构。如公司长期负债比重大,该比率的值可以低一点;如公司长期负债比重小,该比率的值则应高一点为好。就东方股份有限公司的实际来看,由于长期负债的比重较低,公司的现金总负债比率的值显得有点偏低。

4. 固定支出现金覆盖率。

固定支出现金覆盖率是经营现金税前净流量加上各种固定支出后的和与固定支出之

比,它反映的是企业应付各种固定支出的能力。该比率的计算公式如下:

$$固定支出现金覆盖率=\frac{经营现金税前净流量+固定支出}{固定支出}$$

或:

$$=\frac{利润总额+折旧+长期资产摊销+利息支出+租金+其他固定支出}{固定支出}$$

从该公式可以看出,固定支出现金覆盖率实际上是利息保障倍数指标的一种延伸。企业除了利息这样一种固定的债务支出外,可能还存在因长期租赁资产产生的固定租金支出,以及用优先股票筹资而产生的固定优先股利支出等从普通股东角度观察的固定性的债务支出。如果仅计算利息保障倍数,可能并不能真实反映企业偿付负债利息的能力。因为一些非利息形式的固定性支出(比如租金),它们在偿债顺序的排列中处于与负债利息相同的位置,甚至实际位置还先于一般负债利息。所以,在考虑真实利息保障倍数时,必须将与负债利息相比处于优先和同等偿债顺序的固定支出加在一起作分母。就分子来看,因负债类的固定支出是税前支付的,所以计算时应以经营现金税前净流量为基础,再加上各类固定支出额作为分子。该比率比利息保障倍数更为灵活和多样,用途也广得多。

东方股份有限公司 2013 年和 2014 年考虑利息和租金的固定支出现金覆盖率指标的计算结果如下:

$$2013 年度固定支出现金覆盖率=\frac{\overset{利润总额}{8\,000}+\overset{固定资产折旧}{1\,500}+\overset{长期资产摊销}{200}+\overset{利息支出}{1\,050}+\overset{租金}{475}①}{利息支出\,1\,050+租金\,475}$$

$$=\frac{11\,225}{1\,525}=7.36(倍)$$

$$2014 年度固定支出现金覆盖率=\frac{\overset{利润总额}{7\,500}+\overset{固定资产折旧}{1\,500}+\overset{长期资产摊销}{200}+\overset{利息支出}{1\,180}+\overset{租金}{475}}{利息支出\,1\,180+租金\,475}$$

$$=\frac{10\,855}{1\,655}=6.56(倍)$$

如从普通股东的角度考察,优先股股利也是企业的一项固定支出,计算固定支出现金覆盖率时,也可将它考虑在内,只是由于优先股股利的清偿顺序排于负债利息之后。因此,计算出来的含优先股股利的固定支出现金覆盖率反映的是企业支付优先股股利的能力。该比率的计算公式和计算结果如下:

$$2013 年度固定支出现金覆盖率=\frac{\overset{利润总额}{8\,000}+\overset{固定资产折旧}{1\,500}+\overset{长期资产摊销}{200}+\overset{利息支出}{1\,050}+\overset{租金}{475}②}{利息支出\,1\,050+租金\,475+税前优先股股利\,200÷(1-30\%)}$$

———————————

①、② 东方股份有限公司年固定租金为管理费用中的租金 160 万元,销售费用中的租金 315 万元(450×70%)。

$$=\frac{11\,225}{1\,811}=6.2(倍)$$

$$2014年度固定支出现金覆盖率 = \frac{利润总额\,7\,500 + 固定资产折旧\,1\,500 + 长期资产摊销\,200 + 利息支出\,1\,180 + 租金\,475}{利息支出\,1\,180 + 租金\,475 + 税前优先股股利\,200 \div (1-30\%)}$$

$$=\frac{10\,855}{1\,941}=5.6(倍)$$

把优先股股利换算为税前优先股股利,是因为优先股股利是在税后利润中支出的,支付优先股利的实际现金流出量应是税前优先股股利。另外,优先股股利不影响企业经营现金净流入量,故不需要将它加在分子之上。

当然,还可以进一步分析企业全部固定支出的现金覆盖率,企业的全部固定支出,除上述的各种支出以外,主要还包括每年必须偿还的各种债务的本金,该比率的计算公式如下:

$$全部固定支出现金覆盖率 = \frac{利润总额 + 固定资产折旧 + 长期资产摊销 + 利息支出 + 租金}{利息支出 + 租金 + 税前优先股股利 + 税前偿还负债本金}$$

上式中的税前偿还负债本金项目是将企业税后还贷额折算为税前现金流出量的结果。另外,偿还负债本金的事项并不会影响到经营现金净流入量,故也不需将它加在分子之上。

假定东方股份有限公司每年偿还负债本金为1 000万元,那么该公司的全部固定支出现金覆盖率如下:

$$全部固定支出现金覆盖率 = \frac{10\,855}{1\,941 + 1\,000 \div (1-30\%)} = \frac{10\,855}{3\,370} = 3.2(倍)$$

上述计算结果表明,东方公司各种固定支出现金覆盖率均较高,公司用经营现金净流量应付其各类固定支出的能力较强。

第四节　企业综合风险水平分析和企业经济价值的确定

分析企业经营风险和财务风险后,还需要进一步分析企业综合风险或总风险。总风险可在分为经营风险和财务风险的基础上,归结为风险对盈利能力的影响和风险对折现率的影响这样两个方面。本节围绕这两个方面对企业综合风险水平分析问题进行讨论。

一、总风险对盈利能力的影响分析

企业总风险是企业经营风险与财务风险之积,其总风险水平通常用综合杠杆来表示。其计算公式如下:

$$\frac{综合}{杠杆}=\frac{经营}{杠杆}\times\frac{财务}{杠杆}=\frac{贡献毛益总额}{息税前收益}\times\frac{息税前收益}{税前收益}=\frac{贡献毛益总额}{税前收益}$$

从上式可以看出,由于固定成本和固定利息支出的共同作用,销售量的增减变化会使税前收益产生更大的变化,而息税前收益的变化会进一步使股东收益产生更大幅度的变化。

东方股份有限公司 2014 年度综合杠杆率的计算结果如下:

$$综合杠杆=\frac{20\ 394}{20\ 394-12\ 876}\times\frac{20\ 394-12\ 876}{6\ 338}=\frac{20\ 394}{6\ 338}=3.2(倍)$$

或:　　　　　　　　　　　$=2.7\times1.186=3.2(倍)$

上述计算结果表明,东方股份有限公司股东收益将以其销售量 3.2 倍的速度变化。假如该公司在其他条件不变的情况下,销售量分别增减 10% 的税前收益额和增减变动幅度如下:

(1) 销售量增长 10% 情况下的公司税前收益额及其变化幅度。

$$贡献毛益总额=112\ 100(1+10\%)\times18.19\%=22\ 430(万元)$$

$$息税前收益=22\ 430-12\ 876=9\ 554(万元)$$

$$税前收益=9\ 554-1\ 180=8\ 374(万元)$$

$$税前收益增长率=\frac{8\ 374-6\ 338}{6\ 338}=32\%$$

$$\frac{税前收益增长率为}{销售量增长率的倍数}=\frac{32\%}{10\%}=3.2(倍)$$

(2) 销售量下降 10% 情况下的公司税前收益额及其变化幅度。

$$贡献毛益总额=112\ 100(1-10\%)\times18.19\%=18\ 352(万元)$$

$$息税前收益=18\ 352-12\ 876=5\ 476(万元)$$

$$税前收益=5\ 476-1\ 180=4\ 296(万元)$$

$$税前收益增长率=\frac{4\ 296-6\ 338}{6\ 338}=-32\%$$

$$\frac{税前收益增长率为}{销售量增长率的倍数}=\frac{-32\%}{-10\%}=3.2(倍)$$

当然,在知道综合杠杆后,要计算销售量增减变化某个百分比条件下的税前收益额,可直接按下式求出：

$$变化后税前收益额 = 变化前税前收益额(1 + 销售量增减百分比 \times 综合杠杆)$$

当销售量增加 10% 时：

$$税前收益 = 6\,338(1 + 10\% \times 3.2) = 8\,366①(万元)$$

当销售量减少 10% 时：

$$税前收益 = 6\,338(1 - 10\% \times 3.2) = 4\,310②(万元)$$

另外，由于所得税率固定不变，综合杠杆对税前收益和税后收益（股东收益）的影响程度完全相同，故可用综合杠杆直接考察销售量增减变化对股东收益的影响程度。

需要注意的是综合杠杆也是随销售量增减变化而变化的。销售量增大，单位固定费用减少，风险降低；销售量减少，单位固定费用增加，风险上升。该问题仍可用东方股份有限公司的实例说明：

当销售量增长 10% 时，东方公司的综合杠杆率如下：

$$综合杠杆 = \frac{22\,430}{8\,374} = 2.68(倍)$$

2.68<3.2，表明随销售量增长，公司总风险水平降低。

当销售量减少 10% 时，东方公司的综合杠杆率如下：

$$综合杠杆 = \frac{18\,352}{4\,296} = 4.27(倍)$$

4.27>3.2，表明随销售量减少，公司总风险水平上升。

综合杠杆率越大，说明企业盈利能力的稳定性越小。在股东收益水平相等的情况下，综合杠杆率大的，其价值较低；综合杠杆率小的，其价值较大。掌握了企业综合杠杆后，可以将它与社会和行业平均综合杠杆水平相比较，把不同风险的股东收益换算为同风险的股东收益。

【例 8-10】　已知东方股份有限公司的综合杠杆率为 3.2 倍，假定社会平均综合杠杆率为 4 倍，试问：① 换算为社会平均综合风险水平的东方股份有限公司 2014 年的股东收益额为多少？② 假定社会平均收益率为 10%，东方公司的企业价值又为多少？

解：

────────────────

①、②　8 366（万元）与 8 374（万元）之差，4 310（万元）与 4 296（万元）之差，系综合杠杆小数点后数字四舍五入所引起。

（1）换算为社会平均综合风险水平的东方股份有限公司 2007 年的股东收益额。

如果风险水平与综合杠杆成正比，那么换算为社会平均综合风险水平的东方股份有限公司 2007 年的股东收益额如下：

$$\text{社会平均综合风险}\atop\text{水平的股东收益} = \frac{6\,338 \times (1-30\%)}{\dfrac{3.2}{4}} = 5\,546(\text{万元})$$

（2）计算东方股份有限公司的企业价值。

确定了企业社会平均综合风险水平的股东收益后，就可以用社会平均收益率对该股东收益折现，求出企业价值。如果东方公司换算为社会平均综合风险水平的股东收益能长期保持在 5546 万元的水平，那么，东方公司的企业价值如下：

$$\text{企业价值} = \frac{5\,546}{10\%} = 55\,460(\text{万元})$$

有了对企业价值的判断，投资者和债权人就容易作出正确的决策。

二、财务风险对折现率的影响分析

由企业资产结构和资本结构（资金来源结构）状况形成的企业风险，一般只会间接地对企业盈利能力产生影响，但却会对企业偿债能力产生直接影响。企业偿债能力的强弱，将会直接影响到企业在资金市场上筹资的难易程度，筹资的难易程度将最终表现在企业的筹资成本上面。因为对债权人而言，其借贷资金的回报率多是在借贷合同中确定的。所以，债权人的利益并不与企业的盈利能力发生直接关系，盈利能力是通过对企业偿债能力的影响间接影响到债权人的利益。债权人向偿债能力弱的企业放贷自然会要求比向偿债能力强的企业放贷有更高风险补偿，众多债权人的要求必将会形成一种市场取向，从而导致不同偿债能力的企业获取借债的资金成本不一样。偿债能力强的企业，其借债的资金成本低于偿债能力弱企业借债的资金成本。这种情况在资金市场发达的地区可以得到充分的反映。

企业偿债能力的强弱还会影响到企业股权资金来源的资金成本。一般而言，股权资金成本与负债股权比率成正比，股权资金成本随负债股权之比的增加而增加。其根本原因是财务杠杆越大，股东承担的风险就越大，相应的股权资金成本就越高。

财务风险的存在还会引发企业破产成本的问题。所谓破产成本，是指由破产所引起的有关法律成本、会计成本和与财务调整和法律程序有关的各类管理费用等直接成本，以及在进入破产法律程序前发生前的间接成本。这些间接成本包括筹资成本上升、优秀人才流失、无法取得供货方的商业信用、销售下降、无法筹措有利可图的资金、出售固定资产产生的折价损失、企业重组的交易成本等。破产成本的存在也会对股权资金成本产生重大影响，使股权资金成本随负债股权比的增加而增加。

企业资金成本的变化,就是折现率的变化。如果企业存在财务风险,就需要在无风险折现率基础之上,加上风险折现率。该风险折现率的标准应是社会平均期望标准。笔者认为,可按下式近似确定一个企业的适用折现率:

$$适用折现率＝无风险折现率＋\frac{负债}{净资产}×无风险折现率$$

【例 8-11】　假定社会无风险折现率为 5％,东方股份有限公司 2014 年的税前收益 6 338 万元(按变动成本法计算)能长期维持不变,试问该公司的适用折现率和企业价值各为多少?

解:

(1) 计算东方公司的适用折现率。

假定折现率与财务风险之间存在着线性关系,其适用折现率如下:

$$适用折现率＝5％＋\frac{26\,362}{36\,790}×5％＝8.57％$$

(2) 计算东方股份有限公司的价值。

$$企业价值＝\frac{6\,338×(1-30％)}{8.57％}＝51\,769(万元)$$

用该法计算出来的企业价值,与按综合杠杆计算出来的企业价值有差异,主要原因是按综合杠杆计算的企业价值,既考虑了经营风险,又考虑了财务风险,而按适用折现率计算的企业价值,则只考虑了财务风险。为了避免该差异,可以用社会平均综合杠杆率来调整折现率,其计算方法如下:

$$适用折现率＝\frac{企业综合杠杆率}{社会平均综合杠杆率}×社会平均折现率$$

仍用前面的有关数据,可以得到企业总风险的适用折现率如下:

$$适用折现率＝\frac{3.2}{4}×10％＝8％$$

按上述 8％折现率计算出的企业价值如下:

$$东风公司企业价值＝\frac{6\,338×(1-30％)}{8％}＝55\,458(万元)$$

按照此方法计算出来东方股份有限公司 55 458 万元的企业价值,与前面按调整盈利额计算出的企业价值结果基本相等。可见,用考虑风险后的盈利能力和折现率计算出的企业价值,从理论上讲,能比不考虑风险直接计算出的企业价值更准确地反映企业的真实价值。但要做到这一点,必须准确地确定企业的风险,特别是社会的平均风险水平。

[资料]

附表 8-1

全国各行业国有企业平均资产负债率一览表①

单位：%

行　业	2000年	2001年	2002年	2003年	2004年	2005年	2006年	2007年	2008年	2009年	2010年	2011年	2012年	2013年
全部国有企业	69.7	68.7	68.4	68.7	65.4	65.2	65	63.2	64.5	67.5	65.2	64	64	65
农林牧渔业	77.2	77.4	77.2	77	76.8	76.6	76.4	72.6	70.6	72.5	73.6	70	67.7	65
农业	79.6	80.3	80.1	79.9	79.7	79.5	79.3	75.5	73.5	70.5	70.8	68	67.3	65
林业	70	68.3	68.1	67.9	67.7	67.5	67.3	63.5	61.5	62.5	73.1	70	70	65
畜牧业	72.9	74.7	74.5	74.3	74.1	73.9	73.7	69.9	67.9	62.7	65.7	62	61.6	65
渔业	70.3	69.5	69.3	69.1	68.9	68.7	68.5	64.7	62.7	60.3	63.1	65	65	65
工业	65.5	64.8	64.5	64.3	64.5	64.3	64.1	62.5	63.5	64.2	63.9	62.9	62.5	60
煤炭工业	69.8	68.2	61.7	61.5	66.2	58.7	59.6	57.6	54.2	54.4	54.2	58	60	68
森林工业	78.7	75.3	76.5	76.3	76	74.3	74.4	70.7	69.2	65.6	66	66.8	65.3	60
水的生产与供应业			51.2	44.2	46.7	49.1	59.5	58	57.5	58.1	57.7	55.2	56.3	60
轻工业	72.2	71.2	70.7	70.5	69.3	68.8	68.2	64.8	66.8	66.3	65.8	63	61	60
纺织服装饰业			77	76.8	78.8	78.3	78.3	74.9	71.2	69	69	65	62.2	60
工艺品及其他制品业	76.9		64.9	64.7	64.2	56.7	49.6	46.2	48.3	50	52	50	52.6	60
家具制造业	82.7	82.2	83	82.8	59.3	59.6	58.6	55.2	53.5	54.5	55	50	53.2	60
皮革毛皮羽绒及其制品业		87.2	85.7	85.5	85.5	85.6	84	80.6	79.8	65.7	65.3	60	61.2	60
文教体育用品制造业	66.1	64.4	66.6	66.4	65.5	64.9	65	61.6	59.7	58.8	56.4	50	51.1	60
印刷业,记录媒介复制业	71.4	69	67.8	67.6	51.5	50.4	50.3	46.9	49.1	51	50.8	55	57.2	60
造纸及纸制品业		76.3	76.3	76.1	69.5	69.3	68.8	65.4	66.7	66.3	66	65	63.4	60
制茶业				65.9	89.3	58	83.4	82.8	80.1	76.5	75.5	76	74.1	60
酒和饮料制造业	66.9	65.9	64.6	64.4	64.2	63.4	53.2	52.6	50.6	56.8	56.2	58	55.3	60
白酒制造业	64.9	63.1	63.1	62.9	83.4	52.9	48.2	47.6	45.8	49.5	49.2	45	43.8	60
啤酒制造业	68.9	67.9	66.4	66.2	65	60.5	59.2	58.6	55.2	54.5	54.7	54	53.3	60

① 资料来源 wind 数据库。

（续表）

行　业	2000年	2001年	2002年	2003年	2004年	2005年	2006年	2007年	2008年	2009年	2010年	2011年	2012年	2013年
食品工业	84	82.1	80.6	73.5	72.9	71.3	70.2	68.8	66.2	64.8	62.3	62	63.4	60
食品加工业	86.1	84	82.1	81.9	81.2	79	75.8	74.4	67.1	64.9	61.6	63.1	64.5	60
食品制造业	72.8	71.9	71.8	71.6	70.9	70.9	69.4	68	65.2	64.4	57.8	58.2	59.6	60
烟草工业	63.7	70.3	66	65.8	65.6	61	58.7	58.7	58.9	60.2	50.7	48.7	43.6	60
纺织工业	79.6	79.1	78.7	78.5	77.8	76.8	73.3	71.1	72.2	71.5	67.3	67.7	66.5	60
麻纺织业	88.3	89.8	88.5	88.3	80.4	76	75.2	75.2	77.2	74.1	68.7	59.8	58.6	60
毛纺织业	84	78.3	82	81.8	76	70.9	66.9	66.9	67.8	65.4	62.4	62.3	61.1	60
棉、化纤纺织业	79.6	80	75	74.8	75.9	76.1	75.4	71.6	72.1	71.3	69.8	71.4	70.2	60
丝绢纺织业	81.4	80.7	82	81.8	81.9	66.5	67.1	77.1	78.2	77.2	74.8	73.3	72.1	60
医药工业	66.5	67	66.2	66	65.8	60.6	59.7	57.7	57.1	55.8	55.3	49.9	49.9	60
化学药品原药、制剂制造业	68.8	69.7	68.3	68.1	63.4	63.3	62.2	60.2	60.7	61.6	56.8	51.4	51.4	60
中药材及中成药加工业	64.2	64.3	64.3	64.1	63.2	61.1	56.7	54.7	55	56	51.9	45	45	60
电力工业	57.3	57.8	58.5	58.3	103	47.1	71.3	70.1	72.3	72.5	71.7	74.9	75	60
电力供应业	58.2	57.9	59.4	59.2	60.6	53	65.2	64	65	69.5	67.4	66.7	68.2	60
燃气生产与供应业	57.5	57	52.6	46.5	47.7	51.8	63.3	62.1	52.3	53.1	55.2	55.4	57.2	60
热力生产和供应业												69.5	71.1	60
电力生产业	61	60.3	60.3	60.1	55.3	56.3	71.8	69.6	71.8	72	71.9	75.5	75.1	60
火力发电业		60.9	60.1	59.9	59	60.3	75.7	70.5	72.6	73.1	75.7	77	77	70
水力发电业	60.7	64.5	57.4	63.1	87.5	86.1	70.1	68.9	69	68.6	67.6	63.6	62.6	60
石油石化工业		49.7	48.4	48.2	48	50.8	54.8	53.4	56.8	56	59.9	61	59.9	60
天然原油和天然气开采业	46.2	53.6	23.7	40.5	40.3	40	50.5	52.3	55.2	51.2	50.6	50.6	50.8	60
原油加工及石油炼焦业		57.2	53.5	53.3	53.1	58.4	58.2	58.2	54.3	55.1	58.9	58.8	59	60
冶金工业	60.7	58	59.9	59.7	57.9	58.3	63.9	62.7	60.9	61.2	56	58	64	60
黑色金属矿产采选业	60.3	63.8	63.6	63.4	61.6	60.8	61.2	60	58.1	62.8	68.5	65.6	63.7	60
黑色金属冶炼业	57.8	57.6	60	59.9	59.7	61	62.1	60.9	58.6	52.9	55	67.3	67.4	60
有色金属矿产采选业	73	71.8	72.9	72.7	70.8	65.9	64.3	63.1	61.3	63	65	65.7	66	60
有色金属冶炼业	70.5	71	70.9	70.7	71.7	70.7	62.7	61.5	58.2	60.5	63.9	60.4	63	60
建材工业	72.4	71.7	71.7	71.5	65.2	65.3	60.7	63.7	61	70	69	69	69	60
建筑用金属制品业	84.8	85	79.7	79.5	78.4	70	70.6	70.6	72.6	72.1	60	60.2	60.2	60

（续表）

行　业	2000年	2001年	2002年	2003年	2004年	2005年	2006年	2007年	2008年	2009年	2010年	2011年	2012年	2013年
建筑用矿石采选业	72.5	66.9	68.9	68.7	62.8	61.7	59.4	60.8	62	62.8	44	44	46	60
结构性金属制品业	76.1	83.7	85.6	85.4	86.5	86.6	85.8	82.5	83	72	65	65	66	60
水泥制品及石膏制品业	73.3	72.3	72.8	72.6	73.5	74.8	74.2	74.2	75	75.6	74	73	64	60
水泥制造业	71.5	70.4	69.8	69.6	71.2	72.2	55.3	57.2	59.2	59.8	58.8	58.8	62	60
电子工业	66.9	65.5	64.9	64.7	53.2	56.4	66.1	64.6	63.2	64	48	53.8	58.3	60
电子计算机制造业	64	66.3	65.5	65.3	58	69	75.7	74.2	70.3	65.8	55	50	54.5	60
电子元、器件制造业	71.8	69.8	69.2	69	68.8	67.6	57.6	57.6	57.8	61.6	44	57	61.5	60
广播电视设备制造业	79.5	81.5	81	80.8	84.6	88.2	90	88.5	81.2	50.2	48	50	54.5	60
通信设备制造业	68.1	67.8	63.9	63.7	65.3	69	69.4	67.9	66.4	67.2	48	50	54.5	60
化学工业	71.2	67.1	66.2	66	67.1	67	65.7	64.4	62.3	65.3	60	61	61	60
肥料制造业	73.7	73.4	72.3	72.1	72.3	70.4	58.3	55.3	54	55	56.9	57	60	60
化纤制造业	64.9	73.3	73	72.8	71.1	71.7	71.7	68.1	60	61	61	61	57	60
基础化学原料制造业	69.9	71.4	68.9	68.7	68.4	68.4	66.4	65.1	64.7	63.8	61.8	61	61	60
农药制造业			63.6	63.4	87.2	78.4	78.7	77.4	79	78	76.8	69.7	69.7	60
日用和化学产品制造业	67.4	62.2	59.5	59.3	68.3	80.4	77	75.7	63.5	63.2	62.1	61.3	56	60
塑料制品业	70	67.4	65.5	65.3	65.3	65.7	66.2	64.9	65.7	66	64.7	64.7	62.8	60
橡胶制品业	74.2	74.4	74.5	74.3	70.6	68.8	69.5	68.2	69	69.2	68.2	68	68	60
机械工业	70.7	72.9	72.7	72.5	72.9	60.3	72	70.5	71.4	69.5	69.5	65	65.1	60
矿山、冶金、建筑设备制造业	71	72.1	72.6	72.4	75.1	63.8	61.8	61.8	61.6	66.6	66	66	64.5	60
汽车制造业	64	68.6	67.3	67.1	73.5	54.7	61.7	60.2	60.4	60.1	60	61	54.3	60
船舶制造业	85.8	87.5	90.4	90.2	90.3	97.4	96.7	95.2	95.3	73.5	69.5	69.7	72.5	60
电工器材制造业	76.1	76.1	75.9	75.7	78.9	71.7	65.8	64.3	63.4	62.7	62	63	64	60
电机制造业	71.4	74	74.2	74	77.7	81.2	55.3	65.3	65.5	70	69.2	69	70.7	60
电气机械及器材制造业	70.7	71.6	72.7	72.5	69.1	68.7	68.5	67	68.7	69.2	65	65	67	60
锅炉及原动机制造业	71.2	72.4	72.4	72.2	74.3	74.2	70.3	70.3	72.2	73.3	69.7	69	72	60
化工、木材、非金属加工设备制造业			81.9	81.7	83.4	66.2	66.4	66.4	67.8	66.3	64	64	62.2	60
家用电器制造业	59.8	63.3	69	68.8	67.5	71.9	74	72.5	71.9	70.8	68	68.7	70	60
交通运输设备制造业	65.3	68.8	68.7	68.5	70.1	59.7	58.2	56.7	56.9	61.1	60.5	60	62	60

（续表）

行　业	2000年	2001年	2002年	2003年	2004年	2005年	2006年	2007年	2008年	2009年	2010年	2011年	2012年	2013年
金属工具制造业	83.2	86.1	86.3	86.1	85.1	68.1	66.9	65.4	66.1	65.7	59.7	56	58	60
金属加工机械制造业	81.4	83.5	80.2	80	80.8	63.1	62.3	62.3	63.2	64.4	60	60	60.3	60
金属制品业	78.5	76.3	73.5	73.3	116.9	60.8	60.3	58.8	56.8	60.3	57	56	55	60
摩托车制造业	65.4	68.9	71.2	71	66.3	62.6	60.6	60.1	62	61	60	60	62.3	60
农林牧渔水利机械制造业	78.3	77.2	77.1	76.9	76.2	58.8	62.2	61.2	61.5	61.9	59	59	57.8	60
其他通用设备制造业			75.7	75.5	72.9	61.9	59.3	59.3	58	60.1	60	60	62.5	60
轻纺工业设备制造业	75	78.3	76.2	76	76.3	55.4	53.6	52.1	53.3	54.2	54.2	54.5	58	60
输配电及控制设备制造业	73.3	72.2	72.3	72.1	69.7	66.9	62.4	60.9	60.1	63.3	61.3	61	63	60
铁路运输设备制造业	73.1	68.2	77.3	77.1	80.1	63.9	62.8	61.3	61.4	61.9	60.1	60	62	60
通用设备制造业	70.7	75	76	75.8	76	65	63.6	63.6	64.7	65.8	65.5	65	65.2	60
通用仪器仪表制造业	80	80.6	78.9	78.7	88	91.1	91.3	88.8	88.9	67.8	66	66.2	69	60
医疗仪器设备制造业	61.1	68.7	65.9	65.7	66.7	50.4	49.7	50.7	51.3	60.2	52	52	45	60
仪器仪表及文化、办公用机械制造业	80.2	80.2	79.7	79.5	86.8	87.7	88.1	86.6	84	75	63	63	65	60
照明器具制造业	75.6	73.5	70.3	70.1	83.7	79.4	77.5	76	76.3	75	56	56	45	60
钟表制造业	88.3	89.6	89.9	89.7	103.4	133.7	81.3	79.8	79.9	69.8	59	58.9	50	60
轴承制造业	73.2	73.8	72.9	72.7	72.4	61.8	61.7	60.2	58.8	57.2	57	56	60	60
专用设备制造业	74	76.2	77	76.8	76.6	60.5	59.2	59.2	63.6	64	62.8	59	60	60
专用仪器仪表制造业	72	72.9	76	75.8	73.5	74.5	72.6	71.1	71.4	68.7	60	60.3	62	60
自行车制造业	87.9	87	85.5	85.3	93.1	68.6	66.2	66.2	67.7	70	69	69	67	60
传播与文化业		41.2	41	40.8	40.6	40.4	55.2	55.6	53.8	54	51	45	46.9	65
广播电影电视业		49.1	48.9	48.7	48.5	48.3	55.1	55.5	53.7	55.2	54.5	50	48.8	65
文化艺术业		37.2	37	36.8	52.8	52.6	60.4	60.8	59	61.2	60	55	54.8	65
房地产	79.7	79.4	79.2	79.2	79	78.8	78.6	75.7	76.7	74.9	74.9	75	75.4	70
房地产开发业	79.8	79.6	79.4	79.2	79	78.8	78.6	75.7	76.7	75	75	75	76.4	70
物业管理	74.6	73.5	73.3	73.1	72.9	72.7	74.5	72.6	72.6	71.9	70.6	72	70.7	70
建筑业	81.6	82.3	82.1	81.9	79.1	78.5	76.6	75.8	75.8	75	71.8	76.5	77.5	70
建筑安装业	79.9	80.7	80.5	80.3	80.1	79.9	78.7	74.9	74.6	73	73.8	72	73	70
建筑装饰业		73.7	73.5	73.3	73.1	72.9	72.5	68.7	68.4	67.8	68.4	69.4	70.4	70

（续表）

行　业	2000年	2001年	2002年	2003年	2004年	2005年	2006年	2007年	2008年	2009年	2010年	2011年	2012年	2013年
房屋工程建筑业			82.2	82	81.8	81.6	81.4	77.6	77.3	75	76.2	76.4	77.4	70
房屋建筑业	84.2	85.4	85.2	85	84.8	84.6	84.4	80.6	80.3	75	76	74	75	70
土木工程建筑业	81.7	82.4	78	77.8	77.6	77.4	77.2	73.4	73.1	73	74	76.5	77.5	70
信息技术服务业		59.9	59.7	52.5	52.3	52.1	50.3	47.8	44.6	55.8	52	55	55.6	65
电信业		52.1	51.9	51.7	51.5	51.3	52.4	45.8	44.3	50.3	58.2	58.3	57.8	65
计算机服务与软件业		55.4	55.2	55	54.8	54.6	59.9	57.4	56.1	60.2	54	60	53.2	65
住宿和餐饮业	74.8		70.3	70.1	69.9	69.7	69.5	65.3	64.9	56.8	55.8	54.8	53.3	65
餐饮业	68.8	74.4	74.2	74	73.8	73.6	73.4	69.2	68.8	60.7	55.6	61.5	54.7	65
住宿业		69.8	69.6	69.4	69.2	69	68.8	64.6	64.6	58	57.3	55.1	53.6	65
批发和零售贸易业	81.5	83.8	80.6	80.4	80.2	80	76.8	76.5	76	74.9	71	73.9	73.6	65
商业贸易	80	81.5	81.3	81.1	80.9	80.7	73.4	73.1	72.1	72	74.2	67	67.3	65
商业批发			81.1	82.9	82.7	82.5	82.3	82.1	73.1	72.8	71.8	70	71.5	64.4
综合零售	76.8	76.9	76.7	76.5	76.3	76.1	74	73.7	72.7	73	74	69.9	62.1	65
物资批发	77.4	77.9	77.7	77.5	77.3	77.1	76.9	76.6	75.3	75	74.8	74.9	75.2	65
物资零售			77.4	80.5	80.3	80.1	79.9	79.7	79.5	79.2	77.9	75	74	75.2
社会服务业	67.1		74.1	77.4	77.2	77	76.8	76.6	76.4	76.1	74.8	75	75.7	74.3
公共设施管理		68.1	67.9	62.1	61.9	61.7	61.5	58.4	57.7	62.6	60	60	60	65
科研设计		60.7	61.2	61	60.8	60.6	60.4	57.3	60.5	70.8	70	68	66.1	65
旅游业	61.6	65.2	41.1	47.9	47.7	68.9	67.7	66.9	64.6	63.8	63.8	62	65	65
信息咨询服务业	72.8	62.7	46.4	48.4	48.2	45.1	64.8	63.4	63.5	63.2	60.6	57.6	59.4	65
投资公司		72.8	62.5	62.3	62.1	61.9	61.7	58.6	57.6	60.6	55	58.5	60.5	65
道路运输业	63.8	67.6	67.4	67.2	67	66.8	70.8	65.5	63.5	69	67.1	65	66.3	65
高速公路			61.2	55.3	55.1	54.9	66.6	63.3	63.7	63.6	61	62	72.3	65
铁路运输业	33.3	41.3	41.1	40.9	40.7	40.5	40.3	38.3	37.5	51.3	48	50.3	62.3	65
水上运输业	63.2	65.6	65.4	65.2	65	64.8	64.6	61.4	58.5	62.5	65	70	70	65
航空运输业	77	79.5	56.7	60.5	60.3	60.1	84.2	80.1	80.3	74.4	70	70	71.2	65
城市公共交通业	56.1	56.1	55.9	55.7	55.5	55.3	60.1	54.3	55.7	56.8	55.2	70	75.3	65

附表 8-2

全国各行业国有企业平均速动比率一览表①

单位：%

行　业	2000年	2001年	2002年	2003年	2004年	2005年	2006年	2007年	2008年	2009年	2010年	2011年	2012年	2013年
全部国有企业	99.7	83.1	72.8	74.5	75	75.6	77	80.3	78.5	69	75	75	75	75
农林牧渔业	85	75.2	61.8	66.2	68.5	65.5	66.4	68	70.8	73.5	74.6	80	77.8	79.9
农业	82.8	63.6	59.3	63.1	65.8	62.8	60.2	61.8	64.6	61.5	64.3	67	66.3	68.4
林业	83.8	80	71.7	73.4	69.9	69.6	81.2	82.8	85.6	87.6	87.8	85	85.7	87.8
畜牧业	78.4	62.8	59.7	62.8	62.7	57.8	59	60.6	63.4	65.4	63.2	62	64.6	66.7
渔业	105.3	85.7	63.3	80.3	82	77.6	66.1	67.7	70.5	71.6	78.6	85	89.4	91.5
工业	102.8	84.9	72.5	73.9	73.2	72.4	71.3	73.5	72.3	75.5	74.7	76	76	73
煤炭工业	98.7	86.3	84.9	86.4	83.4	88.1	94.6	96	93.2	95.4	103.5	101	97	85
森林工业	76.4	59.9	47.2	49.5	53.8	58.5	49.2	98.1	72.9	74	76.8	66.1	63.5	65.1
水的生产与供应业			90.8	99.8	88.8	83.6	84.9	84.9	89.9	98.4	98.9	99.2	98.4	95.6
轻工工业	89.8	70.7	61.1	62.6	66.6	69.2	65.5	67.7	72.3	78.6	78.5	79	80	82
纺织服装服饰业			70.5	69.2	46.3	65.3	77.5	79.7	80.7	79.5	81.3	78	78.7	80.7
工艺品及其他制品业			46.1	65.5	68.9	78.7	96.9	99.1	98.4	91.3	90.1	95	87.1	88.8
家具制造业	80.5	83.2	55.7	66.4	65	69.2	67.1	69.3	68	71.3	72.5	75	76.3	81.3
皮革毛皮羽绒及其制品业	66.2	57.8	48	54	54	55.9	51.9	54.1	52.1	65.9	66.3	70	80.7	82.4
文教体育用品制造业	101.4	72.9	66.2	69.4	72.2	62.7	72.4	74.6	70.3	73.5	74.4	65	66.7	70.3
印刷业、记录媒介复制业	85.5	73.3	68.2	70.2	71.4	74.3	75.7	77.9	76.5	76.3	77.3	75	72	73.5
造纸及纸制品业		79	59.9	58.6	69.2	63.5	54.2	56.4	55.8	58.3	62	70	66.1	71.2
制浆业		56	45.7	45.5	35.5	57.2	79.7	82.5	80.7	74.7	74.4	70	57.8	61.8
酒和饮料制造业	97.2	63.5	58.7	59.4	62	74.3	64.9	67.7	72.7	74.2	74.3	76	78.7	82.7
白酒制造业	110.3	66	59.5	69.9	46.2	66	66	68.8	72.2	76.8	77.1	85	85.6	79.9
啤酒制造业	77.3	52.2	52.7	44.4	56.3	64.8	58	60.8	62.3	75.7	75.9	78	78.4	80.5
食品工业	67.6	60.3	52.3	58.2	66.2	58.4	57.5	59.2	60.2	62.8	63.5	63	64.7	69.3
食品加工业	64.1	53.4	50.2	52	53.4	53.6	52.4	53.2	55.6	59.4	63.4	63.4	65.1	69.7
食品制造业	79.7	77.1	58.2	71.1	66.4	66.4	66.5	68.2	69.9	70.5	75.3	75	76.7	81.3

① 资料来源 wind 数据库。

（续表）

行　业	2000年	2001年	2002年	2003年	2004年	2005年	2006年	2007年	2008年	2009年	2010年	2011年	2012年	2013年
烟草工业	118	61.7	49.6	50.1	65.6	67.8	79.4	79.4	79.4	80.6	90.6	97.1	98.5	98.8
纺织工业	79	70.2	55.4	57.5	60.8	63.9	57.2	57.2	54	56.2	60.2	60.4	62.3	67.3
麻纺织业	79.1	37.8	38.1	40.4	47.3	63.5	46.4	46.4	45.7	61.5	65.8	65.9	67.8	72.8
毛纺织业	88.9	63.9	48.6	52.3	59.1	71.4	51.8	51.8	51.3	51.8	58.4	58.1	60	65
棉、化纤纺织业	76.1	62.9	54.2	54.4	55.5	64.8	53.6	53.6	54	54.8	60.7	60	61.9	66.9
丝绢纺织业	71.4	59.8	56.8	61.4	58.2	61.3	62.3	50.3	50.1	51.8	52.7	55.7	57.6	62.6
医药工业	115.5	94.1	79.9	76.7	76.5	93.6	72.2	78.2	78.9	81.8	81.9	98.7	85	80
化学药品原药、制剂制造业	112.1	87.1	76.6	74.4	75.1	94.5	70.3	70.3	71.1	72.5	76.4	87	73.3	68.3
中药材及中成药加工业	119.1	92.6	85.6	81.2	84.1	98.5	75.7	79.9	80.8	81.2	87.3	104.8	91.1	86.1
电力工业	140.5	97.1	114	112.2	60.9	85.1	67.6	67.6	63.5	55.1	49.1	36.6	34.5	36.3
电力供应业	141.7	105.8	123.9	119.8	103.9	95.1	71.8	71.8	40	78.7	70.8	33.2	31.2	33
燃气生产与供应业	100.2	86.8	79	90.2	92.2	84.8	78.8	78.8	82	100	91	88.3	85.4	84
热力生产和供应业												65.7	67.3	62.5
电力生产业	126.3	93.6	85.7	99.6	94	74.9	63.8	63.8	60	63.9	51.2	50.7	52.7	53.8
火力发电业		78.8	82.8	101	92.8	71.3	57.9	57.9	53	71.8	53.3	51.5	51.9	44.9
水力发电业	106.2	106.2	110	96.7	77.4	83.5	78.9	78.9	80	71.6	69.5	48.1	47.1	45.1
石油石化工业	84.6	84.6	75.9	61.7	58.1	65	70.4	82.6	78.7	60.1	44.1	44.2	44.2	44.2
天然原油和天然气开采业	176.8	91.1	73.6	67.7	59	76.7	78.2	78.2	76.2	70.2	50.8	50.8	50.8	50.8
原油加工及炼焦业	121.9	121.9	85	56.9	57.3	49.3	50.3	75.5	68.9	70.6	43.2	43.3	43.3	43.3
冶金工业	91.9	69.4	60.8	64.9	67.4	63.9	61.1	63.2	63.2	62.5	63	58	58	38
黑色金属矿采选业	91.7	69.2	63.5	67.4	73.9	85.5	91.3	93.4	70.3	66.8	66	64.2	64.2	64.2
黑色金属冶炼业	91.4	70.7	61	65.1	66.5	60.4	54.8	56.9	53.1	52.5	55	38.3	38.3	38.5
有色金属矿采选业	83.6	62.7	60.9	67.6	69	86	69.7	71.8	69.2	68.5	80.1	80.5	80.5	80.5
有色金属冶炼业	95.7	65.1	59.7	62.9	60.8	66.1	54.3	56.4	53.7	53.9	50.4	51.2	51.2	51.2
建材工业	84.6	75.8	64.1	64.6	73.9	63.6	60.5	63.7	64	65	65.8	65.8	63.4	58.7
建筑用金属制品业	83.6	53.7	57.3	45.9	57.7	50.5	61.9	65.1	70	71	69	75	75	75
建筑用矿石采选业	91.8	94.3	73.1	68.7	91.5	64.2	75.2	90.2	88.1	88.9	89	89	89	89
结构性金属制品业	113.3	49.5	56.1	55.5	70.1	58.9	60.8	64	68	79.2	75	74	74	74
水泥制品及石膏制品业	89.4	67.9	74.4	64.1	66.7	63.4	74.2	77.4	70	71	80	80	80	80

（续表）

行　业	2000年	2001年	2002年	2003年	2004年	2005年	2006年	2007年	2008年	2009年	2010年	2011年	2012年	2013年
水泥制造业	79.4	75.3	60.5	64.8	69.6	64.6	58.7	61.9	75	76.1	60.1	60.2	60.2	60.2
电子工业	118.3	97.4	89.2	87.5	96	83.8	87.1	87.1	81.7	88.2	102	101	96.5	94.5
电子计算机制造业	132.2	117	90.6	97.7	108.7	90.8	99.3	99.3	97.4	83.9	90	101	96.5	97
电子元、器件制造业	105.3	89.5	82.1	84.2	78.9	83.4	80.3	80.3	78.1	84.6	115	87	82.5	75
广播电视设备制造业	83.6	101.7	60.6	79.6	76.9	59	61.5	61.5	64.3	87.4	102	88	83.5	87.5
通信设备制造业	124.2	103.6	105	96	90.4	94.2	97.7	97.7	91.3	82.8	90	101	96.5	94.5
化学工业	90	75.7	64.4	67.5	63.1	64.7	66.4	68.7	70.5	74.3	85	84	72	72
肥料制造业	85	68.1	58.8	62.2	64.3	70.2	70.4	73.9	69	68	70	70	70	70
化纤制造业	85.9	63.1	55.2	61.3	60.9	53.1	47.1	47.1	22.3	54.2	54.2	54.3	56.8	56.8
基础化学原料制造业	88.7	76.1	67.1	71.7	67.1	63.7	63	65.3	61	62	66	65	65	65
农药制造业			60.6	65.9	41.5	61.4	54.2	56.5	46	47	49.3	49.7	49.7	49.7
日用和化学产品制造业	91.6	81.2	80.1	78.8	57.3	56	92.8	92.8	93.5	94.5	97	94	94	94
塑料制品	93.1	80.5	69.1	69.9	64	57.2	57.7	60	60	61	62.1	62.2	62.2	62.2
橡胶制品业	94.8	62.7	60.1	62.9	62.6	64.4	59.6	59.6	69	68	68.3	68.5	68.5	68.5
机械工业	101.2	73.9	69.6	71	75.1	73.1	71.1	71.1	72.1	71.2	71.4	65	76	76
矿山、冶金、建筑设备制造业	95.5	84.8	58.2	60.6	69.6	66.9	61.6	61.6	63.2	65.8	75	76	80	80
汽车制造业	106.5	81.7	78.8	77.5	74.9	77.7	73.1	75.8	75.7	77.4	80	78	81.3	81.3
船舶制造业	106	70.2	64.5	62.3	60.3	50.2	65.8	72.8	71.3	72.6	81	80	80	80
电工器材制造业	94.6	67.3	64.1	62.8	57.6	66.8	61	61	61.9	64.6	65	65	63	63
电机制造业	109.9	66.5	60.9	94.4	72.4	68.4	69.9	69.9	70	72.6	82	82	81.2	81.2
电气机械及器材制造业	107.7	80.7	72.4	78.7	73.3	76.8	71.9	71.9	72.7	74.4	83	83	85	85
锅炉及原动机制造业	109.4	79.9	69.9	68.8	81.2	74.8	67.8	67.8	68.8	69.8	69.8	69.8	70	70
化工、木材、非金属加工设备制造业			54.6	53.3	57.9	62	60.7	60.7	60.5	65.5	85	85	81.4	81.4
家用电器制造业	123.4	104.5	78.8	78.3	67.2	68.6	72.9	72.9	74.3	75.5	75.5	75	77	77
交通运输设备制造业	103.9	76.3	75.4	75.7	75.7	77.2	73.6	73.6	74.7	75.1	85.6	86	87	87
金属工具制造业	94.3	58.5	60.7	53.3	59.1	61.1	56.8	56.8	57.1	58.2	72	72	67.3	67.3
金属加工机械制造业	93.3	56.7	58	56.7	59.7	62.5	60.4	60.4	51.9	60.3	75	75	74.8	74.8
金属制品	88.4	67.7	64.8	63.8	70.8	68.1	64.2	64.2	65.3	77.5	80	80	75	75

（续表）

行　业	2000年	2001年	2002年	2003年	2004年	2005年	2006年	2007年	2008年	2009年	2010年	2011年	2012年	2013年
摩托车制造业	111.4	62.8	70.4	66.4	70.8	84.5	73.3	73.3	72.8	75.8	76	75	64.8	64.8
农林牧渔水利机械制造业	88.6	73.4	59	62.5	65.3	64.2	61.5	61.5	60.7	67.9	75	77	78.2	78.2
其他通用设备制造业			66	67.8	66.8	76.1	71	71	72.3	74.5	75	78	80	80
轻纺工业设备制造业	97.7	67.4	68.3	73.6	68.6	70.6	70.2	70.2	67.7	68.7	78	78	72.5	72.5
输配电及控制设备制造业	108.1	84	71.4	72.2	77.4	81	71.1	71.1	78.6	79.6	86	86	89	89
铁路运输设备制造业	89	72	64.4	68.9	62.6	68.2	68.5	70.9	72.2	83.9	83.9	82.1	80.3	79.2
通用设备制造业	103.4	63.5	63.7	63.9	66	70	67.9	69.2	68.5	78.7	78.7	79	76	76
通用仪器仪表制造业	97	59.7	66.5	80.5	69.2	62.1	70.5	70.5	71.9	80.7	81	81	86	86
医疗仪器设备及器械制造业	130.9	72.7	61.1	81.2	79.1	86	69.1	78.2	76.7	78.1	100	100	95	95
仪器仪表及文化、办公用机械制造业	95.2	66.8	64.5	74.4	62.8	61.4	63	64.9	65.1	76.7	85	87	85	85
照明器具制造业	98.8	73.1	71.3	65.2	56.9	61.7	53.7	53.7	53.9	65.9	75	75	72	72
钟表制造业	74.5	55.2	40.7	42.6	35.3	22.1	60	60	62.1	79.3	79.5	79.5	85	85
轴承制造业	106	75.6	68.4	66.2	68.8	76	77	77	78.8	80.1	90	89	86	86
专用设备制造业	95.7	72.3	61	64.3	66.1	68	68.1	70.5	74.5	76.4	80.5	80	85	85
专用仪器仪表制造业	89.4	61.8	65.9	48.2	67.3	62.9	76.3	76.3	75.5	84	84	84.3	80	80
自行车制造业	79.8	63.1	55.2	59.7	45.5	55.3	63.5	63.5	63.3	64.9	65	65	76.7	76.7
传播与文化业		90.7	81.1	88	89.9	88.3	101.8	103.2	101.6	95.3	97.1	90	88.2	95.3
广播电影电视业		77.1	63.9	84.4	82.3	83.8	99.1	100.5	98.9	97.4	95.2	100	86.7	95.1
文化艺术业		92	74.4	70.7	72.9	94.9	80.2	81.6	80	86.7	89.3	95	98.6	101.2
房地产	117.9	56.9	58.4	58.7	59.8	61.7	62.9	69.1	69.1	82.3	75.2	75.5	73.2	73
房地产开发业	117.7	56.3	56.7	56	57.4	58.8	60	66.2	66.2	72	71.6	71.3	69.1	74
物业管理	123.4	72.8	103	91.4	93.6	101	98.1	104.3	104.3	106.5	105.3	102	97.8	55
建筑业	102.3	79.6	81.9	83	86.2	83.3	83.4	76.7	76.8	70	85.6	65	67	59
建筑安装业	100.8	76	76.1	80.2	80.9	80.7	85.3	86.1	87.1	80.4	81.5	82	84	84.1
建筑装饰业		77.6	81.2	80.8	79.9	77.4	78.9	79.7	80.7	82.5	84.3	85.9	87.9	88
房屋工程建筑业			82.3	83.7	85.1	83.6	84.1	84.9	85.9	86	88	84.4	86.4	86.5

（续表）

行　业	2000 年	2001 年	2002 年	2003 年	2004 年	2005 年	2006 年	2007 年	2008 年	2009 年	2010 年	2011 年	2012 年	2013 年
房屋建筑业	102.2	78.5	81.6	83.2	82.7	83.9	82.5	83.3	84.3	86.2	87	85.6	87.6	87.7
土木工程建筑业	102.3	79.8	84.5	84.8	75.8	63.8	85.8	86.6	87.6	88.1	89.2	84.1	86.1	86.2
信息技术服务业		102.2	77.6	82.7	52.5	62.6	71.1	72.2	72.2	84.5	85	85	89.7	87.5
电信业		104.8	66.3	58.8	46	59.6	67.5	70.9	78.2	81.6	78.6	78.6	80.2	78.2
计算机服务与软件业		138.4	107.2	103.7	106.2	95.5	113	114.1	109.2	110.9	115	112.9	112.3	100.1
住宿和餐饮业			61.4	59.5	57.3	57.7	59.4	61.2	61.5	87.5	85.7	80.4	71.2	79.8
餐饮业	60.7	61.1	61.9	58.6	59.1	62.6	63.9	65.7	66	78.5	83.6	76.3	76.3	84.9
住宿业	69.3	68.8	61.2	59.9	56.8	56.3	59.3	61.1	61.1	89.3	86.5	81.2	57.3	65.9
批发和零售贸易业	89.2	74.6	69.6	77.3	79	77.8	76.5	77.8	77.9	80	85	77.1	78.5	70
商业贸易	87.7	70.9	69	71.8	76.2	77.6	79.4	84.5	81.7	82.5	85.4	89.8	89.8	90.3
商业批发			90.4	73.4	72.1	77.6	85.4	86	96	101.1	98.3	100.4	110.5	105.9
综合零售	77.6	59.5	58.9	61.6	60.6	64	65.3	70.4	67.6	70.3	72.6	76.1	71.8	72.3
物资贸易	92.1	80.4	70.9	79.5	79.3	77.4	78.9	84	84.2	83	85.2	89	89	89.5
物资批发			92.2	81.4	70.8	79.9	79.8	78	79.6	84.7	84.9	84.3	85.4	89.4
物资零售			90.7	63.8	74	69.4	68.4	67.1	68.4	73.5	73.7	77.9	78	81
社会服务业	86.8	87.8	84.9	95.2	100.7	99.2	106.6	109.6	109.6	101.5	103	103	101.3	101.5
公共设施管理		75.4	81.2	99.7	101.3	91.6	128.7	131.7	120.5	108.7	110	105	104.4	100.6
科研设计		105	106.1	107.5	103.8	103.8	105.9	113.2	101.7	88.6	98.6	98.6	97.2	87
旅游业	87.7	96.8	77.6	64	67.2	88.9	90.7	90.2	93.2	90.3	89	98	98	99.6
信息咨询服务业	109.3	104.4	102.7	91.2	128.3	130	138.7	141.7	123.2	110.7	100	100	90.3	90.5
投资公司			97.7	112.2	107.7	103.8	105.9	113.2	101.7	88.4	89.5	95	90.9	90.7
道路运输业	78.6	67	69	71.4	70.4	77.9	84.8	80.6	80.3	81.8	85	85.7	75.9	75.7
高速公路			87.9	84.2	80.1	94.2	95.2	91	92	95.3	96	93	83.2	83
铁路运输业	78	80.4	74.7	72.5	75	74.9	69.1	66.1	67.9	68.2	70.5	71.2	61.4	61.2
水上运输业	117.6	113.4	90.6	92.6	96.1	102.1	102.3	105.9	105.9	100.2	123.2	114	110	90
航空运输业	127	84.3	73.1	64.7	63.1	68.3	49.8	49.8	49	72.3	73	51.2	34.6	40
城市公共交通业		65.8	54.3	62.8	51.8	66	60	61.1	60.8	62.8	63.2	62.3	68.7	68.5

附表 8-3　全国各行业国有企业平均现金流动负债比率一览表①

单位：%

行　　业	2001年	2002年	2003年	2004年	2005年	2006年	2007年	2008年	2009年	2010年	2011年	2012年	2013年
全部国有企业	6.10	4.40	6.90	6.70	8.00	7.10	10.30	11.50	11.10	10.90	9.30	8.90	7.50
农林牧渔业	4.40	2.10	4.20	5.60	5.90	5.60	6.70	5.20	3.00	3.20	3.20	3.20	3.00
农业	2.80	1.90	5.80	7.70	6.70	6.40	7.50	6.00	6.20	6.30	6.00	5.50	5.30
林业	2.80	2.50	2.50	4.00	6.40	6.80	7.90	6.40	6.70	6.50	7.00	7.00	6.80
畜牧业	4.80	3.50	1.80	1.90	8.80	5.00	6.10	4.60	5.00	4.80	5.00	4.20	4.00
渔业	2.60	2.60	2.50	1.20	1.90	2.10	3.20	1.70	1.90	2.10	3.50	3.50	3.30
工业	7.50	5.80	9.70	9.50	11.00	9.30	13.40	14.40	13.40	14.10	13.30	9.90	9.50
煤炭工业	12.80	8.30	8.20	10.90	15.00	10.00	14.00	17.20	16.50	17.20	16.00	13.00	8.20
森林工业	4.60	1.30	2.60	3.20	1.30	1.30	2.60	2.60	2.40	2.50	1.70	-1.70	-2.40
水的生产与供应业		8.60	9.60	10.10	11.70	10.20	12.20	14.40	16.40	16.30	17.10	16.50	13.10
轻工工业	1.10	3.20	5.70	4.50	8.00	7.60	8.20	8.30	6.50	6.90	6.00	6.00	6.00
纺织服装服饰业		5.10	2.90	0.60	4.90	4.70	5.30	5.40	5.90	6.10	6.00	2.70	2.80
工艺品及其他制品业		1.60	4.70	5.60	6.20	4.30	4.90	5.10	5.40	5.40	5.20	5.10	4.30
家具制造业	6.60	2.90	0.70	2.60	2.30	1.30	1.90	1.70	1.90	1.70	1.80	2.90	2.90
皮革毛皮羽绒及其制品业	8.00	0.20	0.60	2.50	3.40	3.20	3.80	3.20	3.30	3.70	4.00	4.00	3.90
文教体育用品制造业	5.60	3.30	4.00	4.90	6.50	2.60	3.20	3.10	3.30	4.80	5.00	3.70	3.40
印刷业,记录媒介复制业	8.90	6.40	6.30	4.00	7.00	3.10	3.70	4.50	4.10	5.20	5.20	5.70	5.40
造纸及纸制品业	56.30	2.10	6.70	4.70	8.80	8.10	8.70	8.40	6.90	6.70	6.70	6.70	5.70
制茶业	6.70	4.80	1.90	9.70	-1.50	-4.10	-3.80	3.30	2.60	2.90	2.50	2.50	2.50
酒和饮料制造业	4.10	3.20	7.40	5.40	9.50	9.00	9.30	10.70	11.70	12.50	13.00	13.10	10.80
白酒制造业	4.30	1.70	5.80	-1.20	8.70	5.30	5.60	5.90	6.30	6.40	7.00	7.80	7.00
啤酒制造业	1.50	5.30	10.90	9.00	13.10	13.40	13.70	13.10	11.50	11.60	13.00	13.20	12.80
食品工业	8.10	1.30	3.40	3.50	4.50	4.60	5.50	5.30	5.80	5.30	5.10	4.80	5.80
食品加工业	3.70	1.30	2.70	2.90	4.40	4.80	5.80	5.60	6.90	4.20	4.00	3.70	4.70
食品制造业	2.10	1.00	4.80	4.50	4.50	4.30	5.20	5.20	3.70	3.90	3.70	3.40	4.40

① 资料来源 wind 数据库。

（续表）

行　业	2001年	2002年	2003年	2004年	2005年	2006年	2007年	2008年	2009年	2010年	2011年	2012年	2013年
烟草工业	19.10	8.00	9.50	10.50	12.40	17.50	19.30	19.10	10.70	17.30	18.00	19.70	21.90
纺织工业	-4.70	2.20	2.70	2.80	4.90	4.70	4.70	4.10	3.70	3.90	4.20	3.90	4.40
麻纺织业	-12.00	0.20	0.50	0.30	7.90	0.60	0.60	0.50	0.80	2.60	2.60	2.30	2.80
毛纺织业	1.70	1.70	1.30	2.10	5.70	2.50	2.50	2.20	1.90	2.40	2.40	2.10	2.60
棉、化纤纺织业	-4.80	3.30	3.00	2.60	4.60	4.40	4.20	3.60	4.70	5.10	5.10	4.80	5.30
丝绢纺织业	-3.60	-0.80	0.60	0.20	1.50	1.50	1.20	1.10	1.20	1.50	1.50	1.20	1.70
医药工业	0.80	6.50	6.60	6.20	6.70	6.80	7.50	7.90	10.20	9.40	11.30	10.30	10.00
化学药品原药、制剂制造业	5.00	6.60	8.00	7.20	6.30	6.40	7.10	7.40	7.60	8.30	10.00	9.00	8.70
中药材及中成药加工业	11.00	4.00	3.60	4.20	9.60	6.20	6.80	7.30	7.50	9.20	11.50	10.50	10.20
电力工业	21.50	12.80	22.90	20.70	20.70	17.70	19.50	19.50	18.70	20.10	15.70	16.10	17.40
电力供应业	12.30	15.60	26.90	27.70	27.80	18.20	21.80	21.80	22.10	25.40	26.10	29.30	29.70
燃气生产与供应业	1.80	3.30	10.40	9.20	9.20	9.40	11.30	14.00	13.80	14.10	12.90	12.20	11.20
热力生产和供应业		6.20									10.50	8.90	8.60
电力生产业	26.60	10.70	15.40	11.60	13.20	12.00	18.00	17.00	16.80	18.80	16.90	15.90	16.80
火力发电业	26.50	13.30	17.90	14.50	12.50	11.60	17.40	15.40	15.30	11.30	12.20	11.80	12.70
水力发电业	23.20	6.00	12.50	9.40	18.50	12.90	19.40	20.00	20.60	21.60	21.60	21.90	24.60
石油石化工业	13.20	5.80	8.90	13.70	17.40	9.50	12.50	24.50	21.50	24.00	24.20	24.20	19.00
天然原油和天然气开采业	21.60	6.20	9.00	8.60	11.50	6.10	14.80	26.40	27.10	27.70	27.00	27.00	27.00
原油加工及炼焦业			22.00	16.70	22.70	20.80	12.00	11.00	11.90	11.80	10.00	10.00	10.00
冶金工业	7.30	6.80	10.90	13.20	12.60	9.20	11.00	10.20	10.20	10.20	8.90	8.90	2.70
黑色金属矿采选业	16.80	7.00	5.60	9.50	7.50	13.20	15.00	13.40	5.60	5.60	5.50	5.50	5.50
黑色金属冶炼业	9.10	6.60	11.70	15.20	14.10	7.80	9.60	8.90	9.60	9.60	1.50	1.50	1.50
有色金属矿采选业	9.40	6.40	7.30	7.00	10.20	7.30	9.10	9.10	3.10	3.20	3.70	3.70	3.70
有色金属冶炼业	-1.80	6.50	9.70	8.80	7.80	8.00	9.80	7.80	3.10	2.90	2.90	2.90	2.90
建材工业	2.90	3.20	4.50	6.70	5.80	5.50	6.80	7.00	5.00	5.00	5.10	5.10	5.10
建筑用金属制品业	-3.40	2.80	2.30	1.30	0.40	0.40	1.70	2.10	2.30	2.30	2.00	2.00	2.00
建筑用矿石采选业	-3.10	3.40	4.40	4.00	3.00	8.60	8.90	9.00	9.20	9.60	9.60	9.60	9.60
结构性金属制品业	7.00	0.90	4.90	3.60	2.60	2.70	4.00	5.00	6.00	3.10	2.00	2.00	2.00
水泥制品及石膏制品业	4.90	1.70	9.60	18.90	10.90	5.40	6.70	6.80	7.00	9.90	9.80	9.80	9.80

（续表）

行　业	2001年	2002年	2003年	2004年	2005年	2006年	2007年	2008年	2009年	2010年	2011年	2012年	2013年
水泥制造业	8.40	5.00	5.60	7.60	6.10	5.80	7.10	8.00	8.90	9.00	10.00	10.00	10.00
电子工业	12.10	4.90	6.30	4.50	2.90	3.00	3.90	3.90	3.10	8.80	8.00	1.20	7.50
电子计算机制造业	1.80	3.20	3.50	4.60	0.40	0.70	2.80	2.60	1.90	20.00	18.00	17.20	15.00
电子元、器件制造业	−2.50	3.40	9.70	8.60	7.10	0.40	0.40	−0.60	−1.40	11.00	20.00	19.20	15.50
广播电视设备制造业	3.70	2.30	1.60	5.40	−2.00	1.90	1.90	2.10	18.50	20.00	3.00	2.20	2.00
通信设备制造业	2.50	4.50	9.50	1.90	−0.40	4.60	2.60	2.60	2.80	3.50	8.00	7.20	9.00
化学工业	2.70	5.20	6.60	6.70	7.50	7.70	8.20	6.60	7.70	8.00	8.00	8.00	8.00
肥料制造业	10.10	6.20	7.60	8.10	11.80	16.80	16.80	14.00	13.80	12.10	12.00	12.00	12.00
化纤制造业	−2.80	4.50	6.60	6.00	5.80	10.80	11.90	9.90	10.00	9.80	9.80	5.40	5.40
基础化学原料制造业	2.60	4.60	7.20	7.00	7.60	10.50	11.00	9.00	8.80	8.90	8.00	8.00	8.00
农药制造业		3.00	3.60	6.30	6.10	6.20	6.70	6.70	6.90	7.00	7.00	5.00	5.00
日用和化学产品制造业	4.10	2.80	4.40	3.80	2.50	2.60	2.30	2.00	2.10	2.30	2.30	2.30	2.30
塑料制品业	2.50	6.10	5.20	7.00	7.50	7.10	7.60	6.00	6.60	6.90	6.90	6.90	6.90
橡胶制品业	0.80	3.90	5.60	4.80	4.00	4.10	4.10	3.00	3.30	3.90	3.50	3.50	3.50
机械工业	4.60	3.00	5.10	4.90	5.90	2.30	2.30	3.50	3.60	3.60	3.40	1.80	1.80
矿山、冶金、建筑设备制造业	27.40	1.80	4.50	5.50	4.20	4.30	5.20	5.40	4.40	4.40	4.30	3.70	3.70
汽车制造业	6.20	5.00	9.80	5.70	4.20	13.50	12.30	12.00	10.00	10.50	10.50	10.50	7.60
船舶制造业	9.10	6.60	6.20	2.50	8.10	9.80	14.80	12.20	11.30	3.50	3.20	−3.30	−2.90
电工器材制造业	−1.00	3.10	2.70	2.30	1.80	1.80	2.40	2.20	2.50	3.50	3.50	3.20	3.20
电机制造业	3.50	2.90	3.10	11.70	14.20	9.20	8.30	8.10	8.00	8.00	8.00	5.70	5.70
电气机械及器材制造业	2.30	2.50	3.00	4.50	4.60	4.70	4.20	4.10	4.40	4.40	4.40	2.80	2.80
锅炉及原动机制造业	6.50	3.40	7.60	12.40	22.90	−5.80	−5.80	1.20	1.90	2.00	2.00	1.80	1.80
化工、木材、非金属加工设备制造业		2.30	4.40	4.20	3.10	0.90	1.10	1.40	1.50	1.50	1.60	1.50	1.50
家用电器制造业	5.80	1.20	2.50	1.10	2.80	2.90	2.60	3.90	4.20	4.50	4.50	5.00	5.00
交通运输设备制造业	4.60	4.20	7.80	4.10	4.90	14.30	15.70	14.30	13.60	22.10	20.10	17.00	17.00
金属工具制造业	4.80	0.80	1.60	1.40	4.00	3.80	3.80	3.70	3.80	4.00	4.00	3.20	3.20

（续表）

行业	2001年	2002年	2003年	2004年	2005年	2006年	2007年	2008年	2009年	2010年	2011年	2012年	2013年
金属加工机械制造业	-4.80	1.90	1.50	2.90	3.20	3.30	3.30	3.40	3.10	3.20	3.20	2.60	2.60
金属制品业	5.50	1.20	1.40	1.80	2.30	2.30	2.80	2.90	3.00	4.00	4.00	3.80	3.80
摩托车制造业	3.30	1.50	0.60	0.00	7.90	2.90	2.70	3.30	3.10	3.30	3.30	2.30	2.30
农林牧渔水利机械制造业	9.50	0.20	2.10	2.40	0.80	0.80	1.00	1.30	1.20	9.30	9.30	7.50	7.50
其他通用设备制造业		3.10	5.70	6.50	4.90	5.00	7.50	7.70	7.00	7.50	7.10	5.50	5.50
轻纺工业设备制造业	5.10	4.10	4.40	4.20	1.20	1.20	1.40	1.40	1.60	3.00	3.00	2.60	2.60
输配电及控制设备制造业	-1.00	3.80	2.80	3.00	5.70	5.80	5.20	5.30	5.50	5.50	5.50	5.00	5.00
铁路运输设备制造业	-1.50	7.20	6.40	-1.30	8.60	4.60	6.70	6.90	7.00	9.00	9.00	5.50	2.10
通用设备仪器制造业	6.10	2.80	4.50	6.20	9.70	0.40	0.80	1.90	2.00	2.40	2.40	2.20	2.20
通用仪器仪表制造业	0.60	5.90	6.50	2.20	1.90	1.90	2.10	3.00	3.20	10.00	10.00	5.00	5.00
医疗仪器设备制造业	1.50	4.40	6.10	5.80	3.00	0.20	3.10	3.30	3.30	9.30	9.10	7.50	7.50
仪器仪表及文化、办公用机械制造业	-0.60	2.50	3.60	2.90	3.10	3.20	3.50	3.70	3.80	3.80	-3.80	3.50	3.50
照明器具制造业	7.20	0.10	1.50	1.50	2.80	2.70	2.40	2.30	2.40	4.00	4.50	4.30	4.30
钟表制造业	-4.30	-1.50	0.30	-1.10	-0.30	-0.30	-0.30	-0.80	0.50	1.00	1.00	0.80	0.80
轴承制造业	3.00	1.40	3.50	4.00	2.80	2.70	4.10	4.30	4.10	5.00	5.00	4.20	4.20
专用设备制造业	10.80	1.50	3.50	3.80	2.90	3.00	3.60	4.10	3.10	5.00	5.00	4.40	4.40
专用仪器仪表制造业	4.40	2.80	0.80	1.80	0.70	11.60	9.20	9.00	8.00	8.50	8.50	6.70	6.70
自行车制造业	-7.80	1.00	-0.10	0.40	0.50	-3.10	2.60	2.50	2.30	3.40	3.40	5.60	5.60
传播与文化业	16.20	5.40	7.20	8.90	7.80	12.40	13.40	14.50	13.40	14.20	14.00	8.90	9.80
广播电影电视业	6.10	-0.20	2.90	7.90	7.50	14.60	15.60	16.70	18.50	17.90	17.00	12.60	12.40
文化艺术业	25.20	6.90	-0.80	0.10	9.10	5.50	6.50	7.60	8.30	9.20	9.20	8.10	12.50
房地产	0.80	1.40	1.00	0.60	1.30	1.20	-1.50	-0.60	-0.30	-0.80	-0.80	1.10	1.10
房地产开发业	2.50	1.20	1.30	0.70	1.70	1.60	-1.10	1.50	-1.50	-1.80	-2.10	2.00	1.50
物业管理	9.70	3.70	4.40	4.70	6.00	5.70	3.00	3.90	4.20	4.60	4.50	4.60	5.00
建筑业	1.50	2.40	2.50	2.20	2.40	2.40	2.50	2.50	2.60	3.90	2.30	1.70	1.40
建筑安装业	3.40	1.50	0.80	2.30	3.50	3.40	3.60	3.60	3.00	3.90	3.30	2.70	2.40
建筑装饰业	0.00	3.00	1.20	3.10	1.30	1.30	1.50	1.60	1.80	3.60	3.10	2.80	2.50
房屋工程建筑业		2.40	3.00	2.20	1.90	1.90	2.10	2.10	2.00	2.20	2.10	1.50	1.20

（续表）

行　业	2001年	2002年	2003年	2004年	2005年	2006年	2007年	2008年	2009年	2010年	2011年	2012年	2013年
房屋建筑业	4.40	2.00	2.20	1.30	1.90	2.10	2.30	2.30	2.20	3.30	2.30	2.10	1.80
土木工程建筑业	1.50	3.30	5.20	4.20	2.70	2.70	2.90	2.90	2.70	2.80	2.00	1.60	1.30
信息技术服务业	21.30	13.50	15.70	15.40	20.40	18.90	29.50	29.70	32.10	32.50	30.20	34.30	36.50
电信业	27.50	24.60	25.60	17.20	21.50	38.10	39.70	42.60	41.90	38.40	33.60	38.60	40.00
计算机服务与软件业	5.60	8.20	3.90	4.30	8.20	5.30	15.90	15.90	15.90	17.50	19.70	19.00	15.50
住宿和餐饮业	4.40	4.20	5.40	5.90	7.20	7.10	7.80	8.20	8.10	7.80	9.40	9.00	9.80
餐饮业		0.70	3.10	3.10	4.00	4.10	4.80	5.20	5.30	7.20	6.80	9.40	10.20
住宿业	7.50	5.40	6.20	6.70	7.90	7.60	8.30	8.30	8.20	7.90	9.50	8.80	9.60
批发和零售贸易业	4.30	2.20	3.20	3.00	5.10	3.50	4.70	3.50	3.20	3.20	2.10	1.90	1.50
商业贸易	3.50	2.70	4.60	6.00	6.80	8.50	9.40	9.90	9.70	9.90	8.80	8.60	8.20
商业批发			2.90	2.30	4.60	6.30	7.80	9.30	10.20	10.70	9.90	11.20	9.00
综合零售	6.10	3.10	4.60	5.30	5.40	5.50	6.40	6.90	9.20	10.30	9.80	9.80	9.40
物资贸易	6.80	2.30	2.00	2.00	3.90	2.10	3.00	2.80	2.80	3.10	3.70	3.50	3.10
物资批发			6.90	2.30	1.90	1.90	4.00	2.10	3.00	2.80	2.90	3.20	3.60
物资零售			5.50	1.70	4.40	2.90	2.50	2.40	3.30	3.10	2.70	3.40	4.10
社会服务业	7.60	6.60	2.10	2.20	3.40	5.60	5.90	9.80	8.30	8.50	8.50	8.00	8.00
公共设施管理	10.20	1.80	3.70	-0.80	4.30	3.60	3.90	4.20	3.60	3.60	2.50	2.50	2.50
科研设计	6.20	7.70	8.10	9.10	17.20	17.10	17.30	15.80	10.50	11.20	8.00	7.50	7.60
旅游业	5.70	5.40	6.30	6.30	1.30	5.50	5.80	5.40	5.00	5.10	6.10	6.00	10.80
信息咨询服务业	7.50	0.60	1.10	2.60	2.00	9.60	9.90	3.50	4.30	5.00	5.00	3.90	3.90
投资公司		2.20	-1.70	-2.10	0.20	7.10	3.60	3.70	3.60	3.40	4.00	4.00	4.30
道路运输业	11.90	7.60	9.70	8.40	8.60	6.20	9.30	8.90	9.20	10.00	10.40	8.50	7.90
高速公路		7.90	8.20	7.20	7.00	8.10	11.20	11.00	11.30	11.80	12.30	10.40	9.80
铁路运输业	10.20	13.40	15.30	12.80	8.90	15.50	13.90	14.40	14.60	15.30	15.70	13.80	13.20
水上运输业	4.20	6.40	5.80	10.20	11.90	9.10	10.70	12.50	10.40	10.50	8.00	6.50	5.80
航空运输业	25.60	12.60	8.90	5.90	10.70	10.90	12.10	11.70	12.20	20.00	15.00	13.50	13.00
城市公共交通业	15.40	14.80	11.80	6.30	8.20	1.20	5.40	5.20	5.40	5.60	4.80	2.90	2.30

附表8-4　全国各行业国有企业平均现金已获利息倍数一览表①

单位:倍

行业	2000年	2001年	2002年	2003年	2004年	2005年	2006年	2007年	2008年	2009年	2010年	2011年	2012年	2013年
全部国有企业	2.1	2	1.3	1.8	2	3.7	3.2	3.3	3.1	3	3.2	3	2.8	2.5
农林牧渔业	0.2	0.9	0.6	1	1.2	1.4	1.4	1.5	1.8	2.1	2.3	2.5	2.2	2.1
农业	−0.1	0.6	0.5	1.1	1.6	2	1.9	2	2.3	2.2	2.3	2.5	2.5	2.4
林业	0.5	1	0.9	1.1	0.9	1.2	1.1	1.2	1.5	1.6	1.7	1.5	1.5	1.4
畜牧业	0.9	1.2	0.7	−0.2	0.1	0.7	0.8	0.9	1.2	1.6	2.6	2.5	1.9	1.8
渔业	1.5	1.2	−0.5	0.1	−0.4	0.5	0.6	0.7	1	1.2	1.8	2.4	2.4	2.3
工业	2.4	2.5	1.6	2	2.5	4.4	3.8	3.8	3.5	3.3	3.6	3.5	3	3
煤炭工业	0.8	2.7	2	2.6	4.8	6.1	3.9	4	4	4.5	4.7	4.5	4.3	3
森林工业	0.6	0.6	−0.2	0	−0.3	0.6	0.5	0.5	0.6	0.7	0.7	1	0.8	0.8
水的生产与供应业			0.7	1	1.1	0.4	0.4	0.8	0.9	1.2	1.2	1.5	1.3	1.4
轻工工业	1.4	1.7	0.8	1.4	1.7	1.7	1.4	1.7	1.4	1.5	1.8	1.5	1.4	1.4
纺织服装服饰业			0.7	1.4	3.1	−0.4	0.2	0.5	0.8	1.9	2.1	2	1.8	2
工艺品及其他制品业			0.7	1.2	1.5	3.1	2.7	3	2.9	2.6	2.5	2.8	2.8	2.4
家具制造业	1.1	1	1.6	0.6	0.1	0.1	0.1	0.4	0.3	0.7	1	1	3	3
皮革毛皮羽绒及其制品业	−0.3	1.1	1.1	0.2	−0.6	0.1	0.1	0.4	0.6	2.8	3.2	4	5.6	5.2
文教体育用品制造业	0.9	0.9	0.8	1.9	2.5	2	1.5	1.8	2	2.2	2.1	2.5	2.3	2.1
印刷业,记录媒介复制业	0.9	1.7	1.2	1.2	1.7	1.1	0.9	1.2	1.4	1.3	1.5	1.5	1.6	1.6
造纸及纸制品业	0.9	0.9	1	1.4	1.5	0.9	0.8	1.1	0.9	1.3	1.2	1.2	1.2	1.2
制茶业	−0.5	−0.5	2	2.1	3.6	1.3	1.7	1.8	1.6	2.6	2.8	2.9	2.6	2.3
酒和饮料制造业	2.7	2.7	1.1	2	2.5	3.8	3.3	3.4	3	5.2	5.4	6	5.2	5
白酒制造业	4.5	2.7	0.9	0.9	0.9	0.8	0.5	0.6	0.7	1.5	3.1	3	3.7	3
啤酒制造业	2	2.5	1.1	2.8	3.5	5.8	5.5	5.3	5.9	6.1	6.4	6	5.8	5.7
食品工业	0.4	1.6	0.7	1	1.2	2.2	2.2	2.6	2.4	2.8	3.2	3	2.8	1.5
食品加工业	0.6	1.3	0.5	0.9	1	1.7	1.7	1.9	1.6	2	2.4	2	1.8	0.5
食品制造业	2	2.4	1.2	1.2	2.1	2.1	2.7	3.1	2.8	4.9	4.7	4.4	4.2	2.9

① 资料来源 wind 数据库。

（续表）

行　业	2000年	2001年	2002年	2003年	2004年	2005年	2006年	2007年	2008年	2009年	2010年	2011年	2012年	2013年
烟草工业	6.9	2.7	3	3.8	4.6	11.4	6.5	6.5	6	7.1	7.5	7.3	8.8	9.1
纺织工业	1	1.1	0.8	1	1	1	1.2	1.2	1.1	1.5	1.6	1.5	1.8	1.8
麻纺织业	1.4	0.1	1	0.2	0.2	3	1.7	1.7	1.5	0.8	1.1	1.1	1.4	1.4
毛纺织业	0.7	0.2	0.1	−0.1	0.2	3.7	2.2	2.2	1.9	1.6	1.8	1.8	2.1	2.1
棉、化纤纺织业	1.1	1	0.7	1	0.8	0.8	0.7	0.7	0.8	0.7	0.9	0.8	1.1	1.1
丝绢纺织业	0.4	0.7	0.2	−0.2	−0.5	1.3	1.4	1	1	0.9	1.2	1.2	1.5	1.5
医药工业	2.8	2.6	2.6	2.9	3.3	2.7	2.1	2.8	3.3	5.2	6.7	4.5	3.8	3.5
化学药品原药、制剂制造业	2.3	2.9	2.7	3.2	3.1	3.1	2.3	2.6	2.8	2.9	4.2	4.3	3.6	3.3
中药材及中成药加工业	3.9	2.4	2.3	2.7	3.8	2.8	2.2	2.7	2.9	3	4.1	4.7	4	3.7
电力工业	2.6	2.3	2.2	2.6	2.7	2.7	2.3	2.5	1.8	1.4	2.1	1.4	1.8	2
电力供应业	2.3	1.3	1.9	2.2	1.9	2.7	1.3	2.6	1.3	1.1	2.1	1.6	1.4	1.6
燃气生产与供应业	−1	0.1	0.7	1.1	2.3	2.8	2.8	2.8	3.2	3.1	3.4	3.2	3.6	3.3
热力生产和供应业												0.2	0.8	0.8
电力生产业	2.8	2.2	2.1	3.3	2.8	2.8	2.4	2.4	0.3	0.6	1.9	1.4	1.6	1.8
火力发电业		2.5	2.4	3.9	5.5	2.8	2.5	2.7	0.3	0.5	0.8	1	1.1	1
水力发电业		1.8	1.4	1.4	−2.6	3.2	2.3	2.3	2.4	2.5	2.5	2.4	2.5	2.7
石油石化工业	3.9	3.8	3.8	3	3.1	15.8	4.9	4.9	4	5.6	6	6.1	7.4	5.6
天然原油和天然气开采业	29.4	2.1	3.5	3.5	3	47.7	6.9	6.9	3.9	3.8	4.4	4.3	5.1	3.3
原油加工及炼焦业		2.6	4.8	2.7	4.1	−1.3	2.2	2.2	2.1	5.6	5.8	2.6	2.1	0.3
冶金工业	1.8	2.1	2.6	3.1	3.2	6.7	2.5	3	2.3	2.1	2.1	1.2	0.8	0.5
黑色金属矿采选业	0.7	1.8	2.2	1.8	2.7	9.8	3.1	3.6	3.3	2.7	2.8	3.1	2.8	2.8
黑色金属冶炼业	2.1	2.5	2.8	3.5	3.8	6.8	2.3	2.8	2.3	2.1	2.2	1.1	0.4	0.5
有色金属矿采选业	1.8	1.9	1.6	1.8	3.6	7.7	3.3	3.8	3.1	2.9	2.8	2.7	2.7	2.7
有色金属冶炼业	1.5	2.1	1.6	2.3	3.4	5.4	2.2	2.7	2.2	1.3	1.3	1.5	0.8	0.8
建材工业	0.9	1.3	0.9	1.2	2.9	2.2	1.5	1.7	1.8	2	2	2	1.5	1.5
建筑用金属制品业	0.8	4.1	7.5	1.2	1.7	2	1.9	2.1	2.6	2.5	3.9	3.8	4	4
建筑用矿石采选业	0.9	0.8	1.8	1.3	4.1	2.8	3.4	3.4	3.6	3.8	5.1	5.1	4.1	4.1
结构性金属制品业	0.5	0.2	0.7	0.3	0.8	0.2	0.2	0.4	1.5	1.8	3.9	3.9	1.5	1.5
水泥制品及石膏制品业	1.3	0.6	1.4	3.4	2.4	4.3	5	5.2	4.6	4.9	6	6	6	6

（续表）

行　业	2000年	2001年	2002年	2003年	2004年	2005年	2006年	2007年	2008年	2009年	2010年	2011年	2012年	2013年
水泥制造业	0.9	1.6	1.2	2.1	3.7	1.4	1	1.2	1.8	1.9	2.3	2.5	2.5	2.5
电子工业	2.4	2.6	2.1	3.2	3	1.2	0.7	0.9	1.5	1.8	1.8	1.5	1.2	1
电子计算机制造业	3.7	2.5	0.2	1.8	4.3	3.6	2.5	2.5	2.3	2.6	8	1.3	1	1.5
电子元、器件制造业	2	0.7	1.5	1.4	2.1	0.5	-0.2	-0.2	-0.5	-0.2	3	1.8	1.5	1.5
广播电视设备制造业	1	3.3	2.1	1.6	0.1	2.2	1.4	1.4	1.6	4.3	2	4.7	4.4	4.8
通信设备制造业	2.6	5.7	3.4	4	1.4	0.1	0.2	1	1	1.3	5	1.5	1.2	1
化学工业	1.4	0.9	1.2	1.1	1.4	2	1.8	2	1.4	1.3	2	2	1.2	1.2
肥料制造业	0.9	1.2	0.8	1.2	2.3	4.4	3.2	3.8	1.5	1.7	1.7	1.7	1.8	1.8
化纤制造业	1.5	0.6	0.6	0.8	2.4	0.9	-0.1	0.4	0.2	0.3	0.4	0.4	0.5	0.5
基础化学原料制造业	2	1.8	0.9	1	3.6	1.7	1.4	1.6	1	1.1	1.3	1.2	1.2	1.2
农药制造业	1.5		0.8	0.8	0.6	2.7	2.3	2.5	2.5	2.6	2.5	2.6	1.6	1.6
日用和化学产品制造业	1.1	2.1	1.6	1.5	0.9	1.2	1.3	1.6	0.8	1	1	1	1.1	1.1
塑料制品业	1.1	1.5	1.6	1.8	1.8	0.1	0	0.2	0.1	0.4	0.5	0.5	0.7	0.7
橡胶制品业	0.4	0.3	0.4	0.6	3.1	1.5	1.1	1.1	1.4	1.3	1.2	1.2	1.2	1.2
机械工业	1.5	2	1.2	1.3	1.5	2	1.8	1.8	2.5	2.3	2.2	2.1	2.2	2.2
矿山、冶金、建筑设备制造业	0.9	0.7	1.3	0.9	2.7	3	3.7	4.4	4.7	5.3	5.5	5.6	4.6	4.6
汽车制造业	2.6	3.3	2.2	2.5	4.6	2.2	2.2	3	3.3	5.9	6	6	6	6
船舶制造业	0.4	1.3	0.5	1.1	1.7	3.2	4.2	5	5.1	3.8	4.3	4	2.5	2.6
电工器材制造业	1.8	0.8	0.7	0.4	1.1	0.4	0.2	2	1.7	2.1	2.2	2.3	1.7	1.7
电机制造业	0.8	0.2	0.5	1	1	3.6	2.2	2.6	2.5	2.6	3.5	3.5	3.7	3.7
电气机械及器材制造业	1.5	1.4	0.9	1.1	0.8	1.6	1.3	1.6	1.6	2.5	3.6	3.6	3.2	3.2
锅炉及原动机制造业	1.1	1	0.5	0.7	3.5	9.6	3.2	3.4	3.6	3.9	3.9	3.7	3.7	3.7
化工、木材、非金属加工设备制造业			-0.1	0.3	1	0.5	0.4	2.2	2.2	2.9	3.8	3.8	3.1	3.1
家用电器制造业	2.1	2.5	0.8	1.2	0.8	1.5	0.7	1.8	2	2.2	4	4	5	5
交通运输设备制造业	2.2	2.7	1.9	1.9	2.8	2.5	2.4	2.9	3	4.2	5.8	5.9	6.5	6.5

（续表）

行 业	2000 年	2001 年	2002 年	2003 年	2004 年	2005 年	2006 年	2007 年	2008 年	2009 年	2010 年	2011 年	2012 年	2013 年
金属工具制造业	0.3	−0.7	0.1	−0.3	1.2	1	1	1	1	1	2.6	2.9	2.7	2.7
金属加工机械制造业	0.8	0.8	0.6	0.7	1	1.3	1.2	1.8	2.1	2.2	3.5	3.5	2.6	2.6
金属制品业	0.7	0.9	1.7	1.7	2.7	2.4	1.8	1.8	1.9	1.8	3.5	3.5	3.1	3.1
摩托车制造业	1.5	−0.1	−2.8	−0.9	0.3	1.2	1.1	1.1	1.7	1.9	2	2	1.2	1.2
农林牧渔水利机械制造业	0.3	0.2	0.2	−0.3	0.8	1.9	1.6	1.9	1.7	1.9	2.3	2.4	3.4	3.4
其他通用设备制造业			1.4	1.6	3	2.8	2.5	3	3.2	3.1	3.1	3.2	3	3
轻纺工业设备制造业	0.5	1.6	1.5	2.8	2.3	3.7	2.4	2.9	2.7	2.5	2.5	2.2	1.5	1.5
输配电及控制设备制造业	1.6	2	1.9	1.1	1.6	1.9	1.6	2.9	3.1	4.1	4.4	4.4	4	4
铁路运输设备制造业	−0.4	1.5	2.3	1.9	1.7	2.9	2.4	3	3.2	4	5.4	5	2.7	2.9
通用设备制造业	1	1.4	0.9	0.9	2.2	2.4	2.1	3	3.2	3.1	3.3	3.3	3	3
通用仪器仪表制造业	1.2	0.9	1.1	1.7	1.9	1.1	0.7	1.3	1.4	2.6	2.8	2.8	3	3
医疗仪器设备制造业	6	3.1	1.7	0.3	1	2.1	2.6	2.9	3.1	3.6	8.1	8	8.2	8.2
仪器仪表及文化,办公用机械制造业	1.1	0.7	0.8	1.3	0.8	1	1.2	1.8	1.8	2.3	2.6	2.6	2.9	2.9
照明器具制造业	0.5	1.6	2.1	2.3	2	2.3	2	1.9	1.8	2.1	4.3	4.3	4	4
钟表制造业	−2.7	−0.8	−0.8	−0.6	−1.9	5.7	3.1	3.1	3.4	2.8	3	3	4.5	4.5
轴承制造业	0.4	0.6	0.1	0.4	0.9	0.7	0.5	1.1	1.3	1.5	2.2	2	2.2	2.2
专用设备制造业	0.7	1.2	0.8	0.8	1.1	2.4	2.1	2.5	3.7	3.9	4	4	3.5	3.5
专用仪器仪表制造业	1.5	1.6	1.4	1	3.2	2.4	2.5	2.5	2.4	2.9	3	3.1	2.9	2.9
自行车制造业	−1.2	−1.7	2.7	−0.7	−1.2	−1.1	−0.5	0.5	0.6	1	1.5	1.5	2.6	2.6
传播与文化业		5	2.9	3.7	4	4.5	3.9	3.8	3.9	4	4	4	2.2	2.8
广播电影电视业		4.7	−0.8	0.5	2	5.9	5.1	5	5.1	4.3	4	4	3.1	3.6
文化艺术业	5.1	5.1	3.2	1.5	1.1	2.9	2.4	2.3	2.4	2.2	2.3	2.3	2	1.8
房地产		1.9	1.6	2.1	2.2	2.9	2.6	3.1	3.1	4.2	3.8	3.3	2.9	2.9
房地产开发业	2.1	1.9	1.6	2.1	2.3	3	2.7	3.2	3.2	4.3	3.9	3.4	3.1	3
物业管理	3.4	2.9	2.6	1.1	0.4	1.1	3	2	3.5	2.8	2.9	3	2.7	2.5
建筑业	1.6	1.4	1.5	1.6	2.6	2	2	2	2	2.4	2.8	2.5	2.3	1.6
建筑安装业	1.5	1.5	1.3	1.2	1.6	1.9	1.6	2.1	2.1	2.1	2.4	2.7	2.5	2.9

（续表）

行　业	2000年	2001年	2002年	2003年	2004年	2005年	2006年	2007年	2008年	2009年	2010年	2011年	2012年	2013年
建筑装饰业		1.9	0.7	1.4	0.7	0.8	0.7	1.2	1.2	2.3	2.9	2.8	2.6	3
房屋工程建筑业		1.4	1.5	1.9	1.8	2.5	2.1	2.6	2.6	2.1	2.3	2.2	2	2.4
房屋建筑业	1.4	1.4	1.3	1.5	1.4	2.1	1.8	2.3	2.3	1.9	2.3	2.4	2.2	2.6
土木工程建筑业	1.6		2.2	2.5	-3.1	1.1	2.9	3.4	3.4	2.3	2.4	2.1	1.9	2.3
信息技术服务业		3.2	2.4	3.2	6.9	6.2	5.4	5.5	3.8	3.7	3.9	3.8	3.7	4
电信业		3.2	2.2	3.1	7.3	6.4	4.2	5.2	5.2	4.2	4	3.8	3.8	4.2
计算机服务与软件业		4.3	2.3	5.4	3.7	2.9	2.6	2.7	2.8	2.9	3.1	3.4	3.6	3.8
住宿和餐饮业			0.1	0.2	0.2	0.7	1.5	1.5	1.5	1.4	1.2	1.1	1.1	1
餐饮业	0.8	0.8	0.4	0.1	0.4	1	0.9	0.9	0.9	1.1	1.2	1.4	2.8	2.7
住宿业	0.9	0.3	0.1	0.2	0.1	0.7	1.5	1.5	1.5	1.4	1.2	1	1	0.9
批发和零售贸易业	1	1.9	1	1.9	2.1	3	2.7	2.7	2.5	2.8	1.8	2.2	1.8	1
商业贸易	1.7	1.6	1.1	2.2	2.7	3.7	3.2	4.3	4.2	4.1	3.6	4.4	4	3.7
商业批发			1.7	1.6	1.2	3	3.7	5.4	4.7	5.8	5.7	4.8	4.2	5
综合零售	1.5	1.6	1	0.9	1	1.2	1	2.1	2	3.7	2.4	2.6	4.5	4.2
物资贸易	1.2	2.2	1	1.5	1.6	3.1	2.7	3.8	3.9	2.9	3.1	3.7	3.3	3
物资批发			1.2	2.4	1	1.5	1.5	3.2	2.8	3.9	4	3.3	3.5	4.2
物资零售			1.5	0.4	0.1	1.1	1.8	1	0.9	2	2.1	2.5	2.6	3.2
社会服务业	1.2	1.7	1.8	2.1	2.3	2.5	2.3	3.2	3.2	2.8	3	3.5	3.5	3.5
公共设施管理		2.2	1.8	1.9	1.4	1.7	1.5	2.4	2.1	1.9	1.2	1.1	1.5	1.5
科研设计		6.9	8.1	4.5	3.8	4.3	3.8	3.8	3.6	3.2	4	4.5	4	4
旅游业		2.2	0.6	0.5	0.2	1.1	1.8	1.9	1.5	1.7	2.1	2.1	1.9	2.6
信息咨询服务业	1.6	3.9	4.1	1.6	1.3	4.5	3.9	4.8	4.3	4.4	5.5	8	7.2	6.8
投资公司			2.6	2.8	2.5	3.1	2.5	2.7	2.8	2.3	2.4	3.5	2	1.8
道路运输业	1.2	0.7	1.5	2.1	1.5	2.6	2.2	2.1	2	2.1	2.5	2.7	1.8	1.6
高速公路			2	2.1	1.5	2.4	2.2	2.1	2.1	2.3	2.6	2.8	1.9	1.7
铁路运输业	2.1	2.5	1.9	2	2	1.4	1.1	3.3	3	3	3.5	3.6	2.2	2
水上运输业	0.7	1.1	1.1	1	2.7	9.3	6	7.9	5.8	1.2	3.2	1.5	1	1
航空运输业	1.4	1.2	1.2	-1.2	0.3	0.9	0.8	1.2	1	1.3	3.5	2.3	1.8	1.8
城市公共交通业		2.9	1.7	2.1	0.9	1	0.2	0.2	0.3	0.6	0.7	-0.1	-1	-1.2

习　题

【复习思考题】

1. 怎样理解企业风险水平分析的意义？
2. 企业风险如何进行分类？不同风险的含义是什么？
3. 怎样理解企业经营风险和财务风险及其总风险？
4. 如何确定企业经营风险和财务风险及其总风险？
5. 如何确定各种偿债能力指标的计算方法和含义？

企业风险水平分析训练

【练习要求】

1. 计算所选择公司的总杠杆、经营杠杆和财务杠杆，并根据计算出来的杠杆率对公司进行风险水平分析。

2. 计算所选择公司的各种偿债能力指标，分析公司偿债能力风险，并判断该公司偿债能力的强弱。

3. 根据上述的分析结果，结合自己所掌握的其他相关信息，分析判断不同风险对该公司价值的影响程度。

第九章 企业盈利能力的构成分析

【本章提要】 某种盈利能力指标除了可通过某一盈利能力的分子与相应的分母之比计算之外,还可以通过某一些相关盈利能力指标与其他财务指标之积来求得,即可以将一个盈利能力指标分解为几个相关指标。这些相关指标就是某一盈利能力的构成要素,它们反映了盈利能力所具有的盈利及风险特征。如果某些盈利能力相同的指标数字完全相等,那么单从该指标的数字上看,就不能反映其优劣;但如果它们的构成不同,那么它们实际上还是存在优劣之分。进行盈利能力构成分析,就是为了揭示盈利能力指标的价值差异,为分析企业价值服务。本章将讨论资产盈利率、净资产盈利率和普通权益盈利率的构成分析方法,以及如何通过这些构成分析认识企业在盈利和风险方面的特征,揭示盈利能力指标的价值差异。

【学习目标】 通过本章学习,要求掌握和了解如下内容:(1)理解盈利能力构成分析的意义;(2)掌握资产盈利率构成分析的方法;(3)掌握净资产盈利能力构成分析方法;(4)掌握普通股权益盈利能力构成分析的方法;(5)理解盈利能力构成与风险的关系;(6)理解盈利能力构成与盈利能力指标质量和价值的关系。

第一节 资产盈利能力的构成分析

一、资产盈利率的分解

(一)资产盈利率的分解方法

资产盈利率等于盈利与资产平均余额之比。即:

$$资产盈利率 = \frac{盈利}{资产平均余额}$$

为了叙述方便，以后在各算式中所涉及的时点数均为平均余额，而不再注明平均余额的字样。对资产盈利率进行分解的基本方法是在资产盈利率分式的分子和分母上同时乘上收入，然后对分子、分母进行一定的重新组合，就可以把资产盈利率指标分解为收入盈利率和资产周转率两指标之积。具体分解步骤如下：

$$资产盈利率 = \frac{盈利}{资产} \times \frac{收入}{收入} = \frac{盈利}{收入} \times \frac{收入}{资产} = 收入盈利率 \times 资产周转率$$

上式说明资产盈利率与收入盈利率和资产周转率成正比，企业可通过提高收入盈利率和资产周转率来提高资产盈利率。如果要保持资产盈利率不变，由于收入盈利率与资产周转率则成反比，那么可以提高收入盈利率（或资产周转率）以及相应地降低资产周转率（或收入盈利率）来达到目的。

（二）资产盈利率分解的意义

资产盈利率是反映企业真实盈利能力的指标，其值越大，盈利能力就越高。仅从该指标来看，除了数值大小之外，似乎再无法判断其优劣。例如，有甲、乙两家公司，其资产盈利能力均为 10%，这时我们就无法判断这两家公司中那家公司的 10% 资产盈利率价值更高或那家公司更具投资价值。但对该指标按上述方法分解后，则可看出其差异。

本书第六章关于企业收入盈利能力分析中已经讨论了企业收入盈利率的高低与企业产品适销对路的状况和经营思想密切相关。一般而言，收入盈利率特别是毛利率，与经营风险成正比。当时对这一问题的认识尚不能深入，现在将该指标与资产盈利率和资产周转率联系在一起，则可以较好地理解这一问题。因为企业采用薄利多销的营销策略，其收入盈利率就会相应降低，但销售收入增加后，其资产周转率又会相应提高。如果这一减一增没有使资产盈利率发生任何变化，那么收入盈利率高和资产周转率低的风险大，而收入盈利率低和资产周转率高的风险小。资产周转率反映了企业总资产的变现速度，该指标的值越大，说明总资产的变现速度越快。总资产的变现速度越快，风险就越小；反之，则越大。根据这一思路，可以判断当资产盈利率相等时，资产周转率快的资产盈利率价值要大于资产周转率慢的资产盈利率价值。

【例 9-1】 假设甲、乙两家属同一行的公司，甲公司采用高收入盈利率的营销方法，其收入盈利率为 30%，资产周转率为 0.5 次；乙公司采用薄利多销的营销方法，其收入盈利率仅为 10%，但资产周转率则为 1.5 次。试问：① 甲、乙两家公司的资产收益率各为多少？② 甲、乙两家公司那一家的资产盈利率质量更高？

解：

（1）计算甲、乙两家公司的资产收益率。

甲公司资产盈利率 = 30% × 0.5 = 15%

乙公司资产盈利率 = 10% × 1.5 = 15%

（2）分析甲、乙两家公司那一家的资产盈利率质量更高。

从甲、乙两家公司的资产盈利率看，均为15%，无优劣之分。但如考虑资产盈利率的构成，可发现甲公司因资产周转率较乙公司差，其经营风险比乙公司大。所以，甲公司拥有的15%的资产盈利率的质量要低于乙公司拥有的15%的资产盈利率的质量。

在进行上述分析中，应剔除非正常盈亏对收入盈利率的影响，因此应以主营业务收入作分母、以主营业务的税后利润与税后利息之和作分子。

二、不同经营风险资产盈利能力转换为同经营风险资产盈利能力的理论与方法

（一）不同经营风险资产盈利能力转换为同经营风险资产盈利能力的意义

[例9-1]是用风险大小来判定不同企业同一资产盈利率价值的大小，而在实务中这种判定并不很方便。因为在不同企业资产盈利率不相等的时候，就无法用该种方法比较它们价值的大小了。可行方法是将不同风险的资产盈利率换算为同风险的资产盈利率，直接比较其值大小，值大的价值就大，值小的价值也就小，使不同企业资产盈利率的价值判断简单化。

（二）不同经营风险资产盈利能力转换为同经营风险资产盈利能力的理论分析

前面已经指出，经营风险产生的根本原因是存在固定成本，固定成本的存在使得盈利增减变化的速度大于销售收入增减变化的速度。固定成本首先分为生产经营性固定成本和财务性固定成本，其中经营性固定成本又可以分为约束性固定成本和酌量性固定成本。约束性固定成本总额是企业不能随意改变的成本，对它的任何改变都会影响企业的正常经营活动，降低约束性固定成本的基本方法是相对降低的方法，即通过充分利用生产能力，增加产销量，降低单位固定成本。酌量性固定成本是受管理层本期决策影响并控制的固定成本，管理层可以根据经营方针的变化对酌量性固定成本进行调整。

约束性固定成本属于企业"经营能力"成本，从其产生的角度考察，约束性固定成本在很大程度上是由企业以前投资决策决定的。以前的投资决策形成了企业的资产，不同的投资决策会形成不同的资产结构。一方面，资产结构会直接导致未来约束性固定成本的高低；另一方面，资产结构直接影响企业总资产周转率的快慢。因此，资产周转率在一定程度上可以反映约束性固定成本的高低。比如，一家企业的固定资产投资量大，那么，该企业未来的固定资产折旧就一定会大，固定资产折旧就是约束性的固定成本。另外，由于该企业固定资产投资量大，它的总资产周转率也就会较慢。所以，总资产周转率的快慢可以在很大程度上反映企业的经营风险，即在很大程度上可以用"企业经营风险＝f（总资产周转率）"的函数来加以表示。这样，就可以将不同总资产周转率的总资产收益率调整为同总资产周转率的总资产收益率，并以同总资产周转率的总资产收益率来替代同经营风险的总资产收益率。

（三）不同经营风险资产盈利能力转换为同经营风险资产盈利能力的例解

以下按照上述理论采用企业经营风险＝f（总资产周转率）的函数式，将不同风险的资产盈利能力折算为同一风险的资产盈利能力。

【例 9-2】 仍用［例 9-1］资料，并假定甲、乙两家公司所处行业的平均资产周转率为1 次/年，且资产周转率变化与经营风险变化存在如下关系：资产周转率增减 10％，经营风险增减 5％，行业平均经营风险系数设定为 1。要求：① 将甲、乙两家公司不同风险的资产盈利换算为同风险的资产盈利率；② 比较两家公司资产盈利率价值的大小。

解：

（1）将甲、乙两家公司不同风险的资产盈利换算为同风险的资产盈利率。

根据上述假定可以按照下列方法将甲、乙两家公司不同风险的资产盈利换算为同风险的资产盈利率。

第一，求经营风险变化与资产周转率变化的关系。

$$\text{经营风险随资产周转率变化的变化率}=\frac{\text{经营风险变化率}}{\text{资产周转率变化率}}=\frac{5\%}{10\%}=50\%$$

第二，求各企业相对于行业平均经营风险程度的经营风险系数。

$$\text{单个企业相对于行业平均经营风险程度的经营风险系数}=\text{行业平均经营风险}+\frac{\text{行业平均资产周转率}-\text{企业资产周转率}}{\text{行业平均资产周转率}}\times\frac{1}{\text{行业平均资产周转率}}\times\text{经营风险随资产周转率变化的变化率}$$

按该式计算，甲、乙公司相对于行业平均经营风险程度的经营风险程度如下：

$$\text{甲公司相对于行业平均经营风险程度的经营风险程度}=1+\frac{1-0.5}{1}\times\frac{1}{1}\times50\%=1.25$$

$$\text{乙公司相对于行业平均经营风险程度的经营风险程度}=1+\frac{1-1.5}{1}\times\frac{1}{1}\times50\%=0.75$$

第三，将不同经营风险的资产盈利率换算为同经营风险的资产盈利率。

$$\text{同经营风险资产盈利率}=\frac{\text{不同经营风险的资产盈利率}}{\text{相对于行业平均经营风险程度的经营风险系数}}$$

按该式计算，甲、乙公司同经营风险资产盈利率如下：

$$\text{甲公司同经营风险资产盈利率}=\frac{15\%}{1.25}=12\%$$

$$\text{乙公司同经营风险资产盈利率}=\frac{15\%}{0.75}=20\%$$

（2）比较两家公司资产盈利率价值的大小。

根据换算结果，可以看出乙公司同经营风险资产盈利率高于甲公司同经营风险资产盈利率8个百分点(20%－12%),故资产盈利率的价值乙公司要大于甲公司。

假定东方股份有限公司所处行业资产平均周转率为1.4次/年,资产周率变化与经营风险变化之间存在着如下关系:资产周转率增减10%,经营风险增减5%,行业平均经营风险系数为1。那么,东方股份有限公司行业经营风险的总资产息税前收益率可换算如下:

$$经营风险随资产周转率变化的变化率=\frac{5\%}{10\%}=50\%$$

$$东方股份有限公司资产周转率=\frac{112\ 100}{\dfrac{56\ 739+63\ 152}{2}}=1.87$$

$$相对于行业平均经营风险程度的经营风险系数=1+\frac{1.4-1.87}{1.4}\times\frac{1}{1.4}\times50\%=0.88$$

$$换算为同经营风险后的总资产息税前收益率=\frac{14.48\%}{0.88}=16.45\%$$

需要指出:上述分析只是一种简化分析。在分析中仅以资产周转率作为经营风险变量,显得过分简化。实际上资产周转率也是由某项资产周转率与该项资产占总资产的比重所构成,各项资产的周转率和其占总资产的比重对经营风险的影响程度是不一样的。关于该问题,本书第九章将作专门讨论。在这里之所以用简化分析,其目的不外乎是说明资产盈利率的构成状况对它的价值是有影响的这样一个事实。

第二节　净资产盈利率的构成分析

一、净资产盈利率的分解

净资产盈利率反映的是企业所有者权益的盈利能力。该盈利率越高,所有者权益盈利能力就越强。它是判断一个企业投资价值的重要指标。似乎一个企业的净产盈利率越高,该企业的投资价值就越大,因为仅从该指标的值来看,看不出不同企业这个指标的质量或价值有何差异。当不同企业的净资产盈利率相等时,投资者则无法按该指标选择出最具投资价值的企业。但如将净资产盈利率进行分解,反映其构成,那么将有利于人们判断该指标的质量。其分解过程如下:

设:企业总资产$=TA=NA+TL$

　　企业净资产$=NA=TA-TL$

　　企业总负债$=TL=TA-NA$

　　企业税后利润$=NP$

　　企业税后利息$=NI$

则有：

$$净资产收益率 = \frac{NP}{NA}$$

因为，

$$NP = \frac{NP+NI}{TA} \times TA - NI$$

所以有：

$$\frac{NP}{NA} = \frac{\dfrac{NP+NI}{TA} \times TA - NI}{NA} = \frac{NP+NI}{NA} - \frac{NI}{NA}$$

再对 $\dfrac{NP+NI}{NA} - \dfrac{NI}{NA}$ 变形，使成为若干有明确经济意义指标所组成的净资产盈利率指标。

$$\begin{aligned}
\frac{NP}{NA} &= \frac{NP+NI}{NA} - \frac{NI}{NA} = \frac{NP+NI}{NA} \times \frac{TA}{TA} - \frac{NI}{NA} \\
&= \frac{NP+NI}{TA} \times \frac{TA}{NA} - \frac{NI}{NA} \\
&= \frac{NP+NI}{TA} \times \frac{NA+TL}{NA} - \frac{NI}{NA} \\
&= \frac{NP+NI}{TA} \times \left(1 + \frac{TL}{NA}\right) - \frac{NI}{NA} \\
&= \frac{NP+NI}{TA} + \frac{NP+NI}{TA} \times \frac{TL}{NA} - \frac{NI}{NA} \\
&= \frac{NP+NI}{TA} + \frac{TL}{NA} \times \left(\frac{NP+NI}{TA} - \frac{NI}{NA} \times \frac{NA}{TL}\right) \\
&= \frac{NP+NI}{TA} + \frac{TL}{NA} \times \left(\frac{NP+NI}{TA} - \frac{NI}{TL}\right)
\end{aligned}$$

即：

$$\frac{净资产}{盈利率} = \frac{资\quad产}{盈利率} + \frac{负债}{净资产} \times \left(\frac{资\quad产}{盈利率} - \frac{负\quad债}{成本率}\right)$$

上述分解式说明，净资产盈利率是由资产盈利率和风险盈利率两部分所构成。如果净资产盈利率不变，仅是两个组成部分此消彼长，那么净资产盈利率的价值仍会发生变化，资产盈利率较大而风险盈利率较小者比资产盈利率较小而风险盈利率较大者的风险低、价值高。

我们可以东方股份有限公司的实例说明该问题。现按上述方法计算东方股份有限公司的净资产盈利率如下：

$$负债与净资产之比 = \frac{\dfrac{22\,280 + 26\,362}{2}}{\dfrac{34\,459 + 36\,790}{2}} = \frac{24\,321}{35\,625} = 0.682695$$

$$负债成本率 = \frac{1\,180 \times (1 - 30\%)}{24\,321} = 3.3964\%$$

$$净资产盈利率 = 10.14\% + 0.682695 \times (10.14\% - 3.3964\%)$$

$$= 10.14\% + 4.6\% = 14.74\%$$

该计算结果正好与第六章第四节净资产盈利率的计算结果相等。从该净资产盈利率的分解式中可以看出，东方股份有限公司的净资产盈利率有 10.14% 是来自资产盈利率，有 4.6% 是来自财务风险带来的盈利率。如果东方股份有限公司不存在负债，在其他条件不变的情况下，公司的净资产盈利率只可能等于资产盈利率即 10.14%。但需要注意在上述算式中的负债净资产比率一定要用平均负债余额和平均净资产余额来计算。

二、企业净资产盈利率构成要素的分析

从净资产盈利率的分解公式可以看出，净资产盈利率是由资产盈利率、负债成本率和负债与净资产之比三个因素所决定。下面分别讨论对决定净资产盈利率三大要素的分析。

（一）资产盈利率分析

在影响净资产盈利率的三因素中，对净资产盈利率影响最大的因素是资产盈利率。通过资产盈利率与社会平均期望收益率的比较，可以判断企业真实盈利能力的高低。关于对资产盈利率的比较分析，前面已经作了充分讨论，在这里不再讨论。

（二）负债成本率分析

企业负债成本是企业筹集和使用负债资金所花费的代价，它的高低可以反映出企业多方面的理财问题。通过企业负债成本率与社会负债筹资的平均成本率相比较，除了可发现企业负债成本率的高低外，还可为进一步探索企业负债成本率的合理性提供有用的信息。例如，企业负债成本率高于社会负债筹资平均成本率，说明企业负债筹资成本过高。企业负债筹资成本过高，可能是由于企业财务风险偏大负债筹资困难或企业负债筹资管理不力等原因引起，需进一步分析回答。相反，如果企业负债成本率过多地低于社会负债筹资平均成本率，也不一定就是值得肯定之事。因为企业负债成本率的计算是用负债的税后利率除以负债总额的平均余额求得，而企业负债中的一部分，如应付账款、应付工资、应交税费等负债是不存在利息的，所以企业这部分无名义利息的负债比例越大，计算出的负债资本成本率就越低。这种低负债成本可能不是建立在正常的信用关系之上的，而是建立在赖账等不讲信用的基础之上的。这种低负债成本实际上就是对他人收益的一种攫取，是将他人的利息转

化为自己的利润。然而世界上并无免费的午餐,企业可能会为不讲信用付出极高的信用成本,该信用成本可能将企业推入经营极端困难的境地。所以,企业负债成本率过多地低于社会负债筹资平均成本率也不一定就是一件好事,而是要具体问题具体分析。

（三）负债与净资产之比分析

从净资产盈利率的分解公式也揭示了企业财务风险的大小,通过企业负债与资本之比同社会公认标准和行业平均标准的比较,可以揭示企业所承受的财务风险程度。将该比例结合社会负债筹资平均成本率,可大约估计企业负债成本率的合理程度以及信用状况,为评价企业的理财行为提供有用的信息。

【例 9-3】 假定某企业的负债与净资产比率为 3:1,负债成本率为 2%。社会公认的负债与净资产比率极限为小于或等于 1:1,社会负债筹资平均利率为 10%。企业所得税率为 30%。试分析该企业财务风险的大小和信用程度高低。

解:

(1) 估计企业无利息负债占负债总额的比重。

假定企业取得有息负债的负债成本率等于社会负债筹资平均成本率,那么有:

$$有息负债占负债总额的比重=\frac{2\%}{10\%\times(1-30\%)}=28.57\%$$

$$无息负债占负债总额的比重=1-28.57\%=71.43\%$$

上述计算表明,该企业负债资金来源中无息负债占负债总额的比重极大,高达 71.43%。无息负债只能由诸如应付账款、预收账款、应付工资及福利费、应付股利、应交税费和其他应付款等组成,这些项目除预收账款之外均具有较大风险,因此,该企业负债资金来源构成的风险较大。可见,该企业采用的负债筹资策略是高风险、低成本的策略。

(2) 通过企业负债与净资产之比同社会公认标准的比较判断企业财务风险的大小。

根据上述资料,该企业负债与净资产之比为 3:1 大于社会公认标准 1:1,说明该企业财务风险较大。无论从理论还是从实际来考察,在正常情况下,企业风险越大,其负债筹资的成本就会越高。但该企业却与正常情况不符,出现了高风险、低成本的负债现实。导致这种情况的原因,可能是企业不讲信用、大量拖欠应付账款等无息负债的结果。

通过上述分析,可以发现该企业负债筹资采用的是高风险、低成本,以及不顾及商业信用的理财行为。总的来讲,该理财行为不值得给予好评。

（四）净资产盈利率的构成分析例解

通过对企业净资产盈利率构成的分析,既可以寻找提高净资产盈利率的有效和可行途径,也可以揭示企业对待风险的态度和理财行为,还可以判明企业净资产盈利率的风险特征和比较不同净资产盈利率的价值大小。为了理解该分析的意义,下面将以实例加以说明。

【例9-4】　假设A、B两家公司和相关社会平均标准，如表9-1所示：

表9-1　　　　　　　公司财务指标与社会平均标准情况表

名　　称	A　公　司	B　公　司	社会平均标准
资产盈利率	5%	12%	10%（平均无风险收益率）
负债成本率	2%	5%	7%（银行借款税后利息率）
负债净资产比率	5:1	0.8:1	≤1:1

试根据表9-1资料，评价A、B两家公司的理财行为及投资价值。

解：

对A、B两家公司的评价过程如下：

(1) 计算各公司的净资产盈利率。

$$A公司净资产盈利率=5\%+\frac{5}{1}\times(5\%-2\%)=20\%$$

$$B公司净资产盈利率=12\%+\frac{0.8}{1}\times(12\%-5\%)=17.6\%$$

(2) 以社会标准评价两公司的各项指标。

以社会标准进行评价的结果，如表9-2、9-3所示：

表9-2　　　　　　A公司各项指标与社会标准比较评价表

企业指标		社会标准		差异	评价
名　　称	比率	名　　称	比率		
资产盈利率	5%	平均无风险收益率	10%	−5%	真实盈利能力低。
负债成本率	2%	银行借款税后利息率	7%	−5%	负债成本低是大量拖欠无资金成本的应付款项等所致，信用程度低。
负债净资产比率	5	负债净资产比率	1	4	负债净资产比率过高，财务风险大。
净资产盈利率	20%	平均无风险收益率	10%	10%	净资产盈利能力高是因高风险所致。

表9-3　　　　　　B公司各项指标与社会标准比较评价表

企业指标		社会标准		差异	评价
名　　称	比率	名　　称	比率		
资产盈利率	12%	平均无风险收益率	10%	2%	真实盈利能力高。
负债成本率	5%	银行借款税后利息率	7%	−2%	负债成本适中，未大量拖欠应付款项，信用程度高。
负债净资产比率	0.8	负债净资产比率	1	−0.2	负债净资产比率符合社会标准，风险适中。
净资产盈利率	17.6%	平均无风险收益率	10%	7.6%	净资产盈利能力高，受财务风险的影响小。

（3）对 A、B 两家公司的综合评价。

从 A 公司各项指标与社会标准比较评价中可看出，A 公司虽然净资产盈利率较高，但这是在高财务风险条件下取得的，特别是在大量拖欠他人资金和拒付资金占用费基础上获得的，因此从本质上看，其利润是从他人损失的利息转化而来的。该公司无资金成本的应付款项占总负债的比例高达 72.43 个百分点（1－2％÷7％），且该部分负债为其净资产的 3.57 倍（71.43％×5）以上。这充分说明该公司理财行为十分偏激，在资产盈利率低下的情况下，靠放大财务风险和降低信用程度来提高净资产盈利能力。显然，该企业的净资产盈利率价值较低。在同这类企业打交道时必须十分小心，应尽可能避免与它发生债权债务关系，对它投资也应极为谨慎。因为，一旦该企业被债权人追债而减少债务持有量或使负债资金成本率上升，那么，该企业的净资产盈利率将会迅速下降甚至出现负数。以下按这两种情况来讨论该企业净资产盈利率的变化状况：

【例 9-5】 以［例 9-4］为例，A 公司面临如下两种情况：情况之一——假定受债权人追债的影响，该企业的负债净资产比率从 5∶1 降低为 2∶1，其他情况均不变。情况之二——假定受债权人追债的影响，该企业的负债资金成本率从 2％上升为银行借款税后利息率 7％，其他情况均不变。试问在这两种情况下，A 公司的净资产盈利率将分别变为多少？ 净资产盈利率下降幅度又为多少？

解：

情况之一：

$$A 公司净资产盈利率 = 5\% + \frac{2}{1} \times (5\% - 2\%) = 11\%$$

$$A 公司净资产盈利率下降幅度 = \frac{20\% - 11\%}{20\%} = 45\%$$

情况之二：

$$A 公司净资产盈利率 = 5\% + \frac{5}{1} \times (5\% - 7\%) = -5\%$$

这时，A 公司放大财务风险带来的并非高收益，相反却是高损失。

由上可见，高财务风险条件下的净资产盈利能力并不可靠，其价值应低于低财务风险条件下的同等水平的净资产盈利能力。

从 B 公司各项指标与社会标准比较评价中可看出，B 公司的净资产盈利率虽然没有 A 公司高，但它来自于财务风险部分的盈利率比重较小，净资产盈利率具有相当的稳定性。该公司真实盈利率高、财务风险适中，偿债能力强，信用程度高，理财行为稳健，其净资产盈利能力和资产盈利能力均高于社会平均无风险盈利能力，其财务风险则在社会公允的范围内，故净资产盈利率的价值较高。债权人同这类企业打交道，风险较低，债权的安全完整性有保障。投资者向这类企业投资则可获相对稳定和较高的回报率。

三、不同财务风险净资产盈利能力转换为同财务风险净资产盈利能力的理论与方法

（一）不同财务风险净资产盈利能力转换为同财务风险净资产盈利能力的意义

从净资产分解公式中可以看出，净资产盈利能力受企业财务风险的影响，但按照［例9-4］的分析方法来判定不同企业净资产盈利率价值的大小很不方便。因为在不同企业净资产盈利率和财务风险均不相等时，很难判明不同企业净资产盈利率的价值大小。可行方法是将不同风险的净资产盈利率换算为同风险的净资产盈利率进行直接比较，值大的价值就大，值小的价值也就小，使不同企业净资产盈利率的价值判断简单化。

（二）不同财务风险净资产盈利能力转换为同财务风险净资产盈利能力的理论分析

前面已指出，财务风险产生的根本原因是存在财务性固定成本，财务性固定成本的存在使得企业净利润增减变化的速度大于销售收入（或直接说贡献毛益）增减变化的速度。

财务性固定成本是由企业负债而引起的资金成本，具体地看，该资金成本主要是由利息所构成。财务性固定成本＝负债金额×负债利息率。其中：负债金额＝资产负债率×总资产，在总资产一定的条件下，负债金额同资产负债率密切相关；而总资产＝负债＋净资产，因此，负债金额又密切地同负债与净资产之比密切相关。根据理论分析，企业资产负债率越高，企业还本付息的压力就越大，债权人要求的风险报酬率就会越高，负债成本也与企业资产负债率（从而负债与净资产之比）的高低密切相关。因此，在很大程度上，可以用企业负债与净资产之比来表示企业的财务风险。即：企业财务风险＝f（负债与净资产之比）。这样，就可以将不同负债与净资产之比的净资产盈利率调整为同负债与净资产之比的净资产盈利率，并以同负债与净资产之比的净资产盈利率，来替代同财务风险的净资产盈利率。

（三）不同财务风险净资产盈利能力转换为同财务风险净资产盈利能力的例解

根据分析的结论，就可以比较简单地将不同财务风险的净资产盈利率换算为同财务风险的净资产盈利率。换算的基本方法仍是风险概率的主观评分法。

【例9-6】 仍以［例9-4］的资料为基础，假定负债净资产比率的社会评价标准为1，企业实际标准每增减变化10％，财务风险相应减增变化5％。试确定 A、B 两家公司换算为社会平均风险水平的净资产盈利率。

解：

（1）求财务风险随负债净资产比率变化的变化率。

根据负债净资产比率的社会评价标准为1，企业实际标准每增减变化10％，财务风险相应减增变化5％的假定，有：

$$\frac{财务风险随负债净资}{产比率变化的变化率}=\frac{财务风险变化率}{负债净资产比变化率}=\frac{5\%}{10\%}=50\%$$

（2）以此求各企业相对于社会标准财务风险程度的财务风险系数：

$$\begin{array}{l}\text{单个企业相对于社}\\\text{会标准财务风险程}\\\text{度的财务风险系数}\end{array}=\begin{array}{l}\text{社会标}\\\text{准财务}\\\text{风 险}\end{array}+\dfrac{\dfrac{\text{企业实际负债}}{\text{净资产比率}}-\dfrac{\text{社会标准负债}}{\text{净资产比率}}}{\text{社会标准负债与净资产比率}}$$

$$\times\dfrac{1}{\dfrac{\text{社会标准负债}}{\text{净资产比率}}}\times\begin{array}{l}\text{财务风险随负}\\\text{债净资产比率}\\\text{变化的变化率}\end{array}$$

按上式计算有：

$$\begin{array}{l}\text{A公司相对于社会标准财务}\\\text{风险程度的财务风险系数}\end{array}=1+\frac{5-1}{1}\times\frac{1}{1}\times50\%=3$$

$$\begin{array}{l}\text{B公司相对于社会标准财务}\\\text{风险程度的财务风险系数}\end{array}=1+\frac{0.8-1}{1}\times\frac{1}{1}\times50\%=0.9$$

（3）将不同财务风险的净资产盈利率换算为同财务风险的净资产盈利率。

$$\begin{array}{l}\text{同财务风险的}\\\text{净资产收益率}\end{array}=\dfrac{\text{不同财务风险的净资产收益率}}{\begin{array}{l}\text{相对于社会标准财务风险程度}\\\text{的单个企业的财务风险系数}\end{array}}$$

按上式计算有：

$$\text{A公司同财务风险的净资产收益率}=\frac{20\%}{3}=6.67\%$$

$$\text{B公司同财务风险的净资产收益率}=\frac{17.6\%}{0.9}=19.56\%$$

根据上述换算结果可以看出，虽然在换算前 A 公司的净资产盈利率要高于 B 公司的净资产盈利率 2.4 个百分点（20%－17.6%），但是将两家公司的净资产盈利率换算为同财务风险的净资产盈利率之后，A 公司则低于 B 公司 12.89 个百分点（6.67%－19.56%）。显然，B 公司净资产盈利率的价值要大大高于 A 公司净资产盈利率的价值。

我们可以按上述方法，将东方股份有限公司的净资产盈利率换算为同财务风险的净资产盈利率。

假定，负债净资产比率的社会标准值为 1，企业实际负债净资产比率与社会标准相比，每增减变化 10%，财务风险相应增减变化 5%，那么，可按以下程序将东方股份有限公司的净资产盈利率换算为社会同财务风险水平的净资产盈利率。

$$\text{财务风险随负债净资产比率变化的变化率}=\frac{5\%}{10\%}=50\%$$

$$\text{东风股份有限公司负债净资产比率}=\frac{24\,321}{35\,625}=0.68$$

$$\text{东风股份有限公司相对于社会标准财务风险程度的财务风险系数}=1+\frac{0.68-1}{1}\times\frac{1}{1}\times50\%=0.84$$

$$\text{换算为同财务风险后的净资产盈利率}=\frac{14.74\%}{0.84}=17.55\%$$

当然，上述分析只是一种简化的分析。它只以负债净资产比率作为财务风险，没有进一步考虑负债的结构问题，也没有将信用程度融入其中。要对财务风险作较深入的分析，可按本书第七章第三节的企业财务风险水平分析进行。虽然详细财务风险水平分析会使企业的财务风险水平在量上发生变化，但是本分析的思路仍适用于将不同财务风险的净资产盈利率调整为同财务风险的净资产盈利率。

四、不同总风险净资产盈利能力转换为同总风险净资产盈利能力的理论与方法

（一）同总风险的净资产盈利率的调整方法

我们已经讨论了将不同经营风险的资产盈利率调整为同经营风险的资产盈利率和将不同财务风险的净资产盈利率调整为同财务风险的净资产盈利率的问题，但实际上经营风险会通过资产盈利率的变化影响到净资产盈利率，即净资产盈利率受总风险水平的影响。因此，还需要将不同总风险的净资产盈利率调整为同总风险的净资产盈利率，才能比较不同净资产盈利率的价值。

调整的基本方法，就是将前述两种调整方法联系在一起，先将不同经营风险的资产盈利率调整为同经营风险的资产盈利率，再将它代入净资产盈利率计算公式，求出同经营风险但不同财务风险的净资产盈利率，最后将这个计算结果调整为同财务风险的净资产盈利率，这个净资产盈利率便是同总风险的净资产盈利率。这样，就可以直接比较不同净资产盈利率的价值了。

（二）不同总风险净资产盈利能力转换为同总风险净资产盈利能力的例解

【例9-7】　仍以［例9-4］中的A、B公司为例，并假定A公司收入盈利能力为4%，资产周转率为1.25次，B公司收入盈利能力为6%，资产周转率为2次，社会资产平均周转率为1.5次。企业资产周转率每增减10%，其经营风险增减5%。试将两家公司不同总风险的净资产盈利率调整为相同总风险的净资产盈利率。

解：

根据例中给出的资料，其调整过程如下：

（1）将不同经营风险的资产盈利率调整为同经营风险的资产盈利率。

$$\text{A公司同经营风险资产盈利率}=\frac{5\%}{1+\frac{1.5-1.25}{1.5}\times\frac{1}{1.5}\times50\%}=\frac{5\%}{1.056}=4.73\%$$

$$B公司同经营风险资产盈利率=\frac{12\%}{1+\dfrac{1.5-2}{1.5}\times\dfrac{1}{1.5}\times50\%}=\frac{5\%}{0.889}=13.5\%$$

（2）将同经营风险的资产盈利率代入净资产盈利率计算公式，求同经营风险但不同财务风险的净资产盈利率。

$$A公司同经营风险但不同财务风险的净资产盈利率=4.73\%+\frac{5}{1}\times(4.73\%-2\%)=18.38\%$$

$$B公司同经营风险但不同财务风险的净资产盈利率=13.5\%+\frac{0.8}{1}\times(13.5\%-5\%)=20.3\%$$

（3）将同经营风险但不同财务风险的净资产盈利率调整为同总风险的净资产盈利率。

$$A公司同总风险的净资产盈利率=\frac{18.38\%}{1+\dfrac{5-1}{1}\times\dfrac{1}{1}\times50\%}=\frac{18.38\%}{3}=6.13\%$$

$$B公司同总风险的净资产盈利率=\frac{20.3\%}{1+\dfrac{0.8-1}{1}\times\dfrac{1}{1}\times50\%}=\frac{20.3\%}{0.9}=22.5\%$$

我们也可以按上述方法，将东方股份有限公司的净资产盈利率换算为社会同总风险水平的净资产盈利率。换算过程如下：

$$同经营风险的净资产盈利率=\frac{10.14\%}{0.88}+0.682695\times\left(\frac{10.14\%}{0.88}-3.3964\%\right)=18.38\%$$

$$=11.52\%+0.682695\times(11.52\%-3.3964\%)$$

$$=11.52\%+5.55\%=17.07\%$$

$$同总风险的净资产盈利率=\frac{17.07\%}{0.84}=20.32\%$$

计算结果表明，由于东方股份有限公司的风险水平低于社会平均风险水平，盈利率稳定程度较高。因此，将该公司换算为社会平均风险水平下的净资产盈利率，比原净资产盈利率高出了5.58个百分点（19.85%－14.74%）。假定社会平均风险水平条件下的平均净资产盈利率为10%，那么，东方股份有限公司每单位净资产的价值应为社会每单位净资产平均价值的2.032倍（20.32%÷10%）。正是由于东方股份有限公司盈利能力高，风险水平低，所以企业的价值才大。分析结果表明，东方股份有限公司颇具投资价值。

五、对将净资产盈利率作为企业主要经营绩效标准的评价

根据上述的分析结果可以知道，净资产盈利率因为构成和来源不一样，风险程度必然存差异，使相同净资产盈利率的价值并不相等。这充分说明，投资者在进行投资决策时，

不能简单地以财务报表数据计算出来的净资产盈利率为标准,而应以调整后的同风险的净资产盈利率为标准,才能作出正确的决策。

按该理论分析我国在财务分析中过分强调净资产盈利率存在着不少的问题,将会产生许多问题。

（一）评价企业经营绩效的局限性

该政策忽视了不同企业的净资产盈利率具有不同价值的事实,政策缺乏科学性,且不合理。如果按照净资产盈利率来评价企业的经营绩效,可能会出现若干令人难以理解的结果。表 9-4 是我国上市公司 2006 年年报净资产收益率前 5 名排行榜。

表 9-4　　　我国上市公司 2006 年年报净资产收益率前 5 名排行表①

代　　码	公司名称	每股收益(元)	净资产收益率(%)
600629	S*ST 棱光	0.58	2 898.27
000560	ST 昆百大	0.25	292.27
000536	SST 闽东	0.18	281.36
200992	ST 中鲁 B	0.57	83.21
000650	ST 仁和	0.65	66.92

注:ST 是 Special Treatment(特别处理)的缩写。ST 必须符合:一是上市公司经审计连续两个会计年度的净利润均为负值;二是上市公司最近一个会计年度经审计的每股净资产低于股票面值。在上市公司的股票交易被实行特别处理期间,其股票交易应遵循下列规则:① 股票报价日涨跌幅限制为 5%;② 股票名称改为原股票名前加"ST";③ 上市公司的中期报告必须审计。

上述上市公司的每股净资产可以换算如表 9-5 所示:

表 9-5　　　　　　　　　公司每股净资产额换算表

代　　码	公司名称	每股收益(元)	净资产收益率(%)	每股净资产(元)
600629	S*ST 棱光	0.58	2 898.27	0.0200
000560	ST 昆百大	0.25	292.27	0.0855
000536	SST 闽东	0.18	281.36	0.6397
200992	ST 中鲁 B	0.57	83.21	0.6850
000650	ST 仁和	0.65	66.92	0.9713

显然,这些 ST 公司 2006 年度净资产收益率极高的基本原因是由于以前年度的巨额亏损导致净资产极低的原因所致。这些股票的价值应该低于非 ST 公司股票的价值。当净资产趋近于零时,净资产收益率会趋近于无穷大,而当净资产为负时,则无法计算该指标。

（二）不鼓励企业控制风险

既然通过扩大财务风险,有可能获得较高的净资产收益率,那么,以净资产盈利率作

---

① 资料来源:中国上市公司咨询网。

为评价企业经营绩效的主要考核指标,就难以鼓励企业积极主动地控制风险特别是财务风险,不利于在我国企业中强化风险控制的意识。

（三）指标容易被人操纵

企业有些指标容易通过操纵净资产和负债来提高净资产盈利率。例如,某股份公司年净利润为 10 000 万元,分配股利之前的净资产总额为 105 000 万元,如按 10％净资产盈利率标准,该公司不能取得配股权,但公司可以通过股利分配方式,将一部分净利润,如 5 000 万元转入应付股利账户作为负债处理,则可以使该公司的净资产盈利率达到 10％,获得配股权利。在我国频繁出现的上市公司利润的巨额清洗,就与以净资产盈利率作为股份有限公司能否获得配股权的唯一标准的政策有关。如果我国上市公司配股政策标准能采用调整后的社会同风险净资产盈利率,那么将有利于解决上述问题。

第三节　普通股盈利能力的构成分析

一、普通股盈利率的分解

上节所述净资产盈利率既包括普通股又包括优先股在内的所有者权益盈利率。由于优先股股利一般是固定的,与企业利润的关系不如普通股密切,当优先股股利率与净资产盈利率存在差异时,对普通股权益而言,也会产生财务杠杆效应。将普通股权益盈利率进行分解,可以清楚它的构成,有利于人们判断该指标的质量。其分解过程如下:

设：企业净资产＝$NA=CS+PS$

普通股权益＝$CS=NA-PS$

优先股权益＝$PS=NA-CS$

归普通股分享的净利润＝$CSNP$

优先股股利＝PD

则有：

$$普通股权益盈利率 = \frac{CSNP}{CS}$$

因为：

$$CSNP = \frac{CSNP+PD}{NA} \times NA - PD$$

所以有：

$$\frac{CSNP}{CS} = \frac{\dfrac{CSNP+PD}{NA} \times NA - PD}{CS}$$

$$= \frac{CSNP+PD}{CS} - \frac{PD}{CS}$$

$$= \frac{CSNP+PD}{CS} \times \frac{NA}{NA} - \frac{PD}{CS}$$

$$= \frac{CSNP+PD}{NA} \times \frac{NA}{CS} - \frac{PD}{CS}$$

$$= \frac{CSNP+PD}{NA} \times \frac{CS+PS}{CS} - \frac{PD}{CS}$$

$$= \frac{CSNP+PD}{NA} \times \left(1 + \frac{PS}{CS}\right) \times \frac{PS}{CS} - \frac{PD}{CS}$$

$$= \frac{CSNP+PD}{NA} + \frac{CSNP+PD}{NA} \times \frac{PS}{CS} - \frac{PD}{CS}$$

$$= \frac{CSNP+PD}{NA} + \frac{PS}{CS} \times \left(\frac{CSNP+PD}{NA} - \frac{PD}{CS} \times \frac{CS}{PS}\right)$$

$$= \frac{CSNP+PD}{NA} + \frac{PS}{CS} \times \left(\frac{CSNP+PD}{NA} - \frac{PD}{PS}\right)$$

即：

$$\text{普通股权益盈利率} = \text{净资产盈利率} + \frac{\text{优先股权益}}{\text{普通股权益}} \times \left(\text{净资产盈利率} - \text{优先股权益率}\right)$$

该分解式说明,普通股权益盈利率是由净资产盈利率和优先股带来的风险盈利率两部分构成。下面以东方股份有限公司实例来说明该式的运用：

$$\frac{\text{优先股权益与}}{\text{普通股权益之比}} = \frac{2\,000}{\dfrac{32\,459+34\,790}{2}} = \frac{2\,000}{33\,625} = 0.0595$$

$$\text{普通股权益盈利率} = 14.74\% + 0.0595 \times (14.74\% - 10\%)$$

$$= 14.74\% + 0.28\% = 15.02\%$$

该计算结果正好与第六章第四节普通股权益盈利率计算结果相等。从计算结果可以看出,东方股份有限公司发行优先股票筹资对普通股权益盈利率的影响极小,仅为 0.28 个百分点,究其原因是优先股权益与普通股权益的比率太小,仅为 0.0595 所致。若单就净资产盈利率与优先股权益成本率之差来看,其差额并不小,达 4.74 个百分点,这说明东方股份有限公司发行优先股票是有利可图的。

需要指出:虽然优先股是企业的一种所有者权益,它不会像负债筹资那样给企业带来还本付息的财务负担,但是,因为它会影响普通股权益盈利率的增减变动,这种变动对普通股权益盈利率而言仍意味着风险,所以仍然有必要将不同风险的普通股权益盈利率换算为同风险的普通股权益盈利率,以比较其价值大小。

二、普通股权益盈利率构成要素的分析

从普通股权益盈利率的分解式中可看出,该盈利率受净资产盈利率、优先股股利率和优先股权益与普通股权益之比三个要素的影响。其中:净资产盈利率是最基本的要素,其他两个因素则是对这一基本因素的调整。下面分别讨论之。

净资产盈利率是决定普通股权益盈利率最基本的要素。净资产盈利率受企业风险的影响,这种影响会传递给普通股权益盈利率,使不同风险的普通股权益盈利率具有不同的价值。为了对普通股权益盈利率的价值进行判断,需要用同风险的净资产盈利率替代分解式中的不同风险的净资产盈利率。下面以实例加以说明。

【例 9-8】 假定[例 9-4]中的 A、B 两家公司的优先股权益与普通股权益之比分别为 1:10 和 1:5;优先股股利率分别为 10% 和 8%,其余条件不变。试按照以下条件计算两公司的普通股盈利能力:① 按不同风险净资产盈利率计算的两公司普通股盈利能力; ② 按同风险净资产盈利率计算的两公司普通股盈利能力。

(1) 按不同风险的净资产盈利率计算。

$$\text{A公司不同风险的普通股权益盈利率} = 20\% + \frac{1}{10} \times (20\% - 10\%) = 21\%$$

$$\text{B公司不同风险的普通股权益盈利率} = 17.6\% + \frac{1}{5} \times (17.6\% - 8\%) = 19.52\%$$

(2) 按同风险的净资产盈利率计算。

$$\text{A公司同风险的普通股权益盈利率} = 6.13\% + \frac{1}{10} \times (6.13\% - 10\%) = 5.743\%$$

$$\text{B公司同风险的普通股权益盈利率} = 22.56\% + \frac{1}{5} \times (22.56\% - 8\%) = 25.47\%$$

从换算前后的结果来看,A 公司换算后的普通股权益盈利率迅速下降,而 B 公司换算后的普通股权益盈利率则大幅上升,最终使 B 公司的投资价值大大超过了 A 公司。

公司发行优先股票筹资有许多优点和缺点。主要的优点是:公司可以在不削弱原普通股股东的既得利益基础上扩大对外借债的权益基础,降低举债的财务风险。主要缺点是:股利不能抵税和固定支付性,这就导致优先股票的资金成本高,一旦企业的盈利状况不理想,净资产盈利率降低到优先股票的资金成本之下时,普通股权益盈利率就会低于净资产盈利率,使优先股票筹资得不偿失。这就是优先股票筹资的财务风险。

优先股权益与普通股权益之比越大,普通股权益盈利率的可变性就越大即财务风险越大。当优先股权益为零或普通股权益等于净资产时,该种财务风险等于零或说不存在这种财务风险,当存在这种财务风险时,需要用这种风险去调整未考虑这种风险的普通股权益盈利率。

【例 9-9】　仍以[例 9-8]中的 A、B 两公司为例,试将有风险的普通股权益收益率换算为无风险的普通股权益收益率。

解:

具体换算过程如下:

(1) 优先股权益等于零时的风险系数为 1,优先股权益存在时的风险系数。

$$风险系数 = 1 + \frac{优先股权益}{普通股权益} \times \frac{优先股权益存在}{的风险变化率}$$

假定社会平均优先股权益存在的风险变化率为 60%,则 A、B 两公司因优先股权益存在的风险系数如下:

$$A 公司优先股存在的风险系数 = 1 + \frac{1}{10} \times 60\% = 1.06$$

$$B 公司优先股存在的风险系数 = 1 + \frac{1}{5} \times 60\% = 1.12$$

(2) 将未考虑优先股存在风险的不同风险的普通股权益盈利率换算为考虑优先股存在风险的普通股权益盈利率。

$$A 公司同风险的普通股权益盈利率 = \frac{5.743\%}{1.06} = 5.42\%$$

$$B 公司同风险的普通股权益盈利率 = \frac{25.47\%}{1.12} = 22.74\%$$

从上述换算结果可看出,由于优先股存在的风险,普通股权益盈利率有所下降。A 公司由于同风险净资产盈利率低于优先股资金成本,在考虑优先股存在的风险之前,普通股权益盈利率比同风险净资产盈利率有所下降,现在则进一步下降;而 B 公司由于同风险净资产盈利率高于优先股资金成本率,在考虑优先股存在的风险之前,普通股权益盈利率比同风险净资产盈利率有所上升,且上升幅度较大,但同时优先股权益与普通股权益之比较高,其优先股存在的风险也相应增大,调整后的同风险的普通股权益盈利率仅略高于同风险的净资产盈利率。可见,A 公司用优先股筹资并不可取,而 B 公司用优先股筹资则有利可图,但获利也并不像未经优先股存在的风险系数调整前那么大。

至于优先股资金成本率的高低,虽是影响普通股权益盈利率的一个重要因素,但由于它占净资产的比重一般不大,且不存在还本付息的风险,因此,在财务报表分析中不必对它进行过多分析。

根据本章对东风股份有限公司盈利能力构成的分析结果可以发现,东风股份有限公司的盈利能力和风险水平的稳定性高于社会平均水平,即东风股份有限公司未来盈利能力和风险程度的变化速度低于社会平均水平,这说明东风股份有限公司的企业价值比社会平均水平更为稳定,因此,基本可以判断该公司的企业价值能用公司现行的折现率对公司现行的盈利额折现的方式来表现,即其企业价值约为 55 000 万元(计算分析过程见第八章第四节)。

第四节 杜邦分析体系及其评价

杜邦分析体系是目前在财务报表分析中被广泛运用的对盈利能力进行分解的一种分析体系,有必要对它进行评价。

一、杜邦分析体系

杜邦分析体系(该体系因美国杜邦公司创造和最先运用而得此名)是一种对净资产盈利率(收益率)的分解体系,典型杜邦分析体系是围绕净资产盈利率而展开的,其体系知图9-2所示:

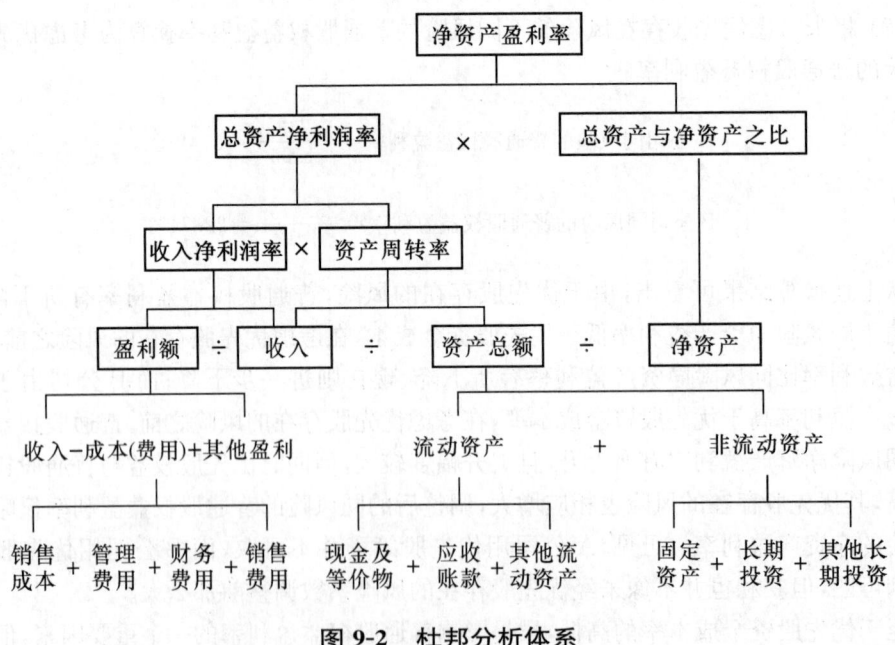

图9-2 杜邦分析体系

二、对杜邦分析体系的评价

（一）杜邦分析体系的优点

从图 9-2 可以看出杜邦分析体系是对净资产收益率的分解，分解式的第一层是净资产收益率等于总资产净利润率乘以总资产与净资产之比（又称权益乘数），第二层是总资产净利润率等于收入净利润率乘以资产周转率，第三层次揭示了净利润的形成情况和总资产的构成情况，第四层次揭示了成本费用的构成情况、流动资产和非流动资产的构成情况。分析简明扼要，所需分析资料不多，仅利用资产负债表和利润表主表就可以完成其全部分析。这也是杜邦分析体系在实务界得到广泛运用的最主要原因。

（二）杜邦分析体系的缺点

从图 9-2 可以看出杜邦分析体系是对净资产收益率的分解，分解式的第一层是净资产收益率等于总资产净利润率乘以总资产与净资产之比（又称权益乘数）。但是由于总资产净利润率指标并不能反映总资产的盈利能力，因此，不能用总资产净利润率判断企业投资和筹资的合理性，不能说明净资产收益率与总资产收益率之间的关系，也无法为分析者提供更多的有用信息。在分解式的第二层是总资产净利润率等于收入净利润率乘以资产周转率，但收入净利润率也是没有明确经济含义的指标，人们不能以收入净利润率该指标来判断明收入的盈利能力的高低，帮助企业产品的销售决策。这些都是杜邦分析体系本身不可克服的缺陷。

从专业的角度看，杜邦分析体系这种分析体系虽然简单，因存在着明显的缺陷，不适应更为专业的和深入的财务分析。故在本书中，不主张杜邦分析体系，而应按照前述的盈利能力构成分析方法进行分析。

习　　题

【复习思考题】

1. 对盈利能力构成分析有何意义？
2. 资产盈利率构成可以分解为哪些指标？
3. 净资产盈利能力可以由哪些指标所构成？如何对它进行分解？
4. 普通股权益盈利能力构成应该如何分解？
5. 为什么盈利能力构成与企业风险水平有关系？
6. 如何将不同风险水平的盈利能力调整为同风险水平的盈利能力？

企业盈利账户的构成分析训练

【练习要求】

1. 计算所选择公司的资产盈利率进行构成分析，并结合其他信息该指标的质量进行判断。

2. 计算所选择公司的净资产盈利率进行构成分析，并结合其他信息该指标的质量进行判断。

3. 根据上述的分析结果，结合自己所掌握的其他相关信息，试将所选择公司的净资产盈利能力转换为社会或行业同总风险净资产盈利能力，并得出合适的评价结论。

第十章 企业经营效率分析

【本章提要】 企业经营效率是指企业利用资产的效率,企业经营效率的高低,直接关系到企业的成败,企业经营效率分析一直是财务报表分析的重要内容之一,它是对企业价值的深入分析。本章围绕企业成本(费用)产出效率和资产周转效率展开企业经营效率分析。本章第一节主要讨论揭示企业经营效率的指标体系,第二节围绕收入盈利率及其构成进行分析,第三节围绕资产周转率指标进行分析,第四节讨论企业经营效率的综合判断问题。

【学习目标】 通过本章学习,要求掌握和了解如下内容:(1)理解企业经营效率表述指标极其意义;(2)掌握揭示企业经营效率分析的指标体系;(3)掌握杜邦分析体系;(4)掌握收入盈利率指标分解的理论与方法;(5)掌握不同资产周转率指标计算的理论和方法;(6)掌握各种资产周转率指标之间的关系;(7)理解企业经营效率综合判断的基本理论与方法。

第一节 企业经营效率的表述及分析意义

一、企业经营效率的表述

(一)反映企业经营效率的指标

反映企业经营效率的指标多种多样,如销售收入、利润总额、净利润、净资产盈利率、总资产盈利率等。究竟什么指标能更好地反映企业的经营效率,笔者认为是总资产盈利率。

前面关于盈利能力分析的讨论中,我们已提及资产盈利率是反映企业真实盈利能力的指标,它是决定净资产盈利能力进而决定普通股权益盈利能力的最基本的因素。只有在资产盈利率高于负债资金成本率时,企业才可能通过借债来提高净资产盈利率,即负债所带来的财务杠杆利益。资产盈利率是排除企业资本结构影响的企业资产经营效率的综合反映,因此,企业经营效率的高低可以用企业资产盈利率的大小来表述。

　　(二)用资产盈利率指标反映经营效率的优点

　　用企业资产盈利率的大小来反映企业经营效率,至少有如下优点:① 资产盈利率可以克服用利润等绝对盈利额指标表述企业经营效率不能反映受企业规模大小影响的缺点,使不同规模企业的经营效率具有可比性。② 资产盈利率可以克服用净资产盈利率表述企业经营效率受不同企业资本结构影响的缺点,使不同资本结构企业的经营效率具有可比性。③ 资产盈利率有利于将企业资金筹集和资金使用分开来考察,专门分析企业资金使用方面的效率。通过资金使用方面的效率分析,也有利于揭示企业资金筹集方面存在的问题。④ 资产盈利率可以将企业资金占用和资金耗费联系在一起进行分析,分别揭示企业在资金占用和资金耗费方面存在的问题,为提高企业经营效率指明方向。⑤ 资产盈利率有利于从收入增减变化导致的息税前收益加速变化和投资回收速度两个方面揭示企业存在的经营风险,以及经营风险的特征。

二、企业经营效率分析的意义

　　企业经营效率分析的基本目的是帮助人们认识企业经营效率方面的特征,为深入认识企业盈利能力和风险水平提供有用的信息。

　　企业资产盈利率是收入盈利率和资产周转率之积,即:

$$资产盈利率＝收入盈利率×资产周转率$$

　　对资产盈利率的分析,其实就是对收入盈利率和资产周转率的分析。收入盈利率和资产周转率均可进一步细分为若干明细指标之积,这样,就可以比较深入地认识企业经营效率方面的特征。若将分析结果与所掌握的社会、行业等相关资料进行比较分析,可以揭示企业多种盈利特征和风险特征,为判断企业价值提供有用的信息。

　　企业经营效率分析,除了有利于认识企业现实价值外,还有助于预测企业未来价值的发展变化趋势。因为企业目前的经营效率是企业经营环境、内部条件以及经营思想综合作用的结果,这些因素不仅会对过去而且也会对未来企业经营效率产生影响。

　　企业经营效率分析除了有助于企业外部人士评价和预测企业绩效外,对企业经营者分析经营管理中存在的问题也有帮助。经营者通过对资产分布合理性和周转速度的分析,可以发现资产管理和使用中存在的问题;通过对资金耗费和产出的分析,可以观察企业营销管理是否有效、成本(费用)控制是否得力等。

三、企业经营效率分析体系

　　既然企业经营效率用资产盈利率表示,那么,企业经营效率分析,实质上也就是围绕资产盈利率指标而展开。

　　资产盈利率可进行多层次的分解。第一个层次,它可分解为收入盈利率与资产周转率之积;第二个层次,对收入盈利率和资产周转率进行分解,如收入盈利率可分解为成本盈利率与收入成本率之积,资产周转率可分解为流动资产周转率与流动资产占总资产比重之积等;第三个层次和以下层次,根据需要对各种资金耗费与产出的关系和各种资产周转率与各种资产比例间的关系进行更深入和具体的分析。

　　以资产盈利率为中心的企业经营效率分析体系,如图 10-1 所示:

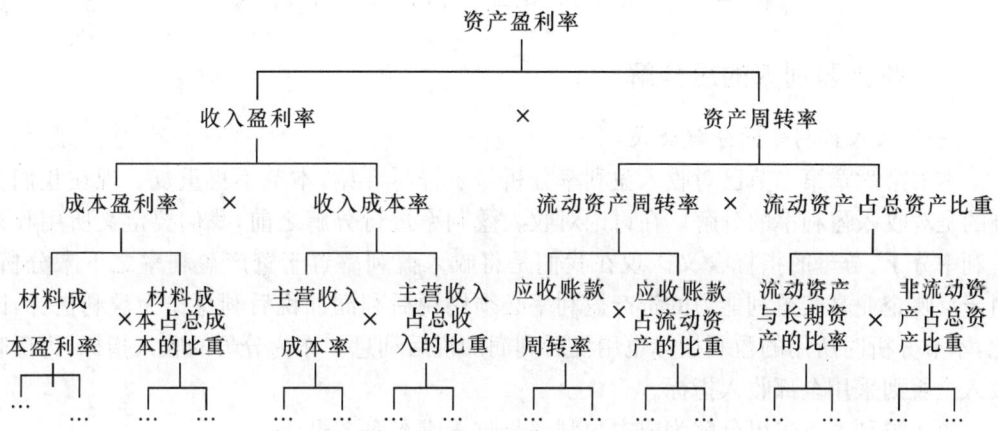

图 10-1　资产盈利率分解图

　　当然,以上分解从第二个层次开始就可能存在多种分解方式,这是因为各比率的构成要素本身是由更明细要素之和构成的。如:

$$利润＝收入－成本(费用)＋其他利润$$

$$成本费用＝销售成本＋管理费用＋财务费用＋销售费用$$

$$资产＝流动资产＋非流动资产$$

$$流动资产＝现金及等价物＋应收账款＋存货＋其他流动资产$$

$$非流动资产＝长期投资＋固定资产＋无形及递延资产$$

　　这些更明细的要素,可根据具体分析需要利用不同方法与比率中的主要要素,如盈利、收入、总资产相联系,从而形成若干层次界限不明显的比率。

　　笔者认为,分析者可根据企业特征和分析目的设定分解层次,而不必有一个统一的层次划分规定。例如,对产品价格弹性不大,降低成本对增加利润有重要意义,且产品成本中材料成本的比重大、应收账款多的企业,按图 10-1 所示分层分解就是合理的。而对人工成本高、固定资产比重大的企业,将工资盈利率、固定资产周转率列入第三个分解层次也许是合理的。但无论分解顺序如何排列,在分析中都要将全部指标计算出来,以考察企业经营效率在各方面的特征。

将计算出来的各类指标按层次排序,其目的不外乎有二:一是要体现本分析的基本目的是揭示企业经营效率的特征;二是便于考察对企业经营效率产生重要影响的那些因素。

第二节　收入盈利率分析体系

一、收入盈利率的总分解

(一)收入盈利率的分解公式

本书第六章第二节已对收入盈利率分析作了详尽介绍,本节不再重复。现在我们关心的是对收入盈利率的分解。在讨论对收入盈利率进行分解之前,我们要定义所用收入盈利率分子、分母的指标含义。现在我们是将收入盈利率置于资产盈利率之下来分析。由于反映企业真实盈利能力的资产盈利率必须用税后利润加税后利息作为盈利指标,因此,本节分析时所用的盈利指标也用税后利润加税后利息。作为分母的收入指标,为反映收入全貌则采用全部收入指标。

收入盈利率首先可分解为成本盈利率与收入成本率之积,即:

$$收入盈利率 = \frac{盈利}{收入} = \frac{盈利}{收入} \times \frac{成本}{成本} = \frac{盈利}{成本} \times \frac{成本}{收入} = \frac{成\ \ 本}{盈利率} \times \frac{收\ \ 入}{成本率}$$

(二)分解指标的含义

1. 成本盈利率指标。

这里所用的成本指标并不只是产品销售成本指标,而是包括销售成本、管理费用、财务费用(扣除利息支出)和销售费用在内的一切成本(费用)。这样做的目的在于考核企业资金耗费与产出效益的关系。具体地看,成本盈利率说明企业每投入一个单位的成本可创造多少个单位的盈利。单从该指标看,其数值越大越优。在我国国有资本效绩评价指标体系中,该指标是财务效益状况的修正指标,在 1999 年颁布的国有资本效绩评价指标体系中其权数为 12%,在 2002 年修改后的国有资本效绩评价指标体系中其权数为 10%。

2. 收入成本率指标。

收入成本率说明企业每取得一个单位的收入需付出多少个单位的成本(费用)。该指标与成本盈利率指标是互逆指标,成本盈利率越高,收入成本率就越低,单以该指标看,其数值越低越优。

我国国有企业的成本费用盈利率如表 10-1 所示:

表 10-1　　全国各行业国有企业平均成本费用利润率统计性描述表①

	2010 年	2002 年	2003 年	2004 年	2005 年	2006 年	2007 年	2008 年	2009 年	2010 年	2011 年	2012 年	2013 年
全部国有企业	4.4%	2.3%	4.6%	5.7%	4.7%	4.8%	5.9%	5.2%	4.3%	4.8%	4.5%	4%	4%
最小值	−6.9%	−7.2%	−8.1%	−11.5%	−3.4%	−1.7%	−1.6%	−4%	−1.3%	0.3%	−8.5%	−11.9%	−14.3%
最大值	18.1%	19.8%	18.4%	35.8%	18.9%	18.5%	22.2%	19.5%	18.2%	25%	19.5%	18.9%	49%
标准差	4.311	4.074	5.193	6.942	3.832	3.408	4.034	3.796	3.496	3.721	3.634	3.37	5.27
变异系数	0.98	1.771	1.129	1.218	0.815	0.71	0.684	0.73	0.813	0.775	0.808	0.843	1.318

　　从表 10-1 可以看出,我国国有企业成本费用利润率水平很低,投入成本费用的利润产出率仅界于 2.3%～5.9% 之间,属于高投入,低产出。就其原因,是产品的附加值不高,提高产品的附加值是提高成本费用利润率的唯一途径。我国国有企业平均成本费用占主营业务收入比重如表 10-2 所示:

表 10-2　　全国各行业国有企业平均成本费用占主营业务
收入比重统计性描述表②

	2011 年	2012 年	2013 年
全部国有企业	96.6%	96.7%	96.9%
最大值	104%	106%	110%
最小值	75%	75.3%	75.2%
标准差	5.04	4.86	4.59
变异系数(倍)	0.05	0.05	0.05

二、对成本盈利率的进一步分解

（一）成本盈利率分解

1. 成本盈利率指标的分解公式。

　　对成本盈利率指标进行分解,就是将成本盈利率的分子、分母乘上产品销售成本,然后进行适当的变形,得到另外的两个相互关联的指标,即:

$$\frac{成\ 本}{盈利率} = \frac{盈利}{成本} \times \frac{产品销售成本}{产品销售成本}$$

$$= \frac{盈利}{产品销售成本} \times \frac{产品销售成本}{成本}$$

---

① 资料来源:根据 wind 数据库提供的各个行业资料整理计算而得。

② 资料来源:根据 wind 数据库提供的各个行业资料整理计算而得。

$$= \frac{产品销售}{成本盈利率} \times \frac{产品销售成本}{占总成本的比重}$$

2. 分解指标的含义。

产品销售成本盈利率反映每支付一单位的销售成本可获多少个单位的盈利,产品销售成本占总成本的比重反映每一个单位的总成本中包含多少个单位的产品销售成本。前者反映的是产品销售成本的盈利能力,后者反映的是成本构成中的经营风险程度。将两者联系在一起来分析,比成本盈利率更能说明企业在营销方面的特征。

【例 10-1】 假设有甲、乙两家服装商店,甲采用的营销策略是贴近大众,乙采用高价精品的营销策略。两家公司相关指标如下:

甲公司成本盈利率 16%＝产品销售成本盈利率 20%×销售成本占总成本的比重 80%

乙公司成本盈利率 16%＝产品销售成本盈利率 40%×销售成本占总成本的比重 40%

试评价甲、乙两家公司的盈利能力和风险水平。

解:

从上述指标可以看出,甲公司产品销售成本盈利率低于乙公司,但甲公司的经营风险也低于乙公司,最后两公司的成本盈利率持平。究其原因是乙公司采用高价精品的营销策略,使其期间费用大增,达到总成本的 60%(1－40%)。我们知道,经营风险是由固定成本引起,而期间费用大部是由固定或酌量性固定费用所组成。因此,期间费用越大,经营风险就越高。

(二)产品销售成本利润率指标分解

1. 产品销售成本利润率的基本分解公式。

上述盈利率中所用指标是包含税后利息在内的盈利率。严格来讲,税后利息与产品销售成本盈利率无关,即应以产品销售成本利润率来表示产品销售成本的盈利能力。为此,可在产品销售成本盈利率的分子、分母上同时乘上企业利润(税后利润),将它分解为产品销售成本利润率同盈利与利润之比的乘积,即:

$$\frac{产品销售}{成本盈利率} = \frac{盈利}{产品销售成本} \times \frac{利润}{利润}$$

$$= \frac{利润}{产品销售成本} \times \frac{盈利}{利润}$$

$$= 产品销售成本利润率 \times 盈利与利润之比$$

当然,为了更准确地反映产品销售成本利润率,还可以用产品销售利润替代利润或用毛利替代利润。其方法仍与前述相同,只要将产品销售成本利润率的分子、分母同乘以产品销售利润或毛利即把它分解为两个比率之积,即:

$$\frac{产品销售}{成本盈利率} = \frac{产品销售成本毛利率}{(产品销售利润/产品销售成本)} \times \frac{利润与毛利之比}{(税后利润总额/产品销售利润)}$$

2. 扩展分解公式。

对产品销售成本利润率的分解,除了可以按照上述以产出(收入和利润)为标准进行分解外,还可以按照投入(成本和费用)为标准进行分解。投入的成本费用种类繁多,分析者可以根据企业的基本经营特征有选择性地进行分解分析。

(1) 以材料成本为标准进行分解。

在材料成本占产品销售成本比重很大或在因材料资源短缺对企业收入和利润的制约影响较大的企业中,可以对产品销售成本利润率再进行分解,求得材料成本利润率和材料成本占销售成本的比重两个指标,即:

$$产品销售成本毛利率＝材料成本毛利率×产品材料成本占销售成本的比重$$

(2) 以人工成本为标准进行分解。

对劳动力密集型或工资占产品销售成本比重较大的企业,可以在产品销售成本利润率分式上同时乘以工资,求得工资利润率和工资占产品销售成本的比重两个指标,即:

$$产品销售成本毛利率＝人工成本毛利率×人工成本占产品销售成本的比重$$

(3) 以制造费用为标准进行分解。

科技含量高的企业,其技术装备在产品销售成本中往往占有很大比重,在这类制造费用占产品销售成本比重较大的企业,可以在产品销售成本利润率分式上同时乘以制造费用,求得制造费用毛利率和制造费用占产品销售成本的比重两个指标,即:

$$产品销售成本毛利率＝制造费用毛利率×制造费用占产品销售成本的比重$$

(4) 以期间费用为标准进行分解。

除上述分解方法外,还可以用期间费用对成本盈利率进行分解得到下面各种分解式:

$$成本盈利率＝管理费用盈利率×管理费用占总成本的比重$$

或:

$$成本盈利率＝销售费用盈利率×销售费用占总成本的比重$$

管理费用盈利率和销售费用盈利率也是判明企业资金耗费与产出的两个重要指标。该类指标值除了说明费用投入与产出的关系外,还可表明企业承受的经营风险程度,其值越小,风险越大。比如某些生产保健类药品和化妆类产品的企业,其销售费用高达总成本的 50% 以上,经营风险极高,一旦销售费用的投入不能推动收入相应增长,这类企业的经营就将处于困境之中。

(三) 产品销售成本利润率分解出的主要指标

成本盈利率通过多层次和多方位的分解后,可以使人们从多视角去认识企业资金耗费与盈利产出的关系,把握企业盈利能力和经营风险的特征,以利评价企业价值的未来发展趋势。与成本盈利率相关的指标主要有如下一些类别:

1. 与产品销售成本相关的盈利类指标(见图 10-3)。

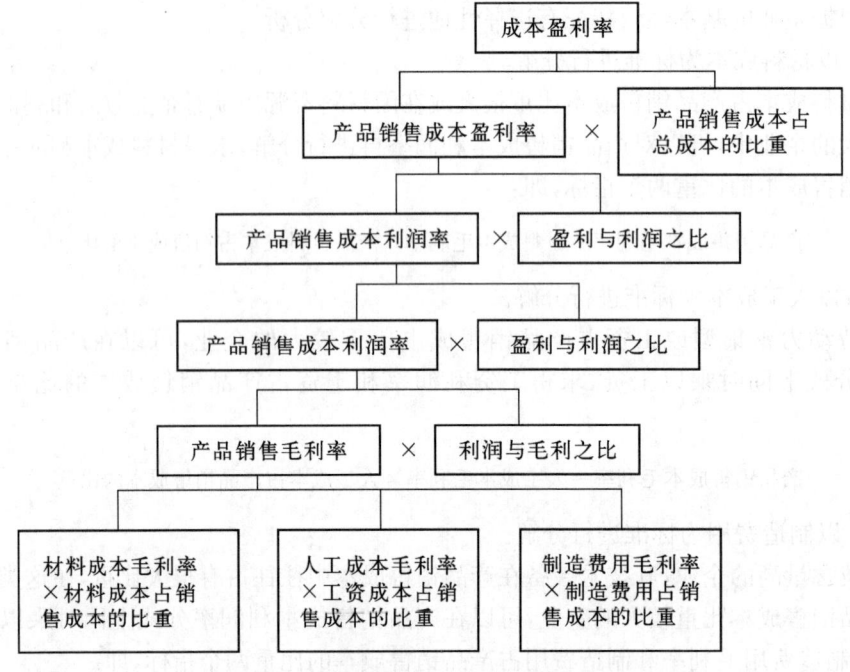

图 10-3　成本盈利率分解图(用成本分析)

2. 与期间费用相关的盈利类指标(见图 10-4)。

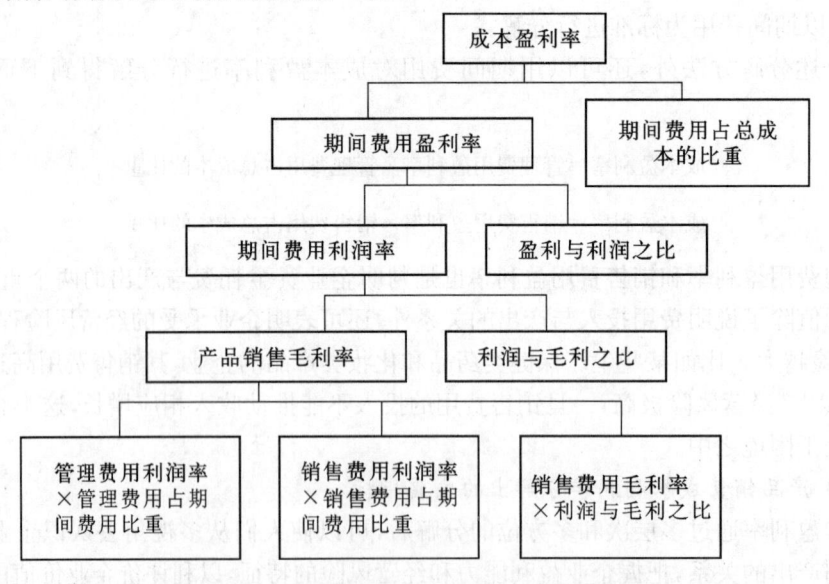

图 10-4　成本盈利率分解图(用费用分解)

三、对收入成本率的进一步分解

（一）用生产成本类指标分解收入成本率

上面讨论的是成本与盈利的关系，这里讨论的是成本与收入的关系。成本与收入的关系同成本与盈利的关系本质上是同质的，都是反映资金耗费与资金产出的关系。所不同的是：前者的产出是资金的全部产出，后者的产出是资金的净利产出。收入成本率可以用收入产品销售成本率类和收入期间费用率类两大类指标来分解。

1. 用产品销售成本指标分解收入成本率。

在收入成本率指标的分子、分母上同时乘上产品销售成本，可以将收入成本率指标分解为收入产品销售成本率与总成本与产品销售成本之比两个指标之积，即：

$$\frac{\text{收 入}}{\text{成本率}}=\frac{\text{成本}}{\text{收入}}\times\frac{\text{产品销售成本}}{\text{产品销售成本}}=\frac{\text{收 入 产 品}}{\text{销售成本率}}\times\frac{\text{总成本与产品}}{\text{销售成本之比}}$$

收入产品销售成本率越低，产品的销售利润就越大，在其他条件均不发生变化时，其值越低越优。但是在实际中该比率的高低往往与其他指标有关，比如某些科技含量高的产品，产品销售成本占收入的比重较小，但由于科研费用支出大等原因，其期间费用较高，反映出来的结果是总成本与产品销售成本之比大。因此，需要将收入产品销售成本率同总成本与产品销售成本之比联系在一起来考察，以把握其经营风险的特征。

【例 10-2】　假设有两家收入成本率相同的公司，一家是生产传统产品，一家是生产高新技术产品，各自的收入成本率构成如下：

　　　传统企业收入成本率 84%＝收入产品销售成本率 70%×总成本与销售成本之比 1.2
　　　高新技术企业收入成本率 84%＝收入产品销售成本率 40%×总成本与销售成本之比 2.2

试评价两家企业的盈利能力和风险水平。

分析：从例中可以看出，在对收入成本率分解之前，我们无法判明两企业的优劣。但将其分解之后，可以看出高新技术企业的经营风险要大大高于传统企业。这意味着高新技术企业发展变化的弹性大，即销售量增减变化一个百分比，高新技术企业的收入成本率增减变化速度会快于传统企业。当高新技术企业产品市场潜力巨大时，收入成本率将迅速下降，导致盈利能力猛增，促使企业价值增大；反之，盈利能力则会迅速降低。

2. 用生产成本要素分解收入成本率。

除此之外，还可以进一步将收入产品销售成本率按生产成本要素进行作多方位分解，以考察收入材料成本率、收入人工成本率和收入制造费用成本率，即：

$$\frac{\text{收入产品}}{\text{成 本 率}}=\frac{\text{产品销售成本}}{\text{收入}}\times\frac{\text{材料成本}}{\text{材料成本}}=\frac{\text{收入材料}}{\text{成 本 率}}\times\frac{\text{产品销售成本}}{\text{与材料成本之比}}$$

或：
$$=\frac{\text{产品销售成本}}{\text{收入}}\times\frac{\text{人工成本}}{\text{人工成本}}=\frac{\text{收入人工}}{\text{成 本 率}}\times\frac{\text{产品销售成本}}{\text{与人工成本之比}}$$

或：
$$=\frac{\text{产品销售成本}}{\text{收入}}\times\frac{\text{制造费用}}{\text{制造费用}}=\frac{\text{收入制造}}{\text{费用成本率}}\times\frac{\text{产品销售成本与}}{\text{制造费用成本之比}}$$

通过上述按成本项目的分解,可以更清楚地认识企业在经营风险方面的特征。比如制造费用是固定性程度比较高的混合成本,收入制造费用成本率越高,企业的风险就会越大。

（二）用期间费用类指标分解收入成本率

1. 用期间费用总额分解收入成本率。

通过在收入成本率指标的分子、分母上同时乘以期间费用,可以将收入成本率指标分解为收入期间费用率同总成本与期间费用之比两个指标之积,即：

$$\frac{收\quad入}{成本率}=\frac{成本}{收入}\times\frac{期间费用}{期间费用}=\frac{收入期间}{费\ 用\ 率}\times\frac{总成本与期}{间费用之比}$$

显然,由于期间费用属于固定性程度很高的固定费用,因此,收入期间费用率越高,企业经营风险就越大。该指标与收入产品销售成本率含义相反,而成本与期间费用之比与成本与产品销售成本之比互逆。

2. 用不同期间费用分解收入成本率。

对收入期间费用率指标,还可从多方位进行分解,以考察收入管理费用率,收入财务费用率和收入销售费用率等情况,即：

$$\frac{收入期间}{费\ 用\ 率}=\frac{期间费用}{收入}\times\frac{管理费用}{管理费用}=\frac{收入管理}{费\ 用\ 率}\times\frac{期\ 间\ 费\ 用\ 与}{管理费用之比}$$

或：

$$\frac{收入期间}{费\ 用\ 率}=\frac{期间费用}{收入}\times\frac{管理费用}{管理费用}=\frac{收入财务}{费\ 用\ 率}\times\frac{期\ 间\ 费\ 用\ 与}{财务费用之比}$$

或：

$$\frac{收入期间}{费\ 用\ 率}=\frac{期间费用}{收入}\times\frac{销售费用}{销售费用}=\frac{收入销售}{费\ 用\ 率}\times\frac{期\ 间\ 费\ 用\ 与}{销售费用之比}$$

通过各种期间费用与收入之比,可以从多视角考察企业经营风险方面的特征,为判断企业价值提供有用的信息。

（三）收入成本率分解出的主要指标

上述与收入产品销售成本率相关的成本类指标和收入期间费用率相关的费用类指标,如图 10-5、图 10-6 所示：

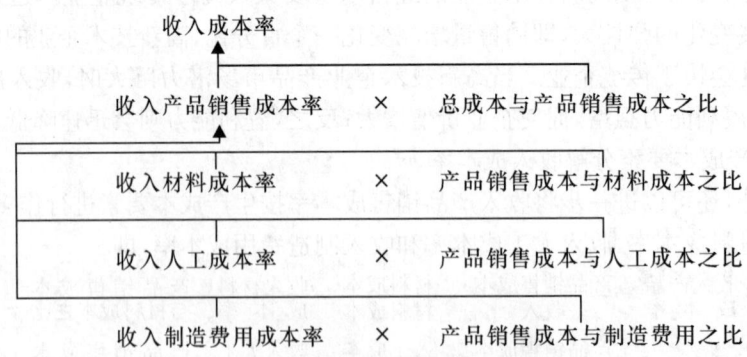

图 10-5　收入成本率分解图

（用成本分解）

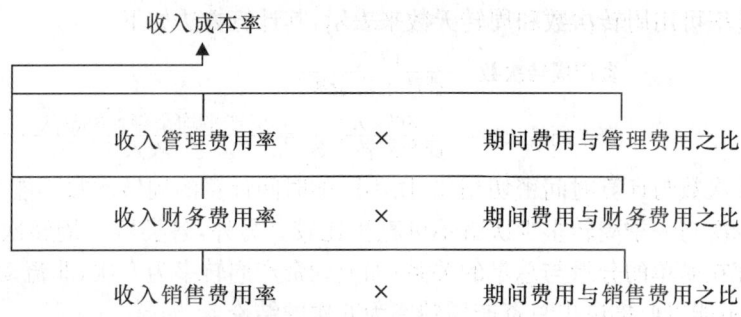

图 10-6　收入成本率分解图

（用费用分解）

第三节　资产周转率分析体系

一、资产周转率的总分解

（一）资产周转率的基本分解方法

资产盈利率是由收入盈利率和资产周转率两个因素共同决定的。资产周转率是考察资产营运状况的指标。在我国国有资本效绩评价指标体系中，就是以资产周转率作为评价资产营运状况的基本指标，在 1999 年颁布和 2002 年修改的国有资本效绩评价指标体系中其权数为 18％。其中：总资产周转率为 9％，流动资产周转率为 9％。资产周转率分析体系的建立，仍从资产周转率的分解开始。资产周转率在多层次、多方位分解后，可以得到一个庞大的指标分析体系。本书根据资产的性质，分别以流动资产周转率和非流动资产周转率为两大分支来讨论资产周转率的问题，如图 10-7 所示：

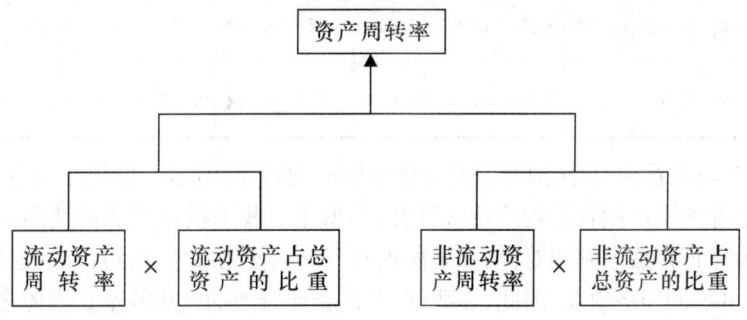

图 10-7　资产周转率分解图

（二）资产周转率的表示方法

资产周转率可用周转次数和周转天数来表示，其计算方法如下：

$$资产周转次数 = \frac{收入}{资产平均余额}$$

$$资产周转天数 = \frac{365（天）}{资产周转次数} = \frac{资产平均余额 \times 365（天）}{收入}$$

资产周转次数与计算时间密切相关，用不同的时间计算的周转次数不能相互比较；如一年周转多少次与一季周转多少次就不可直接比较。另外，各类资产周转次数与总资产周转次数不存在简单的分量与总量的关系；如流动资产周转率为 5 次，非流动资产周转率为 1 次，我们不能以此推论出总资产周转率为 6 次的结论。

而周转天数是用不同计算期天数计算出来的，它消除了时间长短的影响，便于诸如年度与季度之间的比较。另外，各类资产周转天数之和，就是总资产周转天数，简明地揭示了总量与分量的关系，因此，周转天数指标用得最广泛。以下我们以周转天数指标为主来讨论周转速度的问题。

我国国有企业总资产周转率基本情况，如表 10-3 所示：

表 10-3　　全国各行业国有企业平均总资产周转率统计性描述表[①]

单位：次

行业	2000年	2001年	2002年	2003年	2004年	2005年	2006年	2007年	2008年	2009年	2010年	2011年	2012年	2013年
全部国有企业	0.5	0.5	0.4	0.6	0.7	0.5	0.5	0.6	0.7	0.5	0.5	0.5	0.5	0.5
最小值	0.2	0.4	0.3	0.3	0.3	0.4	0.3	0.4	0.4	0.4	0.4	0.3	0.3	0.3
最大值	1.3	1.2	1.3	1.7	1.5	1.9	2	2	2.1	2	2.1	2.2	2.1	2.3
标准差	0.169	0.182	0.192	0.233	0.275	0.305	0.319	0.32	0.325	0.319	0.369	0.356	0.363	0.39
变异系数	0.422	0.606	0.64	0.776	0.688	0.763	0.638	0.641	0.542	0.531	0.737	0.594	0.605	0.65

从表 10-3 可以看出，我国国有企业总体的资产周转率较低，一般每年只有 0.5 次，这说明我国国有企业的资产闲置比较严重，使用效率低下。我国投资量的持续高增长与建成后的资产使用效率低形成了鲜明对比，如果能提高资产的使用效率，将可以大大地节省资产的投资量，产生可观的经济效益，因此，在我国，提高企业资产的使用效率是当务之急。

----

① 资料来源：根据 wind 数据库提供的各个行业资料整理计算而得。

二、流动资产周转率分析

（一）流动资产周转率指标体系

1. 流动资产周转率的表示方法。

流动资产周转率是指企业全部流动资产的周转速度，通常以一年周转多少次或周转一次需多少天，即以周转次数或周转天数来表示。其计算公式如下：

$$流动资产周转次数 = \frac{年收入}{流动资产平均余额}$$

$$流动资产周转天数 = \frac{365（天）}{流动资产周转次数} = \frac{流动资产平均余额 \times 365（天）}{收入}$$

流动资产周转率是一个判断企业资产运用效率的指标。原则上周转速度越快越好。因为流动资产周转速度快，就意味着企业用同样多的流动资产可以取得更多的营业收入或取得同样多的营业收入所占用的流动资产会减少。除此之外，流动资产周转速度越快，说明它的变现速度越快，而变现速度越快，则流动资产的风险就越低。相反，随着流动资产周转速度减慢，营业收入就会减少或流动资产占用量会增加，相应地流动资产风险也会增大。流动资产周转率不仅影响企业的收入（进而利润），而且还影响企业的风险，最后必然对企业价值产生影响。对流动资产周转率的分析，就是为了进一步认识流动资产的使用效率和揭示其风险。

我国国有企业流动资产周转率的基本情况，如表 10-4 所示：

表 10-4　全国各行业国有企业平均流动资产周转率统计性描述表①

单位：次

行业	2000年	2001年	2002年	2003年	2004年	2005年	2006年	2007年	2008年	2009年	2010年	2011年	2012年	2013年
全部国有企业	2.1	4.9	7.2	6.9	5.9	1.8	3	2.6	2.5	3.5	3.4	3	2.5	2.5
最小值	0.20	0.20	0.40	0.40	0.20	0.20	0.40	0.40	0.30	0.30	0.30	0.30	0.30	0.30
最大值	8.30	20.60	29.70	35.60	44.40	19.30	31.40	31.40	25.80	25.30	22.00	22.00	12.00	11.90
标准差	1.58	3.90	5.43	5.97	5.93	3.51	3.71	3.43	3.10	2.78	2.37	2.33	1.67	1.65
变异系数	0.66	0.39	0.41	0.38	0.38	0.69	1.43	1.49	1.35	0.50	0.42	0.42	0.30	0.30

① 资料来源：根据 wind 数据库提供的各个行业资料整理计算而得。

从表 10-4 可以看出,我国企业平均流动资产周转率波动极大,从 1.8 倍至 7.2 倍之间,两者之比为 4 倍,行业最低值仅为 0.2 倍。这说明,我国流动资产周转面临着极大的风险。会计上所指的流动资产具有以下特征:①预计在一个正常营业周期中变现、出售或耗用。②主要为交易目的而持有。③预计在资产负债表日起一年内变现。④自资产负债表日起一年内,交换其他资产或清偿负债的能力不受限制的现金或现金等价物。一般超过一年才可以变现或周转 1 次的资产就属于非流动资产了。可见,我国国有企业总体的流动资产周转率的确太低。

2. 流动资产分解方法和体系。

流动资产周转率的分解,就是要揭示各类流动资产周转率与流动资产周转率的关系,其分解方法仍是先根据需要在流动资产周转率的分子、分母上同时乘上一个或数个相关的数,然后再变形,使之成为两个或数个相关指标之积。其分解后的基本指标体系,如图 10-8 所示:

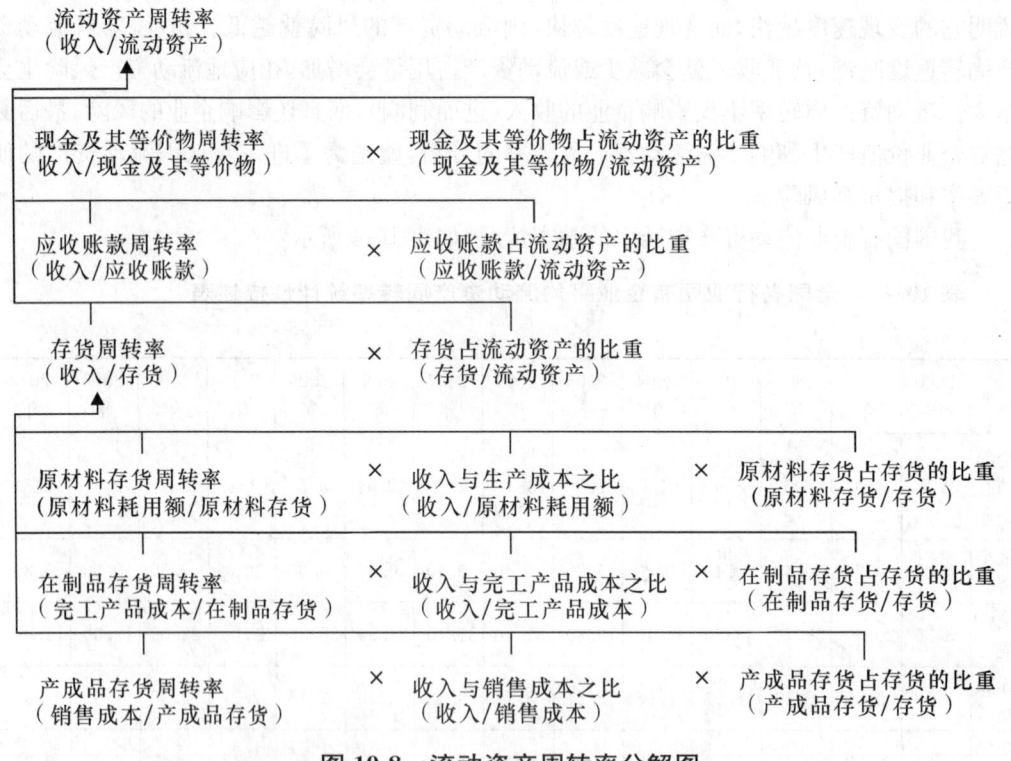

图 10-8　流动资产周转率分解图

注:图中所列资产均为平均余额。

下面重点讨论各类流动资产周转率指标的计算和经济含义。

（二）现金及其等价物周转率

1. 基本计算公式。

$$现金及其等价物周转次数 = \frac{收入}{现金及其等价物平均余额}$$

$$现金及其等价物周转天数 = \frac{365（天）}{现金及其等价物周转次数}$$

2. 现金及其等价物周转率评价标准。

现金及其等价物周转率是影响流动资产周转率的一个要素。它周转速度的快慢除受收入大小的影响外，还受它平均余额多少和占流动资产比重高低的制约。由于现金及其等价物是一种特殊的资产，一方面它不存在风险或基本上不存在风险，另一方面它的盈利能力在各种资产中又是最低的，因此，企业保存一定现金及其等价物的目的，从理论上讲，主要不在于提高盈利能力，而在于控制风险。企业现金及其等价物保有量增加，企业风险和盈利能力同时下降。按这个观点，现金及其等价物周转率并非越快越好，而应以能使企业风险和盈利能力取得最佳平衡状态的现金及其等价物保有量为基础来确定其最佳周转率。这种现金及其等价物保有量必须根据偿债状况确定。

比如，一个企业的流动负债总额为1 000万元，根据流动负债的结构特征，现金及其等价物保有量要达到流动负债总额20%才能使企业风险和盈利能力取得最佳平衡；那么，该企业最佳现金及其等价物保有量应为200万元。如该企业年营业收入的3 000万元，那么最佳现金及其等价物周转率就应为15次（3 000/200）。高于或低于这个标准，均未能达到最优。

上例说明在对现金及其等价物周转率进行分析时，还应根据企业偿债特征，决定一个合理的参考标准，以便评估该周转率是否达到合理的水平。

（三）应收账款周转率

1. 基本计算公式。

$$应收账款周转次数 = \frac{收入}{应收账款平均余额}$$

$$应收账款周转天数 = \frac{365（天）}{应收账款周转次数}$$

2. 应收账款周转率评价标准。

应收账款与现金及其等价物不一样，其风险水平和盈利能力均高于后者。在销售收入既定的条件下，无论从风险角度还是从收益角度考虑，应收账款周转率均越快越好。应收账款周转率首先受营业收入大小的影响，其次受应收账款平均余额的影响。它反映企业投资一个单位的应收账款可以取得多少个单位的营业收入。应收账款周转率与应收账款占流动资产的比重共同决定了流动资产周转率。

一个企业应收账款投资量的大小，与企业制定的信用策略有关，放松信用，企业应收账款的额度就大，占流动资产的比重也就高；收紧信用，企业应收账款的额度就会减少，占流动资产的比重也会降低。企业信用政策，往往以 n/30、2/10、n/60 等形式在销货发票上注明。n/30 表示企业向购货方提供 30 天内付清全部货款。2/10、n/60 则表示购货方如在 10 天内付款可获 2％ 的商业折扣优惠，如不享受折扣，应在 60 天内付清全部货款。企业放松信用标准是为了促销和增加利润，收紧信用标准是为了回避风险和减少坏账损失。企业在通过权衡风险与收益之后定出的信用标准，也就是应收账款周转率的标准。比如，计划标准为 n/30，则应收账款周转率标准为 12 次（360/30）。

应收账款周转率计划是考核应收账款实际周转率快慢的一个标准。周转率实际快于计划为优，实际慢于计划为劣。

应收账款周转率的行业平均值也是判断企业应收账款周转率快慢的一个标准。当企业实际低于社会平均时，企业风险在我国国有资本金效绩评价指标体系中，应收账款周转率作为评价企业资产营运状况的修正指标，在 1999 年颁布国有资本效绩评价指标体系中其权数为 4％，在 2002 年修改的国有资本效绩评价指标体系中其权数为 5％。如果企业的应收账款周转率（次数）小于社会平均周转率，说明企业的风险水平大于社会平均风险水平；反之，则小于社会平均风险水平。

我国国有企业应收账款周转率的基本情况，如表 10-5 所示：

表 10-5　　全国各行业国有企业平均应收账款周转率统计性描述表①

单位：次

行业	2000年	2001年	2002年	2003年	2004年	2005年	2006年	2007年	2008年	2009年	2010年	2011年	2012年	2013年
全部国有企业	4.3	4.2	5.6	6.7	7.5	7.7	7.8	7.9	7.8	8	8.3	8.5	8.2	7.8
最小值	0.90	4.20	5.60	6.70	7.50	4.80	7.80	7.90	7.80	8.00	6.40	6.30	6.30	1.50
最大值	11.20	19.70	17.90	18.90	21.20	25.20	21.30	21.30	20.30	18.50	28.60	21.10	22.20	21.90
标准差	2.05	2.92	2.92	2.82	3.50	4.31	3.57	3.57	3.38	3.44	4.17	3.95	3.99	3.75
变异系数	0.51	0.91	0.79	0.74	0.81	0.86	0.70	0.70	0.68	0.53	0.61	0.40	0.36	0.38

从表 10-5 可以看出，我国国有企业应收账款周转率正在逐年提高，从 2000 年的 4.3 次上升到 2006 年的 7.8 次，周转天数从 85 天下降到 47 天。应收账款属于风险性较大的流动资产，应收账款周转速度加快，表明企业风险控制意识加强，是值得肯定的。

---

① 资料来源：根据 wind 数据库提供的各个行业资料整理计算而得。

（四）存货周转率

1. 基本计算公式。

$$存货周转次数 = \frac{收入}{存货平均余额}$$

$$存货周转天数 = \frac{365(天)}{存货周转次数}$$

2. 存货周转率评价标准。

存货属于流动资产中变现能力最弱和风险最大的资产,但存货又是流动资产中收益率最大的资产。存货是企业生产经营活动能够正常进行的物质基础。增加存货量,既可以使企业增加抵御市场不确定性对企业正常经营活动的影响,有利于提高企业盈利能力;又会增加企业资金占用量,使资金利用率降低,盈利能力降低,使变现风险上升。减少存货量,则既使企业减弱了抵御市场不确定性对企业的冲击力,有碍企业营销能力的扩大和盈利的增加,又会减少企业资金占用量,提高资金利用率,使盈利能力上升以及变现风险降低。这就是说,存货量增加对企业有利有弊,存货量减少对企业也有利有弊。因此,企业存货量的大小,除取决于企业生产经营活动的特征之外,还取决于企业的经营思想。故判断一个企业存货周转率快慢的标准有二:一是行业平均存货周转率,当企业实际存货周转率快于行业平均存货周转率时,可以判定企业的存货资产利用效率较高;反之,则较低。二是按企业经营思想确认的存货量计算出的计划存货周转率,当实际快于计划,说明任务完成好;反之,则差。

我国国有企业存货周转率的基本情况,如表 10-6 所示:

表 10-6　　全国各行业国有企业平均存货周转率统计性描述表①

单位:次

行业	2000年	2001年	2002年	2003年	2004年	2005年	2006年	2007年	2008年	2009年	2010年	2011年	2012年	2013年
全部国有企业	3.1	3	3.5	4.4	4.5	5	4.9	5	4.9	5.1	5.3	5.1	4.7	4.5
最小值	38.7	34.9	53.3	36.1	44.3	43.9	19.2	24.6	20.4	19.4	21.2	22.3	18.5	20
最大值	0.4	0.3	0.4	0.3	0.4	0.4	0.5	0.6	1.5	1.4	1.3	1.2	0.7	0.5
标准差	4.71	4.48	5.73	4.97	6.45	6.14	3.93	4.28	3.97	3.71	4.26	4.10	3.82	3.97
变异系数	1.52	1.49	1.64	1.13	1.43	1.23	0.80	0.86	0.81	0.73	0.80	0.80	0.81	0.88

① 资料来源:根据 wind 数据库提供的各个行业资料整理计算而得。

从表 10-6 可以看出,我国国有企业存货周转率也在逐年提高,从 2000 年的 3.1 次上升到 2010 年的 5.3 次,周转天数从 118 天下降到 70 天左右。但从 2011 年之后又呈下降趋势。企业存货周转速度的快慢,取决于如下两个因素:第一,取决于生产、物流等技术方面的原因,随着科技的进步,生产技术的提升,积压在生产过程的在制品存货会减少,物流技术的提升,会使原材料存货、产成品存货减少。总而言之,科学技术的进步会使存货的周转速度加快。第二,取决于企业经营思路。如果企业采用以产定销的经营思路,存货量会增大,而采用以销定产的经营思路,存货量则会减少。根据表 10-4 的结果,并结合我国的实际来考察,技术进步和经营思想转变是我国存货周转率加快的根本原因,值得肯定。

3. 存货周转率计算基础的讨论。

营业收入中包含由企业垫付资金所产生的利润,因此,严格地讲,存货周转率应以产品销售成本作为周转额。这样,就有了以营业收入为基础的存货周转率和以产品销售成本为基础的存货周转率之分。这两种不同存货周转率之间的关系可推论如下:

$$
\begin{aligned}
\frac{\text{以营业收入为基}}{\text{础的存货周转率}} &= \frac{\text{营业收入}}{\text{存货平均余额}} \\
&= \frac{\text{产品销售成本及税金} + \text{产品销售利润}}{\text{存货平均余额}} \\
&= \frac{\text{产品销售成本及税金}}{\text{存货平均余额}} + \frac{\text{产品销售利润}}{\text{存货平均余额}} \\
&= \frac{\text{产品销售成本及税金}}{\text{存货平均余额}} + \frac{\text{产品销售利润}}{\text{存货平均余额}} \times \frac{\text{产品销售成本及税金}}{\text{产品销售成本及税金}} \\
&= \frac{\text{产品销售成本及税金}}{\text{存货平均余额}} + \frac{\text{产品销售成本及税金}}{\text{存货平均余额}} \times \frac{\text{产品销售利润}}{\text{产品销售成本及税金}} \\
&= \frac{\text{产品销售成本及税金}}{\text{存货平均余额}} \times \left(1 + \frac{\text{产品销售利润}}{\text{产品销售成本及税金}}\right) \\
&= \frac{\text{以产品销售成本为}}{\text{基础的存货周转率}} \times \left(1 + \frac{\text{产 品 销 售}}{\text{成本盈利率}}\right)
\end{aligned}
$$

从上述分解式可以看出,要加速存货周转率就得以加快产品销售成本为基础的存货周转率和提高产品销售成本盈利率两个方面入手。从上述分解式可以更容易理解存货周转率越快,企业风险水平就越低和盈利能力越高的道理。在我国国有资本金效绩评价指标体系中,作为评价企业资产营运状况修正指标的存货周转率,就是按照销售成本作为分子存货平均余额作为分母计算的。在 1999 年颁布国有资本效绩评价指标体系中,存货周转率指标的权数为 4%,在 2002 年修改的国有资本效绩评价指标体系中,该指标的权数为 5%。

4. 存货周转率的进一步分解。

存货是由原材料存货、在制品存货和产成品三类存货所构成。存货周转率受这三类存货各自的周转速度以及占存货比重的影响。

在讨论存货总周转率时,我们把存货完成一次周转的标志定义为营业收入和产品销售成本,但从供应、生产和销售等三个生产经营过程来看,每个过程的存货完成一次周转的标志并不是营业收入或产品销售成本。因此,需要加以讨论。

从供应过程来看,该阶段的存货是原材料,它完成周转的标志是其投入生产过程。因此,生产过程中耗用原材料的累计金额,就是原材料存货完成的周转总额。

从生产过程来看,该阶段的存货是在制品,在制品完成周转的标志是产品生产完毕并办理入库手续。因此,完工产品的累计成本,就是在制品存货完成的周转总额。

从销售过程来看,该阶段的存货是产成品,产成品完成周转的标志是以产品发出和取得收款权利或以销售成立为标志。因此,产品销售成本累计金额,就是产成品存货完成的周转总额。

各类存货周转率计算依据,如表 10-7 所示。

表 10-7   各类存货周转率计算依据表

存 货 类 别	周 转 额 性 质	周转率计算公式	
		次　　数	天　　数
原材料存货	原材料耗用额	$\dfrac{原材料耗用额}{原材料存货平均余额}$	365(天)/次数
在制品存货	完工产品成本	$\dfrac{完工产品成本}{在制品存货平均余额}$	365(天)/次数
产成品存货	产品销售成本	$\dfrac{产品销售成本}{产成品存货平均余额}$	365(天)/次数
存货	营业收入	$\dfrac{营业收入}{存货平均余额}$	365(天)/次数

各阶段的存货周转额,是各存货周转完成时的累计金额。上一阶段存货每次完成的周转额,先是转化为下一阶段存货的占用额,再转化为下一阶段存货的周转额。上一阶段存货周转额向下一阶段转化,是实现下一阶段周转额的条件,但上一阶段的周转额,并不直接决定下一阶段的周转额。各类存货周转额与全部存货周转额也不存在局部和整体的关系。所以,全部存货周转期不是各类存货周转期简单相加之和。

下面举例说明各类存货周转率的计算,如表 10-8 所示:

表 10-8   某公司各类存货周转率计算表

金额单位:万元

存货类别	平均余额	资金周转额	周转次数	周转天数
原材料存货	2 000	18 000	9	40.56
在制品存货	800	38 000	47.5	7.68
产成品存货	3 000	42 000	14	26.07
全部存货	5 800	68 000	11.72	31.14

从表 10-8 可以看出,全部存货周转天数并不等于各类存货周转天数之和。各类存货

周转天数之和为 74.13 天(40.56＋7.68＋26.07),而全部存货周转天数则只有 31.14 天。其根本原因在于各类存货的资金周转额不相同。

当然各类存货的周转速度会影响到全部存货的周转速度,各类存货周转速度与全部存货周转速度之间的关系,可推论如下:

已知:

$$存货周转次数 = \frac{收入}{存货平均余额}$$

$$存货周转天数 = \frac{365}{存货周转次数}$$

$$存货周转天数 = \frac{365}{存货周转次数} = \frac{存货平均余额 \times 365}{收入}$$

$$= \frac{(原材料存货平均余额 + 在制品存货平均余额 + 产成品存货平均余额) \times 365}{收入}$$

$$= 原材料存货平均余额 \times \frac{365}{收入} + 在制品存货平均余额 \times \frac{365}{收入} + 产成品存货平均余额 \times \frac{365}{收入} \quad \cdots\cdots\cdots ①$$

另外已知:

$$原材料存货周转天数 = \frac{原材料存货平均余额 \times 365}{原材料耗用额}$$

$$在制品存货周转天数 = \frac{在制品存货平均余额 \times 365}{完工产品成本}$$

$$产成品存货周转天数 = \frac{产成品存货平均余额 \times 365}{产品销售成本}$$

所以有:

$$原材料存货平均余额 = 原材料存货周转天数 \times \frac{原材料耗用额}{365} \quad \cdots\cdots\cdots\cdots ②$$

$$在制品存货平均余额 = 在制品存货周转天数 \times \frac{完工产品成本}{365} \quad \cdots\cdots\cdots\cdots ③$$

$$产成品存货平均余额 = 产成品存货周转天数 \times \frac{产品销售成本}{365} \quad \cdots\cdots\cdots ④$$

将②、③、④式代入①式得:

$$存货周转天数 = 原材料存货周转天数 \times \frac{原材料耗用额}{收入} + 在制品存货周转天数 \times \frac{完工产品成本}{收入}$$

$$+ 产成品存货周转天数 \times \frac{产品销售成本}{收入} \quad \cdots\cdots\cdots\cdots\cdots ⑤$$

从⑤式可以看出,全部存货周转速度受各类存货周转速度快慢和各类存货周转额与收入(存货周转额)的比例高低两个因素的影响,前者慢,后者高,则存货周转速度慢;反之,则快。此外,⑤式还揭示了各类存货周转天数占存货周转天数的份额,从而有利于抓住重点,加强存货资产的管理。

现以表 10-8 为基础,将计算出的各类存货周转天数占全部存货周转天数的份额列表如表 10-9 所示:

表 10-9　　　　　　各类存货周转天数占全部存货周转天数的份额

存货类别	周转天数	计 算 过 程	占总周转天数的份额（天）
原材料存货	40.56	40.56×(18 000/68 000)	10.74
在制品存货	7.68	7.68×(38 000/68 000)	4.29
产成品存货	26.07	26.07×(42 000/68 000)	16.11
全部存货	—	—	31.14

（五）流动资产周转率的综合分析

在表 10-9 中，已列示了流动资产周转率与各类流动资产周转率的关系，只是当时的流动资产和各类流动资产周转率均是用周转次数表示，其关系尚不是很清楚。为了更清楚地反映它们之间的关系，可将周转次数换为周转天数。这样，各类流动资产周转天数之和就等于全部流动资产的周转天数。其推论过程如下：

$$流动资产周转天数 = \frac{流动资产平均余额 \times 365}{收入}$$

$$= \frac{\left(现金及其等价物平均余额 + 应收账款平均余额 + 存货平均余额 + 其他流动资产平均余额\right) \times 365}{收入}$$

$$= \frac{现金及其等价物平均余额 \times 365}{收入} + \frac{应收账款平均余额 \times 365}{收入} + \frac{存货平均余额 \times 365}{收入} + \frac{其他流动资产平均余额 \times 365}{收入}$$

$$= 现金及其等价物周转天数 + 应收账款周转天数 + 存货周转天数 + 其他流动资产周转天数$$

上式清楚地表明，全部流动资产周转天数等于各类流动资产周转天数之和。将流动资产周转天数和各类流动资产周转天数与行业平均水平相比，可以判定它们的使用效率，发现企业在流动资产管理中存在的问题，以及有利于寻找加快流动资金周转速度的对策。

【例 10-3】　假定某企业营业收入总额为 68 000 万元，流动资产年平均余额为 14 000万元。各类流动资产平均余额资料如表 10-10 所示：

表 10-10　　　　　　　　　　流动资产明细表

金额单位：万元

流动资产类别	平 均 余 额
现金及其等价物	3 000
应收账款	4 200
存货	5 800
其他流动资产	1 000
流动资产合计	14 000

再假定该企业所处行业流动资产平均周转天数总额为 80 天，应收账款为 30 天，存货

为 25 天。要求：① 计算该企业流动资产总周转天数和不同流动资产的周转天数；② 对该企业流动资产周转速度进行评价。

解：

（1）计算各类流动资产周转天数（见表 10-11）。

表 10-11　　　　　　　　各类流动资产周转天数计算表

流动资产类别	平均余额（万元）	计 算 过 程	周转天数（天）
现金及其等价物	3 000	（3 000×365）/68 000	16.1
应收账款	4 200	（4 200×365）/68 000	22.54
存货	5 800	（5 800×365）/68 000	31.14
其他流动资产	1 000	（1 000×365）/68 000	5.37
流动资产合计	14 000	（1 400×365）/68 000	75.15

（2）对流动资产周转速度进行评价。

那么通过比较，可以得出这样的结论：总周转天数（75.15 天）低于行业平均（80 天），利用效率尚可，特别是应收账款周转天数（22.54 天）低于行业平均（30 天），说明该企业产品销路在行业内处境较好。但这点还需结合存货周转率作进一步判断。从企业存货周转天数（31.4 天）慢于行业平均数（25 天）来看，企业的应收账款率较低，有可能是企业营销政策趋于保守，而不是产品畅销的结果。因为应收账款周转率加快，如果不是产品畅销的结果，则会导致企业存货增加，存货周转率放慢。对于这一点还可进一步结合各类存货周转天数分析表（见表 10-10）来进行更深入的分析。

三、非流动资产周转率分析

（一）非流动资产周转率指标体系

1. 非流动资产周转率表示方法。

非流动资产由长期投资、固定资产、无形资产及其他非流动资产等项目所构成，其中长期投资是企业投资于企业之外的诸如股权和债权等，它们与企业的营业收入大小并不发生任何直接关系。对企业而言，这些资产不存在资产周转率的问题，而只存在投资回报率的问题。因此，严格地说，在计算资产周转率时应将这些资产剔除在外。我们在讨论非流动资产周转率问题时，均不考虑长期投资周转率的问题。

非流动资产周转率也可用周转次数和周转天数两类指标来表示，其计算公式如下：

$$非流动资产周转次数 = \frac{收入}{非流动资产平均余额}$$

$$非流动资产周转天数 = \frac{非流动资产平均余额 \times 365}{收入}$$

2. 对非流动资产周转率评价标准。

非流动资产是企业风险最大的一类资产,其变现能力最低。但同时非流动资产又是企业从事生产经营活动的物质基础,因此,企业又不可能为回避风险而不购置各种非流动资产。要降低非流动资产的风险,就需要提高非流动资产的使用效率。提高非流动资产使用效率,意味着绝对或相对地节约了非流动资产,使企业经营风险降低。所谓绝对节约,是指因非流动资产周转率加快,使取得同样营业收入的非流动资产数额绝对减少;所谓相对节约,是指因非流动资产周转率加快,用同样多的非流动资产可以取得更多的营业收入而引起的非流动资产数额相对减少。

对非流动资产周转率而言,从理论上讲,周转速度越快越好。但从实际上看,非流动资产周转率的大小,与行业性质密切相关。资金密集型行业,周转率较低;劳动密集型行业,周转率较高。因此,应将企业的非流动资产周转率,与行业平均非流动资产周转率进行比较,以判明企业非流动资产的使用效率。对非流动资产周转率进行分解,可以揭示各类非流动资产周转率与非流动资产总周转率的关系,加深对非流动资产风险特征的认识。

3. 非流动资产周转率指标体系。

基本分解方法与流动资产周转率相仿,即在被分解周转率的分子、分母上同乘一个数,然后变形使之成为另外两个相关指标之积。分解后的非流动资产周转率指标体系,如图 10-9 所示:

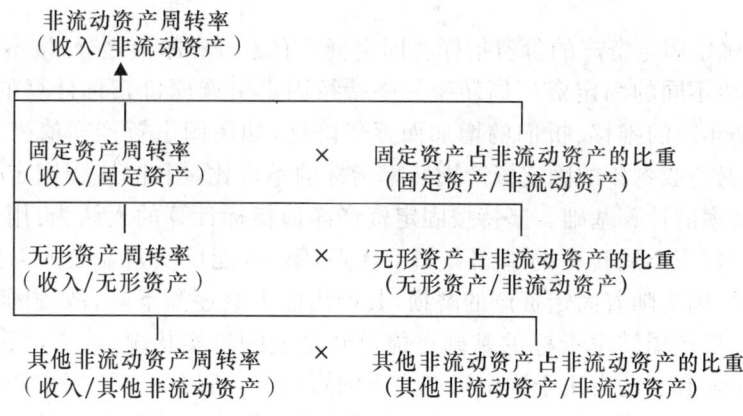

图 10-9 非流动资产周转率分解图

注:图中所列资产均为平均余额。

下面,重点讨论各类非流动资产周转率指标的计算和经济含义。

(二)固定资产周转率

1. 固定资产周转率表示方法。

固定资产周转率是反映固定资产利用效率的指标,它可用周转次数和周转天数两种

方式反映,即:

$$\frac{\text{固定资产}}{\text{周转次数}} = \frac{\text{收入}}{\text{固定资产平均余额}}$$

$$\frac{\text{固定资产}}{\text{周转天数}} = \frac{365}{\text{固定资产周转次数}} = \frac{\text{固定资产平均余额} \times 365}{\text{收入}}$$

2. 固定资产周转率计算需要考虑的问题。

首先,计算固定资产周转率要明确固定资产指标中应包括的内容。固定资产按是否建成来分,分为已建成的固定资产和在建工程;按是否使用来分,分为使用中的、未使用的和不需用的固定资产;按是否与生产有关来分,分为生产使用的和非生产使用的固定资产等。从使用者的角度看,在建工程因未完工,尚不能创造营业收入;未使用和不需用的固定资产既然未投入使用,当然也不会创造营业收入;非生产使用的固定资产由于未用于生产,自然也不会创造营业收入。因此,有必要将这些不创造营业收入的固定资产从计算固定资产周转率的固定资产平均余额中扣除,以准确反映在用生产性固定资产的周转情况。但从所有者角度看,无论固定资产的性质如何,都是其投资形成的。为了考察其投资利用效率,在计算固定资产周转率时,必须将全部固定资产考虑进去。本书坚持后一种观点,并在分析固定资产总周转率的基础上,进一步分析其构成,以揭示企业在固定资产使用中存在的问题。

其次,要确定固定资产的价值指标。固定资产有原价和净值之分,按不同的价值指标计算,会产生不同的固定资产周转率。坚持按固定资产原价指标计算的人认为:固定资产价值随年限的推移、折旧的增加而逐年降低,如用固定资产净值来计算固定资产周转率,势必造成各年的固定资产周转率指标的不可比,因此,应以固定资产原价作为固定资产转率的计算基础。坚持按固定资产净值指标计算的人认为:用固定资产净值作为计算固定资产周转率的基础有如下优点:第一,能反映营业收入与固定资产产出能力的关系,因为随着固定资产的磨损,其产出能力会逐渐下降,故按固定资产净值作为计算固定资产周转率指标的基础更能反映企业的现实状况;第二,只有固定资产净值才反映企业真实的占用于固定资产之上的资金量,所以只有用固定资产净值作为计算固定资产周转率指标的基础,才能准确反映企业固定资金的周转状况。本书坚持第二种观点。

3. 固定资产周转率的分解。

本书认为对固定资产周转率的分解,应建立在不同固定资产与收入的关系基础上,固定资产周转率分解如图 10-10 所示。

除了上述分解法之外,还可将固定资产总周转天数分解为各类固定资产周转天数之和,即:

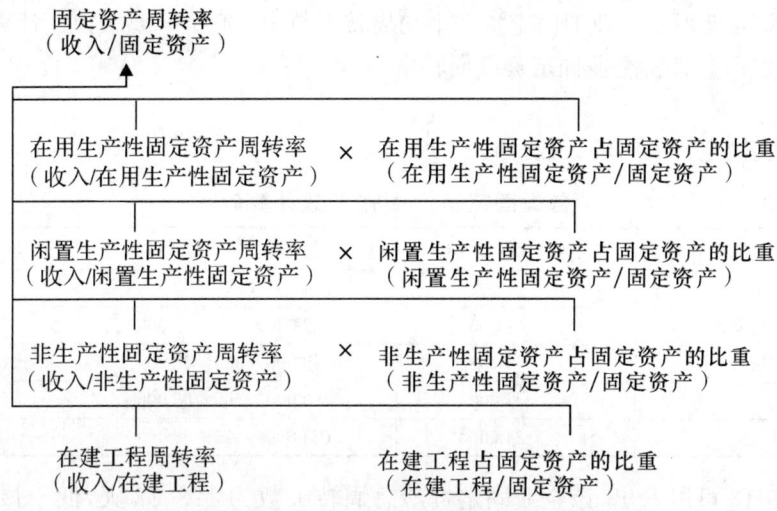

图 10-10 固定资产周转率分解图

注:图中所列资产均为平均余额。

除了上述分解法之外,还可将固定资产总周转天数分解为各类固定资产周转天数之和,即:

$$\frac{固定资产}{周转天数} = \frac{固定资产平均余额 \times 365}{收入}$$

$$= \frac{在用生产性固定资产平均余额 \times 365}{收入} + \frac{闲置生产性固定资产平均余额 \times 365}{收入}$$

$$+ \frac{非生产性固定资产平均余额 \times 365}{收入} + \frac{在建工程平均余额 \times 365}{收入}$$

$$= \frac{在用生产性固定资产周转天数} + \frac{闲置生产性固定资产周转天数} + \frac{非生产性固定资产周转天数} + \frac{在建工程周转天数}$$

【例 10-4】 假设某企业年营业收入总额为 68 000 万元,固定资产总额为 24 000 万元。各类固定资产平均余额资料,如表 10-12 所示:

表 10-12　　　　　　　　　　　**各类固定资产明细表**

金额单位:万元

固定资产类别	平均余额
在用生产性固定资产	14 000
闲置生产性固定资产	2 000
非生产性固定资产	5 000
在建工程	3 000
固定资产合计	24 000

并假定该企业所处行业的固定资产平均周转天数为100天。要求：① 计算各类固定资产周转天数；② 评价企业固定资产周转率。

解：

计算各类固定资产周转天数，如表10-13所示。

表 10-13　　　　　　　各类固定资产周转天数计算表

固定资产类别	平均余额(万元)	计 算 过 程	周 转 天 数
在用生产性固定资产	14 000	(14 000×365)/68 000	75.15
闲置生产性固定资产	2 000	(2 000×365)/68 000	10.74
非生产性固定资产	5 000	(5 000×365)/68 000	26.83
在建工程	3 000	(3 000×365)/68 000	16.1
固定资产合计	24 000	(24 000×365)/68 000	128.82

从表10-13可以看出，该企业固定资产总周转天数为128.82天，低于该企业所处行业的固定资产平均周转天数为100天，该企业的固定资产利用效率不高，风险较大。

究其原因有二：一是企业存在大量闲置生产性固定资产，仅该部分资产就使固定资产周转天数增加了10.74天。企业应对该问题进行深入分析，找出原因，采取适当对策解决该问题。二是企业存在大量非生产性固定资产，它们的存在使固定资产周转天数增加了26.83天。企业对该问题也应寻找解决方法。如果企业能将上述两个问题解决好，在其他条件不变的情况下，企业固定资产周转天数最高将可减少37.57天(10.74＋26.83)，使固定资产周转天数最低可降至91.25天(128.82－37.57)，低于行业平均固定资产周转天数。可见，这种固定资产周转率的构成分析，对分析固定资产利用效率是极为有用的。

（三）无形资产周转率

无形资产是不具备物质实体但能为企业带来未来经济利益的资产。它的存在与企业营业收入密切相关。无形资产包括专利权、商标权、土地使用权、著作权、经营特许权、专有技术、商誉等。但由于现行会计对无形资产入账条件规定较严，几乎只有外购的无形资产才能入账，对一般企业而言，会计账上的无形资产并不多，因此，为了简化起见，可以不必对它的周转率进行构成分析。当然，对无形资产类别多和金额大的企业，也可比照上述固定资产周转率构成分析的方法，进行无形资产周转率构成分析。

例如，假定前例企业的无形资产平均余额为500万元，那么其周转率如下：

$$无形资产周转次数 = \frac{68\,000}{500} = 136（次）$$

$$无形资产周转次数 = \frac{500×365}{68\,000} = 2.68（天）$$

需要指出：由于入账无形资产不多，进行这类分析意义尚不大，本书只是出于资产周转率分析的完整性，在这里简要提及。

（四）其他非流动资产周转率

这里所指其他非流动资产是指长期投资、固定资产和无形资产以外的其他各种非流动资产，主要包括以开办费、经营租入固定资产改良支出、固定资产大修理支出和其他长期待摊费用等形式存在的递延资产，以及特种储备物资、银行冻结存款和冻结物资等财产。这类非流动资产占企业总资产比重一般很小，且包括一些与营业收入无关的项目，如特种储备物资、冻结物资等。因此，这类资产周转率分析与否并不重要。本书只是从资产周转率分析的完整性出发，在这里简要提及。该类资产可与无形资产合并在一起，计算无形资产和其他资产的周转率。

四、资产周转率的综合分析

以上分别讨论了流动资产和非流动资产周转率的分析问题，现在将它们结合在一起来加以讨论。总资产周转天数等于流动资产周转天数与非流动资产周转率之和，即：

$$\text{资产周转天数} = \frac{\text{资产平均余额} \times 365}{\text{收入}}$$

$$= \frac{(\text{流动资产平均余额} + \text{长期资产平均余额}) \times 365}{\text{收入}}$$

$$= \frac{\text{流动资产平均余额} \times 365}{\text{收入}} + \frac{\text{长期资产平均余额} \times 365}{\text{收入}}$$

$$= \text{流动资产周转天数} + \text{非流动资产周转天数}$$

在不同行业，资产周转天数、流动资产周转天数和非流动资产周转天数有差异。在判断一个企业资产利用效率时，必须注意到企业资产周转天数及其构成，与行业资产平均周转天数及其构成的差异。即使某一企业的总资产周转率与其所属行业的总资产平均周转率相等，但构成不一致，其风险程度也与行业平均风险度存在差异。从理论上讲，在总资产周转率相等时，非流动资产周转率快的风险程度较低；反之，则较高。这是因为在收入不发生变化时，压缩流动资产相对比压缩非流动资产容易。压缩流动资产既可采用绝对节约法又可采用相对节约法，而压缩非流动资产一般只能采用相对节约法，即靠增加营业收入加快其周转率的方法来相对节约非流动资产。

【例 10-5】 以［例 10-3］［例 10-4］资料为基础，假定该企业所属行业的平均资产周转为 185 天，其余条件不变。要求：① 计算总资产周转率及其构成；② 对企业的总资产周转率进行评价。

解：

（1）计算总资产周转率及其构成。

将［例 10-3］［例 10-4］的资产周转率计算表合二为一，可以反映总资产周转率及其构成。如表 10-14 所示：

表 10-14　　　　　　　各类资产周转天数计算表

资产类别	平均余额（万元）	计算过程	周转天数（天）
流动资产	14 000	(14 000×365)/68 000	75.15
其中：现金及其等价物	3 000	(3 000×365)/68 000	16.1
应收账款	4 200	(42 000×365)/68 000	22.54
存货	5 800	(5 800×365)/68 000	31.14
其他流动资产	1 000	(1 000×365)/68 000	5.37
固定资产	24 000	(24 000×365)/68 000	128.82
其中：在用生产性固定资产	14 000	(14 000×365)/68 000	75.15
闲置生产性固定资产	2 000	(2 000×365)/68 000	10.74
非生产性固定资产	5 000	(5 000×365)/68 000	26.83
在建工程	3 000	(3 000×365)/68 000	16.1
无形资产及其他资产	500	(500×365)/68 000	2.68
资产总计	38 500	(38 500×365)/68 000	206.65

（2）对企业的总资产周转率进行评价。

通过与行业平均水平比较，该企业资产周转天数比行业平均水平多 21.65 天（206.65－185），其中：流动资产周转天数少 4.85 天（80－75.15），固定资产周转天数多 28.82 天（128.82－100），无形资产及其他资产周转率少 2.32 天（2.68－5）。总的来看，该企业资产利用效率低于行业平均水平，风险高于行业平均水平。企业首先要提高资产利用率，必须从提高固定资产利用率着手，设法减少闲置生产性固定资产和非生产性固定资产；其次要加快存货周转速度。如果该企业在这两方面都做好，其资产周转天数完全可以低于行业平均水平。

第四节　企业经营效率分析案例

一、东方股份有限公司经营效率分析及评价

本节将以东方股份有限公司的财务报表为例，对该公司经营效率进行综合分析。

围绕资产盈利率展开的东方股份有限公司有关分析指标及其简略评价，如表10-15所示。需说明的是：计算某些较细的分解指标所需的资料，不能从企业对外会计报表中获得。对这些不能从对外会计报表中获得的资料，我们将在分析评价表附注中列明其出处，以供读者参考。

表 10-15　　　　　　　　东方股份有限公司经营效率分析及评价表

指标名称			计算公式	企业指标	行业平均值	评　价
资产盈利率			$\dfrac{净利润＋税后利息②}{资产①}$ $=\dfrac{5\,250＋826}{59\,946}$	10.14%	8%	真实盈利率高
收入盈利率类指标分解	收入盈利率		$\dfrac{净利润＋税后利息}{收入}$ $=\dfrac{6\,076}{112\,100}$	5.42%	8%	收入盈利率低
	成本盈利率指标分解	成本盈利率	$\dfrac{净利润＋税后利息}{产品销售成本＋期间费用}$ $=\dfrac{6\,076}{87\,900＋7\,420}$	6.37%	10%	成本盈利率低
		产品销售成本盈利率	$\dfrac{净利润＋税后利息}{产品销售成本}=\dfrac{6\,076}{87\,900}$	6.91%	8%	
		产品销售成本毛利率	$\dfrac{产品销售利润}{产品销售成本}=\dfrac{14\,320}{87\,900}$	16.29%	30%	
		材料费用毛利率	$\dfrac{产品销售利润}{材料费用③}=\dfrac{14\,320}{64\,325}$	22.26%	50%	
		人工费用毛利率	$\dfrac{产品销售利润}{人工费用③}=\dfrac{14\,320}{9\,152}$	156.47%	200%	产品销售成本及其各成本项目的创利能力均低于行业平均水平,但期间费用创利能力高于行业平均水平。这表明,该企业虽然成本盈利率低,但是风险也较低
		制造费用毛利率	$\dfrac{产品销售利润}{制造费用③}=\dfrac{14\,320}{14\,396}$	99.47%	125%	
		期间费用盈利率	$\dfrac{净利润＋税后利息}{期间费用}=\dfrac{6\,076}{7\,420}$	81.88%	83.54%	
		期间费用净利率	$\dfrac{净利润}{期间费用}=\dfrac{5\,250}{7\,420}$	70.75%	58.83%	
		盈利与净利润之比	$\dfrac{净利润＋税后利息}{净利润}=\dfrac{6\,076}{5\,250}$	115.73%	142%	

（续表）

指标名称			计 算 公 式	企业指标	行业平均值	评 价
收入盈利率类指标分解		净利润与毛利之比	$\dfrac{净利润}{产品销售利润}=\dfrac{5\ 250}{14\ 320}$	36.66%	26.67%	
		收入成本率	$\dfrac{产品销售成本+期间费用}{收入}$ $=\dfrac{95\ 320}{112\ 100}$	85.03%	80%	成本占收入比重大
	收入成本率类指标分解	产品销售成本与总成本之比	$\dfrac{产品销售成本}{产品销售成本+期间费用}$ $=\dfrac{87\ 900}{95\ 320}$	92.22%	88.03%	产品销售成本占总成本比重大,期间费用占总成本的比重小。这表明该企业成本构成的风险小
		产品销售成本材料费用率	$\dfrac{材料费用}{产品销售成本}=\dfrac{64\ 352}{87\ 900}$	73.21%	60%	
		产品销售成本人工费用率	$\dfrac{人工费用}{产品销售成本}=\dfrac{9\ 152}{87\ 900}$	10.41%	15%	
		产品销售成本制造费用率	$\dfrac{制造费用}{产品销售成本}=\dfrac{14\ 396}{87\ 900}$	16.38%	25%	
		期间费用占总成本的比重	$\dfrac{期间费用}{总成本}=\dfrac{7\ 420}{95\ 320}$	7.78%	11.97%	
资产周转率类指标分解		资产周转天数	$\dfrac{总资产④\times365}{收入}=\dfrac{59\ 946\times365}{112\ 100}$	1.87 次 195	1 次 365	周转速度快资金利用率高
	流动资产周转率类指标分解	流动资产周转天数	$\dfrac{流动资产\times365}{收入}=\dfrac{30\ 794\times365}{112\ 100}$	100.2	150	周转速度快
		现金及其等价物周转天数	$\dfrac{流动资产\times365}{收入}=\dfrac{954\times365}{112\ 100}$	3.1	5	各类流动资产周转速度均较快,资产利用效率高

(续表)

	指标名称	计 算 公 式	企业指标	行业平均值	评 价
资产周转率类指标分解	流动资产周转率类指标分解	应收账款周转天数 $\dfrac{应收^{⑤}账款 \times 365}{收入} = \dfrac{7\ 125 \times 365}{112\ 100}$	23.2	60	
		存货周转天数 $\dfrac{存货 \times 365}{收入} = \dfrac{22\ 300 \times 365}{112\ 100}$	72.6	83	
		原材料存货周转天数 $\dfrac{原材料存货 \times 365}{原材料耗用额} = \dfrac{9\ 100 \times 365}{58\ 000}$	57.27	60	
		在制品存货周转天数 $\dfrac{在制品存货 \times 365}{完工产品成本} = \dfrac{6\ 475 \times 365}{92\ 200}$	25.63	20	
		产成品存货周转天数 $\dfrac{产成品存货 \times 365}{产品销售成本} = \dfrac{6\ 725 \times 365}{87\ 900}$	27.93	70	
		其他流动资产周转天数 $\dfrac{其他流动资产 \times 365}{收入} = \dfrac{415 \times 365}{112\ 100}$	1.3	2	
	非流动资产周转率类指标分析解	非流动资产周转天数 $\dfrac{非流动资产^{⑥} \times 365}{收入} = \dfrac{28\ 175 \times 365}{112\ 100}$	91.7	215	周转速度快
		固定资产周转天数 $\dfrac{固定资产 \times 365}{收入} = \dfrac{26\ 802 \times 365}{112\ 100}$	87.2	200	各类非流动资产周转速度均较快
		其他非流动资产周转天数 $\dfrac{其他非流动资产 \times 365}{收入} = \dfrac{1\ 400 \times 365}{112\ 100}$	4.5	15	

从表 10-15 可见：

① 资产为资产平均余额。以下各类资产均为平均余额。

② 税后利息＝1180×(1−30%)＝826(万元)

③ 产品销售成本中直接材料、直接人工和制造费用等成本项目金额是按如下办法近似计算而出。

本表资料计算过程如下：

$$\frac{产品销售成本}{完工产品成本}=\frac{87\,900}{92\,200}=95.34\%$$

产品销售成本中的直接材料费用＝67 500×95.34%

$$产品销售成本中的直接人工费用＝9\,600×95.34\%$$
$$＝9\,152(万元)$$

$$产品销售成本中的制造费用＝15\,100×95.34\%$$
$$＝14\,396(万元)$$

④ 总资产中未剔除与营业收入增减变化无直接关系的对外长期投资，目的是使收入盈利率与资产周转率之积等于资产盈利率。

⑤ 应收账款项目为报表中应收票据和应收账款两个项目之和。

⑥ 非流动资产中剔除了与营业收入增减变化无直接关系的对外长期投资。

从该分析评价表中，可以得出东方股份有限公司不仅经营效率较高，而且经营风险也较低的结论。

二、东方股份有限公司价值判断

根据表 10-15 的分析评价，可以得出东方股份有限公司不仅经营效率较高，而且经营风险也较低的结论。如前所述，企业经营效率从内部来看反映着企业的经营组织能力和经营思想，从外部来看反映着企业对外部环境的适应能力，而这些因素会直接影响企业未来的盈利能力和风险水平，进而影响企业价值。

根据东方股份有限公司经营效率较高这一特点，可以认为东方股份有限公司的未来盈利能力和风险水平与现在相比会保持相对稳定，因此，对普通股东而言，该公司的价值就可以用公司 2014 年的净利润 5 250 万元为分子，以小于 10% 的社会平均折现率为分母，直接按照"企业价值＝盈利/折现率"公式确定企业价值。计算出的东方公司价值应该不低于 52 500 万元(5 250/10%)。

【资料】

附表 10-1

全国各行业国有企业平均总资产周转率一览表①

单位：次

行　业	2000年	2001年	2002年	2003年	2004年	2005年	2006年	2007年	2008年	2009年	2010年	2011年	2012年	2013年
全部国有企业	0.50	0.50	0.40	0.60	0.70	0.50	0.50	0.60	0.70	0.50	0.50	0.50	0.50	0.50
农林牧渔业	0.40	0.30	0.30	0.30	0.40	0.40	0.50	0.50	0.60	0.60	0.50	0.60	0.60	0.60
农业	0.40	0.40	0.30	0.40	0.50	0.40	0.50	0.50	0.60	0.60	0.50	0.50	0.50	0.50
林业	0.30	0.30	0.30	0.30	0.30	0.30	0.40	0.40	0.50	0.50	0.30	0.30	0.30	0.30
畜牧业	0.50	0.50	0.40	0.40	0.50	0.80	0.70	0.70	0.80	0.80	0.90	1.00	0.80	0.80
渔业	0.50	0.40	0.30	0.30	0.40	0.30	0.40	0.40	0.50	0.50	0.60	0.60	0.50	0.50
工业	0.40	0.50	0.40	0.50	0.60	0.60	0.60	0.70	0.70	0.50	0.60	0.60	0.60	0.60
煤炭工业	0.30	0.30	0.30	0.40	0.50	0.60	0.60	0.60	0.70	0.50	0.50	0.50	0.30	0.30
森林工业	0.30	0.30	0.30	0.40	0.50	0.60	0.70	0.70	0.60	0.80	0.70	0.50	0.40	0.40
水的生产与供应业			0.30	0.40	0.30	0.30	0.30	0.30	0.40	0.40	0.40	0.30	0.30	0.30
轻工工业	0.40	0.40	0.40	0.40	0.60	0.60	0.60	0.60	0.50	0.50	0.50	0.50	0.50	0.60
纺织服装服饰业			0.60	0.60	1.50	0.90	0.90	0.90	0.80	0.90	1.00	1.00	0.80	0.80
工艺品及其他制品业			0.50	0.50	0.60	0.50	0.40	0.40	0.50	0.60	0.50	0.40	0.60	0.60
家具制造业	0.70	0.40	0.60	0.50	0.30	0.30	0.30	0.33	0.30	0.60	0.60	0.60	0.60	0.60
皮革毛皮羽绒及其制品业	0.30	0.50	0.40	0.50	1.40	0.80	0.80	0.80	0.70	0.80	1.00	1.50	1.50	1.30
文教体育用品制造业	0.40	0.50	0.50	0.50	0.70	0.60	0.60	0.60	0.40	0.60	0.60	1.00	1.00	1.00
印刷业,记录媒介复制业	0.40		0.40	0.40	0.40	0.50	0.50	0.50	0.50	0.60	0.60	0.60	0.60	0.60
造纸及纸制品业		0.30	0.30	0.40	0.40	0.50	0.50	0.50	0.40	0.50	0.50	0.50	0.40	0.40
制茶业		0.40	0.30	0.40	1.10	0.60	0.90	1.00	1.10	1.00	1.00	1.00	0.90	0.80
酒和饮料制造业	0.40	0.40	0.40	0.50	0.40	0.60	0.60	0.70	0.70	0.70	0.70	0.80	0.80	0.60
白酒制造业	0.40	0.40	0.40	0.40	0.30	0.40	0.40	0.50	0.60	0.70	0.90	0.80	0.80	0.80
啤酒制造业	0.40	0.50	0.40	0.60	0.50	0.60	0.70	0.80	0.80	0.80	0.80	0.90	0.80	0.70

① 资料来源 wind 数据库。

（续表）

行　业	2000年	2001年	2002年	2003年	2004年	2005年	2006年	2007年	2008年	2009年	2010年	2011年	2012年	2013年
食品工业	0.60	0.60	0.60	0.70	1.00	1.10	1.10	1.10	1.00	1.10	1.30	1.40	1.30	1.30
食品加工业	0.60	0.70	0.60	0.70	0.90	1.20	1.20	1.20	1.20	1.30	1.50	1.50	1.40	1.40
食品制造业	0.60	0.50	0.50	0.70	0.70	0.70	0.80	0.80	0.80	0.90	1.10	1.00	0.90	0.90
烟草工业	0.70	0.60	0.80	0.80	0.80	0.90	0.90	0.90	0.90	1.00	0.90	1.00	1.30	1.30
纺织工业	0.40	0.50	0.50	0.50	0.60	0.70	0.70	0.70	0.60	0.70	0.90	0.90	0.80	0.80
麻纺织业	0.40	0.30	0.30	0.30	0.50	0.60	0.50	0.50	0.40	0.50	0.70	0.70	0.60	0.60
毛纺织业	0.30	0.40	0.30	0.40	0.40	0.70	0.70	0.50	0.50	0.60	0.90	0.80	0.70	0.70
棉、化纤纺织业	0.50	0.50	0.50	0.60	0.60	0.70	0.70	0.70	0.70	0.60	0.90	0.90	0.80	0.80
丝绢纺织业	0.40	0.50	0.60	0.50	0.40	0.60	0.80	0.50	0.60	0.60	0.80	0.90	0.80	0.80
医药工业	0.50	0.50	0.50	0.60	0.60	0.60	0.60	0.70	1.00	0.90	0.90	1.00	1.00	0.50
化学药品原药、制剂制造业	0.50	0.70	0.50	0.60	0.60	0.70	0.70	0.80	0.90	1.00	1.10	0.90	0.90	0.40
中药材及中成药加工业	0.40	0.50	0.50	0.50	0.50	0.50	0.50	0.60	0.70	0.80	1.00	1.10	1.10	0.60
电力工业	0.30	0.30	0.40	0.30	1.00	0.40	0.40	0.50	0.40	0.50	0.50	0.40	0.50	0.50
电力供应业	0.30	0.60	0.50	0.30	0.60	0.60	0.40	0.50	0.50	0.50	0.70	0.60	0.50	0.50
燃气生产与供应业	0.30	0.40	0.30	0.40	0.40	0.50	0.50	0.60	0.70	0.60	0.60	0.60	0.60	0.60
热力生产和供应业												0.30	0.30	0.30
电力生产业	0.30	0.30	0.30	0.30	0.40	0.30	0.30	0.40	0.30	0.30	0.30	0.30	0.30	0.30
火力发电业		0.30	0.30	0.40	0.50	0.40	0.40	0.50	0.30	0.30	0.30	0.30	0.30	0.30
水力发电业		0.30	0.30	0.30	0.30	0.30	0.30	0.40	0.50	0.30	0.30	0.30	0.30	0.30
石油石化工业		0.60	0.60	0.70	0.60	0.70	0.70	0.70	0.70	0.60	0.60	0.80	0.70	0.70
天然原油和天然气开采业	0.40	0.30	0.50	0.50	0.70	0.80	0.30	0.80	0.80	0.80	0.90	0.80	0.90	0.90
原油加工及炼气炼焦业		0.50	0.70	0.90	0.50	0.60	0.60	0.60	0.80	0.70	0.50	0.60	0.60	0.90
冶金工业	0.40	0.50	0.50	0.50	0.80	0.90	0.80	0.80	0.60	0.60	0.60	0.60	0.60	0.60
黑色金属矿采选业	0.30	0.30	0.40	0.50	0.60	0.70	0.80	0.70	0.60	0.50	0.60	0.50	0.50	0.50
黑色金属冶炼业	0.40	0.50	0.60	0.60	0.80	1.00	1.00	1.00	0.90	0.40	0.50	0.60	0.60	0.60
有色金属矿采选业	0.40	0.40	0.40	0.40	0.60	0.90	0.90	0.90	0.80	0.50	0.60	0.70	0.70	0.80
有色金属冶炼业	0.50	0.50	0.50	0.40	0.80	0.90	0.90	0.90	0.90	0.90	0.90	0.80	0.80	0.90
建材工业	0.30	0.30	0.30	0.40	0.50	0.60	0.60	0.60	0.80	0.60	0.70	0.70	0.50	0.60
建筑用金属制品业	0.40	0.60	0.60	0.40	0.60	0.70	0.70	0.70	1.00	1.10	0.80	0.80	1.00	1.10

（续表）

行　业	2000年	2001年	2002年	2003年	2004年	2005年	2006年	2007年	2008年	2009年	2010年	2011年	2012年	2013年
建筑用矿石采选业	0.30	0.30	0.30	0.40	0.50	0.60	0.60	0.60	0.60	0.70	0.60	0.60	0.50	0.60
结构性金属制品业	0.50	0.30	0.40	0.60	0.50	0.70	0.70	0.70	0.90	1.00	0.60	0.50	0.50	0.60
水泥制品及石膏制品业	0.40	0.30	0.40	0.40	0.60	0.60	0.70	0.70	0.90	1.00	0.80	0.80	0.80	0.90
水泥制造业	0.30	0.30	0.40	0.40	0.50	0.40	0.40	0.40	0.40	0.60	0.60	0.60	0.60	0.70
电子工业	0.50	0.70	0.40	0.70	0.40	0.70	0.80	0.80	0.80	0.70	0.40	0.30	0.30	0.40
电子计算机制造业	0.70	0.60	0.30	0.60	1.00	0.90	0.60	0.60	0.60	0.70	0.40	0.60	0.60	0.40
电子元、器件制造业	0.40	0.40	0.30	0.40	0.40	0.30	0.30	0.30	0.30	2.00	2.00	1.80	1.80	2.00
广播电视设备制造业	0.30	0.50	0.30	0.60	0.70	1.50	0.40	0.50	0.60	0.40	0.40	0.60	0.60	0.50
通信设备制造业	0.50	1.00	0.60	0.70	0.40	0.80	1.00	1.00	1.20	1.10	0.70	0.30	0.30	0.30
化学工业	0.40	0.40	0.40	0.40	0.60	0.70	0.70	0.70	0.60	0.60	0.60	0.60	0.60	0.60
肥料制造业	0.30	0.40	0.40	0.40	0.40	0.60	0.60	0.60	0.60	0.60	0.60	0.60	0.60	0.60
化纤制造业	0.50	0.30	0.40	0.40	0.60	0.70	0.70	0.70	0.50	0.50	0.50	0.50	0.50	0.50
基础化学原料制造业	0.40	0.40	0.40	0.40	0.50	0.60	0.60	0.60	0.70	0.60	0.60	0.70	0.60	0.60
农药制造业			0.50	0.50	1.10	0.80	0.80	0.80	0.60	0.70	0.70	0.70	0.70	0.70
日用和化学产品制造业	0.50	0.50	0.50	0.60	0.30	1.00	0.50	0.50	0.70	0.80	0.80	0.90	0.90	0.60
塑料制品业	0.50	0.40	0.40	0.50	0.60	0.60	0.50	0.50	0.50	0.70	0.70	0.70	0.70	0.70
橡胶制品业	0.40	0.40	0.40	0.50	0.80	0.80	0.90	0.90	0.50	0.60	0.70	0.80	0.80	0.80
机械工业	0.50	0.60	0.60	0.60	0.80	0.80	0.50	0.60	0.60	0.50	0.30	0.30	0.30	0.40
矿山、冶金、建筑设备制造业	0.40	0.40	0.50	0.40	0.70	0.80	0.70	0.70	0.80	0.80	0.80	0.80	0.70	0.80
汽车制造业	0.60	0.70	0.70	1.00	1.10	1.10	1.00	1.10	1.10	1.20	1.30	0.80	0.70	0.80
船舶制造业	0.30	0.30	0.40	0.30	0.50	0.60	0.70	0.70	0.70	0.60	0.60	0.50	0.80	0.40
电工器材制造业	0.50	0.30	0.50	0.50	0.60	0.40	0.30	0.60	0.90	0.90	0.90	0.90	1.00	1.10
电机制造业	0.30	0.30	0.30	0.30	0.60	0.50	0.40	0.60	0.50	0.60	0.60	0.60	0.50	0.60
电气机械及器材制造业	0.40	0.40	0.50	0.40	0.50	0.50	0.40	0.40	0.70	0.80	0.80	0.80	0.70	0.80
锅炉及原动机制造业	0.40	0.40	0.50	0.40	0.50	0.70	0.80	0.80	0.80	0.60	0.60	0.80	0.50	0.60
化工、木材、非金属加工设备制造业	0.40		0.30	0.40	0.50	0.60	0.60	0.60	0.70	0.70	0.70	0.70	0.60	0.70
家用电器制造业	0.40	0.40	0.70	0.50	0.80	1.10	1.20	1.20	1.30	1.40	1.50	1.50	1.40	1.50

（续表）

行　业	2000年	2001年	2002年	2003年	2004年	2005年	2006年	2007年	2008年	2009年	2010年	2011年	2012年	2013年
交通运输设备制造业	0.60	0.50	0.70	0.90	1.10	1.00	0.90	0.90	1.00	1.10	1.20	1.20	1.20	1.30
金属工具制造业	0.30	0.30	0.30	0.30	0.40	0.50	0.50	0.50	0.50	0.50	0.60	0.60	0.60	0.70
金属加工机械制造业	0.30	0.50	0.30	0.30	0.40	0.60	0.60	0.60	0.70	0.70	0.70	0.70	0.60	0.70
金属制品业	0.40	0.70	0.60	0.60	0.80	1.00	0.80	0.90	0.90	0.90	0.90	0.90	0.90	1.00
摩托车制造业	0.50	0.40	0.60	0.50	0.70	1.20	1.30	1.20	1.10	1.20	1.30	1.30	1.10	1.20
农林牧渔水利机械制造业	0.50	0.50	0.30	0.60	0.90	0.80	0.70	0.70	0.70	0.80	1.00	1.00	0.90	1.00
其他通用设备制造业			0.50	0.40	0.80	0.70	0.70	0.70	0.80	0.80	0.80	0.80	0.70	0.80
轻纺工业设备制造业	0.30	0.50	0.40	0.40	0.50	0.40	0.40	0.40	0.40	0.50	0.50	0.40	0.40	0.50
输配电及控制设备制造业	0.40	0.50	0.40	0.40	0.40	0.70	0.70	0.70	1.00	1.00	1.00	1.00	1.00	1.10
铁路运输设备制造业	0.50	0.60	0.70	0.70	0.70	0.90	0.70	0.70	0.80	1.00	1.00	1.00	0.70	0.40
通用设备制造业	0.40	0.40	0.40	0.40	0.50	0.70	0.50	0.50	0.70	0.60	0.60	0.60	0.60	0.70
通用仪器仪表制造业	0.40	0.50	0.30	0.60	0.40	0.40	0.30	0.40	0.60	0.70	0.70	0.70	0.80	0.90
医疗仪器设备制造业	0.60	0.70	0.50	0.50	0.50	0.40	0.40	0.50	0.90	0.90	0.90	0.90	0.80	0.90
仪器仪表及文化、办公用机械制造业	0.40	0.30	0.30	0.50	0.40	0.40	0.30	0.40	0.40	0.60	0.60	0.60	0.50	0.60
照明器具制造业	0.40	0.40	0.40	0.50	0.50	0.50	0.40	0.40	0.60	0.70	0.70	0.70	0.70	0.80
钟表制造业	0.20	0.30	0.30	0.50	0.30	0.70	0.40	0.40	0.50	0.60	0.70	0.80	0.50	0.60
轴承制造业	0.30	0.70	0.50	0.40	0.30	0.40	0.40	0.50	0.70	0.80	0.80	0.80	0.60	0.70
专用设备制造业	0.40	0.30	0.30	0.30	0.50	0.60	0.40	0.50	0.80	0.80	0.90	0.90	0.80	0.90
专用仪器仪表制造业	0.40	0.30	0.40	0.30	0.40	0.40	0.30	0.40	0.50	0.60	0.60	0.60	0.50	0.60
自行车制造业	0.30	0.30	0.40	0.40	0.70	0.30	1.00	0.70	0.80	1.10	1.30	1.30	1.50	1.60
传播与文化业		0.60	0.50	0.50	0.60	0.50	0.60	0.60	0.40	0.50	0.40	0.40	0.40	0.40
广播电影电视业	0.40	0.30	0.30	0.30	0.40	0.30	0.40	0.40	0.30	0.40	0.40	0.40	0.40	0.40
文化艺术业	0.30	0.70	0.50	0.40	0.50	0.30	0.50	0.50	0.40	0.60	0.50	0.50	0.30	0.30
房地产	0.40	0.30	0.30	0.30	0.30	0.30	0.30	0.30	0.30	0.30	0.30	0.30	0.30	0.30
房地产开发业	0.30	0.30	0.30	0.30	0.30	0.30	0.30	0.30	0.30	0.30	0.30	0.30	0.30	0.30
物业管理	0.30	0.30	0.30	0.30	0.30	0.30	0.40	0.40	0.40	0.60	0.50	0.60	0.50	0.30
建筑业	0.60	0.70	0.70	0.60	0.80	0.90	0.80	0.70	0.70	0.70	0.50	0.60	0.50	0.50
建筑安装业	0.60	0.60	0.60	0.70	0.80	1.00	0.80	0.90	0.90	0.60	0.70	1.10	1.00	1.00

（续表）

行　业	2000年	2001年	2002年	2003年	2004年	2005年	2006年	2007年	2008年	2009年	2010年	2011年	2012年	2013年
建筑装饰业		0.90	0.80	0.80	0.80	1.10	0.70	0.80	0.80	1.10	1.20	1.10	1.00	1.00
房屋工程建筑业		0.60	0.70	0.60	0.70	0.80	0.90	1.00	1.00	1.00	0.90	0.60	0.50	0.50
房屋建筑业	0.60	0.60	0.70	0.70	0.70	0.80	0.90	1.00	1.00	1.00	1.10	1.10	1.00	1.00
土木工程建筑业	0.60	0.70	0.70	0.90	0.80	0.50	0.70	0.80	0.80	0.90	0.80	0.60	0.50	0.50
信息技术服务业		0.40	0.30	0.30	0.30	0.40	0.40	0.40	3.40	0.60	0.60	0.60	0.60	1.20
电信业		0.30	0.30	0.30	0.30	0.30	0.30	0.30	0.40	0.40	0.30	0.30	0.30	0.50
计算机服务与软件业		1.00	0.60	1.70	0.90	0.80	0.80	0.80	0.80	0.90	0.90	0.70	0.70	1.20
住宿和餐饮业			0.30	0.30	0.30	0.50	0.40	0.40	0.40	0.40	0.40	0.40	0.40	0.40
餐饮业	0.40	0.40	0.30	0.30	0.30	0.40	0.40	0.40	0.40	0.50	0.50	0.60	0.80	0.80
住宿业	0.30	0.30	0.30	0.30	0.30	0.40	0.40	0.40	0.40	0.30	0.30	0.40	0.40	0.40
批发和零售贸易业	1.10	1.10	0.90	1.10	1.40	1.60	1.60	1.70	1.60	1.60	1.70	1.50	1.10	0.80
商业贸易	1.10	1.20	1.10	1.20	1.40	1.50	1.50	1.60	1.60	1.40	1.50	1.60	1.20	1.10
商业批发			1.20	1.30	1.20	1.40	1.70	1.80	1.80	1.90	1.90	1.70	1.80	1.80
综合零售	0.80	0.90	0.80	0.80	1.00	1.00	1.00	1.10	1.10	1.10	1.20	1.50	2.10	2.00
物资贸易	1.30	1.00	1.00	1.30	1.50	1.90	1.90	2.00	2.10	1.50	1.80	2.20	1.80	1.70
物资批发			1.30	1.00	0.90	1.30	1.50	1.90	1.90	2.00	2.10	1.50	1.70	2.30
物资零售			1.00	1.00	1.00	1.40	2.00	1.70	1.70	1.80	1.90	1.50	1.70	2.10
社会服务业	0.30	0.40	0.30	0.30	0.30	0.30	0.60	0.60	0.60	0.60	0.60	0.70	0.60	0.70
公共设施管理		0.40	0.30	0.30	0.30	0.30	0.60	0.60	0.40	0.40	0.40	0.40	0.40	0.40
科研设计		0.40	0.30	0.50	0.60	0.60	0.70	0.70	0.70	0.70	0.70	0.60	0.40	0.50
旅游业	0.40	0.40	0.40	0.50	0.30	0.70	1.00	0.73	0.60	0.60	0.60	0.80	0.70	0.70
信息咨询服务业	0.50	0.50	0.40	0.30	0.30	0.50	0.60	0.60	0.50	0.80	0.40	0.40	0.50	0.50
投资公司			0.30	0.30	0.30	0.40	0.40	0.30	0.30	0.30	0.30	0.40	0.40	0.30
道路运输业	0.30	0.40	0.30	0.30	0.30	0.30	0.30	0.30	0.30	0.30	0.40	0.50	0.40	0.50
高速公路			0.40	0.40	0.30	0.40	0.50	0.50	0.50	0.60	0.80	0.80	0.80	0.80
铁路运输业	0.30	0.30	0.30	0.30	0.30	0.30	0.30	0.40	0.40	0.40	0.50	0.60	0.50	0.50
水上运输业	0.40	0.50	0.40	0.40	0.50	0.50	0.50	0.60	0.60	0.30	0.50	0.40	0.50	0.40
航空运输业	0.40	0.40	0.40	0.30	0.40	0.40	0.40	0.50	0.50	0.60	0.60	0.50	0.40	0.40
城市公共交通业		0.40	0.40	0.30	0.30	0.30	0.40	0.30	0.40	0.40	0.40	0.40	0.30	0.30

附表 10-2　全国各行业国有企业平均流动资产周转率一览表①

单位:次

行　业	2000年	2001年	2002年	2003年	2004年	2005年	2006年	2007年	2008年	2009年	2010年	2011年	2012年	2013年
全部国有企业	1.00	1.00	1.10	1.30	1.50	1.60	1.50	1.60	1.50	1.30	1.50	1.50	1.30	1.30
农林牧渔业	0.90	0.80	0.70	0.70	0.80	0.80	0.90	0.90	0.90	0.90	0.90	1.00	1.00	1.00
农业	0.80	0.80	0.70	0.70	0.80	0.80	0.90	0.90	0.90	1.00	0.90	1.00	0.80	0.80
林业	0.80	0.80	0.70	0.60	0.60	0.60	0.70	0.70	0.70	0.90	0.70	0.50	0.50	0.50
畜牧业	1.10	1.10	0.90	0.90	1.00	1.60	1.50	1.50	1.50	1.70	1.80	2.00	1.70	1.70
渔业	1.00	0.90	0.70	0.60	0.70	0.70	0.90	0.90	0.90	1.00	1.30	1.40	1.20	1.20
工业	1.10	1.00	1.20	1.40	1.70	1.90	1.70	1.80	1.80	1.50	1.60	1.80	1.80	1.80
煤炭工业	0.70	1.00	1.00	1.10	1.30	1.60	1.40	1.50	1.30	0.90	1.10	1.20	1.40	1.20
森林工业	0.50	0.60	1.00	1.00	1.10	1.60	1.60	1.60	1.50	1.60	1.80	1.50	1.10	1.00
水的生产与供应业			0.80	0.80	0.90	0.80	0.70	0.70	0.80	0.80	0.80	0.60	0.50	0.50
轻工工业	0.80	0.90	0.90	1.00	1.10	1.30	1.20	1.20	1.30	1.30	1.40	1.30	1.10	1.10
纺织服装服饰业			1.10	1.10	2.50	1.40	1.40	1.40	1.30	1.50	1.60	1.50	1.40	1.40
工艺品及其他制品业		0.70	0.80	0.90	1.20	1.20	0.90	0.90	0.70	0.90	1.00	0.80	1.10	1.10
家具制造业	1.50	0.70	1.40	1.00	0.80	0.70	0.70	0.70	0.60	0.80	0.70	0.70	0.70	0.80
皮革毛皮羽绒及其制品业	0.60	0.70	0.80	0.90	2.30	1.20	1.10	1.10	1.00	1.30	1.40	1.80	1.90	1.80
文教体育用品制造业	0.70	0.80	1.00	0.80	1.10	1.20	1.10	1.10	1.00	1.20	1.10	1.80	1.50	1.50
印刷业,记录媒介复制业	0.90	0.80	1.00	1.00	1.00	1.10	1.10	1.10	1.00	0.90	1.00	1.20	1.40	1.20
造纸及纸制品业		0.90	0.90	1.00	1.10	1.20	1.20	1.20	1.20	1.30	1.30	1.30	0.90	0.90
制茶业		0.70	0.50	0.80	2.00	1.00	1.50	1.70	2.10	2.20	2.30	2.20	1.30	1.20
酒和饮料制造业	1.00	0.90	0.90	1.10	0.90	1.30	1.30	1.50	1.50	1.60	1.70	1.60	1.50	1.40
白酒制造业	0.80	0.70	0.80	0.70	0.40	0.70	0.60	0.80	0.80	1.00	1.00	1.20	1.10	1.10
啤酒制造业	1.20	1.30	1.30	1.60	1.50	1.60	1.70	1.90	1.70	1.90	1.90	1.80	1.80	1.80
食品工业	1.20	1.30	1.40	1.50	1.90	2.30	2.20	2.20	2.00	2.20	2.00	2.10	2.00	2.00
食品加工业	1.30	1.40	1.40	1.50	1.90	2.30	2.30	2.30	2.20	2.40	2.30	2.40	2.30	2.30
食品制造业	1.20	1.20	1.20	1.50	1.30	1.30	1.80	1.80	1.60	1.80	2.20	2.20	2.10	2.10

① 资料来源 wind 数据库。

（续表）

行　业	2000年	2001年	2002年	2003年	2004年	2005年	2006年	2007年	2008年	2009年	2010年	2011年	2012年	2013年
烟草工业	1.50	1.50	1.20	1.40	1.40	1.50	1.50	1.10	1.40	1.40	1.50	1.60	1.70	1.70
纺织工业	1.00	1.00	1.20	1.10	1.40	1.30	1.30	1.30	1.30	1.50	1.70	1.50	1.60	1.60
麻纺织业	0.80	0.60	0.70	0.70	1.10	1.10	0.90	0.90	1.00	1.20	1.90	1.90	2.00	2.00
毛纺织业	0.50	0.60	0.60	0.90	0.80	1.20	1.10	1.10	1.00	1.10	1.80	1.80	1.90	1.90
棉,化纤纺织业	1.20	1.20	1.30	1.30	1.20	1.60	1.70	1.70	1.60	1.50	1.70	1.60	1.70	1.70
丝绢纺织业	1.00	1.00	1.50	1.10	0.80	1.40	1.80	1.50	1.40	0.90	1.30	1.40	1.50	1.50
医药工业	0.90	0.90	1.10	1.10	1.20	1.40	1.30	1.30	1.40	1.50	1.60	1.70	1.50	1.50
化学药品原药,制剂制造业	0.90	1.10	1.10	1.30	1.30	1.40	1.30	1.30	1.40	1.50	1.60	1.60	1.40	1.40
中药材及中成药加工业	0.80	0.60	1.00	0.90	0.80	1.10	1.10	1.20	1.30	1.40	1.60	1.80	1.60	1.60
电力工业	1.00	1.40	1.60	1.50	4.50	2.60	2.20	2.30	2.50	3.50	3.60	2.30	2.30	2.40
电力供应业	1.10	1.80	1.70	1.50	2.50	3.40	2.20	2.30	2.50	3.10	4.40	4.60	4.00	4.00
燃气生产与供应业	1.00	1.20	1.20	1.30	1.30	1.90	1.50	1.60	1.80	1.80	1.80	1.80	1.90	1.70
热力生产和供应业										0.90		1.00	0.90	0.80
电力生产业	0.90	1.20	1.40	1.50	2.10	1.70	1.60	1.70	1.80	1.80	1.90	1.90	1.90	1.20
火力发电业	0.80	1.10	1.20	1.50	2.40	1.90	1.70	1.80	1.80	1.90	1.60	1.60	1.60	1.60
水力发电业	1.30	0.60	0.70	0.90	1.60	1.00	0.90	1.00	1.00	1.20	1.20	0.80	0.80	0.80
石油石化工业	1.10	1.80	1.90	2.40	2.40	2.70	2.50	2.50	2.80	1.60	2.50	2.80	2.80	2.60
天然原油和天然气开采业	1.70	1.40	1.80	1.90	2.40	2.90	2.80	2.80	3.00	2.90	3.50	3.20	3.20	3.20
原油加工及石炼焦业		1.20	2.00	3.20	2.40	2.50	2.40	2.40	2.40	2.40	2.50	2.90	2.90	2.90
冶金工业	1.30	1.40	1.50	1.60	2.50	2.50	2.40	2.40	2.00	1.80	1.80	1.70	1.70	1.70
黑色金属矿采选业	0.80	1.10	1.20	1.50	1.80	1.90	1.80	1.80	1.60	1.40	1.30	1.40	1.40	1.40
黑色金属冶炼业	1.30	1.40	1.70	1.70	2.20	2.70	2.60	2.60	2.30	1.70	2.00	1.80	1.70	1.70
有色金属矿采选业	1.10	1.10	1.30	1.20	1.80	2.10	2.50	2.50	2.20	1.90	1.50	1.50	1.50	1.50
有色金属冶炼业	1.30	1.20	1.40	1.30	1.90	2.00	2.00	2.00	1.80	1.80	1.90	1.90	1.90	1.90
建材工业	0.70	0.80	0.90	0.90	1.20	1.30	1.20	1.20	1.30	1.10	1.10	1.10	1.10	1.10
建筑用金属制品业	0.60	0.90	1.10	0.80	1.10	1.10	1.10	1.10	1.40	1.50	1.30	1.30	1.30	1.30
建筑用矿石采选业	0.70	0.70	0.80	0.80	1.00	1.50	1.30	1.30	1.10	1.20	1.30	1.30	1.30	1.30
结构性金属制品业	0.90	0.60	0.90	1.00	0.90	1.20	1.30	1.30	2.00	2.10	1.10	1.10	1.10	1.10
水泥制品及石膏制品业	0.70	0.70	0.80	1.10	1.50	1.40	1.50	1.50	1.70	1.80	1.50	1.70	1.70	1.70

（续表）

行　业	2000年	2001年	2002年	2003年	2004年	2005年	2006年	2007年	2008年	2009年	2010年	2011年	2012年	2013年
水泥制造业	0.90	1.00	1.20	1.10	1.40	1.30	1.20	1.20	1.30	1.40	1.60	1.80	1.80	1.80
电子工业	0.90	1.00	0.80	1.00	0.90	1.20	1.20	1.20	1.40	1.40	1.20	1.20	1.00	1.00
电子计算机制造业	1.10	1.00	0.70	1.10	1.50	1.60	1.50	1.50	1.50	1.50	2.50	1.00	1.00	0.80
电子元、器件制造业	0.80	0.70	0.80	0.90	1.10	1.00	0.80	0.80	1.10	1.10	0.80	2.00	2.00	2.40
广播电视设备制造业	0.50	0.90	0.40	0.90	0.90	1.80	0.60	0.80	1.10	1.10	1.00	1.00	1.00	1.00
通信设备制造业	0.80	1.40	1.00	1.20	0.60	1.20	1.40	1.40	1.40	1.50	1.00	1.20	1.20	1.10
化学工业	1.10	1.00	1.20	1.20	1.60	1.70	1.90	1.90	1.80	1.50	2.00	2.00	1.50	1.50
肥料制造业	1.10	1.10	1.30	1.40	1.50	1.80	1.70	1.70	1.50	1.70	1.70	1.70	1.70	1.70
化纤制造业	1.50	0.90	1.20	1.20	1.60	1.70	1.80	1.80	1.40	1.30	1.50	1.50	1.50	1.50
基础化学原料制造业	1.00	1.10	1.40	1.20	1.80	1.90	1.90	1.90	1.70	1.60	1.70	1.60	1.60	1.60
农药制造业		1.00	1.00	1.00	2.50	1.70	1.60	1.60	1.60	1.70	1.90	1.90	1.90	1.90
日用和化学产品制造业	1.10	1.00	1.10	1.20	0.60	1.80	1.10	1.10	0.80	1.00	1.20	1.20	1.20	1.20
塑料制品业	1.10	1.00	1.00	1.10	1.60	1.50	1.50	1.50	0.70	0.80	1.20	1.40	1.40	1.40
橡胶制品业	0.80	1.00	1.00	1.00	1.70	1.60	1.70	1.70	1.20	1.60	1.70	1.90	1.90	1.90
机械工业	0.80	1.00	1.00	1.10	1.40	1.40	1.40	1.50	1.50	1.00	1.10	0.50	1.10	1.20
矿山、冶金、建筑设备制造业	0.70	1.30	0.80	0.80	1.00	1.20	1.20	1.20	1.20	1.30	1.30	1.30	1.20	1.20
汽车制造业	1.20	1.30	1.40	1.90	2.10	2.10	1.30	1.40	1.30	1.70	2.10	2.00	2.00	1.80
船舶制造业	0.50	0.50	0.50	0.60	0.70	0.90	1.00	0.90	1.00	1.00	1.00	0.90	0.50	0.70
电工器材制造业	1.00	1.00	1.00	0.90	1.10	0.90	0.70	1.10	1.20	1.30	1.50	1.50	1.30	1.30
电机制造业	0.40	0.50	0.70	0.40	0.80	0.90	0.80	0.90	0.70	0.80	0.90	0.90	0.80	0.80
电气机械及器材制造业	0.70	0.70	0.80	0.70	0.80	0.90	0.80	0.80	0.90	1.00	1.00	1.00	1.00	1.00
锅炉及原动机制造业	0.60	0.70	0.70	0.70	0.70	1.10	1.10	1.00	1.10	1.00	1.00	1.00	0.90	0.90
化工、木材、非金属加工设备制造业			0.60	0.70	0.70	1.00	1.00	1.00	1.00	1.10	1.10	1.10	1.00	1.00
家用电器制造业	0.70	0.70	1.00	1.00	1.30	1.50	1.60	1.60	1.70	1.90	1.90	1.80	1.50	1.60
交通运输设备制造业	1.20	1.20	1.40	1.70	2.10	2.00	1.80	1.80	1.90	1.90	2.20	2.20	2.40	2.40
金属工具制造业	0.40	0.40	0.40	0.50	0.70	1.00	0.90	0.90	0.90	0.90	1.00	0.90	1.20	1.20
金属加工机械制造业	0.50	0.60	0.70	0.70	0.80	0.90	0.90	0.90	1.00	1.00	1.00	1.00	0.90	0.90

（续表）

行　业	2000年	2001年	2002年	2003年	2004年	2005年	2006年	2007年	2008年	2009年	2010年	2011年	2012年	2013年
金属制品业	0.70	1.20	1.10	1.10	1.30	1.70	1.70	1.80	1.70	1.60	1.70	1.70	1.50	1.50
摩托车制造业	0.90	0.70	0.80	1.00	1.20	1.70	1.90	1.80	1.80	1.90	2.00	2.00	2.10	2.10
农林牧渔水利机械制造业	0.80	0.90	0.80	1.10	1.50	1.80	1.70	1.70	1.80	1.90	2.00	2.00	1.80	1.80
其他通用设备制造业			0.80	0.80	1.30	1.20	1.20	1.20	1.20	1.20	1.20	1.20	1.00	1.00
轻纺工业设备制造业	0.60	0.80	0.80	0.90	1.00	1.00	1.00	1.00	1.00	1.00	1.00	1.00	0.90	0.90
输配电及控制设备制造业	0.60	0.80	0.70	0.70	0.60	1.00	1.30	1.30	1.40	1.50	1.50	1.50	1.20	1.20
铁路运输设备制造业	0.90	1.20	1.10	1.20	1.10	1.40	1.30	1.30	1.40	1.40	1.40	1.40	1.60	1.00
通用设备制造业	0.60	0.90	0.70	0.70	0.80	1.00	1.10	1.10	1.00	1.00	1.00	0.90	0.90	0.90
通用仪器仪表制造业	0.80	0.80	0.60	1.00	0.70	0.60	0.50	0.70	0.80	1.00	1.00	1.00	1.00	1.00
医疗仪器设备制造业	0.80	1.20	1.00	0.70	0.70	0.80	0.80	0.90	1.00	1.10	1.10	1.10	1.10	1.10
仪器仪表及文化、办公用机械制造业	0.70	0.60	0.60	0.50	0.70	0.70	0.60	0.80	0.80	1.00	1.10	1.20	1.00	1.00
照明器具制造业	0.70	0.80	0.90	0.80	1.00	1.20	1.10	1.10	1.10	1.20	1.20	1.30	1.20	1.20
钟表制造业	0.30	0.30	0.30	0.40	0.50	1.20	0.90	0.90	0.90	0.90	1.00	1.00	0.70	0.70
轴承制造业	0.40	0.50	0.40	0.60	0.40	0.80	0.80	0.80	0.90	1.00	1.10	1.10	0.90	0.90
专用设备制造业	0.70	0.90	0.80	0.80	1.00	1.10	1.10	1.20	1.40	1.40	1.40	1.40	1.20	1.20
专用仪器仪表制造业	0.80	0.70	0.70	0.60	0.70	0.60	0.50	0.70	0.80	1.10	1.10	1.10	0.90	0.90
自行车制造业	0.50	0.40	0.50	0.60	1.40	0.70	0.80	0.80	0.90	1.20	1.50	1.60	1.70	1.70
传播与文化业		1.30	1.20	1.10	1.20	1.00	1.10	0.90	1.00	1.10	1.00	0.80	0.60	0.70
广播电影电视业	0.70	0.80	0.80	0.70	0.80	0.80	0.90	0.70	0.80	1.00	1.00	1.00	0.90	0.90
文化艺术业	0.30	1.90	2.00	1.10	1.20	0.80	0.90	0.70	0.80	1.00	1.00	1.00	0.70	0.70
房地产	0.30	0.30	0.30	0.30	0.30	0.40	0.40	0.50	0.50	0.40	0.40	0.40	0.40	0.40
房地产开发业	0.30	0.30	0.30	0.30	0.30	0.30	0.40	0.50	0.50	0.40	0.40	0.40	0.40	0.30
物业管理	0.50	0.30	0.30	0.60	0.60	0.60	0.40	0.50	0.50	0.70	0.50	0.40	0.60	0.70
建筑业	0.80	0.90	1.00	1.00	1.20	1.40	1.20	1.30	1.30	1.10	0.70	0.80	0.90	0.80
建筑安装业	0.80	0.80	0.80	0.90	1.10	1.40	1.20	1.30	1.30	1.30	1.40	1.50	1.60	1.60
建筑装饰业		1.10	1.10	1.00	1.10	1.30	1.20	1.30	1.30	1.40	1.50	1.40	1.50	1.50
房屋工程建筑业		1.00	1.00	1.00	1.10	1.30	1.20	1.30	1.30	1.30	1.40	0.70	0.80	0.80
房屋建筑业	0.80	0.80	0.90	0.90	1.00	1.10	1.30	1.40	1.40	1.30	1.40	1.20	1.30	1.30

（续表）

行 业	2000年	2001年	2002年	2003年	2004年	2005年	2006年	2007年	2008年	2009年	2010年	2011年	2012年	2013年
土木工程建筑业	0.80	0.90	1.20	1.30	1.30	0.60	0.60	0.90	0.90	1.40	1.50	0.70	0.80	0.80
信息技术服务业		1.20	1.40	1.40	1.50	1.60	1.00	1.10	1.30	1.30	1.30	1.20	1.30	2.50
电信业		1.20	1.40	1.40	1.50	1.60	0.70	0.90	1.20	1.00	1.00	1.00	1.50	1.20
计算机服务与软件业		1.40	0.90	2.30	1.30	1.30	1.20	1.30	1.10	1.10	1.20	1.00	1.00	2.70
住宿和餐饮业	1.30		1.20	1.20	1.20	1.30	1.30	1.40	1.40	1.50	1.40	1.60	1.20	1.10
餐饮业	1.00	1.20	1.10	1.10	1.10	1.00	1.00	1.10	1.10	1.30	1.30	1.60	1.70	1.60
住宿业	1.70	1.10	1.20	1.20	1.20	1.40	1.40	1.50	1.50	1.60	1.50	1.60	1.20	1.10
批发和零售贸易业	1.70	1.70	1.60	2.00	2.20	2.50	2.60	2.70	2.40	2.20	2.40	2.30	1.40	1.10
商业贸易		1.90	1.90	2.10	2.30	2.50	2.60	2.80	2.70	2.60	2.40	2.40	2.30	2.20
商业批发			1.80	1.90	1.90	2.20	2.40	2.60	2.70	2.90	2.80	2.30	2.40	2.40
综合零售	1.70	1.90	1.80	1.80	2.10	2.10	2.10	2.30	2.20	2.30	2.20	2.50	3.50	3.40
物资批发	2.00	1.80	1.90	2.30	2.40	2.80	2.90	3.10	3.00	2.50	2.80	3.50	3.40	3.30
物资零售			2.00	1.80	1.90	2.20	2.40	2.80	3.00	3.20	3.10	2.50	2.80	3.50
物流业			1.60	1.80	2.10	2.50	2.90	2.40	2.40	2.60	2.50	2.50	2.90	3.40
社会服务业	0.90	1.10	0.90	0.80	0.60	0.60	0.70	0.70	0.80	1.00	1.00	1.20	1.00	1.10
公共设施管理		1.10	0.80	0.60	0.30	0.70	0.40	0.70	0.50	0.70	0.70	0.70	0.50	0.50
科研设计	0.80	0.80	0.70	0.90	0.80	1.00	1.10	1.20	0.80	0.90	1.10	0.70	0.50	0.80
旅游业	1.30	1.30	1.50	1.50	1.40	2.40	2.10	1.90	1.90	1.90	2.00	2.30	1.20	1.20
信息咨询服务业	0.80	0.80	0.90	0.50	0.60	0.80	0.90	0.90	0.70	1.00	0.50	0.50	0.60	0.60
投资公司		1.20	0.50	0.50	0.40	0.40	0.50	0.40	0.50	0.50	0.50	0.50	0.50	0.60
道路运输业	1.00		0.80	1.10	0.90	1.10	1.10	1.10	1.10	1.10	1.30	1.40	1.10	0.90
高速公路			0.90	1.00	0.60	1.80	2.10	2.10	2.00	2.10	2.30	2.50	2.20	2.00
铁路运输业	1.50	1.10	1.60	2.00	1.60	2.40	1.40	2.10	1.80	1.70	1.90	1.90	1.60	1.40
水上运输业	1.10	1.30	1.30	1.30	1.40	1.60	1.60	1.80	1.80	0.90	0.60	0.60	0.50	0.60
航空运输业	1.40	1.40	1.40	1.40	1.60	1.70	1.00	1.30	1.40	1.90	2.50	2.50	2.00	2.00
城市公共交通业		1.60	1.60	1.60	1.30	1.30	1.20	1.00	0.90	0.90	1.10	0.70	5.60	5.40

附表 10-3　全国各行业国有企业平均应收账款周转率一览表①

单位:次

行　业	2000年	2001年	2002年	2003年	2004年	2005年	2006年	2007年	2008年	2009年	2010年	2011年	2012年	2013年
全部国有企业	4.30	4.20	5.60	6.70	7.50	7.70	7.80	7.90	7.80	8.00	8.30	8.50	8.20	7.70
农林牧渔业	4.00	3.20	3.70	3.80	4.30	5.00	5.10	5.10	5.00	6.50	6.80	10.00	11.00	10.00
农业	4.10	5.00	4.10	4.60	5.20	5.80	5.90	5.90	5.80	6.60	6.50	7.00	6.80	5.80
林业	3.30	3.40	2.90	2.80	2.70	3.10	3.20	3.20	3.10	3.70	6.70	7.00	6.20	5.20
畜牧业	4.10	4.90	5.10	3.40	4.40	7.30	7.40	7.40	7.30	8.70	7.80	9.00	9.10	8.10
渔业	4.50	4.50	2.80	3.70	3.80	4.20	4.10	4.10	4.00	4.70	10.60	10.00	10.30	9.30
工业	4.30	5.70	5.70	6.20	9.30	9.40	9.70	9.80	7.60	5.30	5.80	7.20	7.00	7.00
煤炭工业	1.80	3.70	4.10	3.80	7.70	10.40	10.00	9.30	8.90	5.50	8.10	8.70	7.00	6.00
森林工业	2.50	3.40	3.30	3.90	4.70	7.90	7.80	7.80	7.70	9.80	10.00	10.50	8.20	8.00
水的生产与供应业			4.50	4.40	5.80	5.30	5.50	5.50	5.70	7.80	8.30	8.00	7.00	6.60
轻工工业	3.30	3.70	3.80	4.30	6.60	5.80	6.00	5.90	6.70	7.00	7.30	6.00	7.00	7.00
纺织服装服饰业			7.00	5.30	12.80	5.90	5.90	5.80	5.60	6.60	7.00	8.00	9.60	9.90
工艺品及其他制品业			3.70	3.70	4.20	4.10	3.70	3.60	4.00	4.90	4.70	4.50	4.20	4.00
家具制造业	4.20	3.60	4.80	4.20	3.60	2.10	3.20	3.10	3.30	3.80	4.20	4.00	3.40	3.50
皮革毛皮羽绒及其制品业	2.60	2.60	4.30	3.10	9.90	6.30	6.30	6.20	5.90	7.00	7.60	8.50	8.60	8.10
文教体育用品制造业	2.40	3.10	2.90	2.00	3.50	4.40	4.00	3.90	3.20	4.20	4.30	7.00	8.30	8.60
印刷业,记录媒介复制业	3.50	3.30	3.80	4.30	4.70	4.40	4.30	4.20	4.00	3.90	4.20	4.50	4.90	5.00
造纸及纸制品业		2.90	3.80	3.60	3.90	4.30	4.50	4.40	4.20	4.30	4.90	5.50	5.10	5.20
制浆业		2.80	2.40	2.40	9.30	1.10	1.70	2.80	2.80	3.20	3.20	3.00	5.20	5.20
酒和饮料制造业	4.40	4.40	4.20	5.90	5.60	8.10	8.30	9.40	9.80	14.50	14.70	13.00	11.90	10.90
白酒制造业	3.60	3.70	3.50	4.40	3.90	4.40	4.10	5.20	6.30	11.00	13.80	14.00	15.10	12.20
啤酒制造业	6.60	7.10	7.20	10.30	11.30	12.20	13.60	14.70	16.80	18.50	18.60	15.00	12.40	12.40
食品工业	5.20	5.50	5.00	5.50	8.50	9.10	7.10	7.10	7.00	9.30	12.00	13.90	12.60	11.50
食品加工业	5.20	5.80	4.60	5.10	7.70	10.00	9.80	9.80	9.80	12.00	12.10	12.40	11.10	10.00
食品制造业	5.40	5.30	5.60	6.20	6.10	6.10	5.80	5.80	5.60	7.40	8.20	8.40	7.10	6.00

① 资料来源 wind 数据库。

（续表）

行　业	2000年	2001年	2002年	2003年	2004年	2005年	2006年	2007年	2008年	2009年	2010年	2011年	2012年	2013年
烟草工业	8.30	7.30	10.90	10.50	14.00	20.00	21.30	21.30	20.30	18.40	19.60	21.10	22.20	21.90
纺织织业	5.10	5.00	5.30	5.70	7.70	6.40	6.30	6.30	5.90	6.60	8.10	8.30	9.50	8.50
麻纺织业	4.40	2.60	3.40	3.40	3.70	6.30	5.00	5.00	4.60	5.30	6.50	6.80	8.00	7.00
毛纺织业	2.60	3.50	2.70	4.10	4.20	4.80	2.30	2.30	2.10	2.90	4.80	4.90	6.10	5.10
棉、化纤纺织业	6.20	6.00	6.50	7.60	8.00	9.20	10.60	10.60	9.70	10.40	11.50	12.30	13.50	12.50
丝绢纺织业	4.10	4.60	3.00	3.90	3.80	5.10	7.50	4.50	4.10	4.30	5.90	5.90	7.10	6.10
医药工业	2.90	3.30	3.70	3.60	3.80	4.00	3.90	3.90	4.00	6.70	6.80	7.40	7.00	5.50
化学药品原药、制剂制造业	3.00	3.80	3.60	4.10	6.20	4.70	4.60	4.60	4.70	4.90	7.20	7.30	6.90	5.40
中药材及中成药加工业	2.60	2.50	3.70	3.40	4.00	3.90	3.90	4.00	4.60	4.90	6.30	7.80	7.40	5.90
电力工业	5.80	5.70	8.50	9.00	21.20	13.70	8.90	9.00	4.30	4.40	9.00	9.10	9.80	10.20
电力供应业	6.90	6.80	10.10	10.70	18.70	25.20	16.50	16.70	14.70	16.60	28.60	14.70	18.70	19.40
燃气生产与供应业	4.60	6.20	8.40	6.20	8.20	11.40	12.90	13.00	13.50	13.30	13.90	13.70	13.70	13.40
热力生产和供应业												6.10	6.20	6.10
电力生产业	3.30	4.90	5.10	6.60	9.30	6.90	6.80	6.90	5.80	6.10	7.10	6.90	6.90	6.70
火力发电业		5.00	5.70	8.10	10.00	7.50	7.20	7.30	4.50	5.80	6.60	8.30	8.00	8.00
水力发电业		2.50	2.50	2.70	7.30	3.80	4.10	4.20	4.60	6.20	6.80	6.90	7.50	7.30
石油石化工业		17.00	15.10	13.80	15.30	18.20	10.50	10.70	11.60	11.70	18.20	21.10	21.00	18.00
天然原油和天然气采业	9.50	14.40	9.70	9.60	12.70	14.20	10.30	10.60	11.90	11.80	17.10	16.50	13.10	10.10
原油加工及炼焦业		5.40	14.80	18.90	13.50	24.80	14.30	14.30	10.30	10.60	16.00	16.00	16.00	13.00
冶金工业	5.60	7.20	7.50	8.30	11.60	15.20	13.50	13.80	10.30	9.80	11.50	12.00	12.00	12.00
黑色金属矿采选业	3.00	5.60	4.80	5.30	6.20	10.60	11.50	11.80	10.20	8.80	8.90	9.00	8.00	8.00
黑色金属冶炼业	5.90	7.70	7.80	9.20	12.50	16.40	16.70	17.00	16.20	9.70	10.70	11.70	11.70	10.60
有色金属矿采选业	4.80	6.90	7.50	6.70	10.90	12.50	15.10	15.40	14.80	15.10	15.00	13.40	13.40	13.40
有色金属冶炼业	5.90	6.10	7.20	6.80	12.60	13.20	13.10	13.40	11.80	11.90	15.00	15.70	15.70	15.70
建材工业	2.50	2.60	2.60	2.70	4.30	3.70	3.80	3.80	4.50	4.50	5.60	5.70	5.00	5.20
建筑用金属制品业	3.50	2.90	1.90	2.40	3.30	3.80	3.80	3.80	6.00	7.00	4.10	4.10	4.10	4.30
建筑用矿石采选业	1.80	1.90	2.00	2.80	5.30	4.10	3.50	3.50	4.00	4.10	7.10	7.00	6.10	6.30
结构性金属制品业	3.90	2.40	2.60	2.80	2.80	3.30	4.00	4.00	4.50	5.50	2.80	2.80	2.80	3.00
水泥制品及石膏制品业	1.70	2.20	2.20	3.10	5.60	4.10	4.30	4.30	5.30	5.50	5.50	4.80	4.80	5.00

（续表）

行业	2000年	2001年	2002年	2003年	2004年	2005年	2006年	2007年	2008年	2009年	2010年	2011年	2012年	2013年
水泥制造业	2.40	2.90	3.20	3.00	5.60	4.20	3.80	3.80	4.00	4.10	13.00	14.00	12.60	12.80
电子工业	2.80	3.70	3.50	3.90	3.90	4.10	3.50	3.50	3.80	3.80	2.90	2.80	2.60	2.00
电子计算机制造业	6.20	5.00	2.00	3.40	3.70	4.40	4.10	4.10	3.90	3.90	5.00	3.40	3.20	2.50
电子元、器件制造业	3.00	4.20	3.70	4.20	4.30	3.70	2.90	2.90	2.60	2.60	5.00	4.80	4.60	4.20
广播电视设备制造业	3.80	3.80	2.40	8.90	4.00	11.20	3.60	3.60	3.60	3.60	3.50	3.90	3.70	2.80
通信设备制造业	1.70	2.90	3.40	3.20	1.10	2.90	3.20	3.20	3.20	3.20	4.00	2.80	2.60	1.50
化学工业	4.10	4.40	5.00	4.90	6.10	7.30	7.60	7.60	7.60	8.80	12.00	11.60	8.90	8.90
肥料制造业	4.30	6.00	5.90	7.50	8.90	11.10	11.30	11.90	10.00	11.20	11.80	11.50	11.50	11.50
化纤制造业	8.50	5.70	8.10	5.90	9.30	6.70	6.80	7.10	6.80	7.00	8.10	9.60	9.60	9.60
基础化学原料制造业	3.70	3.90	5.70	5.30	7.50	8.60	9.50	9.50	7.00	6.80	8.80	8.90	8.90	8.90
农药制造业			4.30	4.20	10.60	9.30	8.20	8.20	9.00	9.20	9.50	9.60	9.60	9.60
日用和化学产品制造业	3.50	3.60	4.00	3.70	3.10	6.50	4.30	4.30	4.20	4.40	4.50	5.00	6.00	6.00
塑料制品业	3.90	4.70	4.30	4.50	7.50	6.10	6.30	6.30	3.90	4.00	6.10	6.20	6.20	6.20
橡胶制品业	2.20	2.90	3.00	2.90	5.70	4.70	4.60	4.60	5.00	5.50	6.10	6.50	6.50	6.50
机械工业	2.80	3.50	3.80	3.80	4.20	5.50	5.20	5.30	5.40	3.20	3.10	2.40	3.70	3.10
矿山、冶金、建筑设备制造业	2.60	6.00	2.40	2.70	4.20	4.20	4.40	4.40	4.50	4.40	4.40	4.40	3.80	3.80
汽车制造业	4.80	5.30	7.20	7.80	7.70	8.70	9.20	9.20	10.10	11.00	12.00	12.00	10.60	10.80
船舶制造业	1.80	2.80	5.40	5.40	4.30	13.90	12.80	9.90	10.10	8.10	10.00	7.80	4.10	4.30
电工器材制造业	2.80	2.50	2.60	2.60	4.50	3.20	3.30	3.80	3.90	4.00	5.00	5.00	4.20	4.20
电机制造业	1.50	1.50	1.90	2.20	3.30	4.70	5.10	4.80	4.90	4.70	4.80	4.80	3.20	3.20
电气机械及器材制造业	2.00	2.30	2.40	2.50	3.00	3.60	3.80	3.80	3.90	4.10	4.30	4.30	4.00	4.00
锅炉及原动机械制造业	1.60	2.00	2.20	1.90	3.30	4.70	4.40	4.40	4.50	4.00	4.00	4.00	3.40	3.40
化工、木材、非金属加工设备制造业		2.50	2.50	2.70	3.40	3.40	3.50	3.50	3.50	3.60	3.80	3.80	3.50	3.50
家用电器制造业	2.50	2.70	3.20	2.80	4.20	8.60	10.60	8.50	9.10	9.50	9.50	9.50	12.00	12.00
交通运输设备制造业	4.30	4.90	7.10	6.40	7.80	7.50	7.90	7.90	8.30	8.80	9.50	9.50	9.80	9.80
金属工具制造业	1.20	1.40	1.50	1.50	2.10	2.60	2.70	2.70	2.70	2.70	3.30	3.00	3.50	3.50

（续表）

行业	2000年	2001年	2002年	2003年	2004年	2005年	2006年	2007年	2008年	2009年	2010年	2011年	2012年	2013年
金属加工机械制造业	2.10	2.10	3.00	2.80	3.50	4.20	4.30	4.30	4.50	4.50	4.50	4.30	3.70	3.70
金属制品业	2.20	3.40	2.90	2.90	4.30	4.90	5.00	5.10	5.40	5.40	6.50	6.60	6.20	6.20
摩托车制造业	2.80	2.70	4.10	2.90	5.10	8.20	5.40	5.40	5.60	6.10	7.30	7.20	6.70	6.70
农林牧渔水利机械制造业	3.00	1.40	4.60	2.40	3.00	4.50	6.10	6.10	6.00	7.00	10.00	10.00	8.70	8.70
其他通用设备制造业			3.20	3.00	4.50	4.00	3.90	3.90	4.10	4.10	4.20	4.20	3.60	3.60
轻纺工业设备制造业	3.20	4.50	4.10	4.10	4.00	4.00	3.80	3.80	3.80	4.00	4.40	4.40	4.80	4.80
输配电及控制设备制造业	1.50	2.10	1.90	1.80	2.00	2.00	1.90	2.10	2.90	3.10	3.20	3.10	2.50	2.50
铁路运输设备制造业	3.10	4.10	5.40	4.30	4.20	3.80	4.10	4.30	4.70	4.50	5.30	5.30	2.70	2.10
通用设备制造业	2.00	2.80	2.60	2.40	3.00	4.10	4.20	4.20	4.40	4.30	4.30	4.20	3.60	3.60
通用仪器仪表制造业	3.10	2.10	2.10	3.30	3.10	1.40	0.90	1.70	1.90	2.30	3.00	3.00	2.70	2.70
医疗仪器仪表设备制造业	2.80	4.50	4.20	3.70	3.50	3.10	3.00	3.00	2.90	3.00	4.80	4.80	4.40	4.40
仪器仪表及文化、办公用机械制造业	1.40	2.00	2.20	2.80	2.70	2.20	1.60	2.40	2.10	2.50	3.30	3.40	2.30	2.30
照明器具制造业	3.50	3.60	5.20	4.70	5.90	4.10	4.30	4.50	4.30	4.60	4.60	4.60	4.50	4.50
钟表制造业	0.90	1.10	0.60	1.20	2.10	1.80	4.50	4.50	4.60	4.70	7.00	7.30	4.80	4.80
轴承制造业	1.10	1.20	1.30	1.40	1.00	1.80	1.80	2.00	2.20	2.40	3.50	3.60	3.20	3.20
专用设备制造业	2.70	3.10	2.60	3.00	3.70	4.30	4.40	4.60	4.90	5.10	5.40	5.40	4.50	4.50
专用仪器仪表制造业	3.20	2.60	2.50	3.00	2.00	2.40	1.80	2.60	2.70	2.90	3.30	3.30	3.00	3.00
自行车制造业	1.40	1.80	2.40	1.40	2.40	1.10	1.20	1.20	1.50	1.60	5.00	5.00	5.50	5.50
传播与文化业		9.60	9.00	7.40	8.30	8.10	8.30	7.80	8.20	8.70	8.60	11.00	9.60	7.20
广播电影电视业		5.30	3.20	3.50	4.90	5.20	8.80	8.30	8.70	9.00	9.10	8.00	5.80	5.90
文化艺术业		13.00	13.80	8.20	9.60	8.10	3.60	7.80	8.20	8.50	8.40	12.00	10.10	9.40
房地产	1.70		1.40	2.30	2.80	3.40	3.60	3.90	8.40	8.50	8.30	7.80	7.90	7.60
房地产开发业	1.70	3.00	1.20	2.50	3.10	3.50	3.60	3.70	8.20	8.40	8.10	7.80	7.60	6.00
物业管理	2.40	2.70	1.60	3.10	4.40	4.70	4.80	4.90	9.40	9.50	8.60	4.00	4.60	5.00
建筑业	2.50	2.70	2.70	3.00	3.80	3.90	3.50	3.70	4.50	4.60	3.30	3.70	3.40	3.00
建筑安装业	3.00	3.00	3.10	2.70	3.00	4.50	4.60	4.40	3.90	4.30	4.60	4.80	4.50	4.40
建筑装饰业		4.60	3.60	3.70	4.20	4.50	4.60	4.80	5.00	5.30	6.50	6.30	6.00	5.90
房屋工程建筑业			2.70	3.10	3.40	3.70	3.80	4.00	4.20	4.40	4.50	3.60	3.30	3.20

（续表）

行　业	2000年	2001年	2002年	2003年	2004年	2005年	2006年	2007年	2008年	2009年	2010年	2011年	2012年	2013年
房屋建筑业	2.10	2.20	2.20	2.60	2.80	2.90	3.50	3.70	3.90	4.10	4.40	5.30	5.00	4.90
土木工程建筑业	2.40	2.70	3.70	4.80	4.80	3.90	3.90	4.10	4.30	4.50	4.20	3.40	3.10	3.00
信息技术服务业		6.10	8.90	9.10	9.40	9.60	9.10	9.50	10.50	11.20	11.40	10.50	7.00	5.80
电信业		8.10	9.40	9.80	9.60	9.90	7.50	7.90	9.20	7.30	7.60	7.40	7.70	8.50
计算机服务与软件业		8.60	6.10	6.00	6.80	7.00	5.50	5.90	5.20	5.20	5.50	5.50	5.10	7.50
住宿和餐饮业	10.70		7.60	8.00	8.30	8.10	8.30	8.50	9.50	9.70	12.30	14.80	15.40	11.30
餐饮业		9.50	9.50	7.30	7.60	3.40	3.50	3.70	4.70	6.30	11.90	13.00	14.50	10.40
住宿业		6.90	7.30	8.00	8.40	10.20	10.40	10.60	10.60	10.90	13.50	16.20	13.00	8.90
批发和零售贸易业	6.30	6.00	5.90	6.40	7.20	8.40	8.90	9.10	9.50	9.00	10.30	10.20	9.20	7.50
商业贸易	5.40	6.40	6.10	7.50	8.10	8.80	9.00	9.40	9.60	9.20	9.60	9.70	8.70	8.80
商业批发	5.90		5.40	6.10	5.80	7.30	8.00	9.00	9.20	9.60	9.80	8.20	9.20	9.30
综合零售	10.10	10.40	7.40	8.20	8.70	8.30	8.50	8.90	9.10	8.90	9.30	11.20	9.60	9.70
物资贸易	5.90	6.70	7.20	6.80	8.10	10.10	10.30	10.70	11.10	12.30	13.50	13.20	12.20	12.30
物资批发			5.90	6.60	7.10	6.70	8.10	10.10	10.20	10.60	11.00	12.20	13.60	14.80
物资零售			5.70	7.00	7.20	7.20	10.40	10.50	10.70	11.10	11.50	13.20	11.50	13.80
社会服务业	4.10	6.20	4.00	3.60	6.50	3.10	3.20	3.60	4.70	5.00	5.50	6.00	5.80	5.80
公共设施管理			1.60	2.10	1.00	1.00	1.10	1.20	1.50	2.00	2.50	2.00	2.00	2.00
科研设计		5.20	4.80	5.00	6.50	9.20	7.90	7.80	6.40	5.00	6.00	5.50	4.20	4.00
旅游业	4.70	6.50	7.20	8.00	7.20	11.30	9.80	9.90	12.10	15.90	16.60	10.40	10.40	9.30
信息咨询服务业	2.80	4.00	3.00	3.10	3.10	6.30	4.10	4.20	4.70	5.20	6.50	5.70	6.20	6.30
投资公司			1.60	2.30	1.30	2.10	3.50	3.30	5.00	5.70	5.50	7.00	6.20	6.00
道路运输业	4.20	5.40	4.30	5.40	5.40	5.90	6.70	6.60	7.10	7.80	9.00	9.50	9.40	9.40
高速公路			1.60	2.80	4.40	6.40	5.10	7.30	7.10	7.50	8.10	8.50	8.40	8.40
铁路运输业	7.50	5.70	8.20	9.60	10.00	12.30	5.80	6.10	5.70	5.70	6.50	6.50	6.60	6.60
水上运输业	4.60	6.00	5.10	5.40	5.30	5.70	9.30	6.90	7.20	6.80	7.50	5.20	5.00	4.80
航空运输业	11.20	11.10	9.30	7.60	8.30	9.10	4.80	2.80	9.60	10.20	13.00	15.00	15.00	15.00
城市公共交通业	19.70	19.70	17.90	14.60	12.90	17.00		9.20	10.20	10.30	10.60	6.40	6.30	6.30

附表 10-4　全国各行业国有企业平均存货周转率一览表①

单位:次

行　业	2000年	2001年	2002年	2003年	2004年	2005年	2006年	2007年	2008年	2009年	2010年	2011年	2012年	2013年
全部国有企业	3.10	3.00	3.50	4.40	4.50	5.00	4.90	5.00	4.90	5.10	5.30	5.10	4.70	4.50
农林牧渔业	2.40	2.70	2.40	2.20	2.70	2.90	3.00	3.10	3.00	4.10	4.30	4.30	3.20	3.20
农业	2.10	2.30	2.20	2.20	2.70	2.70	2.60	2.70	2.60	2.50	2.80	3.00	2.60	2.60
林业	3.00	2.70	2.50	2.00	1.90	2.20	2.10	2.20	2.10	2.10	1.70	1.20	1.00	1.00
畜牧业	2.80	3.00	3.10	3.20	3.70	4.70	4.80	4.90	4.80	3.70	4.10	4.80	4.80	4.80
渔业	3.70	3.10	3.00	2.20	3.60	3.60	3.70	3.80	3.70	3.90	4.90	5.20	3.80	3.80
工业	3.50	4.10	3.90	4.30	5.20	6.10	6.00	6.00	5.80	5.40	5.60	5.00	4.50	4.80
煤炭工业	3.70	5.20	5.30	5.40	6.90	8.90	8.10	10.00	9.60	8.00	8.40	8.00	8.00	8.00
森林工业	1.80	2.50	3.00	3.20	2.40	4.50	4.20	4.10	4.00	4.60	4.60	2.80	2.90	1.90
水的生产与供应业			13.40	14.40	12.40	11.60	5.30	7.20	7.40	8.00	8.50	8.30	6.50	6.00
轻工工业	2.00	2.10	2.30	2.50	4.30	3.50	3.30	3.40	4.20	4.30	4.30	4.00	2.60	2.80
工艺品及其他制品业			2.40	2.70	2.80	2.80	2.90	3.00	3.40	2.80	3.10	3.20	3.30	3.60
家具制造业	4.40	1.90	3.70	3.80	2.80	2.90	3.00	2.90	2.70	2.80	2.90	3.20	3.50	3.90
皮革毛皮羽绒及其制品业	1.70	1.90	1.70	1.80	5.10	2.90	2.40	2.50	1.80	2.20	2.20	3.20	3.50	3.50
文教体育用品制造业	2.10	2.20	2.30	2.20	2.90	2.50	3.80	3.90	3.70	3.60	3.90	4.50	4.80	4.80
印刷业,记录媒介复制业	2.70	2.80	3.30	3.50	3.60	3.80	4.20	4.30	4.10	4.00	4.30	4.50	4.00	4.00
造纸及纸制品业		2.50	3.20	3.30	3.90	4.10	2.60	2.80	2.80	2.70	2.80	2.60	4.00	1.50
制茶业				1.50	1.60	2.50	2.40	2.60	2.80	2.70	2.80	2.60	1.50	2.70
酒和饮料制造业	1.60	1.20	1.30	1.90	2.40	2.50	2.40	2.60	3.00	3.10	3.50	3.80	3.10	2.70
白酒制造业	1.30	1.40	1.10	1.30	0.60	0.80	0.90	1.10	2.20	2.30	2.40	2.00	1.20	1.20
啤酒制造业	2.20	2.60	2.60	3.30	3.30	4.10	4.00	4.20	6.30	6.50	6.90	7.00	3.10	3.00
食品工业	4.00	3.80	4.60	4.60	6.30	6.60	6.30	5.90	5.80	6.70	7.80	7.70	6.70	5.70
食品加工业	4.00	4.00	4.70	4.20	5.50	6.10	6.50	5.80	5.80	6.20	6.70	6.80	5.80	4.80
食品制造业	4.20	3.50	4.70	5.80	7.40	7.40	5.30	5.70	5.50	6.20	5.70	4.50	3.50	2.50

① 资料来源 wind 数据库。

（续表）

行　业	2000年	2001年	2002年	2003年	2004年	2005年	2006年	2007年	2008年	2009年	2010年	2011年	2012年	2013年
烟草工业	2.10	2.10	1.60	1.20	1.00	1.20	1.00	1.50	1.90	2.60	1.90	2.20	2.00	20.00
纺织工业	2.70	2.60	3.50	3.20	3.40	3.90	3.90	3.80	3.40	3.60	3.90	4.00	4.40	4.40
麻纺织业	2.10	0.90	1.30	1.20	1.40	3.10	2.00	1.90	1.50	2.00	3.10	3.30	3.70	3.70
毛纺织业	1.00	1.20	1.30	1.80	2.70	2.90	2.40	2.00	1.80	2.00	2.50	3.00	3.40	3.40
棉,化纤纺织业	3.10	2.90	4.10	3.60	3.80	5.20	4.60	4.30	3.40	3.70	4.90	5.10	5.50	5.50
丝绢纺织业	2.80	2.90	4.80	3.30	2.70	4.80	8.50	5.40	5.00	4.20	2.30	2.20	2.60	2.60
医药工业	2.40	2.70	2.80	2.90	3.10	3.60	3.70	3.30	3.40	4.00	4.10	5.10	3.10	3.10
化学药品原药,制剂制造业	2.60	3.20	3.00	3.80	6.40	4.50	4.60	4.00	4.10	4.30	4.70	5.60	3.60	3.60
中药材及中成药加工业	2.10	2.10	2.20	2.20	2.30	3.30	3.10	2.80	3.40	3.60	3.90	4.70	2.70	2.70
电力工业	22.70	11.20	22.30	22.40	44.30	29.00	15.20	16.80	14.80	15.10	17.20	17.60	14.70	15.10
电力供应业	38.70	34.90	53.30	36.10	38.50	43.90	19.20	24.60	12.60	12.10	21.20	22.30	15.10	16.00
燃气生产与供应业	6.20	13.00	12.10	10.00	18.60	17.60	16.50	14.70	15.20	12.90	10.00	10.90	11.30	12.40
热力生产和供应业												9.20	8.80	8.90
电力生产业	8.50	11.00	10.20	10.10	18.80	20.10	12.90	13.30	12.30	11.90	12.20	11.90	10.30	10.60
火力发电业		21.00	8.60	13.50	24.70	24.50	15.90	15.90	16.10	15.80	16.10	14.90	12.60	13.10
水力发电业		11.10	17.00	12.70	32.40	26.70	13.30	18.30	18.70	18.10	18.40	18.90	17.70	18.80
石油石化工业		6.50	6.90	7.60	9.20	10.60	10.00	10.50	11.40	6.00	10.00	9.30	9.30	9.30
天然原油和天然气开采业	8.80	7.80	5.30	5.80	8.50	8.70	8.30	9.50	10.80	9.20	9.10	9.20	9.20	9.20
原油加工及炼焦业		4.20	7.10	9.00	9.10	12.30	12.00	11.90	7.90	7.30	7.20	7.50	7.50	7.50
冶金工业	3.40	3.70	4.80	4.90	5.00	6.80	6.10	6.20	5.50	4.50	4.50	4.60	4.60	4.60
黑色金属矿采选业	3.00	3.80	4.30	5.70	5.60	7.60	6.50	6.70	5.10	4.90	4.70	6.50	6.50	6.50
黑色金属冶炼业	3.80	3.90	5.50	5.60	7.00	7.40	5.30	5.80	5.00	5.90	5.00	5.40	5.40	5.40
有色金属矿采选业	2.50	2.50	3.50	3.10	3.80	7.20	6.50	6.90	6.30	4.00	6.20	6.40	6.40	6.40
有色金属冶炼业	2.40	3.20	3.60	3.40	3.80	5.20	5.30	5.50	3.90	5.50	4.10	4.20	4.20	4.20
建材工业	2.30	2.60	2.80	2.70	3.20	4.10	4.30	4.40	5.30	4.90	5.70	5.60	5.10	5.10
建筑用金属制品业	1.40	2.10	2.00	1.60	2.50	2.30	2.50	2.50	4.70	4.60	5.00	4.50	4.50	4.50
建筑用矿石采选业	1.90	2.30	2.70	3.00	4.60	3.80	3.50	4.30	4.40	4.60	7.80	7.80	7.80	7.80
结构性金属制品业	2.00	1.70	2.70	2.90	2.30	3.00	3.50	3.30	3.80	3.90	2.90	2.90	2.90	2.90
水泥制品及石膏制品业	1.90	4.00	2.90	3.80	5.40	6.40	6.10	6.90	7.90	8.00	8.00	8.00	8.00	8.00

（续表）

行　业	2000年	2001年	2002年	2003年	2004年	2005年	2006年	2007年	2008年	2009年	2010年	2011年	2012年	2013年
水泥制造业	2.90	3.70	3.70	3.90	4.20	5.00	4.80	4.90	5.50	5.70	7.20	7.20	7.20	7.20
电子工业	2.50	3.80	2.80	3.30	3.70	5.40	4.30	4.10	3.40	3.40	4.20	3.80	3.50	2.50
电子计算机制造业	2.80	4.70	5.10	5.80	9.10	12.80	9.60	9.20	6.20	6.20	9.00	3.80	3.50	1.70
电子元、器件制造业	1.90	2.90	2.90	3.50	4.60	3.60	2.60	3.40	2.70	2.70	4.20	8.00	7.70	6.50
广播电视设备制造业	1.40	2.40	1.10	3.10	3.50	5.90	3.40	3.30	3.30	4.80	4.00	3.30	3.00	6.50
通信设备制造业	2.50	4.90	2.80	3.30	2.80	5.00	3.50	3.90	2.90	2.90	3.50	4.00	3.70	2.50
化学工业	3.60	4.10	4.20	4.30	5.50	6.50	6.80	6.70	6.20	5.80	6.10	6.30	6.30	6.30
肥料制造业	3.70	5.40	4.90	5.00	5.50	6.10	6.30	5.70	3.80	4.00	4.80	4.80	4.80	4.80
化纤制造业	4.40	3.40	5.20	4.70	5.80	6.60	7.20	7.40	7.10	7.00	7.40	6.90	6.90	6.90
基础化学原料制造业	4.20	4.60	5.60	5.60	7.60	9.00	9.10	9.00	6.50	6.80	7.20	7.50	7.50	7.50
农药制造业	3.10		2.70	3.00	6.10	5.10	4.20	3.90	4.70	4.80	4.80	4.90	4.90	4.90
日用和化学产品制造业	3.10	3.70	3.30	3.60	1.50	7.50	4.70	4.10	4.00	4.20	4.90	5.00	5.00	5.00
塑料制品业	2.20	4.00	3.70	3.60	4.90	4.80	5.00	5.10	2.70	2.80	3.50	3.40	3.40	3.40
橡胶制品业	2.00	2.80	2.70	2.60	4.00	4.30	4.40	4.80	5.20	5.30	5.50	5.60	5.60	5.60
机械工业	2.00	2.70	2.90	3.10	3.50	4.00	3.60	4.00	4.10	4.50	4.50	4.20	4.20	4.20
矿山、冶金、建筑设备制造业	1.50	3.60	1.70	1.70	2.70	2.80	3.00	2.70	2.80	2.90	2.90	2.90	2.80	2.80
汽车制造业	3.20	4.00	5.50	6.10	5.50	7.40	6.30	7.10	8.00	8.30	9.00	8.50	9.00	9.00
船舶制造业	1.20	1.30	1.30	1.40	1.80	3.10	4.00	3.30	3.50	3.50	3.50	3.00	2.20	2.50
电工器材制造业	2.50	2.80	2.80	2.60	3.30	1.70	1.90	3.50	3.60	3.70	4.00	4.00	3.20	3.20
电机制造业	1.00	1.00	1.60	1.60	1.60	2.30	1.70	1.80	1.90	1.80	2.20	2.10	1.90	1.90
电气机械及器材制造业	1.70	2.10	2.40	2.30	1.90	2.30	1.60	2.50	2.60	2.80	3.00	3.00	2.90	2.90
锅炉及原动机制造业	1.70	1.90	1.70	1.60	2.80	2.80	3.40	2.70	2.80	2.60	2.60	2.60	2.20	2.20
化工、木材、非金属加工设备制造业			1.30	1.30	2.00	2.30	2.30	2.20	2.20	2.30	2.40	2.50	2.50	2.50
家用电器制造业	1.80	2.30	3.10	2.50	2.90	3.60	2.90	3.90	4.50	4.70	4.90	5.00	4.80	4.80
交通运输设备制造业	3.10	3.60	3.80	5.20	7.20	6.40	5.90	6.50	6.90	7.00	8.20	8.10	8.70	8.70
金属工具制造业	0.70	0.90	0.90	1.00	1.50	2.10	1.80	1.70	1.70	1.60	1.70	1.70	2.50	2.50

（续表）

行　业	2000年	2001年	2002年	2003年	2004年	2005年	2006年	2007年	2008年	2009年	2010年	2011年	2012年	2013年
金属加工机械制造业	1.10	1.20	1.30	1.30	1.80	2.30	2.50	2.50	2.70	2.70	2.70	2.70	2.30	2.30
金属制品业	2.10	3.10	2.80	2.70	3.80	5.20	5.10	4.40	4.70	4.90	5.00	5.00	4.50	4.50
摩托车制造业	3.50	1.90	3.40	3.80	5.30	8.50	8.20	9.10	9.30	9.10	10.00	10.00	10.00	10.00
农林牧渔水利机械制造业	1.80	2.70	2.60	1.90	2.40	5.40	6.00	5.50	5.40	5.60	6.20	6.10	6.70	6.70
其他通用设备制造业	1.10		1.80	1.80	2.70	2.90	2.90	2.90	3.10	3.00	3.00	3.00	2.80	2.80
轻纺工业轻制设备制造业	1.60	1.60	1.50	2.10	2.00	2.50	2.70	2.50	2.50	2.50	2.80	2.90	2.60	2.60
输配电及控制设备制造业	2.20	2.30	1.90	1.90	1.60	2.10	1.30	1.90	2.70	2.80	2.90	3.00	2.80	2.80
铁路运输设备制造业	1.30	2.50	3.40	3.00	3.10	2.50	2.90	2.90	3.30	3.30	3.40	3.30	3.30	3.50
通用设备制造业	1.90	1.80	1.80	1.60	2.20	2.60	2.70	2.50	2.70	2.60	2.80	2.80	2.60	2.60
通用仪器仪表制造业	1.40	1.80	1.50	3.10	2.40	2.30	2.60	2.50	2.70	3.00	3.20	3.20	3.80	3.80
医疗仪器设备制造业	2.00	1.30	2.30	1.40	1.30	1.80	1.90	1.60	1.50	1.50	1.60	1.80	2.40	2.40
仪器仪表及文化.办公用机械制造业	1.50	1.40	1.40	1.80	1.80	2.50	2.60	2.50	2.20	2.40	2.80	2.90	3.20	3.20
照明器具制造业	2.50	3.30	2.60	3.20	7.60	5.10	5.00	4.40	4.40	4.60	4.80	4.60	4.20	4.20
钟表制造业	0.60	0.60	0.40	1.60	1.00	2.50	1.80	1.50	1.60	1.70	1.70	1.80	2.00	2.00
轴承制造业	1.00	1.00	1.00	1.30	0.50	2.50	2.10	1.80	2.00	2.10	2.20	2.20	2.30	2.30
专用设备制造业	1.60	2.30	1.80	1.80	2.30	2.60	2.90	2.80	3.10	3.20	3.50	3.50	3.30	3.30
专用仪器仪表制造业	1.40	1.30	1.70	1.60	1.50	1.30	1.10	1.40	1.50	1.60	2.60	2.60	2.20	2.20
自行车制造业	1.50	2.10	3.20	3.80	6.20	2.40	5.00	5.60	5.90	6.00	10.00	10.00	9.00	9.00
传播与文化业		2.90	3.00	2.70	2.70	2.80	2.90	3.10	3.50	3.30	2.90	2.50	1.80	2.00
广播电影电视业		2.60	3.80	2.90	3.10	4.10	4.20	4.40	4.80	4.80	4.60	4.60	3.70	4.00
文化艺术业		9.50	8.30	2.60	4.20	2.90	3.00	3.20	3.60	4.00	3.80	3.50	2.50	2.70
房地产	0.40	0.30	0.50	0.40	0.40	0.40	0.50	0.60	5.10	1.50	1.40	1.40	0.80	0.60
房地产开发业	0.50	0.30	0.50	0.30	0.40	0.40	0.50	0.60	5.10	1.40	1.30	1.30	0.70	0.50
物业管理	0.50	0.70	0.80	1.70	2.80	3.10	3.20	3.20	7.70	7.50	1.80	1.50	1.30	7.50
建筑业	3.10	3.40	3.90	4.20	5.40	5.90	5.40	5.60	5.80	5.50	5.60	4.90	4.70	4.70
建筑安装业	2.80	2.80	3.00	3.10	4.50	5.40	5.50	5.70	5.90	5.60	5.80	5.60	5.40	5.40
建筑装饰业		3.00	2.80	3.20	3.20	3.50	3.60	3.80	4.00	5.60	5.50	5.00	4.80	4.80
房屋工程建筑业			4.10	4.70	4.90	5.80	5.90	6.10	6.30	5.60	5.50	4.80	4.60	4.60

（续表）

行　业	2000年	2001年	2002年	2003年	2004年	2005年	2006年	2007年	2008年	2009年	2010年	2011年	2012年	2013年
房屋建筑业	2.50	2.60	3.40	3.80	3.90	5.20	5.30	5.50	5.70	5.30	5.60	5.50	5.30	5.30
土木工程建筑业	3.10	3.40	5.90	5.20	5.50	3.00	6.00	6.20	6.40	5.70	5.80	4.60	4.40	4.40
信息技术服务业		7.50	15.80	17.00	14.50	14.70	15.00	15.50	16.50	16.80	17.00	14.50	14.70	14.50
电信业		20.70	15.90	20.30	17.20	16.80	17.10	18.10	19.40	19.40	19.80	15.30	18.50	12.50
计算机服务与软件业		5.00	5.80	21.90	7.60	7.30	7.40	7.90	7.20	6.20	6.50	6.70	5.20	6.50
住宿和餐饮业	6.30		4.90	5.20	5.30	6.00	6.10	6.30	7.30	7.10	6.80	8.20	5.70	5.10
餐饮业		5.60	5.30	6.60	6.90	7.80	8.00	8.20	9.20	9.40	9.20	11.10	11.10	10.50
住宿业	2.20	3.80	4.30	4.70	5.00	5.60	5.70	5.90	5.90	5.70	5.40	6.50	4.20	3.60
批发和零售贸易业	5.70	6.10	5.90	7.90	7.30	9.50	9.70	10.10	11.10	10.90	10.00	11.50	8.90	8.50
商业贸易	5.60	6.40	6.60	7.50	8.90	9.70	9.90	10.30	10.50	11.00	11.60	11.60	9.00	8.60
商业批发			5.70	6.60	6.90	8.00	9.60	10.60	10.70	11.10	11.30	11.90	12.10	12.30
综合零售	4.90	5.60	5.70	6.20	7.10	7.70	7.90	8.30	8.50	10.50	11.10	10.70	6.50	6.10
物资贸易	10.40	7.60	8.00	10.40	10.80	10.90	10.30	10.70	11.10	8.80	10.10	12.10	9.50	9.10
物资批发			10.70	7.70	7.90	10.40	10.70	10.40	10.60	11.00	11.40	8.90	9.70	12.40
物资零售			6.10	6.10	9.30	10.70	11.40	6.20	6.30	6.70	7.10	7.90	8.10	9.70
社会服务业	4.50	4.90	5.40	3.80	3.30	2.70	2.70	2.80	3.90	3.30	3.50	3.50	2.50	2.50
公共设施管理		5.80	2.40	2.60	3.40	1.10	1.30	1.40	1.70	3.30	2.00	4.00	3.40	3.40
科研设计	3.40	3.40	4.10	4.10	4.20	3.90	4.00	4.20	3.90	4.20	4.90	3.60	3.00	3.00
旅游业	10.00	5.50	5.10	4.20	5.40	16.30	13.10	9.80	12.00	11.80	11.60	10.40	8.30	8.90
信息咨询服务业	3.70	3.20	2.20	0.70	4.10	4.60	8.30	8.40	8.90	9.30	9.30	12.00	13.50	13.50
投资公司			1.20	1.70	1.20	1.50	2.00	1.90	3.60	3.80	4.00	5.50	2.10	2.10
道路运输业	7.30	8.10	8.50	11.20	10.20	14.70	8.90	10.70	11.20	11.80	16.50	17.10	16.60	16.10
高速公路			3.40	5.70	7.10	8.80	8.80	10.60	10.40	10.50	11.30	11.70	11.20	10.70
铁路运输业	8.20	7.10	10.20	11.70	11.50	17.10	13.40	15.20	14.80	15.60	16.50	17.20	16.70	16.20
水上运输业	19.80	11.50	12.10	16.20	18.60	20.30	19.20	20.10	20.40	12.40	13.00	12.00	9.00	9.00
航空运输业	4.30	5.10	5.80	5.90	7.60	14.20	8.20	10.40	10.50	10.20	20.00	17.00	15.00	15.00
城市公共交通业		17.50	24.10	17.30	16.40	18.00	3.10	10.50	11.50	11.50	12.10	9.50	9.00	8.50

附表 10-5　全国各行业国有企业平均成本费用利润率一览表①

单位：%

行业	2001年	2002年	2003年	2004年	2005年	2006年	2007年	2008年	2009年	2010年	2011年	2012年	2013年
全部国有企业	4.4	2.3	4.6	5.7	4.7	4.8	5.9	5.2	4.3	4.8	4.5	4	4
农林牧渔业	0.2	0.2	-0.2	0.7	3.1	3.2	3.3	3.3	2.8	2.6	2.5	2.5	2.5
农业	-1.2	0.3	1.2	2.5	4.3	4.4	4.5	4.5	4.1	5.3	5	4.6	4.6
林业	0.9	0.5	0.1	-0.3	3.6	3.5	3.6	3.6	3.8	1.5	1.2	2.2	2.2
畜牧业	0.9	-1.3	-3.7	-2.9	1.1	1.2	1.2	1.2	2.3	1.9	2.8	4	4
渔业	1.2	-3.5	-3.3	-3.5	0	0.3	0.3	0.3	2.6	1.3	1.1	5.8	5.8
工业	5.5	3.5	7	8.3	6.3	4.5	5.6	5.3	5.5	5.7	5.4	4.8	4.8
煤炭工业	0.8	1.6	5.9	11.5	7.4	7.6	11.4	12.8	9.2	9.7	9	8	3.1
森林工业	1.1	-7.1	-3.2	-5.4	2.5	-0.2	-0.6	1.8	1.7	1.3	1.4	1	1.1
水的生产与供应业		-2.3	0.1	0.2	-0.2	0.8	1.3	1.5	3	3.2	3.8	3.6	3
轻工业	3.8	0.5	3.6	5	5.2	4.9	5.4	5.8	6	6	6.5	5.7	5.4
纺织服装服饰业		-4.3	1.2	2.8	3.5	3.4	3.7	2.6	3	3.2	3	2.8	3
工艺品及其他制品业		0.7	1.5	2.4	7.4	3.9	4.3	4.6	5	4.6	5	4.6	4.9
家具制造业	0.8	-0.5	-1.1	-10.5	0.2	0.2	0.2	0.1	1.1	1.8	2.3	4.6	5.2
皮革毛皮羽绒及其制品业	-3.6	0.2	-4.2	-5.8	-0.2	0.1	0.1	0.1	1.6	2	2	2.5	3
文教体育用品制造业	1.3	1.1	1.7	2.4	6.2	4.1	4.5	4.3	4.5	4.4	3.5	4.9	5.6
印刷业,记录媒介复制业	3.9	0.7	3.2	3.7	2.3	2.2	2.4	2.3	2.1	2.3	1	4.7	5.2
造纸及纸制品业	0	-0.9	1.6	2.3	5.9	4.1	4.5	4.1	3.6	3.2	3	0.3	-1.3
制茶业	-6.9	-3.2	-5.2	4.6	-1.5	-0.7	-0.6	-1	0.8	0.7	0.5	3.2	3.2
酒和饮料制造业	6.8	3	7.7	10.3	7.2	7.3	8.5	8.7	9.8	9.9	11	10.5	9.5
白酒制造业	6.6	3.6	10.1	5.6	4.6	4.4	5.1	6	8.7	9	8.5	9.1	6.9
啤酒制造业	6.3	1.6	4.8	5.4	8	7.2	8.3	8.5	8.6	8.8	8	7.8	7.9
食品工业	2.4	0.1	0.4	1.6	2.7	3.1	3.7	3.5	3.7	4.1	3.9	4.1	3.1
食品加工业	1.3	-2.8	-0.9	1.1	2.4	2.7	3.2	3	3.4	3.7	3	3.2	2.4
食品制造业	4	2.2	2	3.1	3.1	3.6	4.3	4.1	4.7	3.5	5.5	5.8	4.4

① 资料来源 wind 数据库。

（续表）

行业	2001年	2002年	2003年	2004年	2005年	2006年	2007年	2008年	2009年	2010年	2011年	2012年	2013年
烟草工业	7.8	11.9	18.4	22.9	16.3	11	13.2	13.6	13.6	14.1	12.2	12.6	13.1
纺织织业	7.8	11.9	18.4	22.9	16.3	11	13.2	13.6	13.6	14.1	12.2	12.6	13.1
麻纺织业	−5.1	0.3	3.6	0.6	1.5	−0.5	−0.5	−0.1	0.6	1.2	1.2	2	2
毛纺织业	−4.6	−3.1	1.2	0.2	1.2	1.6	1.6	1.2	1.3	1.5	1.5	2.5	2.5
棉、化纤纺织业	0.6	1.2	0.2	0.6	0.3	0.3	0.3	0.2	0.1	1.3	1.1	1.8	1.8
丝绢纺织业	0.5	−3.9	−3.9	−3.4	1.2	1.7	1.4	1.2	0.9	2.4	2.4	3.9	3.9
医药工业	5.3	7.6	9	8.7	7.5	5.8	7	7.2	9.8	10.1	11.7	9.2	10
化学药品原药、制剂制造业	4.8	8.6	7.4	4.2	6.8	4	4.4	5.2	5.4	8.6	9.5	7.5	8.2
中药材及中成药加工业	7.2	7.5	11.2	10.8	8.1	9.7	12.1	12.2	12.7	11.4	13.7	10.8	11.7
电力工业	8.3	4.4	8.4	4.8	4.4	3.1	4	2.3	2.6	3	2.7	2.9	3.1
电力供应业	1.6	1.8	4.9	3.6	3.1	1.6	3.2	0.8	0.5	2.2	1.9	2.3	2.4
燃气生产与供应业	1.9	−1.4	−0.9	1.4	2.6	1.2	1.6	2	1.9	3.3	3.2	4.5	4.5
热力生产和供应业											−3.4	0.9	0.9
电力生产业	10.4	9.8	14.3	11.9	10	5.8	8.7	2.8	5.1	5.3	4.6	5.8	6.7
火力发电业	9.3	10.6	14.5	35.8	8.8	5.5	7.7	−4	3.3	2.7	1.9	3	4.1
水力发电业	6.4	12.3	9	−11.5	7.5	6.2	9.3	10	13.9	16.3	18.5	18.9	20.6
石油石化工业	1.1	8.5	9.2	18.7	10.6	9.1	8.9	8.1	8.5	7.9	7.7	5.7	3.9
天然原油和天然气采业	18.1	19.8	10.8	26.3	18.9	11.9	12.1	8.7	8.6	9.1	9.1	7.5	7.2
原油加工及炼焦业	0	0.8	4.6	7.8	−3.4	4.3	4.7	4.6	5.5	3.9	3.9	2.3	2.2
冶金工业	3.6	5.1	6.5	10	7	6.1	8.5	4.3	2.1	2.1	1.2	0.4	0.5
黑色金属矿采选业	1.2	1.8	1	10.6	10	6.2	8.7	6.5	2.9	3.7	3.9	3.9	3.9
黑色金属冶炼业	4.5	5.4	7	9.1	6.4	6.5	7.8	5.1	2.8	3	1.7	0.5	0.5
有色金属矿采选业	4.4	3.3	2.8	13.5	9.1	15.3	18.4	12.8	0.9	1.2	4.2	2.6	2.6
有色金属冶炼业	5	2.4	3.8	8.5	4.9	4.2	5.9	5.2	4.9	2.3	2.3	1.5	1.5
建材工业	2.5	1.2	1.2	11.3	5.3	1.7	2.7	3	3.8	7.5	7.7	4.6	1.8
建筑用金属制品业	−3.1	2.6	−3.8	0.1	1.7	1	1.6	2.6	2.9	1.9	2	3.4	3.5
建筑用矿石采选业	0.3	0.6	4.5	17.8	5	5.4	8.6	7.4	7.6	8.2	8.2	8.2	8.4
结构性金属制品业	1	−1.6	−1.2	−2.1	−0.8	0.8	1.3	1.4	1.6	2.1	2	1.1	1.1
水泥制品及石膏制品业	2.9	0.7	8.8	8.9	8.6	6.5	10.4	5	5.2	5.9	5.9	5.9	6

（续表）

行业	2001年	2002年	2003年	2004年	2005年	2006年	2007年	2008年	2009年	2010年	2011年	2012年	2013年
水泥制造业	2.3	1	5.5	9.9	3.1	0.5	1.1	3.1	3.8	8.6	8.9	8.7	8.9
电子工业	3.8	3.6	4.3	5.7	3.2	0.6	1	1.3	1.2	1.8	2	1.8	1.8
电子计算机制造业	7.4	0.2	0.7	-1	1.3	0.8	0.8	0.8	0.7	1.8	2.5	2.3	3.5
电子元、器件制造业	0.3	1.8	3.6	5	5.7	-1.6	-1.6	-1.4	-1.3	4	1.1	1	1
广播电视设备制造业	10.2	3.7	1.1	-2.9	1.9	1.2	1.2	1.5	1.4	3	2.2	2	2.5
通信设备制造业	6.7	4.4	5.4	-1.1	2.2	0.5	0.5	0.5	0.5	3	2	1.8	3
化学工业	0.9	0.3	1.5	1.7	3.7	3.9	4.6	4	3.3	5	5	2	2
肥料制造业	2.4	-1	1.2	4	6.9	7.5	11.3	5	5.1	5.2	5.2	5.2	5.2
化纤制造业	0.4	-0.5	-1	2.2	1.9	-0.2	0.4	0.3	0.1	0.3	0.7	0.7	0.7
基础化学原料制造业	3	-0.8	1.2	8.3	2.5	2.8	3.3	1.5	1.3	1.6	2.2	2.2	2.2
农药制造业		0.2	0.1	4	5.8	2.5	2.8	2.8	2.9	3	3.1	3.1	3.1
日用和化学产品制造业	5.3	2	2	1.9	6.6	0.2	0.3	0.1	0.7	1.3	1.3	1.3	1.3
塑料制品业	3.6	1.1	4.9	8.4	3.6	3.4	4.1	0.2	0.6	3.1	3.1	3.1	3.1
橡胶制品业	-0.8	-2.5	-1.9	4.8	2.6	2	2.1	0.8	0.7	1.8	1.8	1.8	1.8
机械工业	3.4	2.8	4.3	3.3	5.2	4.1	4.5	4.6	5.3	5.1	4.3	5.2	4.5
矿山、冶金、建筑设备制造业	1.6	0.3	0.2	1.4	3.1	3.9	4.3	4.8	6.2	6.6	6.6	5.5	5.6
汽车制造业	6.8	8.7	9.9	14	4.5	5.6	5.6	5.1	7.4	7.5	7.6	7.6	7.9
船舶制造业	0.4	0.8	1.5	-2	2.7	5.2	6.8	6.1	6.1	7	6.9	2.2	2.5
电工器材制造业	0.6	0.6	-2.4	-0.9	1.7	2.2	2.6	2.6	2.8	2.8	2.2	1.2	1.2
电机制造业	-4.6	0.4	0	1	5	6.5	8.4	7.7	7.2	7.3	7.3	6.7	6.8
电气机械及器材制造业	2.8	0.9	1.3	-1.4	4.3	5.1	6.1	5.9	6.2	6.4	6.4	6.8	6.9
锅炉及原动机械制造业	0.7	0.8	-0.9	2.3	9.6	8.3	8.3	8.5	5.6	5.8	5.8	4.9	5
化工、木材、非金属加工设备制造业		-4.3	-2.5	2.4	1.5	3.5	3.9	3.8	4.2	4.9	5	4.8	4.9
家用电器制造业	5.3	-0.1	0.5	-2.4	1.9	1.4	1.7	2.2	2.6	4	4	5	5.1
交通运输设备制造业	5.4	7.6	7.4	12	4.6	4.7	4.9	4.9	6.2	7.1	7.2	7.5	7.6
金属工具制造业	-5.9	-4.2	-6.2	1.5	2.3	2.4	4.8	3.6	3.8	4.5	4.3	3.5	3.6
金属加工机械制造业	-0.4	-0.4	-1.6	2	2.5	2.7	3.2	3.4	4.2	5	5	4.3	4.4
金属制品业	2.9	2.2	1.4	3.8	2.9	2.6	2.7	2.6	2.7	3.5	3.5	3.3	3.4

（续表）

行业	2001年	2002年	2003年	2004年	2005年	2006年	2007年	2008年	2009年	2010年	2011年	2012年	2013年
摩托车制造业	-3.3	-7.2	-6.2	-1.8	0.8	1.9	1.8	1.7	1.7	1.8	1.8	0.6	0.6
农林牧渔水利机械制造业	-1	0.8	-1.2	1	1.2	0.9	1.1	1	1.3	3.3	3.6	3.4	3.5
其他通用设备制造业		2.9	4.2	6.2	6.8	6.5	7.8	8	7.6	7.6	7.5	5.6	5.7
轻纺工业设备制造业	2.3	1.3	4	3.8	3.6	3.1	3.4	3.1	3.2	3.8	3.8	2.1	2.1
输配电及控制设备制造业	4.2	1.7	-1.3	2.5	5.2	5.1	6.4	7.1	7.3	7.5	7.5	7.8	7.9
铁路运输设备制造业	0.7	1.3	1.7	1	3.6	4.8	4.8	5	5.2	5.5	5.4	5.9	5.3
通用设备制造业	3.8	1.3	0.2	2.8	5.4	5.5	6.6	6.1	6	6.2	6	4.7	4.8
通用仪器仪表制造业	1.7	0.9	2.1	3	2.4	3.2	3.5	3.6	5.2	5.4	5.5	5.8	5.9
医疗仪器设备及器械制造业	5.2	5.6	-0.3	2.1	3.5	4.7	5.6	5.7	6.1	7	7	6.1	6.2
仪器仪表及文化、办公用机械制造业	0.4	-2.8	1.8	-3.9	3.5	4	4.4	4.3	5.4	5.8	5.8	6	6.1
照明器具制造业	8.2	2.1	3.2	5.3	8.9	3.7	3.7	2.7	3.8	4.5	4.5	4	4.1
钟表制造业	-5.8	-2.9	-5.9	-3	7.3	9.1	5.5	5.4	4.9	7	7	9	9.2
轴承制造业	-1	-4.7	-0.5	2.4	1.8	1.6	1.9	2.1	2.4	5.3	5.3	4.6	4.7
专用设备制造业	-2.4	1.2	0.6	1.7	3.5	3.4	4.1	4.2	4	4.2	4.2	3.9	4
专用仪器仪表制造业	5.2	2.5	2.8	3.5	4.4	4.5	5	4.9	5.8	6.7	6.2	6	6.1
自行车制造业	-6.4	-3.2	-8.1	-6.1	-1	0.5	0.5	0.6	1	1.3	1.3	1.6	1.6
传播与文化业	9.6	8.2	15.9	15.5	8.8	9	9.2	9.6	10.4	10.3	9.5	8	9
广播电影电视业	8.7	-7.1	3.6	5.9	5.8	5.9	6	6.3	7.8	7.6	10	9.1	10.5
文化艺术业	9.2	2.3	10	3.7	1.2	1.4	1.4	1.5	2.3	2.7	3	3.2	3.9
房地产	6.5	6.1	8.6	9.1	7.8	5.8	7.9	9.5	9.7	9.8	9.6	9.2	10.5
房地产开发业	6.3	5.4	8.1	8.9	8.5	5.7	7.8	10.9	12.1	12.4	11.9	10.2	12
物业管理	10.9	6.9	11.1	3.2	3.9	4	5.4	7.5	7.1	5.9	3.5	3.8	4
建筑业	0.8	0.5	1	1.2	1.1	1.2	1.8	1.3	1.6	1.9	1.8	1.9	2.1
建筑安装业	0.7	0.7	1.5	0.7	0.9	1.1	1.6	1.5	1.7	1.9	1.8	1.9	2.3
建筑装饰业		0.5	0.8	0.4	1.4	1.6	2.4	2.3	2.5	2.3	2.2	2.3	2.8
房屋工程建筑业	1	0.6	1.4	1	1.3	1.4	2.1	2	2.4	2.5	2.2	2.3	2.8

（续表）

行业	2001年	2002年	2003年	2004年	2005年	2006年	2007年	2008年	2009年	2010年	2011年	2012年	2013年
房屋建筑业	0.9	0.5	0.7	0.3	0.9	1	1.5	1.4	1.6	1.5	2.3	2.4	2.9
土木工程建筑业	0.8	0.9	1.9	2.5	1.5	1.5	2.3	2.2	2.6	2.2	2.1	2.2	2.7
信息技术服务业	13.9	6	7.3	6.5	13.2	18.5	22.2	18.2	18.2	18.5	8.3	7.8	8.5
电信业	17.9	6.1	7.4	10.8	14.5	15.8	19	19.5	10.5	6.2	5.1	5.6	6.5
计算机服务与软件业	4.8	3.5	2.2	4.2	4.1	3.2	3.8	4	4.6	8.3	8.5	8.1	3.5
住宿和餐饮业		−1.2	−4.2	−5.5	0.7	0.7	1.1	1.5	1.3	2.2	1.9	2.2	2.1
餐饮业	−1	−1	−3.7	−4.7	0.5	0.5	0.8	1.1	1.4	2.9	3.5	5.1	4.9
住宿业	−3.9	−1.7	−4.3	−5.7	0.8	0.8	1.2	1.2	1.1	1.4	1.4	2	1.9
批发和零售贸易业	2	0.3	1.8	2	2.9	1.8	2.2	1.8	1.2	2.7	2.8	1.9	1.7
商业贸易	1.7	0.9	3	3.6	5.8	4.8	6.7	6.5	3.7	4.2	3.4	2.2	2
商业批发			1.7	0.9	3.8	4.6	6.9	7	9.8	9.5	3.5	5.6	4.5
综合零售	1.8	0.5	0.8	1	2.3	2.3	3.2	3.1	3.4	3.5	2.8	3.1	2.8
物资贸易	3	0.1	0.6	0.7	1.5	1.3	1.8	1.9	2.1	2.4	1.9	1.2	1.1
物资批发			3.1	−0.4	0.5	0.6	1.5	1.4	2	2.1	2.3	2.4	1.9
物资零售			−0.8	0.2	1	1.2	0.9	0.9	1.3	1.4	1.5	1.6	1.3
社会服务业	2.5	3.9	8.2	12.3	4.6	4.7	5.3	5.8	5.5	6.5	6.8	6.6	6.7
公共设施管理	3.3	1.8	5.3	3.7	−0.4	2.4	2.7	3.2	3.3	3	2	4.4	4.1
科研设计	7.2	9.3	10	11.2	6.8	6.9	7.3	7.2	6.6	7.4	5.7	5.5	5.1
旅游业	3.6	1.8	−2.3	−1.3	2	2	2.8	2.5	2.2	2.3	2.8	1.8	3.7
信息咨询服务业	7	5.5	18.2	18	17.4	14	15.8	15.5	15.8	25	19.5	12.8	12.8
投资公司		4.3	6.8	12.5	7.8	5.9	7.7	7.8	8.6	8.9	9	7.7	7.5
道路运输业	0.5	0.6	13	12.6	3.5	3.6	4.7	4.4	4.6	5.2	5.5	3.3	2.6
高速公路	11.4	11.4	14.2	22.4	0.4	1.4	1.8	1.7	2.6	3.2	3.5	2.1	1.7
铁路运输业	1.8	1.8	2.3	2.5	1.6	1.2	2.4	2.6	2.8	3.5	3.8	−1.5	−1.8
水上运输业	0.9	1.9	2.2	7.3	10.5	5.5	9.3	8.7	0.5	4.5	1.5	1	0.4
航空运输业	1.1	1.4	−2.9	−1.3	1.6	1.5	2.7	2	2.7	8	2.1	2	1.8
城市公共交通业	3.4	4.5	4.1	1.1	0.4	−1.7	0.9	0.7	0.7	1	−8.5	−11.9	−14.3

习　题

【复习思考题】

1. 为什么资产盈利率可以表述企业经营效率?
2. 企业经营效率分析指标体系由哪些基本指标所构成?
3. 收入盈利率指标可以分解出一些什么指标?
4. 计算成本盈利率指标有何意义?
5. 计算收入成率类指标有何意义?
6. 资产周转率指标如何计算? 周转次数与周转天数之间有什么关系?
7. 流动资产周转率指标体系由哪些指标所构成?
8. 不同存货资产周转率之间有什么关系?
9. 非流动资产周转率指标体系由哪些指标所构成?
10. 如何对企业经营效率进行综合判断?

企业经营效率分析训练

【练习要求】

1. 对所选择公司总资产周转率进行多方位的分析,该分析应包括流动资产周转率分析、长期资产周转率分析,并将计算出来的各种指标与其历史指标、同行业其他企业的指标、社会平均指标进行对比分析,加深对所选择公司经营效率的认识。

2. 对所选择公司资产周转率进行综合分析,并从中寻找公司在经营效率方面存在的主要问题,尽可能提出合理的改进措施。

3. 根据上述的分析结果,结合自己所掌握的其他相关信息,对所选择公司的经营效率进行合理的评价。

4. 根据上述的分析结果,分析所选择公司经营效率对其盈利能力和风险水平的影响状况,并合理估计公司价值。

第十一章　企业管理业绩分析

【本章提要】　企业管理业绩是指企业完成经营目标的程度。企业管理业绩的分析，从本质上看，就是试图通过对企业经营任务完成情况的分析，判断企业管理水平高低和能力大小，以及企业经营中存在的问题，为进一步进行企业价值评价提供有用的信息。企业管理业绩分析，一直是企业财务报表分析的重要内容之一。本章在定义管理业绩的基础上，分别对企业在利润、成本、费用、投资、筹资等方面的业绩进行分析评估，并讨论业绩的综合判断问题。

【学习目标】　通过本章学习，要求掌握和了解如下内容：(1) 理解企业管理业绩分析的基本理论与方法；(2) 掌握企业管理业绩判断的因素分析法；(3) 掌握管理业绩分析的方法体系；(4) 掌握利润任务完成情况分析的理论和方法；(5) 掌握产品成本任务完成情况分析的理论和方法；(6) 掌握期间费用任务完成情况分析的基本理论与方法；(7) 掌握资产利用效率任务完成情况分析的基本理论与方法；(8) 掌握筹资任务完成情况分析的基本理论与方法；(9) 掌握企业管理水平综合判断的基本理论与方法。

第一节　企业管理业绩分析的意义及基本分析方法和体系

一、企业管理业绩分析的意义

(一) 管理业绩与管理水平的关系

管理业绩反映的是企业管理层完成管理任务情况的客观表现，这些任务包括追求盈利能力任务、控制风险任务、提高经营效率、创造企业价值的任务等。企业盈利能力、风险水平、经营效率、企业价值等任务完成情况的好坏,是企业经营的外部环境和内部条件共同作用的结果。企业经营的外部环境包括宏观的经济环境、技术环境、市场环境、法律环境、政策环境、地理环境等。企业经营的内部条件包括企业的资金、设备、产品、技术、人力资源、管理水平等方面的条件。因此,从管理业绩与管理水平的关系来看,一方面企业管理水平是促使企业管理业绩得到提高的一个内部条件,另一方面企业管理业绩是企业管理水平的体现。

（二）管理水平的表述

企业管理水平是企业在不断变化的外部环境条件下,对企业内部人、财、物诸要素和供、产、销、技术开发诸过程的有效组织能力。企业管理水平是企业内部条件的重要因素之一。企业管理水平的高低或管理能力的强弱,与企业价值大小正相关,对它们进行分析,不仅有利于判断企业现实价值和预测未来价值,而且有利于发现企业管理中存在的问题,促使企业有的放矢地纠正工作上的偏差,以及为更深入的技术经济分析提供线索。

在当今的资本市场中,随着所有权与经营权的广泛分离,投资人远离企业的生产经营活动,他们对企业的投资成功与否,在很大程度上(甚至完全)取决于职业经理人的管理水平、敬业精神、职业道德等,对职业经理人的信赖程度已经作为投资人投资决策时重点考虑的一个变量,对企业管理能力的评价已经上升到一个前所未有的高度。按照著名投资人巴菲特的说法,他选择投资主要考虑的因素是职业经理人的管理水平、敬业精神、职业道德。他形象地说,选择投资对象的职业经理人,应该是对职业经理人的信赖程度达到可以将自己女儿嫁给职业经理人的程度。由此可见,对管理水平评价的重要性。

（三）管理业绩分析的意义

企业管理水平并不是单指企业主要管理者的管理水平,而是指受主要管理者和员工素质影响的企业经营管理能力。该能力体现为对外部环境变化的适应能力和对内部条件的充分运用能力。企业管理水平的高低和能力的强弱,只能通过企业管理业绩来体现,而企业管理业绩只有在比较分析中才能得出结论。

通过企业与社会平均或行业平均水平相比,可以发现企业管理水平在社会或行业中所处的位置,通过与企业历史相比,可以发现企业管理水平是升还是降;通过与企业计划目标相比,可以发现企业管理任务完成的好坏。而以上这类比较分析就是企业管理业绩分析。因此,企业管理水平或能力的判断离不开企业管理业绩分析。

企业管理业绩分析的意义可以从以下两方面来看。

从企业外部来看,其主要意义是:有利于判断企业对外部环境变化的适应能力和对内部条件的组织运用能力,并根据分析结果调整企业的盈利能力和风险水平,为预测企业价值提供有用的信息。

从企业内部来看,其主要意义是:有利于发现管理中存在的问题,分清主客观因素对企业经营的影响,使企业能根据变化的环境,采取不同的经营策略,优化企业内部条件的组织,纠正管理上的失误,为完成经营任务提供保障。

二、企业管理业绩的基本分析方法

(一)企业管理业绩分析的基本要求

在复杂的世界中,任何一个因素的变化都由与之相关的其他因素的变化所引起,分析某一因素的变化,其实就是要分析导致该因素变化的原因。从管理的角度看,这些原因有些是客观原因,有些是主观原因。所谓客观原因,是指企业管理层不能对之实施控制的原因;所谓主观原因,是指企业管理层可以对它加以控制的原因。在现实中,客观原因与主观原因经常是交错在一起的,为了判明管理业绩的真实情况,进而对企业管理能力作出正确的判断,就要求管理业绩分析能够将客观因素和主观因素分开,并以主观因素作为分析的重点。

(二)连锁因素替代法

既然企业管理业绩只能在比较中显现,那么企业管理业绩分析的基本方法就应是建立在比较基础上的因素分析法。用得最普遍的因素分析法就是连锁因素替代法,其基本原理如下:

在存在着一定联系和制约关系的经济指标中,某项指标的完成情况,受其他一些指标的影响。影响某一指标完成的其他指标称为影响该指标完成的因素。例如,价格变动、成本升降,就是影响利润指标完成的因素。

一个经济指标,特别是综合性强的指标,总是由若干个因素所构成,这些因素的变化不仅可能在量上存在差异,还可能在质上存在差异即变化方向不同,为确知每个因素对经济指标的影响状况,就需要运用一定的方法对这些因素的影响进行计算,连锁因素替代法就是解决不同因素对经济指标影响状况的一种分析方法。

连锁因素替代法的运用步骤如下:① 将构成经济指标的各个因素,按照它们之间的逻辑关系和经济意义排列成合理的顺序;② 顺序中假定有一个因素变化,而其他因素不变,计算出该因素变化后的结果;③ 将因素变化后的结果减该因素变化前的结果,其差就是该因素变化的影响数;④ 在按照既定顺序逐个计算每一因素变动的影响数后再求和,得到全部因素变化对经济指标变动结果的总影响。

下面以实例讨论连锁因素替代法的运用,以及该方法本身存在的问题。

【例 11-1】　某企业材料计划价格为 10 元/千克,计划单耗为 20 千克/件,实际价格为 12 元/千克,实际单耗为 25 千克/件。试根据连锁因素替代法,按先数量因素后质量因素的顺序逐项替代和测定各因素的影响水平。

解:

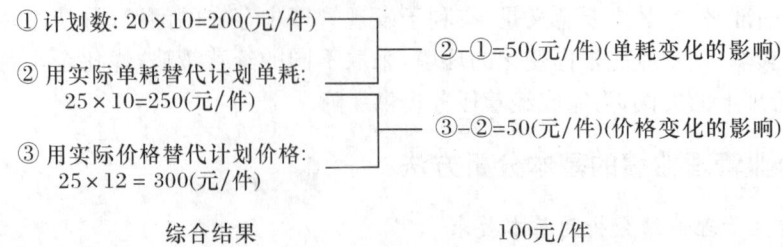

① 计划数: 20×10=200(元/件)

② 用实际单耗替代计划单耗: 25×10=250(元/件) ————— ②−①=50(元/件)(单耗变化的影响)

③ 用实际价格替代计划价格: 25×12＝300(元/件) ————— ③−②=50(元/件)(价格变化的影响)

综合结果　　　　　　100元/件

上述先数量因素、后质量因素的替代顺序,是被人们普遍接受的顺序。但它并非不存在问题。如果采用先质量因素后数量因素的替代顺序,那么测定出的各因素影响水平就会不一样。仍以实例说明。

【例 11-2】　仍以［例 11-1］的资料为基础,试按先质量因素后数量因素的顺序逐项替代和测定各因素的影响水平。

解:

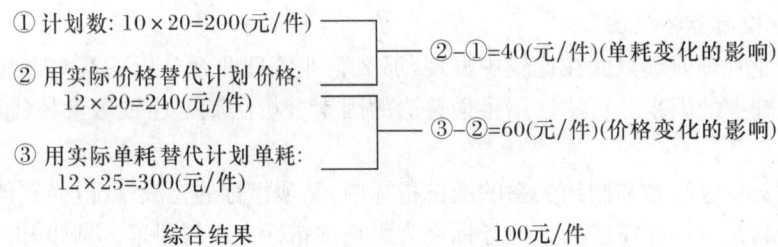

① 计划数: 10×20=200(元/件)

② 用实际价格替代计划价格: 12×20=240(元/件) ————— ②−①=40(元/件)(单耗变化的影响)

③ 用实际单耗替代计划单耗: 12×25=300(元/件) ————— ③−②=60(元/件)(价格变化的影响)

综合结果　　　　　　100元/件

比较两种替代顺序可知,虽然两者的综合结果相等,但其中各个因素的影响程度却不一样。单耗影响相差 10 元(60—50),价格影响也相差 10 元(50—40)。产生这种差异的原因究竟是什么? 可用图 11-1 简释:

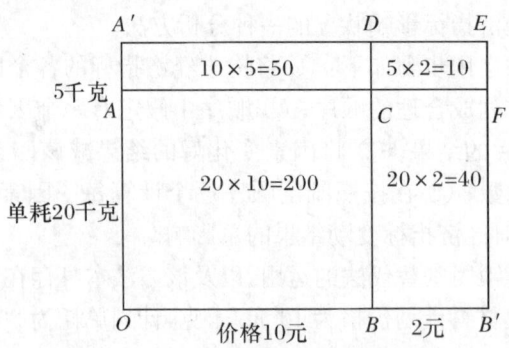

图 11-1　差异原因示意图

从图 11-1 可以看出:第一,当单耗、价格均不变时,□OACB 为计划数 200 元/件;第二,当单耗不变,价格变化时的影响是□BCFB′这块面积,变化额为40元/件;第三,当价格不变,单耗变化时的影响是□AA′DC这块面积,变化额为50元/件;第四,当单耗、价格同时变化的混合影响是□CDEF这块面积,变化额为10元/件。

在连锁因素替代法中,排列顺序对各因素的影响之所以不同,是由于顺序不同混合影响归属的因素也就不同的原因所致。如上例,当数量在先、质量在后,混合影响额10元就加在价格因素影响的40元之上,故价格因素的影响额为50元。当质量在先、数量在后,这10元的影响额就加在材料单耗因素的影响额50元之上,故单耗因素的影响额为60元。其实,从理论上看,无论顺序怎么排,其结果都不会正确,因为混合因素确实是多个因素共同影响的结果。从实际上看,实务中多采用先数量因素、后质量因素的排顺序。对其理由和问题本书不再加以讨论,只希望读者通过上述分析能理解采用先数量、后质量因素的顺序替代法,实际上是把没有完成任务的部分主观原因,推给了客观上的价格变动因素,减少了企业的一部分主观责任。

三、企业管理业绩的分析体系

(一) 企业管理业绩分析主要内容

企业管理的任务,从财务角度去考察,主要围绕提高企业盈利能力和控制风险两个方面展开。提高企业盈利能力的任务由包括诸如增加营业收入、降低成本、减少费用和调整品种结构等在内的具体任务组成;控制风险的任务由包括诸如合理安排资金来源结构、资产结构、保持偿债能力、加速资产周转率等在内的具体任务组成。

企业管理业绩分析就是要分析上述任务的完成情况,分清完成或未完成任务的各种主客观因素,并在此基础上进行业绩判断。一般而言,主观因素与业绩直接相关,由主观原因引起的任务完成情况好,可判为业绩好;反之,则差。而客观因素与业绩不直接相关,应先将客观因素对企业任务完成情况的影响剔除。但一个企业对各种外部客观环境变化的应变能力也是其管理水平的体现,应变能力越强,管理水平就越高。因此,在分清主客观因素对管理任务的影响后,还应将两者结合在一起来分析,以判明企业对外部环境变化的应变能力。

例如,某企业按原来产品的销售状况和盈利能力编制了产品生产和销售计划,但在执行年度市场状况发生了变化,原销售状况好、盈利能力高的产品,因产品滞销导致价格迅速下降,由盈利高变为盈利低,而原不太畅销的低盈利产品,却因为市场形式发生变化,由滞销变为畅销,盈利能力增加。面对这种市场变化,企业应及时调整产品结构,促使盈利任务的完成。对这类应变能力的分析就属于主客观因素相结合的分析。

因此,在市场经济条件下,企业任务完成情况分析,无论企业任务完成情况是受主观因素影响,还是受客观因素影响,最终都要归结于主观因素。只不过主观因素分为如下两大类而已:一是纯主观的内部努力,如提高劳动生产率、压缩管理费用、减少废品损失等方面的内部努力;二是针对客观变化的主观应变力,如根据市场状况调整产品结构,调整销售费用改变营销策略等。

需要指出:虽然企业任务一般应以计划表示,但对于无计划企业也可用历史资料为基数,通过对企业达到或未达到历史水平的主客观因素分析,考察企业管理业绩。当然,也可以行业水平均数为基数,通过对企业达到或未达到行业平均水平的分析,考察企业管理水平在行业中所处的位置。这样,可以比较好地解决无计划企业的管理水平或能力评价问题。

(二)企业管理业绩的分析体系

根据以上所述,企业管理业绩分析体系应由如下分析内容所组成:

1. 利润任务完成情况分析。

该分析主要由利润总额任务完成情况分析和产品销售利润任务完成情况分析所组成。对投资收益较多的企业也可增加投资收益任务完成情况分析。

2. 成本任务完成情况分析。

该分析主要由产品销售成本任务完成情况分析、全部产品和可比产品生产成本任务完成情况分析、主要产品单位成本分析等内容组成。如资料许可,还可进行技术经济指标对产品成本影响的分析。

3. 期间费用任务完成情况分析。

该分析主要由管理费用、财务费用、销售费用任务完成情况分析所组成。

4. 资产利用效率任务完成情况分析。

该分析主要由流动资产和固定资产利用效率任务完成情况分析所组成。如其他资产多,也可增加其他资产利用效率任务完成情况分析的内容。

5. 筹资任务完成情况分析。

该分析由资金来源结构和偿债能力任务完成情况分析等内容所组成。

本章以下各节以东方股份有限公司为例,分别对企业管理各种业绩分析的理论和方法进行探讨,并在最后讨论企业管理业绩的综合判断问题。在分析中所使用的计划数均为设定数。

第二节　利润任务完成情况分析

利润是收入减去成本、费用和税金后的余额,是生产消耗同生产成果相比较的结果。它受产品生产、销售、成本、费用、税金等诸多因素变动的影响。企业在增加生产、降低成本、扩大销售等方面工作的成效,最终都会集中地体现在利润上,故利润是衡量企业经营活动成效的一个综合性指标,是构成企业盈利能力高低、风险大小的重要因素之一。对利润的分析,一直是财务报表分析的重要内容之一,本节分别以利润总额和产品销售利润为对象,展开利润任务完成情况的分析。

一、利润总额任务完成情况分析

企业利润总额是由营业利润、投资收益、营业外收支净额等项目组成。在一般企业中,营业利润在利润总额中占有主导地位。而营业利润又是主营业务利润加上其他业务利润再减去期间费用和有关资产跌价损失计算而得。其中主营业务利润(产品销售利润)占有重要位置。因此,对利润总额任务完成情况的分析,除了应注意本年利润总额与上年利润总额和计划利润总额的比较之外,还要充分注意利润各组成项目和构成的变动情况,以便从中发现和提出问题,为进一步深入分析指明方向。

为了做到这一点,应编制"利润计划完成情况分析表"和"利润构成情况分析表",如表11-1、11-2所示:

表 11-1 东方股份有限公司利润计划完成情况分析表

金额单位: 万元

项 目	计划数	实际数	实际比计划增减	
			金 额	百分比(%)
1. 产品销售利润	18 640	14 320	−4 320	−23.18
2. 其他业务利润	200	300	100	50.00
3. 投资收益	800	200	−600	−75.00
减: 期间费用	10 240	7 420	−2 820	−27.54
4. 营业利润	9 400	7 400	−2 000	−21.78
5. 营业外净收支	−500	100	−600	
6. 利润总额	8 900	7 500	−1 400	−15.73
7. 净利润	6 230	5 250	−980	−15.73

表 11-2 东方股份有限公司利润构成情况分析表

金额单位: 万元

项 目	上 年 实 际		本 年 计 划		本 年 实 际	
	金 额	百分比	金 额	百分比	金 额	百分比
1. 产品销售利润	16 000	200.00	18 640	209.44	14 320	190.23
2. 其他业务利润	800	10.00	200	2.25	300	4.00
3. 投资收益	100	9.15	800	8.99	200	2.67
减: 期间费用	8 700	108.75	10 240	115.06	7 420	98.93
4. 营业利润	8 200	102.5	9 400	105.62	7 400	98.67
5. 营业外净收支	−200	−2.50	−500	−5.62	100	1.33
6. 利润总额	8 000	100	8 900	100	7 500	100

从表 11-1 可看出,本年实际利润比计划利润减少 1 400 万元,降低 15.73%,未完成计划。从利润总额组成项目来看,营业利润、营业外净收支均未完成计划,且较大幅度低于计划。其中未完成计划的主要原因是营业利润大幅减少所致。营业利润应作为分析重点。再考察营业利润,可以发现,营业利润大幅下降的原因是产品销售利润大幅下挫所引起。本年产品销售利润实际数比计划数减少 4 320 万元,降低率高达 23.18%。而期间费用实际比计划下降 2 820 万元,对企业来讲是好事,降低幅度为 27.54%,超过了产品销售利润的降低幅度,成绩值得肯定。对其他业务利润大滑坡(本年实际低于计划 500 万元,下降达到 62.5%)也需要认真对待。总之,产品销售利润任务完成情况分析,应作为该企业利润未完成任务原因分析的重中之重。下面专门讨论产品销售利润任务完成情况的分析。

二、产品销售利润任务完成情况分析

(一)影响产品销售利润的因素

产品销售利润的形成是由许多因素决定的。其计算公式如下:

某种产品销售利润＝产品销售收入－产品销售成本－产品销售税金

　　　　　　　　＝产品销售量(产品销售单价－产品销售单位成本－产品销售单位税金)

全部产品销售利润＝∑(产品销售收入－产品销售成本－产品销售税金)

　　　　　　　　＝∑产品销售量(产品销售单价－产品销售成本－产品销售单位税金)

从上述产品销售利润的计算公式可知,影响产品销售利润的因素是:① 产品销售数量的变动;② 产品销售单价的变动;③ 产品销售成本的变动;④ 产品销售税金的变动;⑤ 产品品种构成的变动。

(二)产品销售利润计划完成情况的分析

分析产品销售利润计划完成情况,需要"产品销售利润明细表"资料和"产品销售利润计划明细表"资料。其中:前表是正式的内部会计报表,后表是企业内部的计划表。东方份份有限公司的这两张表,如表 11-3、11-4 所示:

表 11-3　　　　　　　　　产品销售利润计划明细表

2014 年度　　　　　　　　　　　　　金额单位:元

产品名称	销售数量(台)	销售收入		销售成本		销售税金		销售利润	
		销售单价	总　额	单位成本	总　额	单位税金	总　额	单位利润	总　额
甲	800 000	150	120 000 000	95	76 000 000	15	12 000 000	40	32 000 000
乙	2 100 000	360	756 000 000	280	558 800 000	36	75 600 000	44	92 400 000
子	2 000 000	190	380 000 000	140	280 000 000	19	38 000 000	31	62 000 000
合计	—	—	1 256 000 000	—	944 000 000	—	125 600 000	—	186 400 000

表 11-4 产品销售利润明细表

2014 年度 金额单位：元

产品名称	销售数量（台）	销售收入		销售成本		销售税金		销售利润	
		销售单价	总 额	单位成本	总 额	单位税金	总 额	单位利润	总 额
甲	1 000 000	150	150 000 000	90	90 000 000	15	15 000 000	45	45 000 000
乙	1 900 000	350	665 000 000	290	551 000 000	28	53 200 000	32	60 800 000
子	1 700 000	180	306 000 000	140	238 000 000	18	30 600 000	22	37 400 000
合计	—	—	1 121 000 000	—	879 000 000	—	98 800 000		143 200 000

有了上述两张表的资料，就可以进行产品销售利润计划完成情况的分析。分析所用的基本方法是连锁因素代法，即根据产品销售利润的计算公式，分次从左到右用实际数替代计划数，并逐一用替代后数减去替代前数，就得到各因素对产品销售利润计划完成情况的影响程度。连锁替代法的详解如下：

① $\sum$ 产品计划销售量（产品计划销售单价 − 产品计划销售单位成本 − 产品计划销售单位税金）= 产品计划销售利润

② $\sum$ 产品实际销售量（产品计划销售单价 − 产品计划销售单位成本 − 产品计划销售单位税金）= 实际销售量、计划单价、成本、税金的产品销售利润

②−①=销售量和品种构成变化对利润的影响

③ $\sum$ 产品实际销售量（产品实际销售单价 − 产品计划销售单位成本 − 产品计划销售单位税金）= 实际销售量、单价计划成本、税金的产品销售利润

③−②=销售单价变化对利润的影响

④ $\sum$ 产品实际销售量（产品实际销售单价 − 产品实际销售单位成本 − 产品计划销售单位税金）= 实际销售量、单价成本、计划税金的产品销售利润

④−③=销售成本变化对利润的影响

⑤ $\sum$ 产品实际销售量（产品实际销售单价 − 产品实际销售单位成本 − 产品实际销售单位税金）= 产品实际销售利润

⑤−④=销售税金变化对利润的影响

从上面的计算公式可以看出，多品种分析的难点是销售量变化和品种构成变化对利润的影响不能直接区分开，区分这两个因素还得用其他的方法。有关分解方法，将结合案例在后面加以介绍。

下面按上述公式对例中企业的产品销售利润完成情况进行分析。

1. 确定分析对象。

分析对象为产品实际销售利润与产品计划销售利润的差额−43 200 000 元（143 200 000 −186 400 000），或称产品实际销售利润比产品计划销售利润低 43 200 000 元的原因。

2. 替代分析。

① 产品计划销售利润=186 400 000(元)(如表 11-3 所示)。

② 按产品实际销售量、计划销售单价、计划销售成本、计划销售税金计算的销售利润(或称按产品实际销售量,计划单位销售利润计算的销售利润)=176 300 000 元(如表 11-5 所示)。

③ 按产品实际销售量、实际销售单价、计划销售成本、计划销售税金计算的产品销售利润=140 300 000 元(如表 11-6 所示)。

④ 按产品实际销售量、实际销售单价、实际销售成本、计划销售税金计算的产品销售利润=126 300 000 元(如表 11-7 所示)。

⑤ 产品实际销售利润=143 200 000(元)(如表 11-4 所示)。

表 11-5 　　　　　　　　　　产品销售利润分析表(1)

金额单位:元

计划单位	实际销售数量(台)	销售收入		销售成本		销售税金		销售利润	
		计划单价	总　额	计划单位	总　额	计划单位	总　额	计划单位	总　额
甲	1 000 000	150	150 000 000	95	95 000 000	15	15 000 000	40	40 000 000
乙	1 900 000	360	684 000 000	280	532 000 000	36	68 400 000	44	83 600 000
子	1 700 000	190	323 000 000	140	238 000 000	19	32 300 000	31	52 700 000
合计	—	—	1 157 000 000	—	865 000 000	—	115 700 000	—	176 300 000

表 11-6 　　　　　　　　　　产品销售利润分析表(2)

金额单位:元

计划单位	实际销售数量(台)	销售收入		销售成本		销售税金		销售利润	
		实际单价	总　额	计划单位	总　额	计划单位	总　额	计划单位	总　额
甲	1 000 000	150	150 000 000	95	95 000 000	15	15 000 000	40	40 000 000
乙	1 900 000	350	665 000 000	280	532 000 000	36	68 400 000	34	64 600 000
子	1 700 000	180	306 000 000	140	238 000 000	19	32 300 000	21	35 700 000
合计	—	—	1 121 000 000	—	865 000 000	—	115 700 000	—	140 300 000

表 11-7 　　　　　　　　　　产品销售利润分析表(3)

金额单位:元

计划单位	实际销售数量(台)	销售收入		销售成本		销售税金		销售利润	
		实际单价	总　额	计划单位	总　额	计划单位	总　额	计划单位	总　额
甲	1 000 000	150	150 000 000	90	90 000 000	15	15 000 000	40	45 000 000
乙	1 900 000	350	665 000 000	290	551 000 000	36	68 400 000	24	45 600 000
子	1 700 000	180	306 000 000	140	238 000 000	19	32 300 000	21	35 700 000
合计	—	—	1 121 000 000	—	879 000 000	—	115 700 000	—	126 300 000

根据以上计算结果可得：

产品销售数量和品种构成变化对产品销售利润的影响＝②－①＝－10 100 000(元)

产品销售单价变化对产品销售利润的影响＝③－②＝－36 000 000(元)

产品销售成本变化对产品销售利润的影响＝④－③＝－14 000 000(元)

产品销售税金变化对产品销售利润的影响＝⑤－④＝＋16 900 000(元)

以上各因素变化，对产品销售利润的影响合计量为－43 200 000 元，正好与分析对象相符，表明计算无误。

现进一步分解产品销售数量和品种构成变化对产品销售利润的共同影响结果－10 100 000 元。当产品结构不发生变化，只是单纯的销售数量发生变化时，各种产品销售收入占总销售收入的比重不会发生变化，因此，将实际总销售收入乘上各种产品销售收入占总销售收入计划比重，再乘上各种产品的计划利润，就可以得到单纯销售量变动后的产品销售利润额。具体计算过程如下(见表 11-8、11-9)：

表 11-8　　　　　　　　　产品销售计划比例计算表

单位:元

产品名称	销售数量（台）	销售收入		销售利润		计划销售比例	计划销售利润率
		销售单价	总额	单位利润	总额		
甲	800 000	150	120 000 000	40	32 000 000	9.55%	26.666 7%
乙	2 100 000	360	756 000 000	44	92 400 000	60.19%	12.222 2%
子	2 000 000	190	380 000 000	31	62 000 000	30.25%	16.315 8%
合计	—	—	1 256 000 000	—	186 400 000	100.00%	14.840 8%

表 11-9　　　　　　　　单纯产品销售量变化的利润计算表

单位:元

产品名称	结构不变的销售收入		计划销售利润率	结构不变、单纯销售收入变化的销售利润
	计划比例	总额		
甲	9.55%	110 541 401.3	26.666 7%	29 477 707
乙	60.19%	696 410 828	12.222 2%	85 116 879
子	30.25%	350 047 770.7	16.315 8%	57 113 057
合计	100.00%	1 157 000 000	14.840 8%	171 707 643

单纯销售数量变化对产品销售利润的影响＝171 707 643－186 400 000＝－14 692 357(元)

上述计算过程需要计算结构不变的销售收入和产品计划销售利润率，显得比较复杂。为了方便计算，可以按以下方式对上述算式进行简化。

因为：

$$\begin{array}{l}\text{单纯销售数量变动对}\\ \text{产品销售利润的影响}\end{array} = \sum \text{实际销售数量} \times \text{计划单价} \times \begin{pmatrix}\text{产品计划}\\ \text{销售利润率}\end{pmatrix} - \begin{array}{l}\text{产品计划}\\ \text{销售利润}\end{array}$$

所以：

$$\begin{array}{l}\text{单纯销售数量变动对}\\ \text{产品销售利润的影响}\end{array} = \sum \begin{array}{l}\text{计划销}\\ \text{售数量}\end{array} \times \begin{array}{l}\text{计划}\\ \text{单价}\end{array} \times \frac{\text{产品计划销售利润}}{\sum \text{计划销售数量} \times \text{计划单价}} - \begin{array}{l}\text{产品计划}\\ \text{销售利润}\end{array}$$

$$= \frac{\sum \text{实际销售数量} \times \text{计划单价}}{\sum \text{计划销售数量} \times \text{计划单价}} \times \begin{array}{l}\text{产品计划}\\ \text{销售利润}\end{array} - \begin{array}{l}\text{产品计划}\\ \text{销售利润}\end{array}$$

$$= \left[\frac{\sum \text{实际销售数量} \times \text{计划单价}}{\sum \text{计划销售数量} \times \text{计划单价}} - 1 \right] \times \begin{array}{l}\text{产品计划}\\ \text{销售利润}\end{array}$$

根据上面的公式，就可以直接利用前述的分析计算表计算得到单纯销售量变动对产品销售利润的影响额。其计算如下：

$$\begin{array}{l}\text{销售量变动对产品}\\ \text{销售利润的影响}\end{array} = \left[\frac{\sum (\text{实际销售量} \times \text{计划单价})}{\sum (\text{计划销售量} \times \text{计划单价})} - 1 \right] \times \begin{array}{l}\text{产品计划}\\ \text{销售利润}\end{array}$$

$$= \left(\frac{115\ 700\ 000}{125\ 600\ 000} - 1 \right) \times 18\ 640\ 000 = -14\ 692\ 400 (\text{元})(\text{近似值})$$

在得到单纯销售量变动对产品销售利润的影响额之后，再从产品销售数量和品种构成变化对产品销售利润的影响额中减去单纯销售量变动对产品销售利润的影响额，就可以得到产品品种构成变动对产品销售利润的影响额。

$$\begin{array}{l}\text{销售品种构成变动对}\\ \text{产品销售利润的影响}\end{array} = \begin{array}{l}\text{产品销售数量和品种变化}\\ \text{对产品销售利润的影响}\end{array} - \begin{array}{l}\text{销售量变动对产品}\\ \text{销售利润的影响}\end{array}$$

$$= -10\ 100\ 000 - (-14\ 692\ 400) = 4\ 592\ 400 (\text{元})$$

以上各因素变动对产品销售利润的影响，可归纳如表 11-10 所示：

表 11-10　　　　　　　　　**因素影响程度汇总表**

金额单位：元

影　响　因　素	对销售利润的影响	占全部销售利润变动的百分比(%)
1. 产品销售量减少	−14 692 400	+34.01
2. 产品销售品种构成变动	+4 592 400	−10.63
3. 产品销售价格变动	−36 000 000	+83.33
4. 产品销售成本变动	−14 000 000	+32.41
5. 产品销售税金变动	+16 900 000	−39.12
合　　　计	−43 200 000	100

从表 11-10 可知，企业产品销售利润实际比计划减少 43 200 000 元，主要是由产品

销售量减少、产品销售价格降低、产品销售成本上升三个因素引起的,三个因素总共减少利润 64 692 400 元。减利因素抵减品种构成优化和销售税金降低带来的增利金额 21 492 400 元后,尚使企业减利 43 200 000 元。在减利三因素中,销售价格排列第一(绝对额减少 36 000 000 元,相对额为 83.33%),销售量排列第二(绝对额减少 14 692 400 元,相对额为 34.01%),销售成本排列第三(绝对额减少 14 000 000 元,相对额为 32.41%)。在增利两因素中,销售税金排列第一(增利绝对额为 16 900 000 元,相对额为 39.12%),销售品种构成排列第二(增利绝对额为 4 592 400 元,相对额为 10.63%)。

三、简略评价

结合企业资产负债表、商品产品成本表,我们可对企业增利、减利因素和经营管理活动作如下的简略评价:

第一,销售价格较计划降低是由乙、子两产品引起的,其中子产品为不可比产品。销售价格的下降一般可归纳为这样两个因素:一是因产品质量降低而引起价格下降;二是因供大于求而引起价格下降。至于该企业乙、子两产品价格降低,是否是因质量问题而引起,需进一步结合有关账簿、凭证所提供的信息进行分析才能知晓。对于价格降低是否因产品销路不畅而引起,则可根据会计报表和计划表予以简略的分析。根据比较资产负债表中企业存货特别是产成品存货的年末余额与年初余额的比较,若发现企业产成品大幅度上升,则说明企业产品的确销路不畅,销售形势严峻。在这种形势下,企业极可能采用降价促销的对策,从而导致企业销售价格下降。关于降价促销的合理性问题,企业可以列专题进行分析。另外,应注意产品质量下降也会引起销路不畅的问题,这也需要进行专题分析。降价促销实质上也是企业对外部市场变化的一种反应。不过这种应变可进一步分为积极的和消极的两种。所谓积极的降价促销,是企业为了战胜竞争对手,赢得更大的市场份额,在产品尚能按正常价格销售的情况下,主动降低售价,让利于消费者的营销策略。所谓消极的降价促销,是指企业因产大于销,产品严重积压,不得不采取消化库存的营销策略。根据上述理解,判断一个企业的这种应变能力是积极的还是消极的主要标志:一是降价促销后,销量是否上升以及销量上升所带来的利润增加能否弥补售价下降的损失(如是,为积极应变;如否,则为消极应变);二是降价促销后,产成品存货是否减少,生产量是否增加,资产周转速度是否加快(如是,为积极应变;如否,则为消极应变)。善于采取积极应变策略的企业,其管理水平高于不能采取积极应变策略和只能消极应变的企业的管理水平。按上述判断标准,东方股份有限公司的应变力不强,处于一种消极跟随市场走的状况,不能给予较高的评价。

第二,销售量较计划减少,也是由乙、子两产品引起的。结合上述价格分析,可知企业乙、子两产品,在价格下降的情况下,销路仍不理想,这应引起企业的足够重视。从产品成本表(见表 2-30)所提供的资料,结合上述分析来看,企业已采取了压产促销的方式,但效果并不好。究其原因在于缺乏主动的市场应变能力。关于企业采取的压产降价促销策略效果为什么不理想的原因,需要作更深入的专题分析。

第三,销售成本较计划上升,主要是由乙产品引起的。关于成本分析,我们将在下节详述。

第四,销售税金较计划下降。销售税金取决于销售价格和税率。在税率下变的条件下,销售价格下降,则销售税金必然下降。因此,销售税金降低不是企业经营的成绩,不作为产品销售利润分析的重点。具体到本例,乙产品税率从 10% 降为 8%,而甲、子产品的税率则没发生变化,仍维持 10% 的水平。

第五,销售品种构成优化。从表 11-3、11-4 可看出,该企业三种产品中甲产品利润最大,且产品供不应求,计划生产和销售 800 000 件,实际上生产和销售了 1 000 000 件,本年生产无存货。而乙、子两产品均未能完成产销计划。这说明该企业在本年度内已注意到实际情况的变化,采取了积极措施,调整产品结构,从中获利 4 592 400 元。这是企业生产经营中的成绩,应予以充分肯定。但结合前述分析结果可以发现,企业的这种应变能力并不足够,因为它对利润增加的贡献不大,不足以弥补其他减利因素所带来的损失。

根据以上分析可知,东方股份有限公司面临的主要问题是产品销路不畅,不得不采取压产和降价促销的政策,使企业未能完成产品销售利润计划。同时,也反映出企业采取了调整产品结构的对策,为企业挽回了部分损失。但是,总的来说,企业对市场的应变能力较低,还几乎处于消极应付状态。这可从该企业品种结构调整力度不够大这一点中看出。因此,总的评价是该企业积极主动的进取精神不够,对市场的反应能力相对滞后。东方股份有限公司如不迅速调整经营对策,积极调整产品结构,大力促销,其发展前景堪忧。

第三节 产品成本任务完成情况分析

成本是企业在生产过程中的生产耗费,包括耗费在生产产品上的生产资料的价值和工资。产品成本是一项综合性指标,影响成本升降变动的因素很多。这些因素可以概括为企业外部的因素和企业内部的因素两大类。所谓企业外部的因素,是指国民经济所提供的条件,它不仅影响企业的成本水平,而且造成了企业间产品成本水平的差异。这类因素对成本的影响并不反映企业工作的质量,属于客观原因。所谓企业内部的因素,是指与企业工作质量有关的因素,如材料消耗、劳动生产率高低、质量的好坏、产量的增减等。这类因素的变化同企业各方面的经济活动有着直接的或间接的关系,反映着企业生产技术、生产组织的状况和经营管理的水平。因此,这类因素是成本分析的重点。

成本分析的内容主要有：① 全部产品成本计划完成情况的分析；② 可比产品成本降低计划完成情况的分析；③ 成本组成要素的分析；④ 主要产品单位成本的分析。

以下分别分析这四部分内容。

一、全部产品成本计划完成情况分析

全部产品成本计划完成情况的分析，是利用"产品成本表"（如表 2-30 所示）进行分析的。其分析方法是根据"产品成本表"的资料，编制"成本分析表"。如表 11-11 所示：

表 11-11　　　　　　　　　　　　成 本 分 析 表

金额单位：元

产品名称	计划总成本	实际总成本	实际比计划升降额	实际比计划升降率(%)
可比产品	655 000 000	670 000 000	+15 000 000	+2.29
甲	95 000 000	90 000 000	-5 000 000	-5.26
乙	560 000 000	580 000 000	+20 000 000	+3.57
不可比产品	270 000 000	252 000 000	-18 000 000	-6.67
子	270 000 000	252 000 000	-18 000 000	-6.67
合　　　计	925 000 000	922 000 000	-3 000 000	-0.32

分析结果表明：企业超额完成了成本计划，全部产品成本实际较计划降低 0.32％，降低额为 3 000 000 元。其中：可比产品成本实际较计划上升了 2.29％，绝对额为 15 000 000 元。这主要是由于乙产品成本超支 20 000 000 元造成的，需要进一步分析乙产品成本超支的原因；不可比产品成本实际较计划降低 6.67％，绝对降低额为 18 000 000 元，超额完成了计划。

当然在分析全部产品成本计划完成情况时，应注意到成本计划的正确性和先进性，成本核算资料的真实性和正确性等问题，并将没有完成成本计划的产品作为进一步分析的重点。

二、可比产品成本降低任务完成情况分析

评价企业成本计划完成情况，还需要考察可比产品成本降低计划的完成情况。可比产品成本降低计划，是指本期计划成本比上年度实际平均成本的降低额和降低率。上年实际平均成本是企业已经达到的实际水平，是企业本期降低成本的起点，分析本期比上年实际平均成本降低的程度，还可以避免由于计划本身的问题而不能正确评价企业成本工作的缺点。

分析的第一步，是要确定可比产品成本降低计划和降低计划完成情况；然后，确定实际降低计划完成情况与降低计划之差，作为进一步分析的对象；最后，是分析影响降低任务完成的因素。

根据以下表 11-12、11-13、11-14 的资料进行分析。

表 11-12 可比产品成本降低计划分析表

金额单位：元

产品名称	计划产量（台）	单位成本		总成本		计划任务	
		上年平均	本年计划	上年平均	本年计划	降低额	降低率（%）
甲	800 000	100	95	80 000 000	76 000 000	4 000 000	5.00
乙	2 200 000	300	280	660 000 000	616 000 000	44 000 000	6.67
合计	—	—	—	740 000 000	692 000 000	48 000 000	6.49

表 11-13 可比产品成本实际降低情况分析表

金额单位：元

产品名称	实际产量（台）	单位成本		总成本		实际任务	
		上年平均	本年实际	上年平均	本年实际	降低额	降低率（%）
甲	1 000 000	100	90	100 000 000	90 000 000	10 000 000	10.00
乙	2 000 000	300	290	600 000 000	580 000 000	20 000 000	3.33
合计	—	—	—	700 000 000	670 000 000	30 000 000	4.29

表 11-14 可比产品成本实际降低情况分析表

金额单位：元

产品名称	计划降低		实际降低		实际比计划	
	降低额	降低率（%）	降低额	降低率（%）	降低额	降低率（%）
甲	4 000 000	5.00	10 000 000	10.00	6 000 000	5.00
乙	44 000 000	6.67	20 000 000	3.33	−24 000 000	−3.34
合计	48 000 000	6.49	30 000 000	4.29	−18 000 000	−2.2

表 11-14 说明，该企业可比产品成本计划降低额为 48 000 000 元，降低率为 6.49%；实际降低额为 30 000 000 元，降低率为 4.29%；实际降低额比计划降低额少 18 000 000 元，降低率少 2.2%。这表明企业可比产品成本没有完成成本降低任务。究其原因是乙产品没有完成降低任务引起的。实际比计划降低额少 18 000 000 元，降低率少 2.2%，就是我们要进行因素分析的对象。

影响可比产品成本降低计划完成情况的因素有产量变动、品种构成变动和单位成本变动等三个因素。

根据本例中的数据，上述三个因素的变动对可比产品成本降低计划完成情况的影响程度的分析如下：

1. 产品产量变动的影响。

$$\begin{matrix} \text{产品产量变动对} \\ \text{成本降低额的影响} \end{matrix} = \begin{matrix} \text{按实际产量上年平均} \\ \text{单位成本计算的总成本} \end{matrix} \times \begin{matrix} \text{计 划} \\ \text{降低率} \end{matrix} - \begin{matrix} \text{计 划} \\ \text{降低额} \end{matrix}$$

$$= 700\ 000\ 000 \times 6.49\% - 48\ 000\ 000$$

$$=45\ 430\ 000-48\ 000\ 000=-2\ 570\ 000(元)$$

假定在其他条件不变即品种构成和单位成本不变的条件下，单纯产量变动只影响成本降低额，而不影响成本降低率。这是产量变动影响的一个特点。

2. 产品品种构成变动的影响。

$$\begin{matrix}产品品种构成变动对\\成本降低额的影响\end{matrix}=\begin{matrix}按实际产量上年平均\\单位成本计算的总成本\end{matrix}-\begin{matrix}按实际产量计划单位\\成本计算的总成本\end{matrix}$$

$$-\begin{matrix}按实际产量上年平均\\单位成本计算的总成本\end{matrix}\times\begin{matrix}计\ \ 划\\降低率\end{matrix}$$

$$=700\ 000\ 000-655\ 000\ 000-700\ 000\ 000\times6.49\%=-430\ 000(元)$$

$$\begin{matrix}产品品种构成变动对\\成本降低率的影响\end{matrix}=\frac{成本降低额的影响}{\begin{matrix}按实际产量上年平均\\单位成本计算的总成本\end{matrix}}\times100\%$$

$$=\frac{-430\ 000}{700\ 000\ 000}\times100\%=-0.06\%$$

3. 产品单位成本变动的影响。

$$\begin{matrix}产品单位成本变动对\\成本降低额的影响\end{matrix}=\begin{matrix}按实际产量计划单位\\成本计算的总成本\end{matrix}-\begin{matrix}按实际产量实际单位\\成本计算的总成本\end{matrix}$$

$$=655\ 000\ 000-670\ 000\ 000=-15\ 000\ 000(元)$$

$$\begin{matrix}产品品种构成变动对\\成本降低率的影响\end{matrix}=\frac{成本降低额的影响}{\begin{matrix}按实际产量上年平均\\单位成本计算的总成本\end{matrix}}\times100\%$$

$$=\frac{-15\ 000\ 000}{700\ 000\ 000}\times100\%=-2.14\%$$

以上分析计算结果加以汇总，如表 11-15 所示：

表 11-15　　　　　　　　　　因素影响分析结果表

影　响　因　素	影　响　程　度	
	降　低　额　（元）	降　低　率　（％）
产品产量变动	-2 570 000	—
产品品种构成变动	-430 000	-0.06
产品单位成本变动	-15 000 000	-2.14
可比产品成本降低任务完成情况	-18 000 000	-2.2

从表 11-15 可知，分析结果与分析对象相符，表明分析计算结果无误。根据以上分析结果，结合前面的分析，可进行如下简略评价：

第一，企业没能完成成本降低任务，成本实际降低额比计划降低额减少 18 000 000 元，降低率实际比计划低 2.2％。这应引起企业的重视。

第二，产品单位成本上升是造成企业没能完成成本降低任务的主要因素。但细分原因可发现，甲产品单位成本实际比计划有所降低，乙产品单位成本实际比计划有所升高，而且增长较多，应主要研究乙产品单位成本升高的原因。

第三,产品产量变动是造成企业没能完成成本降低任务的第二原因。仔细分析也可发现,甲产品完成了降低任务,而乙产品没有完成,乙产品是造成产量减少致使企业没能完成成本降低任务的原因。结合资产负债表、利润表的分析,乙产品未能完成生产任务的原因是产品销路不畅。对乙产品的产销问题,企业应高度重视。

第四,产品品种结构的变动也是本例中造成企业没能完成成本降低任务的原因,这似乎难以理解。但结合表 11-12 可以发现,甲产品降低任务为 5%,乙产品降低任务为6.49%。该企业多生产了降低任务低的甲产品,而少生产了降低任务高的乙产品,因此会造成调整产品结构不利于完成成本降低任务的情况。结合前面关于企业财务状况和利润的分析,可以进一步发现企业调整产品结构是正确的,应予充分肯定。该例也说明对企业经营活动的评价,不能只从某项分析结果来看,而要综合多种因素来考虑。

三、成本组成要素分析

成本是由直接材料、直接人工、制造费用等项目组成的。企业的产品成本报表,既可以产品别来编制,如表 2-30 所示,还可以项目别来编制,如表 2-29 所示。表 2-29 是专门用来反映企业成本组成情况的报表,是成本组成要素分析的信息来源。如企业没有编制这种报表,进行成本组成要素分析,就必须运用会计核算中有关成本计算的会计账簿或成本计算单中的资料来进行。

利用表 2-29 可以编制出成本组成要素分析表,如表 11-16 所示。从表 11-16 可看出,不同成本项目各有升降,全部产品总成本中,材料成本实际较计划有较大幅度的上升,增加了10 000 000 元,直接人工实际较计划增加了 1 000 000 元;制造费用实际低于计划;全部产品总成本实际低于计划 3 000 000 元,与前面按产品别的分析结果完全一样。就可比产品来看,本年实际比上年实际均有所降低,而比本年计划均有所升高,其原因需要进一步分析。

这种成本组成要素的分析,可以发现成本超支和节约的项目,为进一步分析指出方向。对各成本项目逐一分析,需要大量账簿乃至凭证的信息,是十分复杂的分析过程。

表 11-16　　　　　　　　　　　　产品成本组成要素分析表

金额单位:元

成本项目	全　部　产　品			其　中:可　比　产　品				
	按计划单位成本计算	实　际	差　异	按上年实际单位成本计算	按计划单位成本计算	实　际	差　异	
							比上年	比计划
直接材料	665 000 000	675 000 000	10 000 000	540 000 000	514 000 000	523 000 000	−17 000 000	9 000 000
直接人工	95 000 000	96 000 000	1 000 000	62 000 000	60 700 000	61 500 000	−500 000	800 000
制造费用	165 000 000	151 000 000	−14 000 000	98 000 000	80 300 000	85 500 000	−12 500 000	5 200 000
生产成本	925 000 000	922 000 000	−3 000 000	700 000 000	655 000 000	670 000 000	−30 000 000	15 000 000

四、主要产品单位成本分析

产品单位成本综合地反映一个企业在现有生产技术、生产组织和经营管理水平下生产一件产品的以货币表现的生产耗费总额。进行产品单位成本分析，可以把成本分析引向深入，这对揭示成本升降的具体原因、寻找降低成本途径、改进成本管理具有重要意义。

产品单位成本的分析主要包括如下两个部分：① 产品单位成本的各成本项目增减变动情况的分析；② 各项技术经济指标变动对产品单位成本影响的分析。

以下我们以表 2-31 的资料为例，编制成甲产品单位成本分析表，如表 11-17 所示：

表 11-17　　　　　　　　　　甲产品单位成本分析表

金额单位：元

成本项目	上年实际平均单位成本	本期计划单位成本	本期实际单位成本	差　　　异	
				比 上 年	比 计 划
直接材料	59	57.5	56	—3	—1.5
直接人工	8	10	7	—1	—3
制造费用	33	27.5	27	—6	—0.5
合　　计	100	95	90	—10	—5

从表 11-17 可知，本期甲产品单位成本比计划、比上年实际都有所降低，并且降低幅度较大。计划单位成本比上年实际平均单位成本降低 5 元，计划降低率 5％；实际单位成本比上年实际平均单位成本降低 10 元，实际降低率 10％，超额完成了计划。单位成本降低主要是由制造费用节约、直接材料减少和直接人工降低所致。

为了查明单位产品成本降低或升高的原因，还需分别对成本项目进行深入分析。这种分析是一种技术经济分析，要求的信息多，涉及面广，应组织各种专业人员共同分析，才能真正找出差距，发现问题，提出改进意见，挖掘降低成本的潜力。

技术经济指标同产品单位成本的关系主要可分为三类：一类是不直接影响总成本，但却直接影响产品产量，并通过产量间接地影响产品单位成本的指标，如设备利用率指标；二类是不仅直接影响产品产量，而且直接影响产品成本中原材料消耗的指标，如产品合格率指标；三类是直接影响产品总成本中原材料、燃料和动力费用水平的指标，如冶金生产的焦比、单位产品耗能量等指标。鉴于本书偏重于从外部人士的角度分析财务报表，故不再进一步讨论成本的技术经济分析问题。但读者应注意到该问题是企业成本分析中的重要课题。

五、简略评价

从上述成本任务完成情况分析的结果看，企业较好地完成了成本计划，三个产品中有两个产品完成了任务，只有乙产品由于产量下降导致单位成本上升，影响了成本任务的完成。但结合利润任务完成情况的分析，可以发现企业压缩乙产品产量的决策是正确的。

因此，可以认为，该企业的内部成本控制较好，这也表明企业内部管理水平较高，能在市场发生变化的情况下，通过加强成本控制，从内部挖潜来弥补销量减少所带来的损失。与企业对外部市场的应变能力相比较，该企业的内部成本管理水平高于对外部市场的应变能力。

第四节　期间费用任务完成情况分析

期间费用是影响企业利润的一项重要因素，期间费用由管理费用、财务费用和销售费用所组成，它们的大小一般不与企业业务量成正比关系，多属于固定成本或酌量性固定成本，少数属于变动成本和混合成本。因此，考察期间费用任务完成情况，首先应注意各类期间费用具体项目的性质，将分析重点放在酌量性固定成本和混合成本等项目上；其次要将期间费用的支出与企业营业收入和利润等产出联系起来分析，判断支出的合理性，不能简单地认为期间费用越低越优。以下分别讨论管理费用、财务费用和销售费用的任务完成情况分析。

一、管理费用任务完成情况分析

管理费用任务完成情况分析，一般先要编制管理费用计划完成情况分析表，然后再根据各费用项目的性质评价完成情况，最后综合各费用项目的评价给出总评价，编制成管理费用完成情况分析表，如表 11-18 所示：

表 11-18　　　　　　　　　　管理费用任务完成情况分析表

金额单位：万元

项　　目		计划金额	实际金额	差　　异
混合费用	业务招待费	80	120	＋40
	修理费	120	150	＋30
	差旅费	100	80	－20
	小　　计	300	350	＋50
酌量性固定费用	咨询费	50	70	＋20
	技术转让费	50	100	＋50
	保险费	100	100	—
	职工教育经费	50	30	－20
	办公费	450	600	＋150
	小　　计	700	900	＋200
固定费用	管理人员工资	500	480	－20
	职工福利费	70	65	－5
	折旧费	740	745	＋5
	租赁费	190	160	－30
	小　　计	1 500	1 450	－50
合　　计		2 500	2 700	＋200

从表 11-18 可以看出,该企业的管理费用,除了固定性费用有所降低之外,混合性费用和酌量性固定费用均有所上升,且上升幅度较大,混合费用上升了 16.67%(50÷300),酌量性固定费用上升了 28.57%(200÷700)。这种情况不太正常。因为混合费用实质是由固定费用和变动费用混合在一起的费用,它虽然不完全与业务量成正比,但它仍会随业务量的增减变动而增减变动。根据这个性质,企业混合费用在营业收入减少时发生增加,是不正常的。经过进一步分析后发现,混合费用超支主要发生在业务招待费超支上,超支比高达 50%(40÷80)。这说明该企业在业务招待费上控制不严,需要改进。

酌量性固定费用大幅度超越计划,首先就表明该企业计划约束力太差。经进一步分析后可以发现,上升幅度大的费用项目分别为办公费用(上升 30%)、技术转让费(上升 100%)、咨询费(上升 40%)。技术转让费、咨询费的增加,可能是企业为了适应市场变化、积极主动开发新产品等增强应变能力的结果;如是这样,该类费用的增加尚可予以肯定。但是企业办公费用大幅攀升决不能给予好评。特别是企业在紧缩员工工资和培训费用时,大幅增加办公费用的开支,更让人难以理解,对此需进行深入分析。

至于该企业的固定费用计划完成情况可以给予好评。固定费用的降低是削减员工工资 20 万元和减少租赁费 30 万元的结果。员工工资随企业效益下降而调低,可以理解;租赁费支出随企业业务量萎缩而减少,值得赞扬。所以,企业固定费用计划完成理想,应予好评。

结合混合费用、酌量性固定费用、固定费用三个方面的计划完成情况来看,该企业对管理费用的控制力较弱,主要负责人控制管理费用魄力不够,颇有浪费嫌疑,不值得给予好评。

二、财务费用任务完成情况分析

财务费用主要是指企业筹资而发生的费用,具体包括:利息净支出(减去利息收入后的支出)、汇兑净损失(减去汇兑收益后的损失)、金融机构手续费和为筹资而发生的其他费用等项目。从上述具体内容可知,财务费用与企业筹资量有关系,但不成正比,而筹资量只与企业业务量存在某种非线性的相关关系,因此,财务费用与企业业务量的关系不密切。判断企业财务费用控制是否合理的基础,不是企业业务量,而是筹资计划,故它应与筹资任务完成情况分析联系在一起来进行分析。财务费用任务完成情况分析表,如表 11-19 所示:

表 11-19 财务费用任务完成情况分析表

金额单位:万元

项 目	计 划 金 额	实 际 金 额	差 异
利息支出	1 250	1 240	−10
减:利息收入	150	60	−90
利息净支出	1 100	1 180	+80
汇兑净损失	0	60	+60
手续费	10	20	+10
其他费用	30	40	+10
合 计	1 140	1 300	+160

从表 11-19 可以看出,该企业未完成财务费用计划任务,其中:影响最大的为利息净支出(80 万元),其次是汇兑净损失(60 万元),手续费和其他费用则分别上升 10 万元。汇兑净损失是受外部环境的影响,企业在这方面难有较大作为,分析时可将它排除在外。分析重点应放在利息净支出上。从利息净支出构成来看,利息支出减少 10 万元,利息收入减少 90 万元,导致利息净支出增加 80 万元。结合该企业的资产负债可发现,该企业本年度负债总金额变化不大,利息支出无大变化可以理解。对利息收入降低也可理解。因为企业既然因缺乏资金对外大量借债,故自然不会将举债获得的资金大量用于生息。对于企业实际举债利息率与计划相比究竟状况如何,需结合筹资计划作进一步分析。

根据上述简要分析可以得出如下结论:该企业对财务费用的控制不力,导致财务费用大幅上升;特别从利息净支出构成来看,利息净支出大幅增加极有可能与企业资金运用不合理有关。这说明企业在资金管理方面的水平不高,不能给予好评。

三、销售费用任务完成情况分析

销售费用与管理费用相似,可按与业务量的关系划分为变动费用、混合费用、酌量性固定费用和固定费用。对它的分析,首先也应按费用的性质分析,然后再给出综合评价。销售费用任务完成情况分析表,如表 11-20 所示:

表 11-20　　　　　　　　　　销售费用任务完成情况分析表

金额单位:万元

项　　　目		计划金额	实际金额	差　　异
变动费用	包装费	300	260	−40
	运杂费	600	560	−40
	保险费	100	80	−20
	小　计	1 000	900	−100
混合费用	租赁费	400	450	+50
	差旅费	300	300	—
	修理费	200	250	+50
	小　计	900	1 000	+100
酌量性固定费用	展览费	600	200	−400
	广告费	4 000	620	−3 380
	办公费	200	200	—
	小　计	4 800	1 020	−3 780
固定费用	折旧费	100	100	—
	职工工资	400	400	—
	小　计	500	500	—
合　　　计		7 200	3 420	−3 780

从表 11-20 可以看出,企业销售费用大幅度下降的原因:是由于企业削减了广告费和

展览费这类酌量性固定费用开支所致。企业变动费用随业务量下降也略有下降,混合费用中租赁费、修理费略有上升,固定费用维持不变等均属正常。因此,分析重点应放在广告费、展览费等酌量性固定费用上。

广告费用减少 3 380 万元,展览费用减少 400 万元,降低幅度分别达 84.5%(3 380÷4 000)和 66.67%(400÷600),这表明企业的营销策略发生了重大变化,不能简单地根据减少金额来评估任务完成的好坏。有效地追加广告费用等营销投入,是企业积极争取市场的一种表现,判断广告费用等投入是否可取的标志是营业收入的增加量,一定单位的广告费用投入量能推动的营业收入增加量越大,其效用就越高;反之,则越低。压缩有效的广告费用投入,会导致企业营业收入加速下跌。根据这个道理,结合前述该企业的利润任务完成情况分析,大致可以得出如下结论:企业在产品市场销售量萎缩时,不是通过追加广告等费用促销,而是通过削减广告等营销费用来确保利润少减少。从企业对市场变化采取的应变策略来看,属于保守型,积极开拓进取的精神不够。这一点还可以从企业产品结构调整不力看出。该企业甲产品销路好,有市场潜力,而乙、子两产品则产大于销,前景不容乐观,虽然企业已注意到这些问题,并采取了增加甲产品生产和减少乙、子两产品产量的措施,获得了一定成效;但是,其调整力度不够,因品种结构调整增加的利润仅为 459 万元,比起减少广告费、展览费等支出的增利 3 780 万元,显得微不足道。对于企业追加广告费用等支出是否有利于企业甲产品占领市场,有利于企业调整产品结构等问题,均需进行深入的专题分析才能得出结论。

四、简略评价

从前述有关企业期间费用的分析可以看出,各类期间费用有升有降。期间费用任务完成分析表,如表 11-21 所示:

表 11-21　　　　　　　　　期间费用任务完成情况分析表

金额单位:万元

项　　　　目	计 划 金 额	实 际 金 额	差　　　异
管理费用	2 500	2 700	+200
财务费用	1 140	1 300	+160
销售费用	7 200	3 420	−3 780
合　　计	10 840	7 420	−3 420

根据表 11-21 并结合前述各类期间费用的分析结果,可对该企业期间费用任务完成情况作如下综合评论:

第一,该企业对管理性费用的控制能力不强,这一点特别表现在对混合费用和酌量性固定费用(管理费用中的该费用)控制不力上。

第二,该企业压缩期间费用的思路与通常的管理原理有差异。一般认为,在市场发生变化,企业实施压费用、保利润的措施,压缩费用的首选应是与开拓市场关系不大的消费性办公费用,要力保与开拓市场密切相关的费用。但该企业却相反,办公费大幅度攀升,而营销费用则大幅度缩减。因此,可认为该企业期间费用控制结构不合理。

第三,该企业期间费用控制属于消极的保守型控制,而非积极的应变型控制。其结果可能会对企业未来发展带来不利影响。

综上分析评价,我们认为该企业在期间费用管理方面的水平不高,缺乏积极进取的战略精神。

第五节　资产利用效率任务完成情况分析

资产是企业完成经营活动的最重要的内部条件之一,资产利用率充分说明企业可以用相同数量的资产,取得更多的收益或取得相等数量的收益占用更少的资产。资产利用效率高低,主要标志是它的周转率快慢,而周转率快慢又受资产结构的影响。关于这些问题我们已在第九章企业经营效率分析中述及。本节主要讨论企业资产利用效率任务完成情况的分析。按本书所定义,资产利用效率任务主要是不同资产和总资产的周转速度任务,其次是不同资产结构任务。以下围绕这些问题展开讨论。

一、资产周转率任务完成情况分析

(一)总资产周转率任务完成情况分析

揭示总资产周转率是否完成任务,就是将实际总资产周转率与计划总资产周转率进行比较,若实际周转率快于计划,则表明完成了任务;反之,则未完成。因为:

$$总资产周转天数 = \frac{(流动资产平均余额 + 长期资产平均余额) \times 365}{收入}$$

可见,总资产周转天数受流动资产平均余额、长期资产平均余额和收入三个因素的影响。各因素对总资产周转天数的影响程度,可用连锁因素替代法来测定。它用于考察总资产周转率完成或未完成任务的原因。

另外,我们也可对上式变形,考察总资产周转率完成或未完成任务对资产总额的影响,即:

$$总资产平均余额 = 收入 \times 总资产周转次数 = \frac{收入 \times 总资产周转天数}{365}$$

下面我们根据东方股份有限公司资料,对总资产周转率任务完成情况分析问题进行讨论。表11-22的计划金额为假定数,实际金额是根据表2-5的年初数加年末数之和除以2计算出年平均数。

表 11-22 资产计划数与实际数对照表

金额单位：万元

项 目	计划平均数	实际平均数
流动资产	32 100	30 794
现金及其等价物	2 000	954
应收账款	8 000	7 125
存货	21 500	22 300
其中：材料	10 000	9 100
在制品	6 500	6 475
产成品	5 000	6 725
其他流动资产	600	415
固定资产	25 000	26 802
其他长期资产	1 400	1 400
合 计	58 500	58 996

注：该表中已剔除了企业的对外长期投资项目。

根据表 11-22 资料，可计算出企业总资产的周转天数。计算过程和结果如下：

1. 总资产计划周转天数 $= \dfrac{58\,500 \times 365}{125\,600} = 170$（天）

2. 总资产实际周转天数 $= \dfrac{58\,996 \times 365}{112\,100} = 192$（天）

计算结果表明，总资产实际周转天数比计划多 22 天（192−170），周转速度减慢。导致企业总资产周转率速度降低的原因可细分如下：

① $\dfrac{总资产计划数\ 58\,500 \times 365}{计划营业收入\ 125\,600} = 170$（天）

② $\dfrac{总资产实际数\ 58\,996 \times 365}{计划营业收入\ 125\,600} = 171$（天）

③ $\dfrac{总资产实际数\ 58\,996 \times 365}{实际营业收入\ 112\,100} = 192$（天）

因总资产实际数高于计划数而影响的总资产周转天数如下：

②−① $= 171 - 170 = 1$（天）

因营业收入实际数低于计划数而影响的总资产周转天数如下：

③−② $= 192 - 171 = \underline{21（天）}$

总资产周转天数增加合计 22（天）

以上分析结果表明，实际营业收入低于计划营业收入是导致企业总资产周转率未完成计划任务的主要因素,该因素使总资产周转天数延长了 21 天,加上总资产实际数高于计划数导致的总资产周转天数增加 1 天这个因素后,总资产实际周转天数延长了 22 天。

由企业总资产周转速度减慢,相对多占用了资产,其金额计算如下:

$$\substack{\text{总资产实际占用数比计} \\ \text{划占用数的相对增加额}} = \left(\substack{\text{实际周} \\ \text{转天数}} - \substack{\text{计划周} \\ \text{转天数}}\right) \times \frac{\text{实际营业收入}}{365}$$

$$= (192 - 170) \times \frac{112\,100}{365} = 6\,757(\text{万元})$$

该计算结果充分说明,企业没有完成资产占用任务。

(二) 流动资产周转率任务完成情况分析

企业资产周转率任务完成情况分析,除了总资产周转率外,还可对流动资产周转率任务完成情况进行专题分析。对流动资产周转率任务完成情况进行专题分析有着比总资产周转率任务完成情况分析更明确的经济意义。这是因为总资产周转率受流动资产周转率和长期资产周转率的共同影响,而长期资产占有量一般难以随意调节,加快其周转速度的方法通常只能依赖于营业收入的增加,而不是资产平均余额的减少。与之相比,流动资产占用额是可以根据营业需要进行调节的,比如当企业业务量萎缩、流动资产需要量减少时,企业可以用流动资产去偿还部分流动负债,使流动资产和流动负债同时减少,即加速流动资产周转率可从增加营业收入和减少流动资产占有量两个方面入手。因此,对流动资产周转率任务进行专题分析,可以更好地考察企业管理和使用资产的能力。

根据表 11-22 资料,可以对流动资产周转率任务完成情况进行分析。分析过程和结果如下:

1. 流动资产计划周转天数 $= \frac{32\,100 \times 365}{125\,600} = 93(\text{天})$

2. 流动资产实际周转天数 $= \frac{30\,794 \times 365}{112\,100} = 100(\text{天})$

计算结果表明,流动资产周转天数实际比计划延长了 7 天(100－93)。对导致流动资产周转率速度降低的各种因素可作如下分析:

① $\frac{\text{流动资产计划数 } 32\,100 \times 365}{\text{计划营业收入 } 125\,600} = 93(\text{天})$

② $\frac{\text{流动资产实际数 } 30\,794 \times 365}{\text{计划营业收入 } 125\,600} = 89.5(\text{天})$

③ $\frac{\text{流动资产实际数 } 30\,794 \times 365}{\text{实际营业收入 } 112\,100} = 100(\text{天})$

因流动资产实际数低于计划数而影响的流动资产周转天数如下：

$$②-①=89.5-93=-3.5(天)$$

因营业收入实际数低于计划数而影响的流动资产周转天数如下：

$$③-②=100-89.5=\underline{10.5(天)}$$

流动资产周转天数增加合计　　　　　7(天)

以上分析表明，营业收入实际低于计划是导致企业流动资产周转天数延长的主要因素，该因素使流动资产周转天数延长了10.5天，扣除流动资产绝对减少所引起的流动资产周转天数减少3.5天后，流动资产周转天数实际增加了7天。未完成流动资产周转率任务。

虽然企业流动资产绝对数实际与计划相比较有所减少，但是从获取同量收入按流动资产计划周转率为标准计算的流动资产占有量来看，实际与计划相比较，流动资产占有量则相对增加。其计算过程如下：

$$流动资产实际占用数比\atop计划占用数的相对增加额=\left(实际周\atop 转天数-计划周\atop 转天数\right)\times\frac{实际营业收入}{365}$$

$$=(100-93)\times\frac{112\,100}{365}=2\,150(万元)$$

上述计算结果表明，企业未完成流动资产周转率计划对流动资产占用量任务完成情况的影响，也就是说，由于企业未完成流动资产周转率计划，导致企业流动资产占用量实际数比计划数相对增加了2 150万元。

二、资产组成项目变化对资产周转率任务完成情况的影响分析

（一）总资产组成项目变化对总资产周转率任务完成情况的影响分析

总资产组成项目变化对总资产周转率任务完成情况的影响，我们在这里只考虑流动资产和长期资产两个因素。对流动资产内部组成项目变化的影响问题，则在下一问题中讨论。

分析总资产组成项目变化对总资产周转率任务完成情况的影响，可用连锁因素替代法来计算。根据表11-22资料，其分析计算过程如下：

① $\dfrac{(流动资产计划数32\,100+长期资产计划数26\,400)\times365}{计划营业收入125\,600}=170(天)$

② $\dfrac{(流动资产实际数30\,794+长期资产计划数26\,400)\times365}{计划营业收入125\,600}=166(天)$

③ $\dfrac{(流动资产实际数30\,794+长期资产实际数28\,202)\times365}{计划营业收入125\,600}=171(天)$

④ $\dfrac{(\text{流动资产实际数 } 30\,794 + \text{长期资产实际数 } 28\,202) \times 365}{\text{实际营业收入 } 112\,100} = 192(\text{天})$

分析计算结论：

1. 流动资产实际脱离计划对总资产周转率的影响如下：

$$②-①=166-170=-4(\text{天})$$

2. 长期资产实际脱离计划对总资产周转率的影响如下：

$$③-②=171-166=5(\text{天})$$

3. 营业收入实际脱离计划对总资产周转率的影响如下：

$$④-③=192-171=21(\text{天})$$

合　计　　　　　22(天)

上述分析结果表明，导致企业总资产周转天数实际多于计划 1 天的资产实际数脱离计划数的原因中，流动资产绝对数实际低于计划使总资产周转率加快了 4 天，长期资产绝对数实际高于计划使总资产周转率减慢了 5 天。这说明企业在减少资产占用，加速资产周转率方面努力不够，但在流动资产方面的努力还是有一定的效果。同时也说明企业加速资产周转速度的主要矛盾是营业收入，只有营业收入完成计划，企业才能较顺利地完成总资产周转率任务。

（二）流动资产组成项目变化对流动资产周转率任务完成情况的影响分析

由于流动资产内部各组成项目在不断转换，如"现金→材料→在制品→产成品→应收账款→现金"等，如在转换过程中某一环节出了问题，该环节的资产便可能会产生积压，造成流动资产周转速度的减慢。因此，分析流动资产组成项目变化对流动资产周转率的影响，可以更具体地认识流动资产周转率任务完成情况的特点，有利于评价企业管理业绩，判断企业管理水平。

仍用表 11-22 资料，并采用连锁因素替代法来分析流动资产各项目变化对流动资产周转率任务完成情况的影响程度。

① $\dfrac{\left(\substack{\text{现金及其等}\\\text{价物计划数}\\2\,000} + \substack{\text{应收账款}\\\text{计 划 数}\\8\,000} + \substack{\text{存 货}\\\text{计划数}\\21\,500} + \substack{\text{其他流动}\\\text{资产计划数}\\600}\right) \times 365}{\text{营业收入计划数 } 125\,600} = 93(\text{天})$

② $\dfrac{\left(\substack{\text{现金及其等}\\\text{价物实际数}\\954} + \substack{\text{应收账款}\\\text{计 划 数}\\8\,000} + \substack{\text{存 货}\\\text{计划数}\\21\,500} + \substack{\text{其他流动}\\\text{资产计划数}\\600}\right) \times 365}{\text{营业收入计划数 } 125\,600} = 90(\text{天})$

③ $\dfrac{\left(\underset{954}{\substack{现金及其等\\价物实际数}} + \underset{7\,125}{\substack{应收账款\\实\ 际\ 数}} + \underset{21\,500}{\substack{存\ \ 货\\计划数}} + \underset{600}{\substack{其他流动\\资产计划数}}\right) \times 365}{\text{营业收入计划数 } 125\,600} = 88(\text{天})$

④ $\dfrac{\left(\underset{954}{\substack{现金及其等\\价物实际数}} + \underset{7\,125}{\substack{应收账款\\实\ 际\ 数}} + \underset{22\,300}{\substack{存\ \ 货\\实际数}} + \underset{600}{\substack{其他流动\\资产计划数}}\right) \times 365}{\text{营业收入计划数 } 125\,600} = 90(\text{天})$

⑤ $\dfrac{\left(\underset{954}{\substack{现金及其等\\价物实际数}} + \underset{7\,125}{\substack{应收账款\\实\ 际\ 数}} + \underset{22\,300}{\substack{存\ \ 货\\实际数}} + \underset{415}{\substack{其他流动\\资产实际数}}\right) \times 365}{\text{营业收入计划数 } 125\,600} = 89.5(\text{天})$

⑥ $\dfrac{\left(\underset{954}{\substack{现金及其等\\价物实际数}} + \underset{7\,125}{\substack{应收账款\\实\ 际\ 数}} + \underset{22\,300}{\substack{存\ \ 货\\实际数}} + \underset{415}{\substack{其他流动\\资产实际数}}\right) \times 365}{\text{营业收入实际 } 112\,100} = 100(\text{天})$

分析计算结论：

1. 现金及其等价物实际脱离计划对流动资产周转率的影响如下：

$$②-①=90-93=-3(\text{天})$$

2. 应收账款实际脱离计划对流动资产周转率的影响如下：

$$③-②=88-90=-2(\text{天})$$

3. 存货实际脱离计划对流动资产周转率的影响如下：

$$④-③=90-88=2(\text{天})$$

4. 其他流动资产实际脱离计划对流动资产周转率的影响如下：

$$⑤-④=89.5-90=-0.5(\text{天})$$

5. 营业收入实际脱离计划对流动资产周转率的影响如下：

$$⑥-⑤=100-89.5=\underline{10.5(\text{天})}$$

$$合\ \ 计\qquad\qquad 7(\text{天})$$

上述分析说明各类流动资产实际脱离计划对流动资产周转率任务完成情况的影响。从分析结果看,除营业收入实际低于计划对流动资产周转率任务完成情况的负面影响最大(增加 10.5 天)外,就是存货实际大于计划的负面影响(增加 2 天),而其余因素则均为正面影响。

根据第九章述及的存货周转率分解或构成方法,我们还可以进一步考察各类存货实际脱离计划对存货周转率任务完成情况的影响。假定该企业原材料计划耗用额为 60 000 万元,实际耗用额为 58 000 万元。下面列表计算各类存货周转率实际脱离计划对存货周

转率任务完成情况的影响,如表 11-23、11-24 所示:

表 11-23 各类存货周转天数计算表

金额单位:万元

存货类别	计 划 数			实 际 数		
	平均余额	周转额	周转天数	平均余额	周转额	周转天数
原材料	10 000	60 000	60.83	9 100	58 000	57.27
在制品	6 500	99 200 *	23.92	6 475	92 200	25.63
产成品	5 000	106 960	17.06	6 725	87 900	27.93
全部存货	21 500	125 600	62.48	22 300	112 100	72.61

* 按产品成本表(产品别)中各产品产量计划与单位成本计划之积的合计数填列。

表 11-24 各类存货周转率实际脱离计划对存货周转率
任务完成情况的影响

存货类别	计 划 数			实 际 数			折算后周转天数差异
	周转天数	折算系数	折算后周转天数	周转天数	折算系数	折算后周转天数	
原材料	60.83	60 000/125 600	29.06	57.27	58 000/112 100	29.63	0.57
在制品	23.92	992/12 560 000	18.89	25.63	92 200/112 100	21.08	2.19
产成品	17.06	106 960/125 600	14.53	27.93	87 900/112 100	21.9	7.37
全部存货	62.48	—	62.48	72.61	—	72.61	10.13

从表 11-24 可看出,产成品周转率实际脱离计划是造成存货周转率未能完成任务的首要原因,其次是在制品周转率实际低于计划的原因。

三、简略评价

根据前述分析可知,该企业资产周转率未能完成计划任务,导致总资产相对增加 6 757 万元,其中流动资产相对增 2 150 万元,占总数的 31.82%(2 150÷6 757)。根据这一结果,再结合各类资产的性质,可以认为企业的流动资产管理水平不高。

再进一步对流动资产周转率的构成状况进行分析可发现,存货是导致流动资产周转率不能完成任务的主要因素。该因素导致企业总资产周转天数延长 10.13 天,占总资产周转延长天数的 81.04%(10.13÷12.5),相对增加资产为 3 111 万元[10.13×(112 100÷365)],也占总资产相对增加额的 81.04%(3 111÷3 839)。

而对存货不能完成任务影响最大的是产成品存货,仅产成品周转率实际低于计划就使资产周转天数延长了 7.37 天,占了总资产周转延长天数的 58.96%(7.37÷12.5),流动资产周转延长天数的 105.28%(7.37÷7),存货周转延长天数的 72.75%(7.37÷10.13);相对增加资产 2 263 万元[7.37×(112 100÷365)]。

根据上述讨论可知,企业资产管理中的最大不足是对存货控制不力,而对存货控制不力的关键又在对产成品的控制不力。结合本章前面各节的分析,可进一步确知企业产成品周转率不能达到计划水平,客观原因在于市场环境发生了变化,使得某些产品销量萎缩库存增加,而主观原因是企业对市场的应变能力不够强,对内调整品种结构的力度不够大。

若仅从计划任务完成情况方面看,该企业对内控制力较强,但对外应变能力较弱。前者可从除产成品存货之外的流动资产周转率任务完成情况较好的结果中推出。因为企业面对市场需求萎缩,果断压缩多种流动资产占有量,保证其周转率任务的完成。后者可以从产成品和在制品存货周转率任务完成情况较差中推出。因为消化产品库存最有效的方法是将其对外出售,对外销路不畅,就很容易导致产成品周转率减缓。而产品销路是否畅通,是企业对外应变能力强弱的表现。

当然,更全面的企业管理能力的判断,需要与行业平均的相关数据比较,以判断企业管理能力在行业中所处的位置;需要与企业历史的相关数据比较,以判断企业管理能力是否发生变化;还需要若干的企业外部环境和内部条件的相关信息,以便进行各类更深入的专题分析。

第六节　筹资任务完成情况分析

筹资是指企业通过外部和内部的各种资金渠道取得生产经营活动所需的资金。外部筹资包括发行股票、发行债券、向银行及其他单位和个人借款、利用商业信用赊购货物和劳务、各种应交而未交的款项、租赁等。内部筹资则主要包括从盈利中提取的公积金和未分配利润等。企业筹资所要考虑的关键问题是如何确定资本结构,使企业筹资风险与筹资成本得到最佳配合,促使企业价值最大化目标的实现。筹资任务完成情况分析就是围绕企业资本结构计划的执行情况而展开。本节从企业总资本结构、净资产结构和负债结构等三方面讨论企业筹资任务完成情况的分析。

一、总资本结构任务完成情况分析

为了便于通过数据讨论问题,先假定东方股份有限公司的各种资金来源计划,如表11-25所示:

表 11-25　　　　　　　资金来源计划数与实际数对照表

金额单位:万元

项　　目	计　划　数	实　际　数
流动负债	17 600	23 056
短期借款	10 000	14 050
应付账款	4 000	5 856

（续表）

项　目	计　划　数	实　际　数
应交应付款项	1 600	1 200
内部应付款项	2 000	1 950
长期负债	5 700	3 306
长期借款	5 000	2 700
长期债券	700	606
所有者权益	37 000	36 790
优先股本	2 000	2 000
普通股本	12 000	12 000
公积金	22 172	20 838
未分配利润	828	1 952
合　　计	60 300	63 152

根据表 11-25 资料,可编制反映资金来原计划与实际差异的百分比分析表,如表 11-26所示:

表 11-26　　　　　　　　　　资金来源计划与实际百分比分析表

金额单位:万元

项　目	计　划　数		实　际　数		差　异	
	金　额	百分比	金　额	百分比	金　额	百分点
流动负债	17 600	29.19	23 056	36.51	5 456	7.32
短期借款	10 000	16.58	14 050	22.25	4 050	5.67
应付账款	4 000	6.64	5 856	9.27	1 856	2.63
应交应付款项	1 600	2.65	1 200	1.90	−400	−0.75
内部应付款项	2 000	3.32	1 950	3.08	−50	−0.24
长期负债	5 700	9.45	3 306	5.23	−2 394	−4.22
长期借款	5 000	8.29	2 700	4.28	−2 300	−4.01
长期债券	700	1.16	606	0.96	−94	−0.2
所有者权益	37 000	65.36	36 790	58.26	−210	−7.1
优先股本	2 000	3.32	2 000	3.17	0	−0.15
普通股本	12 000	19.90	12 000	19.00	0	−0.9
公积金	22 172	36.77	20 838	33.00	−1 334	−3.77
未分配利润	828	1.37	1 952	3.09	1 124	1.72
合　　计	60 300	100	631 502	100	−50	0

从表11-26可以看出,该企业本年度未完成筹资的总资金来源结构或资本结构的任务。其中负债占总资金来源的比重上升了3.1个百分点(流动负债7.32−长期负债

4.22）。这是由于负债总额较计划增加 3 062 万元造成的。这反映企业财务风险实际大于计划,控制财务风险的业绩不理想。对于这个问题需要进行更深入的专题分析。

二、负债结构任务完成情况分析

企业负债实际较计划上升 3 062 万元,分别是由流动负债上升 5 456 万元和长期负债下降 2 394 万元的原因造成。从百分比来看,流动负债占总资金来源的比重实际比计划上升了 7.32 个百分点,长期负债占总资金来源的比重实际则比计划下降了 4.22 个百分点。

根据负债的风险特征来看,流动负债面对的还款压力大于长期负债,其财务风险也要大于长期负债。因此,企业这种长期负债比例下降和流动负债比例上升的负债结构调整必然导致企业的财务风险增大。

从负债所具有的资金成本特征来看,流动负债的资金成本通常要低于长期负债的资金成本。按这个道理,该企业因流动负债上升、长期负债下降,从理论分析,其负债资金成本实际应低于计划。但这需要用实际数据加以论证。利用表 11-19 的资料,大致可测算出该企业长短期借款的平均利息率。

$$\frac{\text{计划长期借款}}{\text{平均利息率}}=\frac{\text{利息支出 1 250}}{\text{短期借款 10 000+长期借款 5 000+长期债券 700}}=7.96\%$$

$$\frac{\text{实际长期借款}}{\text{平均利息率}}=\frac{\text{利息支出 1 240}}{\text{短期借款 14 050+长期借款 2 700+长期债券 606}}=7.14\%$$

注：假定算式中的全部负债数均为平均余额。

上面计算是完全按利息支出计算出来的结果,如用利息收入之后的利息净支出来计算,各自的借款平均利息率如下:

$$\frac{\text{计划长短期借}}{\text{款平均利息率}}=\frac{\text{利息净支出 1 100}}{\text{借款平均余额 15 700}}=7\%$$

$$\frac{\text{实际长短期借}}{\text{款平均利息率}}=\frac{\text{利息净支出 1 180}}{\text{借款平均余额 17 356}}=6.8\%$$

可见,按利息净支出计算出来的长短期借款平均利息率实际仅略低于计划。这说明企业并没有从改变负债结构,即从减少长期负债比例和增加流动负债比例中获得资金成本降低的多少好处。因此,对该企业这种只增加财务风险,不能相应获取资金成本降低利益的负债结构调整不能给予好评。

三、所有者权益结构任务完成情况分析

从所有者权益结构来看,优先股本和普通股本的实际数与计划数相符,不需进行讨论。实际与计划发生差异的项目为公积金和未分配利润,两个项目合计,实际比计划减少

210万元。究其原因有二:一是,企业未完成利润计划。结合前述该企业的利润计划完成情况分析表(如表11-1所示)可知,企业未完成计划利润任务是其最主要的原因,单这一因素就促使企业净利润减少980万元。二是,企业分配普通股股利时,未优先考虑内部计划筹资的要求。如果企业能在利润减少时,优先考虑内部计划筹资要求,那么,以该企业实际利润完成情况来看,完全是可以完成留存收益的筹资任务的。因为,该企业本年度分配给普通股股东的股利2719万元,大大高于未完成的留存收益筹资数210万元,高出金额达2509万元(2719-210)。

四、简略评价

根据上述分析,我们可以对该企业筹资能力和财务风险控制能力作出如下简略评论:

第一,企业在筹资中控制财务风险的意识不够强。这一点可从负债与资产之比上升中看出。虽然企业受市场环境变化的影响,利润开始下滑,但是,如企业能把控制风险放于重要位置,企业完成计划所规定的负债与资产之比筹资任务是可以完成的。

第二,企业筹集负债资金的水平欠高。这一点可以长期负债和短期负债的结构变化上推出。企业在本年度筹集负债资金的过程中,降低了长期负债的比重,提高了短期负债的比重,导致企业短期偿债能力减弱,财务风险增大,但是,企业并没有从这种风险放大中得到相应的风险利益即相应的负债资金成本率降低的好处。企业调整负债筹资任务,只增加筹资风险,不相应地降低筹资成本,破坏了风险与收益相平衡的基本筹资原理,是企业筹集负债资金水平不高的反映。当然,在实际中企业可能因资金市场环境发生变化等原因,不得不弃优选劣,但从财务报表本身来看,这种情况的发生完全可能由企业盈利能力降低和风险水平提高的主观因素所引起。这一点应引起财务报表分析者的应有重视。

第三,企业内部筹资计划难以贯彻。这一点可从企业盈利分配中不优先满足留存收益计划需要中看出。盈利分配决策完全由企业股东决定。当企业股东众多时,由于不同股东对股利的要求不一致,因此会产生股东们在股利分配上的矛盾。一般来说,小股东倾向于现金股利,大股东则倾向于将股利留存于企业。因为股利越多,所得税就越多,而将股利留存于企业,可以将所得税递延。当然,除了股东持股量的多少外,股东股利需求程度的差异,也会影响到盈利分配,比如一些持股量很大的保险和基金公司就对现金股利的要求极高。因为这类公司如无正常的现金流入就不可能满足日常的现金流出量的需要,使它们陷于财务困境之中。股东间的利益矛盾必然会影响到企业的留存收益筹资计划的实施。从该例企业来看,在企业外部市场环境发生变化,企业盈利能力下降时,企业在盈利分配中不严格执行较稳健的留存收益筹资计划,反而缩小权益资金筹资比重,用负债特别是用流动负债来弥补分利后的权益资金不足,这种筹资方法很难说会给股东带来真实的利益。因为随着企业盈利能力的下降和风险水平的提高,企业价值必然会降低,最终给予股东持有股票的市场价格带来不利的影响。另外,从公司未分配利润大大超过计划来看,公司内部筹资的态度也欠坚决。因为未分配利润是一种未指定用途的留存收益,未来的用途可以多样化,如支付股利、弥补亏损、转为盈余公积金等。显然公司大量保留未分配利润的目的,是为了在以后盈利减少时,有足够的可供分配利润向股东支付股利。如果东方股份有限公司内部筹资态度坚决,是可以完成公积金的筹资任务的。

第七节 经济增加值分析

一、经济增加值的基本概念

经济增加值是指即净利润大于资本(所有者权益)成本的净值。该指标是全面考核企业经营者有效使用资本和为股东创造价值的重要工具。基于经济增加值的价值管理,是以价值最大化为目标,以经济增加值管理理念、管理决策和流程再造为重点,通过价值诊断、管理提升、考核激励、监测控制等管理流程的制度化、工具化,对影响企业价值的相关因素进行控制的全过程管理。基本计算公式为:

$$经济增加值=净利润-资本成本=净利润-资本\times平均资本成本率$$

从计算公式可以看出,计算经济增加值的关键是要确定资本成本率。资本成本率的确定方式多种多样,如资本资产定价模型、股东要求回报率等。在财务报表分析中,为了简化起见,该资本成本率通常采用股东要求的资本回报率。假定东风公司股东要求的资本回报率为8%,公司2014年的经济增加值计算结果为:

$$2014年东风公司经济增加值=5\,250-\{(34\,459+36\,790)\div2\}\times8\%=2\,400(万元)$$

上述计算结果表明,东风公司实际净利润在满足其股东对资本成本的要求之后,还多出2 400万元,当然,经济增加值越大,对股东越有利。

为了便于不同公司的比较,可以按下式计算资本经济增加值率:

$$资本经济增加值率=经济增加值\div资本平均余额$$

$$2014年东风公司资本经济增加值率=2\,400\div(34\,459+36\,790)\div2=6.74\%$$

计算结果表明,东方公司的经济增加值率为6.74%,是股东对其投入资本8%的要求回报率的84.2%。该比例越大,反映对股东要求回报率的保障系数就越大。

二、我国国资委对经济增加值计算的规定

(一)国资委的经济增加值计算的基本规定

国资委2014年1月印发了《关于以经济增加值为核心加强中央企业价值管理的指

导意见》的通知,标志着我国以经济增加值为核心的业绩考核体系正式开始全面实行。

在国资委的经济增加值计算公式中,考虑到净利润受非经常性收益的影响,稳定性不如税后净营业利润强,为了盈利能力的稳定,公式中用税后净营业利润替代净利润。另外,企业的研究开发费用一般均计入当期费用,会减少当期的利润,为了鼓励企业大力从事研究开发,公式中,根据企业性质的不同,允许企业将研究开发费用的一定比例转入利润,以增加考核中的净营业利润。除此之外,企业的在建工程并不能为企业带来利润,公式中将在建工程作为资本扣除项目。国资委的经济增加值计算公式为:

$$\frac{\text{经济增}}{\text{加值}} = \frac{\text{税后净营}}{\text{业利润}} - \frac{\text{资本}}{\text{成本}} = \frac{\text{税后净营}}{\text{业利润}} - \frac{\text{调整后}}{\text{资本}} \times \frac{\text{平均资本}}{\text{成本率}}$$

$$\frac{\text{税后净营}}{\text{业利润}} = \text{净利润} + \left(\frac{\text{利息}}{\text{支出}} + \frac{\text{研究开发费}}{\text{用调整项}} - \frac{\text{非经常性收}}{\text{益调整项}} \times 50\%\right) \times (1-25\%)$$

$$\frac{\text{调整后}}{\text{资本}} = \frac{\text{平均所有}}{\text{者权益}} + \frac{\text{平均负}}{\text{债合计}} - \frac{\text{平均无息}}{\text{流动负债}} - \frac{\text{平均在}}{\text{建工程}}$$

从公式中可以看出,除资本成本率、研究开发费用调整项的调正比例之外,其他数据均可从财务报表中获得,因此,经济增加值分析也可以纳入财务报表分析之中。

(二) 国资委的经济增加值计算中的会计调整项目说明

1. 利息支出是指企业财务报表中"财务费用"项下的"利息支出"。

2. 研究开发费用调整项是指企业财务报表中"管理费用"项下的"研究与开发费"和当期确认为无形资产的研究开发支出。对于为获取国家战略资源,勘探投入费用较大的企业,经国资委认定后,将其成本费用情况表中的"勘探费用"视同研究开发费用调整项按照一定比例(原则上不超过50%)予以加回。

3. 非经常性收益调整项包括:

(1) 变卖主业优质资产收益:减持具有实质控制权的所属上市公司股权取得的收益(不包括在二级市场增持后又减持取得的收益);企业集团(不含投资类企业集团)转让所属主业范围内且资产、收入或者利润占集团总体10%以上的非上市公司资产取得的收益。

(2) 主业优质资产以外的非流动资产转让收益:企业集团(不含投资类企业集团)转让股权(产权)收益,资产(含土地)转让收益。

(3) 其他非经常性收益:与主业发展无关的资产置换收益、与经常活动无关的补贴收入等。

4. 无息流动负债是指企业财务报表中"应付票据"、"应付账款"、"预收款项"、"应交税费"、"应付利息"、"其他应付款"和"其他流动负债";对于因承担国家任务等原因造成"专项应付款"、"特种储备基金"余额较大的,可视同无息流动负债扣除。

5. 在建工程是指企业财务报表中的符合主业规定的"在建工程"。

（三）国资委的经济增加值计算中的资本成本率确定

1. 中央企业资本成本率原则上定为 5.5%。

2. 承担国家政策性任务较重且资产通用性较差的企业，资本成本率定为 4.1%。

3. 资产负债率在 75% 以上的工业企业和 80% 以上的非工业企业，资本成本率上浮 0.5 个百分点。

4. 资本成本率确定后，三年保持不变。

对重大政策变化、严重自然灾害等不可抗力因素、企业重组、上市及会计准则调整等不可比因素、国资委认可的企业结构调整等其他事项对企业经济增加值考核产生重大影响的，国资委酌情予以调整。

将国资委的经济增加值计算方法与经济增加值的基本计算方法相比较，可以看出，按照国资委调整后方法计算出来的经济增加值要大于不调整的值。

从 2011 年起，我国国资委已经将经济增加值率列为企业业绩考核的补充指标。我国各行业的经济增加值率平均值如表 11-27 所示：

表 11-27　全国各行业国有企业平均经济增加值率统计性描述一览表

单位：%

	2011 年	2012 年	2013 年
全部国有企业	0.2	0.3	0.3
最大值	10	10.3	8
最小值	−7	−10.4	−10.4
标准差	2.706	2.737	2.525
变异系数	13.53	9.12	8.42

从表 11-27 可以看出，目前我国各个行业的经济增加值率均偏低，对股东要求回报率的保障能力不强。

第八节　企业管理水平的综合判断

按本章所定义的企业管理业绩分析的目的，是通过对企业经营任务完成情况的分析来判断企业管理水平的高低，为进一步评估企业价值提供有用信息。前述各节，已经围绕各类企业经营任务展开了不同业绩分析的讨论，并从中提及企业不同方面管理能力的判断问题。本节在前述各节分析判断的基础上，对企业管理水平的综合判断问题进行探讨。

一、企业管理水平的综合判断体系

从企业经营目的是企业价值最大化这个观点出发，企业管理能力大小或水平高低的综合表现就应该是追求企业价值最大化的能力。企业价值是盈利能力和风险水平的函数,因此,追求企业价值最大化的能力可以分解为创造盈利的能力和控制风险的能力这样两大方面,以及使这两个方面达到最佳平衡的能力。

创造盈利的能力又由企业对市场的应变能力和成本(费用)的控制力所构成。其中市场应变能力强弱的表现主要是企业生产的产品是否适销对路,产品是否适销对路与企业是否具有不断开发出市场需求产品的能力有关,这个能力的强弱可从企业产品品种结构调整能力中看出。而成本(费用)的控制能力强弱与企业对内部资源的组织和利用能力密切相关,所谓内部挖潜就是指此。内部挖潜效果如何,可以从成本(费用)的升降中看出。

控制风险能力由控制经营风险和财务风险的能力组成。控制经营风险的主要方法,在经营方向不作调整的前提下,主要是合理安排资产结构,加速资产周转,相对降低各种固定费用支出。控制财务风险的主要方法则是合理筹集资金和安排资产,使企业保持足够的短期偿债能力和长期债务担保能力。

当然,创造盈利的能力和控制风险能力在实际中是密不可分的,任何一项经营活动,既与创造盈利有关,又与控制风险有关。比如企业在筹资中,既要考虑到筹资的结构(风险),又要考虑到资金成本(收益),研究如何使风险与收益达到最佳平衡状态。风险与收益最终取得平衡,与企业资源的组织和利用密切相关。

根据上述理解,以提高企业价值为特征的管理水平综合判断体系图,如图 11-2 所示:

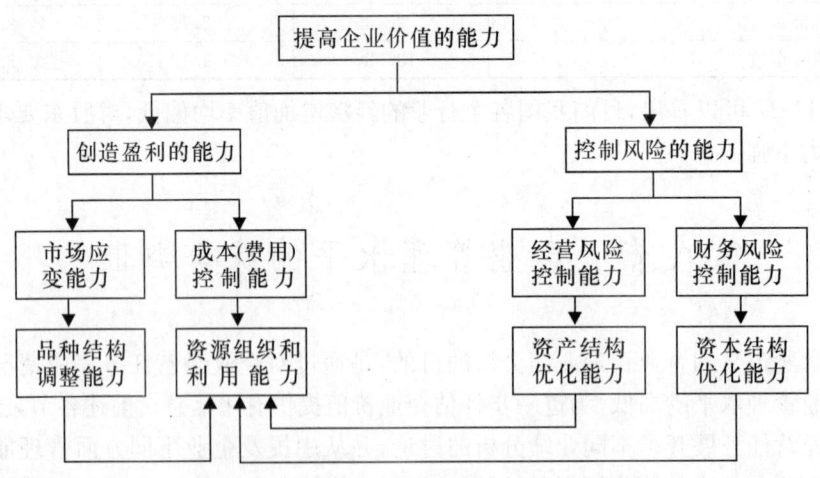

图 11-2　企业管理水平综合判断体系图

下面我们按图 11-2 所示体系,结合东方股份有限公司的各种分析资料,对企业的管理水平进行综合判断。

二、企业管理水平综合判断实例

（一）东方股份有限公司企业管理水平综合判断

在正式进行综合判断前，先回顾一下本章前面各节分析的假定基础。从前面各节分析可以看出，评价企业管理业绩所有的基础是企业的各种相关计划。之所以选用计划为基础，是基于如下假定：企业计划是企业在周密预测企业外部环境变化，根据自身内部条件，围绕提高企业价值这一目的制定的各种密切相关的经营任务。计划本身应具有可行性和先进性，是企业管理水平的综合体现。至于计划的先进性判断，可以以行业平均水平作为参照系，本书不讨论该问题。

如果无计划，可以以企业历史资料作为基础，通过分析本期实际与上期实际的差异，判断企业管理水平的发展变化状况。当然，也可以以行业平均数为基础，通过分析来判断企业管理水平在行业中所处的位置。还可以以先进企业的水平为基础，通过分析来揭示本企业与先进企业在管理水平方面的差异。也就是说，分析的基础在实际分析中可以多种多样，其目的不外乎是从不同的角度考察企业管理方面的特征，以准确判断企业的管理水平。

本例是以计划任务为基础，根据企业各项指标实际与计划之差的因素分析结果，以及不同结果的经济含义和隐含的管理行为，判断隐藏于企业管理业绩之后的企业管理水平或能力。根据前几节的分析结果和简略评价，现编制东方股份有限公司企业管理水平综合判断表，以判断该企业的管理水平。如表 11-28 所示：

表 11-28　　　　东方股份有限公司企业管理水平综合判断表

项　　目	参　考　因　素	判断要素		管理水平
		意识	效果	
创造盈利的能力				
市场应变能力	品种结构调整，销售费用增减	中	中	中
产品成本控制能力	产品成本升降，品种结构调整	强	中	中上
期间费用控制能力	不同性质期间费用的升降	强	中	中上
创造盈利能力的综合评价		中上	中	中
控制风险的能力				
经营风险控制能力	资产结构及其周转率变化	中	中	中
财务风险控制力能力	资本结构变化，负债资金成本变化	弱	差	下
控制风险能力的综合评价		中下	中下	中下
管理水平的综合评价				中

了解企业管理水平的高低，主要是为判断企业价值提供有用的信息。具体来说，就是以企业管理水平来调整已初步确认的企业价值。因为企业管理水平的高低，会对企业未来的盈利能力和风险水平产生影响；当管理水平高时，企业盈利能力会加速上升，风险水平则会相应下降；反之，企业盈利就停滞不前或下降，风险水平则会保持不变或相应升高；企业未来盈利能力和风险水平的变化会对企业价值产生影响。

需要指出,笔者不主张为企业管理水平综合判断设定公认的定量分析的标准权重分值,其理由是:不同的人对待盈利能力和风险水平有不同的态度,有些人喜好风险,愿冒较大风险去追求较大收益;有些人厌恶风险,愿减少收益去控制风险。这些不同的人自然会对收益和风险给出不同的权重。因此,试图设计一套公认的权重分值去影响这些不同人的行为实无必要。笔者主张企业管理水平综合判断的权重分值由分析者根据其对待收益和风险的态度设定。

(二) 对东方股份有限公司最后的综合分析结论

在对公司进行各种专题分析,明确公司在盈利能力、风险水平、经营效率、管理业绩等方面的特征后,就可以对不同的专题分析结论进行综合,并给出综合分析结论;然后,在综合分析的基础上,对该公司的价值进行判断。东方股份有限公司财务报表专题分析结果表,如表 11-29 所示:

表 11-29　　　　东方股份有限公司财务报表专题分析简明结果表

分　析　步　骤	分　析　内　容	分　析　结　论
对历史成本财务报表的调整	按一般物价水平调整按现值成本调整	企业价值大于账面值。
初步综合分析	资产与资本结构的变化 利润构成和利润分配的变化 现金流入量与流出量的变化 现金净流入量的变化	总体财务风险较低,但短期偿债能力减弱。盈利能力相对稳定,但已有下滑的迹象。经营现金净流入量稳定性较强,但积累能力不足。
盈利能力分析	收入盈利能力 资产盈利能力 净资产盈利能力 经营现金净流入能力	收入盈利能力相对稳定,经营风险不大;资产盈利能力和净资产盈利能力均高于社会平均水平,但投资回收能力较弱,且有继续减弱的趋势。
风行水平分析	经营杠杆 财务杠杆 短期偿债能力 长期偿债能力 综合风险	经营杠杆率低于社会平均水平,但已出现上升的迹象。财务杠杆率较低,对股权价值的影响不大,股权资金收益率稳定性高。流动比率和速动比率偏低,短期偿债能力不强,且成下降趋势。经营现金净流入量与流动负债之比偏低,短期偿债能力较弱。资产负债低,负债担保能力强。利息保障倍数高,付息压力不大;固定支出现金覆盖率高,偿付各种固定支出的能力强;但现金与总负债之比不高,偿还本金的能力较弱。综合杠杆率低于社会平均水平,盈利能力稳定性较社会平均水平为高,折现率小于社会平均水平,企业价值高于账面表现。
资产盈利率构成分析	资产盈利率构成 净资产盈利率构成 普通股权益盈利率构成	资产盈利能力质量高于社会平均值。净资产盈利能力质量高于社会平均值。普通股权益盈利能力质量高于社会平均值。企业价值高于账面表现。
经营效率分析	收入盈利率及其分解 资产周转率及其分解	收入盈利能力风险低,资产周转率快,资产利用效率高。企业真实盈利率高风险低,经营效率较突出,可以增加企业价值。
管理业绩分析	市场应变能力 产品成本控制能力 期间费用控制能力 经营风险控制能力 财务风险控制能力	有调整品种结构的愿望,但调整力度不够,市场开发较保守。成本和期间费用控制意识强,但效果中等。创造盈利能力效果中等。经营风险控制能力中等,效果一般;财务风险控制能力较弱,效果不理想。管理中的风险意识不够,控制能力中等。

（三）东方股份有限公司的未来企业价值判断

在整个社会平均盈利能力和平均折现率均发生变化时，只要企业的风险水平低于社会平均水平，无论是平均值上升或下降，对企业价值的影响均不会太大。因为这时计算企业经济价值公式的分子和分母都同时发生升降，只要两者变化的幅度差不多，自然就不会对企业经济价值产生重大影响。

按照上述理论，根据表 11-29 的综合分析结论，由于东方股份有限公司的风险水平低于社会平均水平，企业价值的稳定性就会高于社会平均水平，因此，可以认为东风股份有限公司未来的盈利能力和风险水平一般不会在现在的基础上发生根本的变化，就是在社会环境发生变化的情况下，公司未来的盈利能力和风险水平也比社会平均变化速度慢。

根据分析结果可作如下推论：东方股份有限公司对其普通股东而言，企业未来的经济价值与按现行盈利水平和风险水平估计出的现行价值应该基本相符，大略在 55 000 万～60 000 万元之间，普通股票价值大约为 4.6～5 元/股。在 4.6～5 元/股这个区间取何值，则取决于不同人对风险的态度，对风险敏感的可以取其下限，对风险不太敏感的则可以取其上限。当然，要准确估计东风股份有限公司的未来企业价值，还需要对公司未来的外部环境和内部条件进行预测。不过，只要能对财务报表进行比较深入和全面的分析，那么，还是可以相当准确地估计出企业价值，为与企业相关的各种经济利益主体的正确决策提供十分有用的信息。

【资料】

附表 11-1　　　　全国国有企业平均经济增加值率一览表①

单位：%

行　业	2011 年	2012 年	2013 年
全部国有企业	0.20	0.30	0.30
农林牧渔业	−1.00	−1.00	−1.00
农业	1.00	1.00	1.00
林业	−2.00	−2.00	−2.00
畜牧业	4.00	4.00	4.00
渔业	−5.00	−5.00	−5.00
工业	1.00	0.90	0.90
煤炭工业	3.80	3.80	2.00
森林工业	−3.10	−4.20	−4.20
水的生产与供应业	−2.40	−2.20	−2.30

---

① 资料来源 wind 数据库。

（续表）

行　　业	2011 年	2012 年	2013 年
轻工工业	2.50	1.90	1.90
纺织服装服饰业	−0.50	1.50	1.30
工艺品及其他制品业	1.50	1.50	1.50
家具制造业	−3.00	−3.00	−2.40
皮革毛皮羽绒及其制品业	1.00	1.00	1.00
文教体育用品制造业	1.80	1.80	1.70
印刷业、记录媒介复制业	0.50	0.50	0.50
造纸及纸制品业	−2.50	−2.50	−1.90
制茶业	−2.50	−2.50	−2.10
酒和饮料制造业	6.00	6.30	4.70
白酒制造业	10.00	10.30	5.40
啤酒制造业	2.00	2.00	2.00
食品工业	0.50	0.40	0.30
食品加工业	0.90	0.70	0.50
食品制造业	−0.20	−0.20	−0.30
烟草工业	4.80	5.50	6.10
纺织工业	−1.80	−1.90	−1.90
麻纺织业	−1.70	−1.80	−1.80
毛纺织业	−3.40	−3.60	−3.60
棉、化纤纺织业	−1.30	−1.40	−1.40
丝绢纺织业	−1.00	−1.10	−1.10
医药工业	4.90	4.00	4.00
化学药品原药、制剂制造业	4.80	3.90	3.90
中药材及中成药加工业	5.20	4.20	4.20
电力工业	−1.20	1.20	1.20
电力供应业	−0.70	1.70	1.90
燃气生产与供应业	2.50	3.00	2.50
热力生产和供应业	−4.40	−2.70	−2.10
电力生产业	−1.80	1.80	1.90
火力发电业	−1.90	1.10	1.10
水力发电业	0.20	2.10	2.20
石油石化工业	5.50	3.90	3.50
天然原油和天然气开采业	5.60	5.60	5.00
原油加工及炼焦业	0.20	0.20	2.40
冶金工业	1.50	0.50	0.50
黑色金属矿采选业	1.20	1.20	1.20

（续表）

行　　业	2011 年	2012 年	2013 年
黑色金属冶炼业	0.50	0.50	0.50
有色金属矿采选业	1.10	0.70	0.70
有色金属冶炼业	0.40	0.40	0.40
建材工业	−0.50	0.40	0.40
建筑用金属制品业	−7.00	4.20	4.20
建筑用矿石采选业	1.00	1.00	1.00
结构性金属制品业	−1.80	−1.80	−1.80
水泥制品及石膏制品业	−0.10	0.50	0.50
水泥制造业	1.90	1.10	1.10
电子工业	1.90	1.90	1.50
电子计算机制造业	1.80	1.80	1.50
电子元、器件制造业	0.70	0.70	0.90
广播电视设备制造业	−2.30	−2.30	−3.00
通信设备制造业	1.80	1.80	1.90
化学工业	−0.50	0.30	0.30
肥料制造业	−1.10	0.30	0.30
化纤制造业	1.30	0.40	0.40
基础化学原料制造业	−0.80	0.30	0.30
农药制造业	0.30	0.30	0.30
日用和化学产品制造业	1.00	0.70	0.70
塑料制品业	1.40	1.40	1.40
橡胶制品业	−0.10	0.30	0.30
机械工业	0.80	0.80	0.80
矿山、冶金、建筑设备制造业	5.00	4.50	4.50
汽车制造业	5.90	5.40	5.40
船舶制造业	2.00	0.50	0.70
电工器材制造业	1.20	0.80	0.80
电机制造业	2.20	2.00	2.00
电气机械及器材制造业	2.00	1.80	1.80
锅炉及原动机制造业	0.20	2.50	2.50
化工、木材、非金属加工设备制造业	5.00	3.80	3.80
家用电器制造业	1.20	8.00	8.00
交通运输设备制造业	2.00	2.40	2.40
金属工具制造业	0.40	0.30	0.30
金属加工机械制造业	0.60	0.40	0.40
金属制品业	0.40	0.50	0.50

（续表）

行　业	2011 年	2012 年	2013 年
摩托车制造业	1.00	0.80	0.80
农林牧渔水利机械制造业	3.20	2.40	2.40
其他通用设备制造业	2.00	2.70	2.70
轻纺工业设备制造业	0.10	0.10	0.10
输配电及控制设备制造业	2.10	−2.00	−2.00
铁路运输设备制造业	3.00	3.00	2.10
通用设备制造业	0.40	0.30	0.30
通用仪器仪表制造业	2.00	2.20	2.20
医疗仪器设备制造业	2.00	3.50	3.50
仪器仪表及文化、办公用机械制造业	2.30	1.20	1.20
照明器具制造业	2.00	3.90	3.90
钟表制造业	2.00	2.00	2.00
轴承制造业	0.20	0.80	0.80
专用设备制造业	2.80	2.50	2.50
专用仪器仪表制造业	3.00	0.20	0.20
自行车制造业	−0.80	0.80	0.80
传播与文化业	0.80	1.00	1.00
广播电影电视业	−2.00	2.00	2.20
文化艺术业	−3.20	−2.30	−2.20
房地产	−2.00	2.10	1.50
房地产开发业	−1.50	2.10	1.70
物业管理	−2.00	0.70	0.50
建筑业	−1.10	−0.80	0.10
建筑安装业	0.80	1.00	2.10
建筑装饰业	0.40	0.50	1.10
房屋工程建筑业	−1.40	−1.00	0.10
房屋建筑业	−0.80	−0.60	0.10
土木工程建筑业	−0.80	−0.60	0.10
信息技术服务业	3.60	3.60	3.50
电信业	2.40	2.80	3.20
计算机服务与软件业	5.60	5.50	5.80
住宿和餐饮业	−3.00	−2.60	−1.90
餐饮业	0.80	−0.10	−0.10
住宿业	−3.90	−3.90	−2.90
批发和零售贸易业	2.40	2.40	2.00
商业贸易	2.60	2.60	2.20

（续表）

行 业	2011 年	2012 年	2013 年
商业批发	0.00	0.00	2.30
综合零售	2.90	5.10	4.20
物资贸易	2.40	2.40	2.00
物资批发	0.00	0.00	2.20
物资零售	0.00	0.00	2.50
社会服务业	1.50	1.50	1.50
公共设施管理	−4.00	−4.00	−4.00
科研设计	6.00	6.00	6.00
旅游业	2.00	2.00	3.50
信息咨询服务业	6.00	5.60	5.60
投资公司	−1.50	−1.50	0.20
道路运输业	−2.00	−3.20	−3.20
高速公路	−1.00	−1.60	−1.60
铁路运输业	−2.00	−3.20	−3.20
水上运输业	−0.80	−2.00	−2.00
航空运输业	−2.00	−3.00	−3.00
城市公共交通业	−6.50	−10.40	−10.40

习　题

【复习思考题】

1. 企业管理业绩分析的基本理论与方法是什么？

2. 如何利用因素分析法确定管理业绩？

3. 管理业绩分析方法体系由哪些基本分析内容所组成？

4. 利润任务完成情况分析包括哪些主要内容？其基本理论和方法是什么？

5. 产品成本任务完成情况分析包括哪些主要内容？其基本的理论和方法是什么？

6. 期间费用任务完成情况分析包括哪些主要内容？其基本的理论与方法是什么？

7. 资产利用效率任务完成情况分析包括哪些主要内容？其基本的理论与方法是什么？

8. 筹资任务完成情况分析包括哪些主要内容？其基本的理论与方法是什么？

9. 如何综合判断企业管理水平？其基本的理论与方法是什么？

10. 经济增加值分析有何意义？其基本的理论与方法是什么？

企业管理业绩分析训练

【练习要求】

1. 将所选择公司本期利润完成情况与历史利润完成情况进行比较,分析公司利润任务完成情况。

2. 将所选择公司本期成本、费用完成情况与历史成本、费用完成情况进行比较,分析公司成本、费用任务完成情况,在分析中应特别关注公司对成本、费用的控制能力。

3. 将所选择公司本期资产周转率完成情况与历史资产周转率完成情况进行比较,分析公司资产周转率完成情况,分析公司资产组成项目变化对资产周转率任务完成情况的影响,在分析中应特别关注公司对资产周转率控制能力。

4. 将所选择公司本期总资本结构实际情况与历史总资本结构情况进行比较,分析公司总资本结构的变化状况,在分析中应特别关注公司对总资本结构的控制能力。

5. 计算所选择公司各期的经济增加值和经济增加值率指标。

6. 根据上述的分析结果,结合自己所掌握的其他相关信息,对所选择公司的企业管理水平进行合理的、综合的评价,尽可能中寻找公司在企业管理方面存在的主要问题,提出合理的改进企业管理水平的措施。

7. 根据对所选择公司企业管理水平的分析结果,分析公司管理水平对其盈利能力和风险水平的影响状况,调整公司盈利能力和风险水平,并对公司价值进行合理估计。

附　录

按本书定义，财务报表分析的主要目的是评估企业价值，这与我国国有资本效绩评价的某些思路有相通之处，了解我国国有资本金效绩评价的思想和方法，将有助于理解本书的基本思想，故特将财政部等部委颁布的有关国有资本金效绩评价的基本文件列作附录，供读者参考。

《企业效绩评价操作细则》(修订)

为进一步加强企业监督管理，规范企业经营效绩评价行为，完善企业效绩评价方法，确保企业效绩评价结果的科学、客观和公正，根据《国有资本金效绩评价规则》，制定本细则。

一、评价工作步骤

企业效绩评价工作依据《国有资本金效绩评价规则》和本细则规定的指标体系、工作方法、工作标准和工作程序，按以下工作步骤和要求进行组织实施：

（一）确定评价工作实施机构

根据评价工作需要，由评价组织机构按照《国有资本金效绩评价规则》的有关规定，成立评价实施机构。

1. 评价组织机构直接组织实施评价的，由评价组织机构负责确定评价工作人员，成立评价工作组，并根据评价工作需要选聘有关咨询专家，成立专家咨询组。专家咨询组的工作任务和工作要求由评价组织机构明确。

2. 如果委托社会中介机构实施评价，首先要选定中介机构，并签订评价委托书，然后由中介机构确定评价工作人员，组织成立评价工作组(项目小组)，并根据需要成立专家咨询组。

3. 评价工作组人员应具备以下基本条件。

（1）具有较丰富的经济管理、企业财务会计、资产管理及法律等方面的专业知识。

（2）熟悉企业效绩评价业务，有较强的综合分析判断能力。

（3）坚持原则、清正廉洁、秉公办事。

（4）评价项目主持人应有 5 年以上经济领域工作经验。

4. 咨询专家可以从有关政府主管部门、研究机构、院校、行业协会、银行等多个方面邀请。参加评议的咨询专家应具备以下基本条件。

（1）谙熟企业管理、财务会计、法律、技术等方面的专业知识。

（2）具有较丰富的工作经验和相应领域 10 年以上的工作经历。

（3）熟悉评价对象所在行业。

（4）拥有相应领域的中高级技术职称或相关专业的执业(技术)资格。

（二）制定评价工作方案

由评价实施机构根据《国有资本金效绩评价规则》和本细则有关规定，制定《评价工作方案》，确定具体评价对象，报经评价组织机构批准后实施。已组织专家咨询组的，评价工作组或中介机构应将《评价工作方案》送达每位咨询专家，并向专家咨询组介绍评价工作程序。

（三）下达《评价通知书》

在评价实施前，由评价组织机构向评价对象下达《评价通知书》。《评价通知书》中应当明确：评价的目的、用途、对象、评价经营年度、被评价对象应准备的有关基础资料及其对所提供评价基础资料应负的责任,以及其他需在《评价通知书》中明确的事项。

（四）收集与核实评价基础资料

根据《评价工作方案》收集整理评价基础数据和基础资料,并根据评价计分的需要和评价组织机构的要求,做好有关评价基础数据的核实与确认工作。

1. 依据评价年度收集企业评价基础数据和评议指标基础资料。评议指标基础资料可以采取访谈、问卷调查、召开座谈会、查阅有关统计资料和文字档案等形式进行收集。评价人员要对评价基础数据和基础资料进行认真检查、整理,确保评价基础资料的系统性和完整性。

2. 核实评价基础数据资料的真实性与客观性。要对重要的和存在疑问的基础数据资料进行核实确认,以确保评价数据的真实性和口径一致。基础数据资料核实确认工作的具体要求按照本细则第六部分的规定执行。

（五）进行评价计分

在评价基础数据核实无误后,运用本细则规定的计分方法计算评价指标的分数。

1. 定量指标评价计分。首先,根据已核实确认后的评价基础数据计算计量指标的实际值,并选择合适的行业、规模评价标准值。然后,运用计算机软件（或手工）计算出各项基本指标的得分,生成《企业效绩基本指标计分表》;利用修正指标对基本指标分数进行修正,得出修正后的实际分数,生成《企业效绩修正指标计分表》。如果需要进一步深入分析企业经营效绩,可以通过评议指标评议,对企业经营效绩进行定性评判,并实施下面的计分步骤。

2. 评议指标计分。通过阅读评价基础资料、深入现场调查,听取企业情况介绍等方式深入了解企业的经营管理情况,然后由评议人员对照《企业效绩评价评议指标参考标准》,对每项评议指标独立打分,生成《企业效绩评议指标计分汇总表》。每位评议人员要在评议结果上签名,并保留工作底稿。如果评价基础资料充分,评价工作组成员构成合理,可由评价工作组成员直接实施评议指标的评议,反之,则需要聘请相关专家组成专家咨询组,对评议指标进行评议计分。

3. 如果实施了评议指标计分,可以按照规定的方法和权重,拟合定量评价结果和定性评议结果,得出综合评价分数,生成《企业效绩评价得分总表》。

4. 对评价分数和计分过程进行复核,必要时进行手工计算校验,以确保计分准确无误。

（六）撰写评价报告

评价计分完成后,评价工作组应按照规定的格式,撰写《企业效绩评价报告》,报告评价结果,并根据评价组织机构的需要,撰写《企业经营效绩分析报告》。

（七）反馈企业征求意见

评价报告提出后,要反馈企业征求意见。如果企业对评价结果提出异议,可提请评价组织机构进行裁决。

（八）提交评价报告

评价工作组修改完成评价报告后,经评价项目负责人签字,报送评价组织机构或规定的部门审核确认。

（九）进行评价工作总结

评价项目完成后,评价工作组要进行评价工作总结,将工作背景、实施过程、存在的问题和建议等形成书面材料,报送评价组织机构。同时建立好评价工作档案。

实施多户企业评价排序,可直接利用定量指标评价结果,根据每户企业评价得分,降幂排序,形成《多户企业效绩评价计分排序表》。其基本评价步骤是:确定被评价企业、收集与合适基础数据、选定评价标准值、撰写和报送评价分析报告。评价排序分析结束后,采取适当形式公布排序结果。

二、评价指标

企业效绩评价指标由反映企业财务效益状况、资产营运状况、偿债能力状况和发展能力状况四方面内容的基本指标、修正指标和评议指标三个层次共 28 项指标构成。

(一)基本指标

基本指标是评价企业效绩的核心指标,由反映四部分评价内容的 8 项计量指标构成,用以形成企业效绩评价的初步结论。

1. 财务效益状况。

(1) 净资产收益率＝净利润/平均净资产×100%

(2) 总资产报酬率＝息税前利润总额/平均资产总额×100%

2. 资产营运状况。

(1) 总资产周转率(次)＝主营业务收入净额/平均资产总额

(2) 流动资产周转率(次)＝主营业务收入净额/平均流动资产总额×100%

3. 偿债能力状况。

(1) 资产负债率＝负债总额/资产总额×100%

(2) 已获利息倍数＝息税前利润总额/利息支出

4. 发展能力状况。

(1) 销售(营业)增长率＝本年主营业务收入增长额/上年主营业务收入总额×100%

(2) 资本积累率＝本年所有者权益增长额/年初所有者权益×100%

(二)修正指标

修正指标用以对基本指标形成的财务效益状况、资产营运状况、偿债能力状况、发展能力状况的初步评价结果进行修正,以产生较为全面、准确的企业效绩基本评价结果,具体由 12 项计量指标构成。

1. 财务效益状况。

(1) 资本保值增值率＝扣除客观因素后的年末所有者权益/年初所有者权益×100%

(2) 主营业务利润率＝主营业务利润/主营业务收入净额×100%

(3) 盈余现金保障倍数＝经营现金净流量/净利润

(4) 成本费用利润率＝利润总额/成本费用总额×100%

2. 资产营运状况。

(1) 存货周转率(次)＝主营业务成本/存货平均余额

(2) 应收账款周转率(次)＝主营业务收入净额/应收账款平均余额

(3) 不良资产比率＝年末不良资产总额/年末资产总额×100%

3. 偿债能力状况。

(1) 现金流动负债比率＝经营现金净流量/流动负债×100%

（2）速动比率＝速动资产/流动负债×100％

4. 发展能力状况。

（1）$三年资本平均增长率 = \left(\sqrt[3]{\dfrac{年末所有者权益}{三年前年末所有者权益}} - 1\right) \times 100\%$

（2）$三年销售平均增长率 = \left(\sqrt[3]{\dfrac{当年主营业务收入净额}{三年前主营业务收入净额}} - 1\right) \times 100\%$

（3）技术投入比率＝当年技术转让费支出与研发投入/主营业务收入净额×100％

（三）评议指标

评议指标是用于对基本指标和修正指标评价形成的评价结果进行定性分析验证，以进一步修正定量评价结果，使企业效绩评价结论更加全面、准确。评议指标主要由以下 8 项非计量指标构成：

1. 经营者基本素质。

2. 产品市场占有能力（服务满意度）。

3. 基础管理水平。

4. 发展创新能力。

5. 经营发展战略。

6. 在岗员工素质。

7. 技术装备更新水平（服务硬环境）。

8. 综合社会贡献。

对于商贸和服务等企业因经营性质不同，在运用评议指标时，可以用括弧内的指标替代。有关评价指标的解释见附件。

三、指标权数

企业效绩评价实行百分制，指标权数采取专家意见法特尔菲法确定。其中：计量指标权重为 80％，非计量指标（评议指标）权重为 20％。在实际操作过程中，为了计算方便，三层次指标权数均先分别按百分制设定，然后按权重还原。

（一）基本指标权数 100。

指标

1. 财务效益状况 38。

（1）净资产收益率 25；

（2）总资产报酬率 13。

2. 资产营运状况 18。

（1）总资产周转率 9；

（2）流动资产周转率 9。

3. 偿债能力状况 20。

（1）资产负债率 12；

（2）已获利息倍数 8。

4. 发展能力状况 24。

（1）销售（营业）增长率 12；

（2）资本积累率 12。

（二）修正指标权数 100。

指标

1. 财务效益状况 38。

（1）资本保值增值率 12；

（2）主营业务利润率 8；

（3）盈余现金保障倍数 8；

（4）成本费用利润率 10。

2. 资产营运状况 18。

（1）存货周转率 5；

（2）应收账款周转率 5；

（3）不良资产比率 8。

3. 偿债能力状况 20。

（1）现金流动负债比率 10；

（2）速动比率 10。

4. 发展能力状况 24。

（1）三年资本平均增长率 9；

（2）三年销售平均增长率 8；

（3）技术投入比率 7。

（三）评议指标权数 100。

指标

1. 经营者基本素质 18。

2. 产品市场占有能力（服务满意度）16。

3. 基础管理水平 12。

4. 发展创新能力 14。

5. 经营发展战略 12。

6. 在岗员工素质 10。

7. 技术装备更新水平（服务硬环境）10。

8. 综合社会贡献 8。

四、评价标准

评价标准是实施企业效绩评价的参照系。评价标准包括计量指标评价标准和评议指标（非计量指标）评价参考标准两类。

（一）计量指标评价标准

计量指标评价标准是基本指标和修正指标评价的依据，由标准值和标准系数构成。

1. 计量指标全国评价标准值由国家财政主管部门根据全国企业会计报表数据资料及有关统计信息，在剔除有关企业不合理数据的基础上，结合国民经济近期发展水平，运用移动加权平均等数理统计方法统一制定。

（1）根据《国民经济行业分类与代码》和《企业规模划分标准》等国家标准，按照行业重要程度和样本数量,企业效绩评价计量指标评价标准值划分为四个层次约150个行业,在各行业全行业标准值下又划分为大型、中型、小型三种规模。具体见《企业效绩评价行业基本分类》。

（2）为了提高评价计分的准确性,每个计量指标评价标准值划分为五个水平档次,分别为优(A)、良(B)、中(C)、低(D)、差(E)。具体详见《企业效绩评价标准值》。

2. 标准系数是评价标准值所对应的水平系数,反映了评价指标实际值对应评价标准值所达到的水平档次。与优(A)、良(B)、中(C)、低(D)、差(E)五档评价标准值相对应的标准系数分别为1.0、0.8、0.6、0.4、0.2,差(E)以下为0。

（二）评议指标参考标准

评议指标参考标准以国家的有关经济政策、法律法规、制度等为基础,结合我国国情和企业管理经验,按照重要性原则具体制定。每个评议指标参考标准分为优(A)、良(B)、中(C)、低(D)、差(E)五个等级。每个等级对应的等级参数分别为1.0、0.8、0.6、0.4、0.2。每个等级的具体含义详见《企业效绩评价评议指标参考标准》。

（三）评价标准的选用

正确选用评价标准是公正评价企业经营效绩的前提。评价标准的选用按以下要求执行。

1. 计量指标评价标准的选用。

（1）除评价组织机构根据评价目的作出特别规定外,一般企业计量指标评价标准值的选用程序是:首先,根据企业经营领域对照企业效绩评价行业基本分类,自下而上逐层遴选被评价企业适用的行业标准值;然后根据被评价企业的规模,在已确定的行业中选择不同规模的评价标准值。

（2）集团型企业计量指标评价标准值的选用分两种情况:一是主业突出的集团型企业,原则上采用其主业所在行业的标准值。二是多业经营、主业不突出的集团型企业,可对照企业效绩评价行业基本分类,采用基本可以覆盖其多种经营业务的上一层次的评价标准值;或者根据其下属企业所属行业,分别选取相关行业标准值进行评价,然后按照各下属企业销售收入占被评价企业全部销售收入的比重,加权形成集团评价得分。

（3）如果被评价企业所在行业因样本原因没有统一的评价标准,或按以上方法仍无法确定被评价企业评价标准值,则在征得评价组织机构同意后,直接选用国民经济十大门类标准或全国标准。

2. 评议指标评价参考标准的选用。

评议指标参考标准具有行业普遍性和一般性,除区分工业和商业(服务业)外,没有更细的行业划分。在进行评议时,要根据不同行业的经营特点,灵活把握个别评议指标的参考标准。对于评议标准没有列示,但对被评价企业经营效绩产生重要影响的因素,在评议时也应予以充分考虑。

五、评价计分方法

企业效绩评价的主要计分方法是功效系数法,用于计量指标的评价计分;辅助计分方法是综合分析判断法,用于评议指标的评价计分。根据评价指标体系的三层次结构,企业效绩评价的计分方法分为基本指标计分方法、修正指标计分方法、评议指标计分方法和定量与定性结合计分方法。

（一）基本指标计分方法

基本指标计分方法是指运用企业效绩评价基本指标,将指标实际值对照相应评价标准值,计算各项指标实际得分。计算公式为:

$$\text{基本指标总得分} = \sum \text{单项基本指标得分}$$

$$\text{单项基本指标得分} = \text{本档基础分} + \text{调整分}$$

$$\text{本档基础分} = \text{指标权数} \times \text{本档标准系数}$$

$$\text{调整分} = \frac{\text{实际值} - \text{本档标准值}}{\text{上档标准值} - \text{本档标准值}} \times (\text{上档基础分} - \text{本档基础分})$$

$$\text{上档基础分} = \text{指标权数} \times \text{上档标准系数}$$

对有关指标的分母为零或为负数时,作如下具体处理规定:

1. 对于净资产收益率、资本积累率指标,当分母为 0 或小于 0 时,该指标得 0 分。

2. 对于已获利息倍数指标,当分母为 0 时,则按以下两种情况处理:

(1) 如果利润总额大于 0,则指标得满分;

(2) 如果利润总额小于或等于 0,则指标得 0 分。

在每一部分指标评价分数计算出来后,要计算该部分指标的分析系数。分析系数是指企业财务效益、资产营运、偿债能力、发展能力四部分评价内容各自的评价分数与该部分权数的比率。基本指标分析系数的计算公式为:

$$\text{某部分基本指标分析系数} = \text{该部分指标得分} / \text{该部分权数}$$

(二) 修正指标计分方法

修正指标计分方法是在基本指标计分结果的基础上,运用修正指标对企业效绩基本指标计分结果作进一步调整。修正指标的计分方法仍运用功效系数法原理,以各部分基本指标的评价得分为基础,计算各部分的综合修正系数,再据此计算出修正指标分数。计算公式为:

$$\text{修正后总得分} = \sum \text{四部分修正后得分}$$

$$\text{各部分修正后得分} = \text{该部分基本指标分数} \times \text{该部分综合修正系数}$$

$$\text{综合修正系数} = \sum \text{该部分各指标加权修正系数}$$

$$\text{某指标加权修正系数} = (\text{修正指标权数} / \text{该部分权数}) \times \text{该指标单项修正系数}$$

$$\text{某指标单项修正系数} = 1.0 + (\text{本档标准系数} + \text{功效系数} \times 0.2 - \text{该部分基本指标分析系数})$$

$$\text{功效系数} = (\text{指标实际值} - \text{本档标准值}) / (\text{上档标准值} - \text{本档标准值})$$

$$\text{该部分基本指标分析系数} = \text{该部分基本指标得分} / \text{该部分权数}$$

在计算修正指标的修正系数时,对有关指标的单项修正系数作如下特殊规定:

1. 当盈余现金保障倍数的分母为 0 或负数时,如果分子为正,则其单项修正系数确定为 1.0;如果分子也为负,则其单项修正系数确定为 0.9。

2. 如果资本保值增值率和三年资本平均增长率指标的分子、分母出现负数或分母为 0 时,则按如下方法确定其单项修正系数:

(1) 如果分母为负,分子为正,则单项修正系数确定为 1.1。

(2) 如果分母及分子都为负,但分子的绝对值小于分母的绝对值,则单项修正系数确定为 1.0;反之,分子的绝对值大于分母的绝对值,则单项修正系数确定为 0.8。

(3) 如果分母为正,分子为负,则单项修正系数确定为 0.9。

（4）当分母为 0 时，如果分子为正，其单项修正系数确定为 1.0；如果分子为负，其单项修正系数确定为 0.9。

3. 如果不良资产比率指标实际值低于或等于行业平均值，单项修正系数确定为 1.0；如果高于行业平均值，用以上计算公式计算。

4. 如果技术投入比率指标没有行业标准，该指标单项修正系数确定为 1.0。

在每一部分修正后的评价分数计算出来后，要计算该部分修正后的分析系数，用于分析每部分的得分情况。计算公式为：

$$某部分修正后分析系数 = 该部分修正后分数 / 该部分权数$$

（三）评议指标计分方法

评议指标计分方法是根据评价工作需要，运用评议指标对影响企业经营效绩的相关非计量因素进行深入分析，作出企业经营状况的定性分析判断。具体根据评议指标所考核的内容，由不少于 5 名的评议人员依据评价参考标准判定指标达到的等级，然后计算评议指标得分。公式为：

$$评议指标总分 = \sum 单项指标分数$$

$$单项指标分数 = \sum (单项指标权数 \times 每位评议人员选定的等级参数) / 评议人员总数$$

如果被评价企业会计信息发生严重失真、丢失或因客观原因无法提供真实、合法会计数据资料等异常情况，以及受国家政策、市场环境等因素的重大影响，利用企业提供的会计数据已无法形成客观、公正的评价结论时，经相关的评价组织机构批准，可单独运用评议指标进行定性评价，得出评价结论。

（四）定量与定性结合计分方法

定量与定性结合计分方法是将定量指标评价分数和定性指标评议分数按照规定的权重拟合形成综合评价结果，即根据评议指标得分对定量评价结论进行校正，计算出综合评价得分，其计算公式为：

$$定量与定性结合评价得分 = 定量指标分数 \times 80\% + 定性指标分数 \times 20\%$$

六、评价基础数据

企业效绩评价的基础数据主要来源于企业提供的评价年度会计决算报表等资料。为确保基础数据的真实、完整、合理，在具体评价前必须对评价基础数据进行核实，对有关数据的口径进行确认。

（一）基础数据核实确认的依据、范围和原则

1. 企业效绩评价的基础数据应当根据《企业财务会计报告条例》、《企业会计制度》、《企业会计准则》、《企业年度汇总会计信息报告制度》等行政法规、规章制度进行核实确认，以充分体现公平、公正的原则。

2. 评价基础数据核实确认的范围主要是企业提供的年度会计决算报表等财务会计信息资料。对于集团型企业，原则上合并范围内的企业均属于基础数据的核实范围，如果不能对集团内的全部企业基础数据进行核实，纳入核实范围的企业资产总额一般不应少于集团资产总额的 70%。

3. 对评价基础数据的确认，要坚持谨慎性和重要性原则，避免被评价企业主观意愿的影响。

（二）基础数据核实确认的重点和口径

1. 关于社会负担问题。为公平反映新老企业、国有企业与非国有企业在社会负担方面的差异，对于一些国有企业举办的义务教育机构、司法机构、面向社会的医疗机构等，可以根据实际情况将其从企

业的评价基础数据中剔除，并相应调整有关资产、损益项目。

2. 关于历史遗留问题。为鼓励企业消化和处理历史遗留问题，对于当期消化历史挂账（如消化以前年度潜亏、政策性亏损、应付工资和应付福利费等）的，评价时可以将其还原为企业的当期利润，但相应挂账科目应同还原。

3. 关于清产核资损失核销问题。如果企业评价当期发生清产核资损失核销事项，应当按照核销金额相应调整企业相关科目年初数。

4. 关于资产重组问题。如果企业评价当期发生资产无偿划入，划入时间在 6 月 30 日前的，纳入合并范围评价；划入时间在 6 月 30 日之后的，可以不纳入评价范围。凡是评价当期发生资产无偿划出、关闭、破产（含进入破产程序）事项的，均不纳入评价范围。如果当期发生债务重组（含债转股），按照不重组进行评价，并相应调整有关指标。

5. 关于执行新《企业会计制度》的影响。在多数企业没有执行新《企业会计制度》的情况下，对执行新《企业会计制度》提取 8 项减值准备等产生的与执行旧制度的重大差异，可以按原会计制度还原；如果多数国有企业都已执行新《企业会计制度》，则不再进行调整。

6. 关于非标准无保留审计意见的处理。如果注册会计师或政府审计机关对被评价企业出具了非无保留意见的审计报告，应对这些审计意见作进一步的核实，并根据企业主管财政机关的处理意见对影响企业经营效绩的重大事项进行调整。

7. 关于三年前数据的调整。对于三年资本平均增长率和三年销售平均增长率指标中的三年前所有者权益和三年前主营业务收入，对三年内的客观变动事项按照重要性原则，进行追溯调整。新设企业，这两项指标不修正，即单项修正系数确定为 1.0。

以上经确认调整评价年度利润事项的，不予调整相关资产、权益指标数据。

（三）基础数据核实确认程序

1. 检查企业所提供数据资料内容的完整性，数据资料不完整的，应要求企业补充。

2. 根据企业提供的数据资料和审计报告等进行表间、表内鉴别，确定数据核实范围，制定核实计划。

3. 核实基础数据的客观性和有效性，采取包括审计方法在内的各种方法，对企业的相关基础数据进行核实。对于各级政府派驻监事会的国有企业，在基础数据核实时要与监事会沟通意见。

4. 数据调整事项要在企业说明原因并签字确认的基础上，报请评价组织机构复核认定。

5. 对相关数据的调整，要在评价报告中进行披露，并在评价报告附件中作详细说明。

6. 评价基础数据确认事项不作为当期企业财务会计报表的调整依据。

（四）评价基础数据核实确认责任

1. 企业对其提供的年度会计决算报表等评价基础资料的真实性、合法性负有法律责任，评价人员对评价基础数据负有核实确认责任。

2. 对企业主动报告的差异调整事项要进行认真核实确认，如果情况属实并合理合法，评价人员可直接进行基础数据的调整。但评价实施机构要将该差异事项通报同级企业会计决算主管部门。

3. 对于评价人员查证的在评价基础数据资料中存在的弄虚作假、故意虚报、瞒报和漏报等行为，不但要视情节和金额大小相应扣减评价分数 1～5 分，而且评价实施机构要写出书面材料，交同级会计决算主管部门按照《会计法》、《企业财务会计报告条例》等有关规定进行处理。

七、评价结果

企业效绩评价结果以评价得分和评价类型加评价级别表示,并据此编制评价报告。评价类型是评价分数体现出来的企业经营效绩水平,用文字和字母表示,分为优(A)、良(B)、中(C)、低(D)、差(E)五种类型;评价级别是指对每种类型再划分级次,以体现同一类型中的不同差异,采用在字母后标注"＋"号的方式表示。

（一）类型判定

评价类型以评价得分为依据,按 85、70、50、40 四个分数线作为类型判定的资格界线。

优(A):评价得分达到 85 分以上(含 85 分);

良(B):评价得分达到 70～85 分(含 70 分);

中(C):评价得分达到 50～70 分(含 50 分);

低(D):评价得分在 40～50 分(含 40 分);

差(E):评价得分在 40 分以下。

（二）级别标注

以上五种评价类型再划分为十个级别,分别是:

优: A^{++}　　　　A^+　　　　A

良: B^+　　　　B　　　　B^-

中: C　　　　C^-

低: D

差: E

当评价得分属于"优"、"良"类型时,以本类分数段最低限为基准,每高出 5 分(含 5 分,小数点四舍五入),提高一个级别;当评价得分属"中"类型,60 分以下用"C^-"表示,60 分以上(含 60 分)用"C"表示,当评价得分属于"低"、"差"类型,不分级别,一律用"D"、"E"表示。

企业效绩评价结果以汉字、英文和"＋、－"符号共同标示,如优(A^+)、低(D)。

（三）评价报告

评价报告是企业经营效绩的综合评述文件,参照《评价文本格式》的规定编制。有关具体要求如下:

1. 报告内容应包括被评价企业基本概况及企业财务效益状况、资产营运状况、偿债能力状况、发展能力状况等四个主要方面效绩的文字描述。

2. 评价报告应明确评价年限、工作范围及所采用的评价标准值,评价结论要有充分的说服力。

3. 语言应简洁、规范,字数在 2 000 字左右。

4. 评语表达应含义明确,尽量避免产生歧义。

5. 对影响企业经营效绩评价结果的有关重要事项应进行充分披露。

6. 评价报告应标明评价时间,评价实施单位及评价负责人需要签名盖章。

八、适用范围

本细则主要适用于一般正常生产经营的国有工商企业。交通运输及施工、房地产、旅游服务等企业及其他非国有企业,可参照本细则实施。金融企业的效绩评价操作细则另行制定。

原财统字[1999]第 2 号中的《国有资本金效绩评价操作细则》以及《国有资本金效绩评价计分方法》

（财统字〔1999〕6号）同时废止。凡与本细则不一致的企业效绩评价相关规定，一律以本细则为准。

　　附表一：企业效绩评价指标体系与指标权数表

　　附表二：企业效绩评价计分表（格式）（略）

　　附件：企业效绩评价指标解释（略）

　　附表一：

企业效绩评价指标体系与指标权数表

评价指标		基 本 指 标		修 正 指 标		评 议 指 标	
评价内容	权数 100	指　标	权数 100	指　标	权数 100	指　　标	权数 100
一、财务效益状况	38	净资产收益率 总资产报酬率	25 13	资本保值增值率 主营业务利润率 盈余现金保障倍数 成本费用利润率	12 8 8 10	经营者基本素质 产品市场占有能力 （服务满意度）	18 16
二、资产营运状况	18	总资产周转率 流动资产周转率	9 9	存货周转率 应收账款周转率 不良资产比率	5 5 8	基础管理水平 发展创新能力 经营发展战略	12 14 12
三、偿债能力状况	20	资产负债率 已获利息倍数	12 8	现金流动负债比率 速动比率	10 10	在岗员工素质 技术装备更新水平 （服务硬环境）	10 10
四、发展能力状况	24	销售（营业）增长率 资本积累率	12 12	三年资本平均增长率 三年销售平均增长率 技术投入比率	9 8 7	综合社会贡献	8
			80%			20%	

参 考 文 献

1. 熊楚熊:《企业经理与会计信息》,载于《会计信息丛书》第一辑,中国财政经济出版社 1993 年版。

2. 熊楚熊:《财务报表分析原论》,立信会计出版社 2000 年版。

3. 熊楚熊、刘传兴、王义华:《财务报表分析精解》,海天出版社 2001 年版。

4. [美]西德尼·戴维森主编、徐政旦等译:《现代会计手册》(第二册),中国财政经济出版社 1985 年版。

5. [美]汤姆科普兰等著、贾辉然等译:《价值评估——公司价值的衡量与管理》,中国大百科全书出版社 1998 年版。

6. [美]斯蒂芬.佩因曼著、刘力等译:《财务报表分析与证券定价》,中国财政经济出版社 2002 年版。

7. 扎比霍拉哈·瑞扎伊著、朱国泓译:《财务报表舞弊:预防与发现》,中国人民大学出版社 2005 年版。

8. Leonard Soffer/Robin Soffer:《财务报表分析(估值方法)》,清华大学出版社 2005 年版。

9. Martin Fridson: *Financial Statement Analysis: A Practitioner's Guide*, 3rd Edition, John Wiley & Sons, Inc. 2002.

10. Palepu: *Business Analysis and Valuation: Using Financial Statements: third Edition Text and Cases*, amazon. co. uk 2007.

11. Wilber C. Haseman: *Financial Statement Analysis*, *Principles and Techniques*, John N. Myer 2005.

12. Gerald I. White: *The Analysis and Use of Financial Statements*, 3rd Edition, Grace & White, Inc. 2003.

13. [美]John J. Wild: *Financial statement analysis*(8th ed), 北京大学出版社和美国麦格劳-希尔教育出版(亚洲)公司 2006 年合作出版。

14. Peter M. Bergevin: *Financial statement analysis: an integrated approach* Prentice-Hall Inc. , 2002.

15. Clyde P. Stickney, *Financial Statement Analysis ——A Strategic Perspective*, Harcourt Brace Jovanovich, Inc. , 1991.

16. Gerald I. White, *The Analysis and Use of Financial Statements*, John Wiley & Sons, 1994.